UNION

DES

ASSOCIATIONS OUVRIÈRES CATHOLIQUES

CONGRÈS DE CHARTRES

COMPTE RENDU

DE LA ONZIÈME ASSEMBLÉE GÉNÉRALE DES DIRECTEURS D'ŒUVRES

(9-13 Septembre 1878)

PARIS

BUREAU CENTRAL DE L'UNION

32, RUE DE VERNEUIL, 32

1879

PUBLICATIONS DU BUREAU CENTRAL DE L'UNION

Congrès de Versailles (1870). Compte rendu par le R. P. de VARAX, vicaire général des Frères de Saint-Vincent de Paul. Épuisé.

Congrès de Nevers (1871). Compte rendu, par M. l'abbé COURTADE, membre défunt du Bureau central de l'*Union*. Épuisé. (*Voir la revue des Associations ouvrières catholiques. Année 1872*). 3 numéros; prix 1 fr. 50, par la poste,   2 fr.

Congrès de Poitiers (1872). Compte rendu, par M. H. JOUIN, au Secrétariat,   2 fr.
Par la poste,   2 fr. 50

Congrès de Nantes (1873). Compte rendu, par M. H. JOUIN, au Secrétariat,   4 fr.
Par la poste,   5 fr.

Congrès de Lyon (1874). Compte rendu par M. C. RÉMONT, avocat à la Cour d'appel de Paris. Au Secrétariat, 4 fr.; par la poste,   5 fr.

Congrès de Reims (1875). Compte rendu, par M. C. RÉMONT; 4 fr.; par la poste : 5 fr.

Congrès de Bordeaux (1876). Compte rendu, au Secrétariat : 4 fr. 50; par la poste, 5 fr.

Congrès du Puy-en-Velay (1877). Compte rendu, au Secrétariat : 4 fr. 50; par la poste,   5 fr.

Congrès de Chartres (1878). Compte rendu, au Secrétariat : 4 fr. 50; par la poste, 5 fr.

Revue des Associations Ouvrières Catholiques, années 1872 et 1873. 2 forts volumes in-8°, prix du volume,   6 fr.

Bulletin de l'Union, organe du Bureau Central de l'*Union*, paraissant toutes les semaines par livraison de 24 pages in-8°. — Prix de l'abonnement par an,   6 fr.
Pour l'étranger le port en sus :   7 fr.

Bulletin de l'Union, année 1874, broché, *franco* :   6 fr.
    d°   année 1876, broché, *franco* :   6 fr.

Manuel de prières et de cantiques notés à l'usage des jeunes gens. — Œuvres de jeunesse. — Œuvres paroissiales. — Institutions, etc. — Nouvelle édition très-augmentée. In-32 de 324 pages dont 121 en musique.   *Prix non franco :*

	Œuvres agrégées.	non agrégées.
Reliure dos toile, plats en papier	40 cent.	45 cent.
Pleine toile unie	45	50
Pleine toile gaufrée, titre or	50	60

Prix franco : 15 cent. en plus par exemplaire.

(*Le secrétariat se charge de faire ajouter le nom de l'Œuvre en or sur la couverture, moyennant 0,3) en sus par exemplaire.*)

Le Jeune Ouvrier chrétien, petites directions spirituelles à l'usage des Jeunes Gens, par Mgr de Ségur. — 1re partie, 1 volume de près de 300 pages; 80 cent.; *franco*, 1 fr. — 2e partie, 1 volume de plus de 300 pages : 1 fr.; *franco* :   1 fr. 25

DOCUMENTS POUR LA DIRECTION ET LA FONDATION DES ŒUVRES

Au dessus de 10 Ex. ces documents sont payés à raison de 3 francs le cent.

1° *Œuvres d'hommes* (hommes mariés ou établis).
Règlement d'un Cercle d'hommes, n° 8.
Règlement d'une Société Catholique de Patrons, n° 3.
Règlement d'une Société paroissiale de Secours mutuels (appelée fréquemment en France, Société de St-François-Xavier), n° 9.
Organisation de la Confrérie de St-François-Xavier, de Belgique, n° 4.
2° *Œuvres de jeunes gens et d'adolescents.*
Règlement d'un Cercle de Jeunes Gens (16 à 30 ans), n° 11.
Statuts des Cercles Catholiques d'Ouvriers en Allemagne (*Gesellenverein*), n° 5.
Organisation d'une Œuvre de Jeunesse (10 à 21 ans) ; forme plus simple, n° 2; plus complète, n° 12.
Des Congrégations de piété dans les Œuvres, n° 11.
Des conférences de St-Vincent-de-Paul dans les Œuvres, n° 27.
De la Caisse d'Épargne dans les Œuvres, n° 13.
De l'Association Musicale, n° 14.
De l'Association de Secours mutuels dans les Œuvres, n° 15.
Règlement d'une Exposition industrielle d'Apprentis et de jeunes Ouvriers, n° 17.
Des Maisons de Famille et Hôtelleries. n° 18.
Texte de la Loi sur le travail des enfants et des filles mineures, n° 25 ter.
Abrégé des dispositions de la Loi et des Décrets, avec explication sur le mode d'exécution, n° 25.

Le même abrégé sans explications, et sans emblème religieux, n° 25 bis.
3° *Œuvres collectives.*
L'Œuvre collective pour les hommes, les jeunes gens et les enfants n° 19.
4° *Œuvres de Militaires*, n° 28.
5° *Œuvres rurales.*
Les Œuvres dans un bourg ou une paroisse rurale, n° 10.
Des Conférences de St-Vincent de Paul, dans les bourgs ou les paroisses rurales, n° 30.
6° *Matières Communes à la plupart des Œuvres.*
De la vie Chrétienne dans les Œuvres, n° 20.
Des Jeux, n° 26.
Administration des Œuvres, personnel de Direction, n° 24.
Déclarations et Autorisations administratives, n° 6.
Des principaux Impôts dans les Œuvres, n° 7.
Des Ressources pécuniaires, n° 29.
Propagande de Lectures, Bibliothèques, Journaux, etc., n° 31.
Des principales Œuvres actuellement existantes, n° 23.

DOCUMENTS SUR L'UNION DES ŒUVRES.

De l'Union des Œuvres, notion et utilité, n° 21.
Des Bureaux diocésains et des Correspondants diocésains, n° 1.
Des Bureaux diocésains, n° 1 bis.

880. — Paris - Imp. St-Généreux - J. Mersch, 33, b. d'Enfer

UNION

DES

ŒUVRES OUVRIÈRES CATHOLIQUES

CONGRÈS DE CHARTRES

(9-13 septembre 1878)

5

BOURGES. — TYP. PIGELET ET FILS ET TARDY, RUE JOYEUSE, 15.

UNION

DES

ŒUVRES OUVRIÈRES CATHOLIQUES

CONGRÈS DE CHARTRES

COMPTE-RENDU

DE LA ONZIÈME ASSEMBLÉE GÉNÉRALE DES DIRECTEURS D'ŒUVRES

(9-13 Septembre 1878)

PARIS

BUREAU CENTRAL DE L'UNION

RUE DE VERNEUIL, 32

1879

A SA SAINTETÉ

TRÈS-SAINT PÈRE,

Humblement agenouillé aux pieds de Votre Sainteté, Louis-Gaston de Ségur, ancien Auditeur de Rote, Chanoine-Évêque de l'insigne Chapitre de Saint-Denys en France, supplie Votre Sainteté de daigner accorder sa Bénédiction Apostolique au Congrès général de l'Union des Œuvres ouvrières catholiques, qui s'ouvrira, cette année, le 9 septembre dans la ville de Chartres, sous la présidence du Vénérable Évêque de cette ville, et où un grand nombre de NN. SS. les Évêques de France se feront représenter, ainsi qu'ils l'ont fait chaque année, depuis huit ans que l'Union a été fondée. — N. T.-S. P. le Pape Pie IX, de sainte mémoire, portait un vif intérêt à cette grande Œuvre de zèle et de charité, et daignait, chaque année, l'encourager et la bénir.

L'Union des Œuvres ouvrières est une association de prières, de zèle et d'efforts, établie sous la *direction immédiate* de l'Évêque de chaque diocèse, pour développer, fonder, soutenir les Œuvres ouvrières par toute la France, c'est-à-dire toutes les Associations de foi et de piété qui ont pour but la persévérance religieuse et la sanctification des apprentis et des jeunes ouvriers, des ouvriers et ouvrières d'usines et de manufactures, des soldats, en un mot du pauvre peuple.

On ne s'y occupe aucunement de questions politiques, et l'on ne se réunit chaque année en Congrès que pour prier ensemble et s'encourager les uns les autres à se dévouer plus efficacement au bonheur et au salut de la classe ouvrière.

Il va sans dire, Très-Saint Père, que la première règle des discussions et des résolutions, c'est la pureté totale de la foi catholique, et par conséquent la soumission la plus entière à tous les enseignements, à toutes les directions du Saint-Siége apostolique.

Comme Président du Bureau Central de l'Union des Œuvres ouvrières de France, et comme Directeur des travaux du prochain Congrès de Chartres, j'ose implorer, de concert avec le pieux Évêque de cette ville, la bénédiction de Votre Sainteté pour tous les Membres du Congrès, et tout spécialement pour moi, qui, prosterné en esprit à vos pieds sacrés, Très-Saint Père, suis heureux de renouveler à Votre Sainteté l'hommage du respect filial et du religieux amour, avec lesquels j'ai l'honneur d'être son très-humble et très-obéissant fils et serviteur.

Signé :   LOUIS-GASTON DE SÉGUR,
Président du Bureau Central de l'Union.

Paris, 39, rue du Bac, le 20 août 1878.

BREF

DE N. T.-S. PÈRE LE PAPE, A S. G. MGR REGNAULT

ÉVÊQUE DE CHARTRES

EN RÉPONSE A L'ADRESSE DU CONGRÈS DE CHARTRES

LEO PP. XIII

Venerabilis Frater Salutem et Apostolicam Benedictionem. Jucundo Nos affecerunt obsequiosæ litteræ die 15 septembris a Te conscriptæ, et quæ conjunctim ad Nos pervenerunt datæ a pluribus Dilectis Filiis, qui 'piis addicti operibus in bonum operariorum institutis penes Te convenerunt, ut de re communi inter se consilia conferrent. Ex utrisque autem litteris perspicue intelleximus, quantum in iis viris, quibus cœtus ille constabat, studium pietatis sit, quanta in Nos et hanc Apostolicam Sedem observantia, quanta vis sancti zeli et caritatis, ut inopum, qui manuum labore victitant, necessitatibus et saluti prospiciant. Persuasum proinde Nobis est, ex hoc conventu cui nuper præfuisti, salutares et utiles effectus esse sequnturos, cum ad religionis decus, tum ad majus prædictorum operum incrementum. Verum cum nihil humana possit industria, nisi cœlestis gratiæ rore fecundetur, Deum suppliciter rogamus ut consilia et labores memorati cœtus adjuvans ope sua, fructuum optimorum ubertate coronet. Tu interim, Venerabilis Frater, Nobis gratum facies, si meritas nostro nomine laudes tribueris cum Dilecto Filio Ludovico Gastoni de Segur, qui rerum agendarum ab iis qui convenerant moderator extitit, tum ceteris qui in eodem concessu partem habuere. Testem denique benevolentiæ Nostræ et solidæ felicitatis pignus habeto Apostolicam Benedictionem, quam Tibi ac prædictis Dilectis Filiis, necnon clero et populo tuæ vigilantiæ commissis peramanter in Domino impertimus.

Datum Romæ apud S. Petrum, die 9 octobris 1878. Pontificatus Nostri Anno Primo.

LEO PP. XIII.

Venerabili Fratri Ludovico Eugenio Episcopo Car-
. nutensi Carnutum, Chartres.

LÉON PP. XIII

Vénérable Frère, Salut et Bénédiction Apostolique.

C'est avec bonheur que Nous avons reçu la lettre si respectueuse que Vous Nous avez adressée le 15 septembre dernier, et qui Nous est parvenue avec celles de plusieurs de nos fils bien-aimés, qui tout dévoués aux Œuvres que le zèle a établies pour le bien des ouvriers, se sont rassemblés auprès de Vous afin de conférer entr'eux sur les intérêts généraux de ces Œuvres. Par ces diverses lettres, Nous avons parfaitement compris et la pieuse ardeur qui anime les membres de ce Congrès et le respect qu'ils professent pour Nous et pour ce Siége Apostolique, et l'énergie du zèle et de la charité qu'ils déploient pour procurer le soulagement et le salut des ouvriers qui vivent du travail de leurs mains. Aussi, sommes-Nous convaincus que ce Congrès que Vous venez de présider produira des résultats utiles et salutaires, tant pour l'honneur de la religion que pour l'accroissement des Œuvres susdites. Mais comme l'activité humaine demeure impuissante, si elle n'est pas fécondée par la rosée de la grâce céleste, Nous supplions Dieu de seconder les résolutions et les travaux de ce Congrès, et de les couronner par les fruits les plus abondants. Pour Vous, Vénérable Frère, Vous Nous serez agréable si, en Notre nom Vous félicitez, comme ils le méritent, et Notre cher fils Louis-Gaston de Ségur qui a dirigé les travaux des

Membres du Congrès et tous ceux qui ont pris part à cette assemblée. Enfin, comme preuve de Notre bienveillance et comme gage d'une solide félicité, recevez la Bénédiction Apostolique que Nous Vous accordons affectueusement dans le Seigneur, à Vous et à Nos fils bien-aimés les Membres du Congrès ainsi qu'au clergé et au peuple confié à votre vigilance.

Donné à Rome, près Saint-Pierre le 9 octobre 1878. La première année de Notre Pontificat.

LÉON XIII.

UNION DES ŒUVRES OUVRIÈRES CATHOLIQUES

CONGRÈS

DES

DIRECTEURS DES ŒUVRES OUVRIÈRES CATHOLIQUES

TENU A CHARTRES, DU 9 AU 13 SEPTEMBRE 1878

SOUS LA PRÉSIDENCE

De Sa Grandeur Monseigneur REGNAULT

ÉVÊQUE DE CHARTRES (EURE-EY-LOIR)

LISTE DES MEMBRES DU CONGRÈS

VICE-PRÉSIDENTS D'HONNEUR DE Mᵍʳ REGNAULT

M. Charles D'ALVIMARE DE FEUQUIÈRES, président du Comité catholique d'Eure-et-Loir.

M. le comte Gaston DE LÉVIS-MIREPOIX.

DIRECTEUR DES TRAVAUX DU CONGRÈS

Sa Grandeur Mgr DE SÉGUR, chanoine-évêque de Saint-Denys, prélat de la maison de Sa Sainteté, assisté du Bureau Central de l'Union.

VICE-PRÉSIDENTS D'HONNEUR DE Mᵍʳ DE SÉGUR

M. l'abbé BARRIER, vicaire général de Chartres.

M. l'abbé BOURLIER, supérieur du Grand-Séminaire de Chartres.

ASSISTANTS

M. l'abbé MILLAULT, chanoine honoraire, curé de Saint-Roch, à
Paris, premier Vice-Président ecclésiastique du Bureau
Central de l'Union.

M. le chanoine DU FOUGERAIS, deuxième Vice-Président ecclésiastique du Bureau Central de l'Union, à Paris.

M. Paul DECAUX, président du Conseil des Patronages, à Paris,
Vice-Président laïque du Bureau Central de l'Union.

SECRÉTAIRES DU CONGRÈS

M. A. LEBOUT DE CHATEAU-THIERRY-BEAUMANOIR, Chevalier de
l'Ordre de Saint-Grégoire-le-Grand, secrétaire général du
Bureau Central de l'Union.

M. le comte Gaston YVERT, camérier secret de S. S. LÉON XIII.

DIOCÈSE D'AGEN

M. l'abbé GUERS, aumônier du Cercle catholique et de la garnison
d'Agen, délégué de Mgr l'Évêque.

DIOCÈSE D'AIRE

M. l'abbé POUNÉ, aumônier de l'hospice et de la garnison de Mont-
de-Marsan (Landes).

DIOCÈSE D'AIX

(Néant.)

DIOCÈSE D'AJACCIO

(Néant.)

DIOCÈSE D'ALBY

M. l'abbé CROZES, directeur du Patronage, vicaire à la cathédrale,
délégué de Mgr l'Archevêque d'Alby.

DIOCÈSE D'AMIENS

M. l'abbé ALARD, curé d'Escarbotin (Somme).

M. l'abbé COLOMBIER, aumônier militaire à Amiens, délégué de
Mgr l'Évêque.

M. l'abbé Pattinote, directeur de l'Orphelinat du Petit-Saint-Jean, près Amiens (Somme).

DIOCÈSE D'ANGERS

M. Bessirard, ancien avoué, président du Conseil d'administration de la Banque populaire d'Angers.

M. Charles Blancart, directeur des contributions directes en retraite, à Angers.

M. l'abbé Le Boucher, chanoine honoraire, curé-doyen de Beaufort-en-Vallée (Maine-et-Loire), délégué de Mgr l'Évêque d'Angers.

M. l'abbé Chaplain, aumônier militaire, à Angers.

M. l'abbé Fournier, directeur du Patronage de Saint-Vincent de Paul, à Angers.

M. Hervé-Bazin, professeur d'économie politique à l'Université catholique d'Angers.

M. Louis Lebreton, membre du Comité des Cercles catholiques d'ouvriers, à Angers.

Le R. P. Ludovic, des Frères mineurs capucins, à Angers.

DIOCÈSE D'ANGOULÈME

(Néant.)

DIOCÈSE D'ANNECY

Le R. P. Joseph, ancien aumônier militaire, directeur de l'Orphelinat de Saint-François de Sales, à Douvaines; délégué de Mgr l'Évêque d'Annecy.

M. l'abbé Mermillod, vicaire à Notre-Dame, à Annecy.

DIOCÈSE D'ARRAS

M. l'abbé Debras, aumônier militaire à Aire-sur-la-Lys, délégué de Mgr l'Évêque d'Arras.

Le R. P. Halluin, des Pères de l'Assomption, directeur de l'Œuvre de la Préservation pour les apprentis pauvres, à Arras.

M. Émile Piché, à Boulogne-sur-Mer.

M. l'abbé Pillons, secrétaire général à l'évêché d'Arras.

M. l'abbé Pillons, à Beaumont, par Vitry-en-Artois (Pas-de-Calais).

DIOCÈSE D'AUCH

(Néant.)

DIOCÈSE D'AUTUN

M. l'abbé BONNOT, du diocèse d'Autun.

M. l'abbé VÉROT, aumônier militaire au Creuzot (Saône-et-Loire).

DIOCÈSE D'AVIGNON

(Néant.)

DIOCÈSE DE BAYEUX

M. l'abbé BOSSARD, curé-doyen de Condé-sur-Noireau, délégué de Mgr l'Évêque de Bayeux.

M. l'abbé GARNIER, vicaire de Saint-Sauveur, à Caen.

DIOCÈSE DE BAYONNE

M. l'abbé LAHERÈRE, aumônier du Cercle catholique d'ouvriers, à Pau.

DIOCÈSE DE BEAUVAIS

M. l'abbé CHAMPIONNIÈRE, de Saint-Léonard (Oise).

M. DE GOUSSENCOURT, conseiller général de l'Oise.

M. Armand MAIGNIEN, manufacturier, ingénieur des arts et manufactures à l'usine de Muirancourt (Oise).

DIOCÈSE DE BELLEY

M. l'abbé CARREL, directeur du Patronage, vicaire à Bourg, délégué de Mgr l'Évêque de Belley.

DIOCÈSE DE BESANÇON

M. Léon VIELLARD, maître de forges à Morvillars.

DIOCÈSE DE BLOIS

M. l'abbé BLANCHARD, curé de Moisy, correspondant du Bureau Central de l'Union.

M. l'abbé Colas, curé de Fontaine-en-Beauce.

M. l'abbé Desneux, curé de Saint-Quentin, à Blois.

M. l'abbé Gauthier, curé-doyen de Morée.

M. l'abbé Haugazeau, curé de Villexanton.

M. l'abbé Huguet, curé de Houssay.

M. l'abbé Pardessus, élève au Séminaire de Blois.

M. l'abbé Roux, aumônier de l'hôpital général, à Blois.

M. le comte de Salaberry, président du Comité catholique, à Blois.

M. l'abbé Taranne, directeur de l'Œuvre de Notre-Dame des Aydes, correspondant du Bureau Central de l'Union, à Blois.

DIOCÈSE DE BORDEAUX

M. de Pichard de Latour, conseiller à la Cour d'appel, président du Conseil des Patronages de Bordeaux.

DIOCÈSE DE BOURGES

M. l'abbé Baillereau, curé de Saint-Cyran.

M. des Breux, à Villeneuve-sur-Cher.

M. l'abbé Morel, aumônier de la garnison de Bourges.

M. Paul Pigelet, secrétaire du Bureau diocésain de Bourges.

M. l'abbé de Quincerot, curé de Châteauroux.

M. de Saint-Phalle, industriel à Bourges.

DIOCÈSE DE CAHORS

(Néant.)

DIOCÈSE DE CAMBRAI

M. Edouard Boutry, industriel à Fives.

M. le comte de Caulaincourt, à Lille.

M. l'abbé Coulomb, aumônier à Armentières, directeur de l'Œuvre de Jésus-Ouvrier, délégué de Son Ém. le Cardinal-Archevêque de Cambrai.

M. l'abbé Delgorge, aumônier militaire, à Lille.

M. l'abbé Demarest, vicaire et directeur du Patronage, section Fives, à Lille.

M. le docteur Descieux, à Avesnes.

M. Féron-Vrau, industriel à Lille.

M. l'abbé Fichaux, professeur de philosophie au collège de Tourcoing.

M. l'abbé Heinffelinck, curé de Ferrière-la-Petite.

M. l'abbé Huard, sous-directeur de l'Œuvre Saint-Léonard, à Lille.

M. Fernand Lacroix, étudiant, à Armentières.

M. l'abbé Mille, directeur de l'Œuvre Saint-Léonard, à Lille.

M. l'abbé Montreux, supérieur de l'institution Saint-Jean, à Douai.

M. l'abbé Panien, vicaire, directeur du Patronage de Maubeuge.

M. l'abbé Régrigny, aumônier militaire, au Quesnoy.

M. l'abbé Streck, vicaire à Notre-Dame, directeur du Patronage, à Fourmies.

M. Alidor Taffin, président de la société Saint-Joseph, à Estayres.

M. l'abbé Tréca, vicaire et directeur du Patronage, à Fresnes.

M. Victor Trousseau, supérieur de la Maison d'œuvres ouvrières, à Lille.

DIOCÈSE DE CARCASSONNE

M. l'abbé Caratge, vicaire à Castelnaudary.

M. l'abbé Guilhem, aumônier du Patronage de Narbonne.

DIOCÈSE DE CHALONS

(Néant.)

DIOCÈSE DE CHAMBÉRY

(Néant.)

DIOCÈSE DE CHARTRES

Le Frère Absalon, des Écoles chrétiennes, à Chartres.

M. Adam, à Montireau.

Le Frère Adorateur, des Écoles chrétiennes, à Chartres.

Le Frère Aiby, des Écoles chrétiennes, à Chartres.

Le Frère Alaman, des Écoles chrétiennes, à Chartres.

M. Albergue, élève au Petit-Séminaire de Chartres.

M. Albert, peintre, à Chartres.

Le Frère Aldemarus, des Écoles chrétiennes, à Chartres.

Le Frère Aldricus, des Écoles chrétiennes, à Chartres.

Le Frère Alfier, des Écoles chrétiennes, à Chartres.

M. d'Alvimare de Feuquières, président du Comité catholique d'Eure-et-Loir, membre du Bureau diocésain, président de la Conférence de Saint-Vincent de Paul, à Dreux, vice-président d'honneur du Congrès.

Le Frère Ambroise, des Écoles chrétiennes, à Chartres.

Le Frère Amolvin, des Écoles chrétiennes, à Chartres.

Le Frère Amon, des Écoles chrétiennes, à Chartres.

M. d'Anthenaise, membre du Comité catholique et du Bureau diocésain, à Montireau.

M. l'abbé Auger, curé de Gasville (Eure-et-Loir).

M. l'abbé Auger, vicaire à Notre-Dame, à Chartres.

M. Barenton, artiste-peintre, à Chartres.

M. Barillon, élève au Petit-Séminaire de Chartres.

M. l'abbé Barrier, vicaire général à Chartres, vice-président d'honneur du Congrès.

M. Gilbert Barrier, vice-président de la Conférence de Saint-Vincent de Paul, à Chartres.

M. Barrier, membre de la Conférence de Saint-Vincent de Paul, à Chartres.

M. Baruël, membre du Comité catholique d'Eure-et-Loir.

M. l'abbé Bauger, professeur à l'institution Notre-Dame, à Chartres.

M. Ogier de Baulny, au château de La Forest (Eure-et-Loir).

M. l'abbé Baumer, curé de Virigny.

M. l'abbé Beauchet, professeur à l'institution Notre-Dame, à Chartres.

M. Bégagnon, entrepreneur de menuiserie, à Chartres.

M. l'abbé Bellamy, élève au Grand-Séminaire de Chartres.

M. Bellanger, élève au Petit-Séminaire de Chartres.

M. Bellier de La Chavignerie, avocat, à Chartres.

M. Beloin, ancien pharmacien, à Chartres.

M. de Berteville, président honoraire du tribunal civil, à Chartres.

M. l'abbé Besnard, curé de Jouy.

M. Besnard, notaire, à Chartres.

M. Besnard, blanchisseur, à Chartres.

M. Besselle, à Chartres.

M. l'abbé Bigot, curé de Fontaine-Simon, par Laloupe.

M. l'abbé Binet, supérieur des Sœurs de la Providence, à Chartres.

M. l'abbé BLOT, prêtre habitué, à Chartres.

M. BOCHIN, négociant, à Chartres.

M. DE BOISSIEU, président de la Conférence de Saint-Vincent de Paul, à Chartres, membre du Bureau diocésain.

M. BONNARD, ancien notaire, à Chartres.

M. l'abbé BORDIER, chapelain de l'hôpital Saint-Brice, à Chartres.

M. l'abbé BOUCHER, aumônier de l'hôtel-Dieu, à Chartres.

M. l'abbé BOULMERT, curé, à Rouvray-Saint-Florentin.

M. BOURGINE père, propriétaire, à Chartres.

M. BOURGINE, négociant, à Chartres.

M. BOURGINE, employé d'imprimerie, à Chartres.

M. l'abbé BOURLIER, supérieur du Grand-Séminaire de Chartres, vice-président d'honneur du Congrès.

M. BOURSIER, élève au Petit-Séminaire de Chartres.

M. l'abbé BOUTHEMARD, curé de Saint-Martin de Nigelles.

M. BOUTHEMARD père, entrepreneur de bâtiments, à Chartres.

M. BOUTHEMARD fils, à Chartres.

M. l'abbé BOUTRY, élève au Grand-Séminaire de Chartres.

Le R. P. BOYER, mariste, à Chartres.

M. l'abbé BRETON, curé, à Ecrosnes.

M. BROUARD, tapissier, à Chartres.

M. BRUNEAU, à Epineau-les-Voves.

M. l'abbé BUISSON, curé de Sandarville.

M. l'abbé CAILLAUX, élève au Grand-Séminaire de Chartres.

M. CAILLOT, rédacteur en chef du *Journal de Chartres*.

M. CAÏT, membre de la Conférence de Saint-Vincent de Paul, à Chartres.

M. l'abbé CALAIS, professeur à l'institution de Notre-Dame, à Chartres.

Le Frère CANDIDIEN, des Écoles chrétiennes, à Chartres.

M. CARASSUS, membre de la Conférence de Saint-Vincent de Paul, à Chartres.

M. CHANGEART, membre de la Conférence de Saint-Vincent de Paul, à Chartres.

M. l'abbé CHAUVEAU, curé de Pierres.

M. CHAUVIÈRE, membre du Comité catholique, à Chartres.

M. l'abbé CHAUX, professeur au Petit-Séminaire de Saint-Chéron, à Chartres.

M. le docteur CHESNEL, à Chartres.

M. l'abbé CHEVALIER, chanoine titulaire, à Chartres.

M. l'abbé CHEVALIER, curé du Mée, à Chartres.

M. CHEVALLIER-RUFIGNY, directeur des Contributions directes, à Chartres.

M. l'abbé CINTRAT, curé de Mignières.

M. CINTRAT, à Chartres.

M. l'abbé CLAIREAUX, professeur à l'institution de Notre-Dame, Chartres.

M. l'abbé CLERVAL, élève au Grand-Séminaire de Chartres.

M. l'abbé CODAN, missionnaire apostolique, à Chartres.

M. CORBIÈRE, agent d'assurances, à Chartres.

M. l'abbé CORNILLON, curé de Montainville.

M. CORRARD père, membre des Conférences de Saint-Vincent de Paul.

M. le comte DE COSSÉ-BRISSAC, à Chartres.

M. l'abbé COTTEREAU, curé de Magny.

M. COURTONNE, à Chartres.

M. l'abbé COUTURIER, curé de Champhol.

M. l'abbé CUISSARD, curé de Saint-Denis-les-Ponts.

Le Frère DAMIEN, des Écoles chrétiennes, à Chartres.

M. DAMIOT, marchand de bois, à Chartres.

M. l'abbé DAVIAU, aumônier militaire, à Châteaudun.

M. l'abbé DEMOLLIENS, vicaire, à Dreux.

M. l'abbé DENEAU, chapelain, à Notre-Dame de Chartres.

M. DIOT, élève au Petit-Séminaire de Chartres.

Le R. P. DONGUY, mariste, à Chartres.

M. l'abbé DOURDOIGNE, curé de Meslay-le-Grenet.

M. l'abbé DROUIN, curé de Beaumont-les-Autels.

M. DUBREUIL, directeur du *Courrier d'Eure-et-Loir.*

M. DUHAMEL, employé à la cathédrale de Chartres.

M. l'abbé DURAND, vicaire à la cathédrale de Chartres.

M. Paul DURAND, à Chartres.

M. DURAND-PIE, libraire-éditeur, à Chartres.

M. l'abbé DUREAU, élève au Grand-Séminaire de Chartres.

M. l'abbé Emangeard, curé de Champseru.

M. FABRÈGUE, ancien notaire, à Chartres.

M. l'abbé FAGNACE, élève au Grand-Séminaire de Chartres

M. FAMIN, propriétaire, à Chartres.

M. André FAMIN, à Chartres.

M. l'abbé FAUCHEREAU, vicaire général, à Chartres.

Le R. P. FAVRE, mariste, à Chartres.

M. l'abbé FERRON, curé de Souancé.

M. FICHOT, trésorier de la fabrique de la cathédrale, à Chartres.

M. FOISY, restaurateur, à Chartres.

M. FOISY, employé de la poste, à Chartres.

M. FOREAU, membre de la Conférence de Saint-Vincent de Paul, à Chartres.

M. l'abbé FOUCAULT, professeur à l'institution Notre-Dame, à Chartres.

M. FOUCHER, rentier, à Chartres.

M. FOYAU, à Chartres.

M. FRITEAU, maître de pension, à Chartres.

M. GADDE, receveur de rentes, à Chartres.

M. GALLAS, photographe, à Chartres.

M. l'abbé GARANCHER, élève au Grand-Séminaire, de Chartres.

Le Frère GATIEN, des Écoles chrétiennes, à Chartres.

Le R. P. GAY, supérieur des Maristes, à Chartres.

M. l'abbé GENET, aumônier du Patronage et vicaire de Saint-Pierre, à Chartres.

Le Frère GEORGES, des Écoles chrétiennes, à Chartres.

M. GERAY, à Chartres.

M. l'abbé GERMOND, chanoine titulaire, secrétaire général de l'évêché, à Chartres.

M. l'abbé GERMOND, curé de Fontenay-sur-Eure.

M. l'abbé GÉRONDEAU, élève au Grand-Séminaire de Chartres.

M. l'abbé GIRARD, curé de Corancez.

M. GODEFROY, caissier de la recette générale, à Chartres.

M. l'abbé GOUACHE, curé de Neuvy-en-Dunois.

M. l'abbé GOUGIS, chapelain à Notre-Dame de Chartres.

M. l'abbé GOUHIER, curé de Coudray-en-Perche.

M. l'abbé GOUJU, curé de Saint-Prest.

M. l'abbé GOUSSARD, chanoine honoraire, maître de chapelle à Notre-Dame de Chartres.

M. l'abbé GOUSSARD, vicaire, à Courville.

M. l'abbé GOUVAT, élève au Grand-Séminaire de Chartres.

M. l'abbé GRANDET, professeur à la maîtrise de Chartres.

M. l'abbé GUÉRIN, vicaire à Saint-Aignan.

M. l'abbé GUÉRIN, élève au Grand-Séminaire de Chartres.

M. Guitton, à Chartres.

M. l'abbé Harruyer, élève au Grand-Séminaire de Chartres.

M. d'Haussy, receveur de rentes, à Chartres.

M. l'abbé Haye, curé de Saint-Avit.

M. l'abbé Hénault, aumônier de la Providence, à Chartres.

M. Hénault, membre de la Conférence de Saint-Vincent de Paul, à Chartres.

M. l'abbé Henriot, élève au Grand-Séminaire de Chartres.

M. Hernand, membre du Comité catholique d'Eure-et-Loir.

M. l'abbé Hervé, aumônier de la garnison de Chartres.

M. Heurtault, chef d'institution, à Chartres.

M. l'abbé Houdard, élève au Grand-Séminaire de Chartres.

M. l'abbé Houlle, curé de Saint-Aignan, à Chartres.

M. l'abbé Houzé, curé de Houville.

M. l'abbé Hubert, élève au Grand-Séminaire de Chartres.

M. l'abbé Hue, curé de Marcheville.

M. Hue, propriétaire, à Chartres.

Le Frère Hunibertus, des Écoles chrétiennes, à Chartres.

M. Jeulin, coiffeur, à Chartres.

M. Jeulin, lampiste, à Chartres.

M. l'abbé Jubault, vicaire de Saint-Pierre, à Chartres.

M. Juteau, docteur-médecin, à Chartres.

Le R. P. Karney, mariste, à Chartres.

M. l'abbé Laigneau, curé de Neuvy-en-Beauce.

M. l'abbé Lainé, curé de Sours.

M. l'abbé Lancelin, curé de Tillay-le-Péneux.

M. Lucien Lange, imprimeur-lithographe, à Chartres.

M. Langlois, propriétaire, à Chartres.

M. Langlois, papetier, à Chartres.

M. Le Bars, à Chartres.

M. Lecomte, membre de la Conférence de Saint-Vincent de Paul, à Chartres.

M. Lefebvre-Pontalis, à Châteaudun.

M. l'abbé Lefort, professeur à l'institution de Notre-Dame, à Chartres.

M. l'abbé Legendre, élève au Grand-Séminaire de Chartres.

M. l'abbé Legras, curé de Sainville.

M. l'abbé Legué, directeur au Grand-Séminaire de Chartres.

M. Cyrille Leloup, architecte, à Chartres.

M. l'abbé Lemaire, élève au Grand-Séminaire de Chartres.

M. l'abbé Lemoine, aumônier du collége, à Chartres.

M. Lepicard, maître serrurier, à Chartres.

M. Lepoivre, membre de la Conférence de Saint-Vincent de Paul, à Chartres.

M. Lepoivre fils, étudiant, à Chartres.

M. l'abbé Leroy, curé de Saint-Georges-sur-Eure, à Chartres.

M. Leroy, rentier, à Chartres.

M. Leterrier, à Chartres.

M. l'abbé Levêque, supérieur du Petit-Séminaire de Nogent-le-Rotrou.

M. le comte de Lévis-Mirepoix, au château de Montigny-le-Ganelon (Eure-et-Loir), vice-président d'honneur du Congrès.

M. l'abbé Ligneul, professeur de rhétorique au Petit-Séminaire de Saint-Chéron, près Chartres.

M. l'abbé Lorin, élève au Grand-Séminaire de Chartres.

M. Lorin, peintre verrier, à Chartres.

M. l'abbé Loriot, curé de Saint-Maurice-Saint-Germain, par La Loupe.

Le Frère Louis, des Écoles chrétiennes, à Chartres.

M. Louis, propriétaire, à Chartres.

M. Machelard, à Chartres.

M. Maintrieux, notaire, à Chartres.

M. l'abbé Manceau, chanoine titulaire, à Chartres.

M. l'abbé Manceau, vicaire, à La Loupe.

Le R. P. Marcel, mariste, à Chartres

M. Marchand, propriétaire, à Chartres.

M. Martin, élève au Petit-Séminaire de Chartres.

M. Martin, ancien avoué, à Chartres.

M. l'abbé Maugée, curé de Pontgouin.

M. Maurer, fabricant d'ornements d'église, à Chartres.

M. Auguste Maurey, étudiant, à Chartres.

M. Eugène Maurey, employé au télégraphe, à Chartres.

M. Joseph Maurey, employé de commerce, à Chartres.

M. Mauzaize, membre des Conférences de Saint-Vincent de Paul, à Chartres.

M. Ménager, à Chartres.

M. l'abbé Mercier, élève au Grand-Séminaire de Chartres.

M. l'abbé Métrier, élève au Grand-Séminaire de Chartres.

M. l'abbé MICHEL, curé de Chapelle-Guillaume.

Le P. MICHON, mariste, à Chartres.

M. MILAN, papetier, à Chartres.

M. MILLON, négociant, à Chartres.

M. MILLON fils, négociant, à Chartres.

M. DE MOLARET, à Chartres.

M. le chanoine MONTITON, chapelain des Dames des Sacrés-Cœurs, à Chartres.

M. MORNAS, négociant, à Chartres.

M. MUSET, membre de la Conférence de Saint-Vincent de Paul, à Chartres.

M. MUSET, employé de banque, à Chartres.

M. MUSET, étudiant, à Chartres.

M. NASSE, membre de la Conférence de Saint-Vincent de Paul, à Chartres.

Le Frère NICARY, des Écoles chrétiennes, à Chartres.

Le Frère NICET, des Écoles chrétiennes, à Chartres.

M. l'abbé NICOLAS, curé de Prasville-en-Beauce.

M. le général NITOT, à Chartres.

M. l'abbé OLLIVIER, chanoine titulaire, à Chartres.

M. OSSUDE, avocat, à Chartres.

M. OUELLARD, négociant, à Chartres.

M. l'abbé OUILLON, directeur au Grand-Séminaire de Chartres.

M. PARAGOT, élève au Petit-Séminaire de Chartres.

M. PARAGOT, boulanger, à Chartres.

M. l'abbé PARARD, curé de Gellainville.

M. l'abbé PARDOS, professeur à la maîtrise, à Chartres.

M. l'abbé PATY, économe du Grand-Séminaire de Chartres.

M. l'abbé PECHEREAU, chanoine honoraire, aumônier de la Visitation, à Chartres.

M. l'abbé PELLETIER, curé de Manon.

M. DE PERSON, à Chartres.

M. l'abbé PIAU, curé de Tremblay.

M. l'abbé PIAU, directeur au Grand-Séminaire de Chartres.

M. l'abbé PIAUGER, vicaire de Saint-Aignan.

M. l'abbé PICHOT, élève au Grand-Séminaire de Chartres.

M. l'abbé PIEDALLU, curé de Laplanté.

M. PINEAU, cultivateur, à Meslay-le-Grenet.

M. POIRIER, avoué, à Chartres.

M. le marquis DE PONTOI-PONTCARRÉ, au château de Villebon.

M. l'abbé POUCLÉE, chanoine titulaire, à Chartres.

M. l'abbé POYEAU, élève au Grand-Séminaire de Chartres.

M. l'abbé PROVOST, professeur à l'institution Notre-Dame, à Chartres.

M. l'abbé PROUST, curé de Ver-lèz-Chartres.

M. PRUDHOMME, maître serrurier, à Chartres.

M. l'abbé QUENTIN, élève au Grand-Séminaire de Chartres.

M. RAVAULT, vice-président des Conférences de Saint-Vincent de Paul, à Chartres.

M. RAYÉ DU PERRET, à Chartres.

M. RAYNAUD, à Chartres.

M. REIMBAULD, à Chartres.

M. l'abbé REINERT, chapelain de Notre-Dame de Chartres.

M. l'abbé RENARD, directeur au Grand-Séminaire de Chartres.

M. RICHER, membre de la Conférence de Saint-Vincent de Paul, à Chartres.

M. l'abbé ROBÉ, vicaire à la cathédrale de Chartres.

M. l'abbé ROBINET, curé de Mainvillers.

M. ROQUE, quincaillier, à Chartre

M. l'abbé ROUILLON, directeur de l'institution Notre-Dame, à Chartres.

M. l'abbé ROUSSEAU, curé de Voves.

M. ROUSSEAU, propriétaire, à Châteaudun.

M. ROUSSEAU, ébéniste, à Chartres.

M. le chanoine ROUSSILLON, secrétaire à l'évêché, secrétaire du Bureau diocésain, à Chartres.

M. ROY, à Chartres.

M. DE SAIN DE BOIS LE COMTE, à Chartres.

M. DE SAINTE-BEUVE père, secrétaire des hospices, à Chartres.

M. l'abbé DE SAINTE-BEUVE, à Chartres.

M. l'abbé SAINSOT, curé de Blandainville.

M. l'abbé SEMEN, curé de Boullay-Thiery.

M. SEMEN, propriétaire, membre de la Conférence de Saint-Vincent de Paul, à Chartres.

M. l'abbé SÉNÉCHAL, professeur à l'institution Notre-Dame, à Chartres.

M. SERVANT, propriétaire, à Chartres.

M. l'abbé SEVESTRE, aumônier des Sœurs de Saint-Paul, à Chartres.

M. l'abbé Sevray, curé de Dammarie.

M. l'abbé Sortais, curé de Thivars.

M. Suray, à Chartres.

M. l'abbé Sureau, curé d'Epernon.

M. l'abbé Tessier, curé de Maisons.

M. l'abbé Theuré, curé de Loigny.

M. l'abbé Touroude, aumônier des Dames de l'Adoration, à Châteaudun.

M. Travers, employé au télégraphe, à Chartres.

M. l'abbé Trevet, élève au Grand-Séminaire de Chartres.

M. Tufay, loueur de chaises à la cathédrale de Chartres.

M. Vancel, membre des Conférences de Saint-Vincent de Paul, à Chartres.

M. Varella, fumiste, à Chartres.

M. l'abbé Vassard, curé de Saint-Pierre, à Chartres.

M. l'abbé Vasseur, professeur à l'institution de Notre-Dame, à Chartres.

M. Watrin, avoué, à Chartres.

M. l'abbé Vaugeon, curé de Nogent-le-Phaye.

M. Védic, notaire, à Chartres.

M. Védic, propriétaire, à Chartres.

M. Villette, élève au Petit-Séminaire de Chartres.

M. l'abbé Vincent, curé de Cloyes.

M. Vincent, à Chartres.

M. Vivier, membre des Conférences de Saint-Vincent de Paul, à Chartres.

M. l'abbé Ycuard, supérieur du Petit-Séminaire de Saint-Chéron, à Chartres.

M. Yves, conservateur des hypothèques, à Chartres.

DIOCÈSE DE CLERMONT

M. l'abbé Astier, curé de Thiers.

M. l'abbé Aubergier, directeur du Patronage de Clermont-Ferrand.

M. l'abbé Barrière, aumônier, à Clermont-Ferrand.

M. l'abbé Charreyre, curé de Gerzat.

M. l'abbé Martin, curé de Montferrand.

M. l'abbé Montbilhet, vicaire, à Montferrand.

DIOCÈSE DE COUTANCES

M. l'abbé LEDUC, curé de Saint-Hilaire du Harcouet, directeur d'une œuvre de jeunesse.

DIOCÈSE DE DIGNE

(Néant.)

DIOCÈSE DE DIJON

M. l'abbé DROUHIN, aumônier militaire, à Dijon, délégué de Mgr l'Évêque.

M. l'abbé VERDUNOY, élève au Grand-Séminaire de Dijon.

DIOCÈSE D'ÉVREUX

M. l'abbé JOUEN, ancien vicaire général, chanoine promoteur, à Évreux.

M. l'abbé LEMERCIER, aumônier militaire, à Évreux.

M. le Curé de Romilly.

M. l'abbé VAURABOURG, curé de Pitres.

DIOCÈSE DE FRÉJUS

(Néant.)

DIOCÈSE DE GAP

(Néant.)

DIOCÈSE DE GRENOBLE

M. l'abbé DURAND, vicaire à la cathédrale de Grenoble, délégué de Mgr l'Évêque.

DIOCÈSE DE LANGRES

M. CARNANDET, membre du Comité catholique de Saint-Dizier.

M. Paul DESFORGES, secrétaire du Comité catholique de Saint-Dizier.

M. Justin TRÉMAUX, négociant, à Saint-Dizier, délégué de Mgr l'É-vêque de Langres, membre du Comité des Cercles catholiques d'ouvriers.

DIOCÈSE DE LAVAL

M. l'abbé Baclin, professeur de rhétorique au Petit-Séminaire de Mayenne.

M. Jules Beauplet, à Château-Gontier.

M. l'abbé Croisé, vicaire, à Saint-Martin de Mayenne.

M. l'abbé Garreau, directeur du Cercle Saint-Joseph, à Laval.

DIOCÈSE DE LIMOGES

M. Baju, avocat, à Limoges.

M. l'abbé Bertrand, chanoine titulaire, à Limoges.

M. Betoulle, industriel, à Limoges.

M. l'abbé Dissandes de Bogenet, vicaire général, délégué de Mgr l'Évêque de Limoges.

M. l'abbé Bonnaud, curé-doyen d'Aixe-sur-Vienne.

M. l'abbé Cussat-Frenier, du diocèse de Limoges.

M. Dorat, membre du Comité des Cercles et du Bureau diocésain de Limoges.

M. d'Héralde, membre du Comité catholique, directeur du Cercle de la jeunesse, à Limoges.

M. l'abbé Labrune, archiprêtre d'Aubusson.

M. l'abbé Laflagne, curé de Saint-Joseph, à Limoges, directeur du Cercle Saint-Joseph.

M. l'abbé Perguet, aumônier des Frères des Écoles chrétiennes, à Limoges.

M. Reix, ancien négociant, à Limoges.

M. l'abbé Royer, directeur de l'école cléricale du Sacré-Cœur et curé de Meuzac.

M. l'abbé Toulouse, vicaire, à Aubusson.

DIOCÈSE DE LUÇON

(Néant.)

DIOCÈSE DE LYON

M. Antoine Benoît, vice-président du Cercle Saint-Augustin, à Lyon.

M. l'abbé Deflotrière, vicaire à Saint-Augustin, directeur du Cercle Saint-Augustin.

M. Forel, délégué de l'Association catholique des patrons de Lyon.
M. Molin, négociant, à Lyon.

DIOCÈSE DU MANS

M. Lelièvre, avoué, à Mamers, directeur du Cercle de la jeunesse.

DIOCÈSE DE MARSEILLE

M. l'abbé Michel, aumônier de la garnison de Marseille.
M. l'abbé Roux, aumônier de l'hôpital militaire de Marseille.

DIOCÈSE DE MEAUX

M. l'abbé Hebert, directeur des Œuvres unies, du Patronage Saint-Jean-Baptiste et du Cercle catholique de Nemours.
M. l'abbé Jarry, curé-doyen de La Ferté-sous-Jouarre (Seine-et-Marne).
M. l'abbé Pougeois, curé-doyen de Moret, délégué de Mgr l'Évêque de Meaux.

DIOCÈSE DE MONTAUBAN

M. J. de Scorbiac, à Montauban.

DIOCÈSE DE MENDE

M. l'abbé Vitrolles, professeur au Petit-Séminaire de Mende.

DIOCÈSE DE MONTPELLIER

M. Carrière, de Montpellier.
M. l'abbé Gaffino, curé-doyen de Saint-Louis, à Cette.
M. le chanoine Montrozier, de Montpellier.

DIOCÈSE DE MOULINS

(Néant.)

DIOCÈSE DE NANCY

M. l'abbé Girard, directeur de l'Union des jeunes gens, à Pont-à-Mousson.
M. l'abbé Huraux, curé de Saint-Laurent, à Pont-à-Mousson.

M. l'abbé MACCHIAVELLI, directeur du Patronage Saint-Joseph et vicaire à la cathédrale de Nancy.

M. VAGNER, président de l'Association catholique des patrons, rédacteur de l'*Espérance de Nancy*, chevalier de Saint-Grégoire-le-Grand, à Nancy.

DIOCÈSE DE NANTES

M. l'abbé BILLECOCQ, professeur de philosophie au Séminaire de Nantes.

M. l'abbé MAINGUY, aumônier militaire, à Nantes.

DIOCÈSE DE NEVERS

M. l'abbé FOUCHÉ, aumônier du lycée de Nevers.

M. l'abbé MERLE, directeur du Cercle catholique de Nevers, délégué de Mgr l'Évêque.

DIOCÈSE DE NICE

M. Ernest HARMEL, à Nice.

M. Ernest MICHEL, avocat, à Nice.

DIOCÈSE DE NIMES

(Néant.)

DIOCÈSE D'ORLÉANS

M. DE SAINT-ALBIN, secrétaire du Comité catholique d'Orléans.

M. l'abbé ANIZAN, vicaire, à Olivet.

M. l'abbé BARRUET, aumônier militaire, à Montargis.

M. le vicomte Gabriel DE CHAULNES, château de l'Esmérillon, près Orléans.

M. DE DREUZY, à Orléans.

M. DES FRANCS, à Orléans.

M. l'abbé LEROY, secrétaire du Bureau diocésain d'Orléans.

M. l'abbé LOPPIN, curé d'Olivet.

M. l'abbé MARCHON, prêtre habitué, à Orléans.

M. l'abbé MESURÉ, du diocèse d'Orléans.

Mgr PELLETIER, chanoine titulaire, à Orléans.

M. l'abbé DE POTERAT, vicaire à la cathédrale, directeur de la réunion de persévérance, de la société des jeunes ouvriers et du patronage des apprentis, à Orléans.

M. le vicomte ROSCOAT, membre du Comité des Cercles catholiques, à Orléans.

M. l'abbé STAUB, aumônier militaire, à Orléans.

M. l'abbé TRANCHAU, archiprêtre de la cathédrale et vicaire général, délégué de Mgr l'Évêque d'Orléans.

DIOCÈSE DE PAMIERS

(Néant.)

DIOCÈSE DE PARIS

M. le vicomte Denis AFFRE DE SAINT-ROME, à Paris.

M. Raoul ANCEL, membre du Comité de l'Œuvre des Cercles catholiques, à Paris.

M. l'abbé ARDOUIN, vicaire, à Levallois-Perret, directeur de l'Œuvre de l'Hospitalité.

M. l'abbé AVENEL, élève au Grand-Séminaire de Saint-Sulpice, à Paris.

M. Léon BABEUR, Membre du Bureau Central de l'Union, à Paris.

Le R. P. BAILLY, des Pères de l'Assomption, Membre du Bureau Central de l'Union, à Paris.

M. l'abbé BARON, aumônier de l'Ecole militaire, Membre du Bureau Central de l'Union, à Paris.

M. DE BEAUCOURT, président de la Société bibliographique, à Paris.

M. Eugène BELUZE, président du Cercle catholique du Luxembourg, et Membre du Bureau Central de l'Union, à Paris.

M. l'abbé BERTCT, aumônier de l'établissement Saint-Nicolas, à Paris.

M. l'abbé LE BIGOT, vicaire de Saint-Marcel de la Maison-Blanche, à Paris.

M. BOIRY, de l'Institut des Frères de Saint-Vincent de Paul, à Paris.

M. l'abbé BRETTES, premier vicaire à Notre-Dame de Clignancourt, à Paris.

M. CAPMAS, à Paris.

M. CHANTROT, à Paris.

M. CHARRIN, de l'Institut des Frères de Saint-Vincent de Paul, à Paris.

M. l'abbé COMBES, élève au Grand-Séminaire de Saint-Sulpice, à Paris.

M. COMBIER, délégué du Comité catholique de Paris.

M. Paul DECAUX, président du Conseil des Patronages, vice-président laïc du Bureau Central de l'Union, à Paris.

M. l'abbé DELAUMOSNE, curé de Sainte-Marthe, à Pantin.

M. DUVERT, architecte, à Paris.

M. Charles D'ERCEVILLE, vice-président du patronage Sainte-Mélanie, à Paris.

M. l'abbé DE LA FAIRE, aumônier militaire, à Paris.

M. Paul FERROND, membre du Comité des Cercles catholiques d'ouvriers, à Paris.

M. FLAMENT, ingénieur civil, à Paris.

M. l'abbé FORTIER, aumônier des prisons militaires du Cherche-Midi et de la prison de la Santé, à Paris.

M. le chanoine DU FOUGERAIS, vice-président du Bureau Central de l'Union, à Paris.

M. FRIOL, ingénieur civil, à Paris.

M. l'abbé GADILLIER, élève au Grand-Séminaire de Saint-Sulpice, à Paris.

M. l'abbé GEISPITZ, maître de chapelle à Notre-Dame de Paris, Membre du Bureau Central de l'Union.

M. l'abbé GILBERT, vicaire à Saint-Roch, à Paris.

M. l'abbé HARMOIS, élève au Grand-Séminaire de Saint-Sulpice, à Paris.

M. HAVARD, rédacteur au journal *Le Monde*, à Paris.

M. JOLIET, docteur ès-sciences, membre de la Conférence de Saint-Vincent de Paul de Saint-Nicolas du Chardonnet, à Paris.

M. DE LAURISTON, des Frères de l'Institut de Saint-Vincent de Paul, à Paris.

M. l'abbé DE LAVAL, aumônier du fort de Vincennes.

M. H. DE LAVAL, officier en retraite, à Paris.

M. LEROLLE père, à Paris.

M. Paul LEROLLE, avocat, Membre du Bureau Central de l'Union.

M. l'abbé LEVASSOR, aumônier de Sainte-Marie, à Vitry-sur-Seine.

M. LIBAUDIÈRE, ingénieur des arts et manufactures, à Paris.

M. Maurice MAIGNEN, des Frères de Saint-Vincent de Paul, directeur du Cercle Montparnasse, Membre du Bureau Central de l'Union, à Paris.

M. l'abbé Marbeau, vicaire à Saint-Roch, à Paris.

M. Mellerio, joailler, à Paris.

M. l'abbé Millault, curé de Saint-Roch, à Paris, vice-président du Bureau Central de l'Union.

M. l'abbé Montiton, vicaire à Notre-Dame de la Gare, à Paris.

M. l'abbé de Mussy, élève au Grand-Séminaire de Saint-Sulpice.

M. Paris, industriel, au Bourget.

M. l'abbé Pougeois, aumônier civil et militaire, à Paris.

M. Pougeois, libraire-éditeur, à Paris.

M. l'abbé Profillet, aumônier militaire, à Paris.

M. Antonin Rondelet, professeur à l'Université catholique de Paris.

M. Salles, banquier, à Paris.

M. Severin, à Paris.

M. l'abbé Viennot, élève au Grand-Séminaire de Saint-Sulpice, à Paris.

M. l'abbé Vimard, aumônier de l'hôpital militaire du Gros-Caillou, à Paris.

M. le comte Yvert, camérier de cap et d'épée de Sa Sainteté le Pape Léon XIII; Membre du Bureau Central de l'Union, à Paris.

DIOCÈSE DE PÉRIGUEUX

M. l'abbé Bersauges, professeur de rhétorique au Petit-Séminaire de Bergerac.

M. l'abbé Cheyssac, curé de La Roche-Chalais, délégué de Mgr l'Évêque de Périgueux.

M. l'abbé Faure, vicaire à Notre-Dame de Bergerac, membre du Comité catholique.

M. l'abbé Frapin, aumônier militaire, à Bergerac.

DIOCÈSE DE PERPIGNAN

(Néant.)

DIOCÈSE DE POITIERS

M. l'abbé Fossin, secrétaire à l'évêché, directeur de l'Œuvre de Notre-Dame des Dunes, à Poitiers.

M. Jean de Moussac, président de l'Union catholique, à Montmorillon.

M. le baron DE TRAVERSAY, président du Comité catholique de Poitiers.

DIOCÈSE DU PUY

M. l'abbé BESSON, chanoine honoraire, délégué de Mgr l'Évêque du Puy, secrétaire du Bureau diocésain.

DIOCÈSE DE QUIMPER

(Néant.)

DIOCÈSE DE REIMS

M. l'abbé ALLAIRE, vicaire à la cathédrale de Reims.

M. l'abbé DE SAINT-ALBIN, curé-archiprêtre de Sainte-Ménehould.

M. BULTEAU-JUPIN, industriel, à Reims.

M. l'abbé GAROT, curé-archiprêtre de Charleville, délégué de Son Excellence Mgr l'Archevêque de Reims.

M. Alexandre HARMEL, au Val-des-Bois.

M. Ernest HARMEL, au Val-des-Bois.

M. Léon HARMEL, industriel au Val-des-Bois, membre du Bureau Central de l'Union.

M. Jules REIMBEAU, membre du Bureau Central de l'Union, au Val-des-Bois.

DIOCÈSE DE RENNES

M. l'abbé COLLET, chanoine honoraire, curé de Saint-Servan.

M. l'abbé DESRUES, aumônier de la garnison de Saint-Servan.

M. DE FRANCE, membre du Comité des Cercles catholiques de Saint-Malo.

M. l'abbé LEPANNETIER, vicaire à Notre-Dame, à Rennes.

M. DE MONIÈRE, élève de l'École des Chartes, à Rennes.

M. le comte DE PALYS, à Clayes en Parthenay, délégué de Mgr de Forges, évêque de Ténarie, vicaire capitulaire de Rennes.

DIOCÈSE DE LA ROCHELLE

M. l'abbé GIRAUDEAU, vicaire de Saint-Louis, à Rochefort-sur-Mer.

DIOCÈSE DE RODEZ

(Néant.)

3.

DIOCÈSE DE ROUEN

M. l'abbé DELALONDE, chanoine honoraire, doyen de la Faculté de Rouen, délégué de S. Em. le Cardinal-Archevêque de Rouen.

Le R. P. DELORME, des Frères-Prêcheurs, directeur du Patronage Saint-Thomas d'Aquin, au Hâvre.

M. l'abbé GAMARRE, directeur de l'Orphelinat de Rolleville.

M. LANGLOIS D'ESTAISTOT, au château des Autels, par Doudeville.

M. LECALLIER, membre du Cercle catholique d'Elbœuf.

M. l'abbé MARQUÉZY, au Collége de Mesnières-en-Braye.

M. SÉRÉ, membre de la Conférence de Saint-Vincent de Paul, au Hâvre.

M. SURIRAY, de Rouen.

DIOCÈSE DE SAINT-BRIEUC

Le R. P. BAYLOT, mariste, à Saint-Brieuc.

Le R. P. CONSTANT, mariste, à Saint-Brieuc.

M. l'abbé GUILLO-LOHAN, chapelain de Saint-Brieuc, sous-directeur de Notre-Dame d'Espérance, sous-directeur du Cercle Notre-Dame.

M. GUYOT, expert, secrétaire du Cercle Notre-Dame.

M. l'abbé PERRICHON, curé de Loudéac.

DIOCÈSE DE SAINT-CLAUDE

M. l'abbé LAURENT-MONNIER, chanoine honoraire, vicaire à la cathédrale et délégué de Mgr l'Évêque de Saint-Claude.

DIOCÈSE DE SAINT-DIÉ

(Néant.)

DIOCÈSE DE SAINT-FLOUR

(Néant.)

DIOCÈSE DE SAINT-JEAN DE MAURIENNE

(Néant.)

DIOCÈSE DE SEEZ

M. Arcade-Ridet, industriel, à Saint-Martin du Vieux Bellême.

M. Auvray, à Alençon.

M. l'abbé Beaugé, vicaire, à Alençon.

M. l'abbé Boscher, vicaire, à Flers-de-l'Orne.

M. l'abbé Clérice, aumônier militaire et curé de Saint-Front à Domfront.

M. l'abbé Darel, directeur au Grand-Séminaire de Séez.

M. des Diguières, membre du Comité catholique d'Argentan.

M. l'abbé Dubois, vicaire, à Regmalard.

M. l'abbé Dupuy, aumônier du lycée, directeur du Cercle catholique, à Alençon.

M. l'abbé Duval, curé, à Hesloup.

M. l'abbé Giet, vicaire, au Gué de la Chaine.

M. l'abbé Giet, vicaire, à Longny.

M. l'abbé Gillot, vicaire à Saint-Martin, à Laigle.

M. Hélie, membre du Comité catholique de Séez.

M. Jacob, notaire, à Nocé.

M. l'abbé Joly, curé au Pas Saint-Lhomer.

M. l'abbé Lhéreteyre, curé de Bellon-sur-Huisne.

M. l'abbé Mélite-Pinet, vicaire, à Beauvain.

M. l'abbé Montambault, vicaire, à Flers.

M. l'abbé Morin, vicaire, à Flers.

M. Tailfer, industriel, à Vimoutiers.

M. l'abbé Vingtier, vicaire, à Nocé.

DIOCÈSE DE SENS

M. l'abbé Pothenat, vicaire, directeur du Cercle catholique d'ouvriers, à Avallon.

DIOCÈSE DE SOISSONS

M. Jules Black-Tonnoir, industriel, à Saint-Quentin.

Le R. P. Callixte, trinitaire, à Soissons.

M. l'abbé Legrand, professeur à l'institution Saint-Charles, à Chauny.

DIOCÈSE DE TARBES

Le R. P. Noguès, missionnaire de l'Immaculée-Conception a Tarbes, délégué de Mgr l'Évêque de Tarbes.

DIOCÈSE DE TARENTAISE

(Néant.)

DIOCÈSE DE TOULOUSE

M. l'abbé Julien, directeur de l'Orphelinat des apprentis, à Toulouse.

M. l'abbé Tournamille, chanoine honoraire, directeur du Cercle Saint-Cyprien, à Toulouse.

DIOCÈSE DE TOURS

M. l'abbé Roze, curé de Notre-Dame la Riche, à Tours.

DIOCÈSE DE TROYES

(Néant.)

DIOCÈSE DE TULLE

M. l'abbé Léonard Talin, curé de Corrèze.

M. Martial Talin, directeur du Patronage de Tulle, délégué de Mgr l'Évêque de Tulle.

M. l'abbé Villadard, aumônier des Ursulines à Tulle.

DIOCÈSE DE VALENCE

(Néant.)

DIOCÈSE DE VANNES

(Néant.)

DIOCÈSE DE VERDUN

M. Joseph André, maître de forges, à Cousance aux Forges.

DIOCÈSE DE VERSAILLES

M. l'abbé Boursier, curé d'Avrainville.

M. l'abbé Caron, curé de Louveciennes, aumônier du camp de Rocquencourt.

M. l'abbé Delatour, vicaire général à Versailles.

M. Delbreil, à Versailles.

M. l'abbé Dutilliet, secrétaire général de l'évêché, à Versailles.

M. l'abbé Georget, curé de Davron.

M. l'abbé de Geslin, à Versailles.

M. Victor Krafft, membre du comité des Cercles catholiques à Versailles.

M. le chanoine Lenfant, à Versailles.

M. l'abbé Ollivier-Piquand, à Versailles.

M. l'abbé Poirier, élève au Grand-Séminaire de Versailles.

M. Desroys du Roure, à Versailles.

M. l'abbé Victor Thirion, vicaire à Montfort-l'Amaury.

DIOCÈSE DE VIVIERS

M. Frédéric Combier, négociant à Aubenas.

M. de Pavin de Lalarge, industriel à Viviers, délégué de Mgr l'Évêque de Viviers.

ÉTRANGER

M. l'abbé Constantino, directeur du Pénitencier de Bosco, à Marengo (*Italie*).

M. l'abbé Guay, vicaire général de Rimowski (*Canada*).

M. l'abbé Haal, curé-doyen de Luxembourg.

M. l'abbé Hanarte, professeur au collége d'Ostende (*Belgique*).

M. l'abbé Molitor, curé de Hollerich, (grand-duché de *Luxembourg*).

M. Léonard Murialdo, directeur du Collége des apprentis à Turin.

M. Charles Périn, professeur à la Faculté de droit de l'Université de Louvain (*Belgique*).

M. le chanoine Schorderet, à Fribourg (*Suisse*).

OUVERTURE DU CONGRÈS

DISCOURS DE MGR L'ÉVÊQUE DE CHARTRES

AU CONGRÈS DES DIRECTEURS DES ŒUVRES OUVRIÈRES CATHOLIQUES, LE 9 SEPTEMBRE 1878

Au moment de l'ouverture de ce Congrès, longtemps préparé, impatiemment, joyeusement attendu,
permettez-moi, Monseigneur, Messieurs, de vous souhaiter à tous la bienvenue; et tout d'abord, c'est un
bonheur pour moi d'avoir à mes côtés ce Prélat
renommé par ses vertus dont le nom est synonyme de
celui de zélateur de toutes les bonnes Œuvres, qui,
par ses écrits pleins de charme et de lucidité, et par
la fondation de cette admirable Société de Saint-
François de Sales a fait, non-seulement en France,
mais de toutes parts, un bien considérable. *(Bravos.)*

Combien, Messieurs, je suis heureux et honoré de
me trouver au milieu d'hommes éminents, de personnages considérables par leur science et par les
études profondes et spéciales qu'ils ont faites pour
procurer le bien-être des classes ouvrières, au point
de vue spirituel et temporel! Tous sont animés de
l'amour de leurs frères, tous veulent glorifier Dieu

en élevant la dignité de l'homme, du pauvre, de l'artisan, de celui qui souffre; tous ont pour but de resserrer le lien qui doit unir les hommes de tous les rangs. Ce lien, c'est la charité chrétienne qui ne se rompt pas, parce que Dieu le forme lui-même dans les cœurs par la grâce de l'Esprit-Saint, par la charité qui vient de l'Esprit-Saint. Combien donc nous sommes heureux de vous voir en ce moment et d'être entourés de tous ces Messieurs disposés ainsi à faire le bien et à poursuivre sans relâche ce but honorable. C'est aussi une grande consolation, Messieurs, de penser que nous sommes ici sous les auspices de la Très-Sainte Vierge, de Notre-Dame de Chartres, que nous sommes venus nous abriter sous les tours vénérables de son antique cathédrale. La cathédrale de Chartres est le sanctuaire le plus ancien qui ait été élevé en l'honneur de la Très-Sainte Vierge.

Dès le commencement, et de siècle en siècle, on a vu des multitudes de religieux pèlerins y accourir, un grand nombre de rois et un Souverain-Pontife. Des docteurs, des saints sont venus courber leur tête en présence de la Vierge Mère, baiser d'un profond respect les dalles de la crypte souterraine. Saint Louis, selon une tradition qu'aucun fait n'a démentie, a assisté lui-même à la consécration de notre insigne basilique, et l'on peut voir sur une magnifique verrière, à la porte nord de cet édifice, des preuves de sa foi et de sa munificence royale.

Prenez donc confiance, Messieurs, pendant que vous vous livrerez à vos travaux, la Sainte-Vierge regardera votre œuvre, soutiendra vos efforts, vous donnera de bonnes pensées et vous obtiendra l'amour de son divin Fils. Ne manquez pas de la prier de tout votre cœur, et tous les jours, pour vous et nos chers ouvriers. Oui, la Très-Sainte Vierge vous couvrira de sa maternelle protection; vous l'invoquerez et elle vous exaucera.

Mais j'ai hâte de prier Mgr de Ségur de prendre la parole, pour vous faire connaître le but et la nature de l'Œuvre qui nous réunit en ce moment, les fruits qu'elle est appelée à produire et qu'elle a déjà produits, et l'esprit qui doit animer tous les membres du Congrès. J'ai vu que le programme nous garantit l'inestimable avantage d'entendre sa parole, et je veux en jouir tout le premier. (*Applaudissements prolongés.*)

———

Après ce courtois et gracieux salut, Mgr de Ségur, Président du Bureau Central de l'Union, répond au vénérable Évêque; et, au nom de tous, Il exprime à Sa Grandeur les espérances que conçoivent tous les membres de l'Union à la pensée que leur onzième Congrès s'ouvre sous les auspices bien-aimés de Notre-Dame de Chartres, à l'ombre du plus antique sanctuaire dédié à la Sainte-Vierge MARIE, Mère de DIEU, *Virgini parituræ*. Quelques paroles d'amour filial à l'adresse de la Bienheureuse Vierge sont vivement applaudies par toute l'assistance.

Le vénéré Prélat donne ensuite quelques éclaircissements : 1° sur les *Œuvres ouvrières*. A l'adresse de ceux des assistants qui pouvaient n'être pas bien au courant de la question, il rappelle que « les Œuvres ouvrières » sont toutes, quelles que soient leur organisation et leur dénomination, des associations de persévérance religieuse. Elles se préoccupent le plus possible du bien-être matériel et du bonheur de l'ouvrier en ce monde; mais elles cherchent, avant tout, à le conserver bon et chrétien, à le ramener à DIEU s'il s'est éloigné de la religion, et à le maintenir ensuite dans la bonne voie, par le secours si puissant de l'association. Les œuvres dont s'occupe l'Union embrassent la classe ouvrière tout entière, depuis l'enfance jusqu'à la vieillesse : patronages d'apprentis, ouvroirs de jeunes filles, cercles de jeunes ouvriers ou de jeunes commis, œuvres d'usine et de manufacture, œuvres de militaires, associations de tout genre, destinées à atteindre le double but ci-dessus indiqué. Il va sans dire qu'il s'agit ici exclusivement des Œuvres ouvrières catholiques.

2° Il expose brièvement ce que c'est que l'*Union des Œuvres ouvrières catholiques*. Cette Union, constituée à Nevers en septembre 1871, n'est pas le moins du monde une union d'ouvriers, mais de directeurs, de présidents et de protecteurs des Œuvres unies. Elle n'a aucun caractère politique, et demeure *exclusivement* dans le domaine religieux, ne s'occupant du bien temporel de l'ouvrier qu'à titre de charité fraternelle, et, suivant la méthode de saint Vincent de Paul, afin d'arriver plus facilement aux âmes par la voie de la reconnaissance.

3° Enfin, Mgr de Ségur explique ce que sont les *Congrès* annuels de l'Union, et, en particulier, ce que doit être le Congrès de Chartres, qui s'ouvre en ce moment. Il fait comprendre la simplicité et, par conséquent, la force de l'organisation des Congrès, leur caractère essentiellement catholique, apostolique, romain, et leur dépendance absolue de l'autorité du Saint-Siège et des Évêques ; le rôle du *Bureau Central* de l'Union, qui, après avoir préparé de son mieux chaque Congrès, en dirige les travaux, en recueille les vœux, et s'efforce dans la suite de procurer leur exécution, du moins dans la mesure du possible.

En terminant, il se félicite, avec toute l'assemblée, des calomnies et des persécutions dont le Congrès vient d'être l'objet, même avant sa réunion ; et les énergiques sentiments de foi, de confiance en Dieu et de courage chrétien qu'il exprime à cet égard sont couverts de chaleureux applaudissements.

ALLOCUTION DE Mᴳᴿ DE SÉGUR

CHANOINE-ÉVÊQUE DE SAINT-DENYS, PRÉLAT DE LA MAISON DU PAPE
PRÉSIDENT DU BUREAU CENTRAL

Monseigneur [1],
Messieurs,

Après que Monseigneur de Chartres a lui-même daigné ouvrir notre Congrès et nous promettre la bénédiction de la Sainte-Vierge, nous devons nous réjouir tout d'abord de cette grande marque de la bonté de Dieu. Nous sommes enfants de l'Église catholique, et l'Évêque est le représentant officiel de l'Église. L'Évêque représente dans chaque diocèse l'Église universelle ; il nous représente l'Évêque des Évêques, le Vicaire de Notre Seigneur Jésus-Christ. Il nous représente Notre-Seigneur lui-même ; et bénis par l'Évêque, nous sommes sûrs d'être bénis de Dieu. (*Bravos.*)

Oui, mes Frères, nous avons la bénédiction de l'Évêque et de l'Église ; nous voici comme revêtus de la bénédiction de la Sainte-Vierge, et je suis convaincu que cette bénédiction va donner à notre Congrès de Chartres un caractère tout spécial de piété, d'amour mutuel et d'union. Au moment où notre vénérable Évêque nous promettait tout à l'heure cette bénédiction, je me rappelais une charmante parole que je lisais, il y a peu de jours, dans la vie du B. Alphonse Rodriguez, simple frère convers de la Société de Jésus, béatifié par Grégoire XVI. Un jour qu'il était au pied de l'image vénérée de la Très-Sainte Vierge, le Bienheureux Alphonse, les yeux baignés de larmes, lui disait : « O ma bonne

_____
[1] S. G. Mgr Regnault, évêque de Chartres.

Souveraine, si vous saviez combien je vous aime! Vous ne pouvez pas vous en douter. Je parie que je vous aime plus que vous ne m'aimez vous-même. » Aussitôt, la bonne Sainte-Vierge apparut aux yeux éblouis du Bienheureux Alphonse et lui dit en souriant : « O mon enfant, tu auras beau faire, tu ne pourras jamais m'aimer autant que je t'aime. » (Applaudissements.)

Eh bien! Messieurs et chers amis, nous aussi, enfants de la même Sainte-Vierge, nous l'aimons et voulons l'aimer de tout notre cœur, mais, hélas! sans pouvoir arriver là où les saints sont arrivés. Cependant, en bas de la montagne qu'ils ont gravie, disons la même chose à la bonne Sainte-Vierge, dans son grand sanctuaire de Chartres, le plus ancien de ses sanctuaires. Car c'est ici, Messieurs, que, pour la première fois, le culte de « la Vierge qui devait enfanter » a été annoncé au monde, même avant l'ère chrétienne. Les vieilles traditions du genre humain étaient arrivées jusque chez les druides, et les Gaulois avaient d'avance une grande dévotion à la Vierge qui devait enfanter. Vous savez tous qu'on a trouvé, dans ce pays, à Chartres, une pierre qui attestait cette croyance christiano-païenne : *Virgini pariturae*, en d'autres termes, à la Très-Sainte Vierge que nous ne connaissons pas encore, mais que nos fils connaîtront. Oui, la terre où nous sommes appartenait d'avance à la Vierge MARIE. Cette dévotion était un écho lointain du cri des Prophètes qui ont salué la future Mère de DIEU. Comment voulez-vous que, dans le sanctuaire de la Sainte-Vierge, à l'ombre de sa cathédrale, nous ne soyons pas souvent bénis et que notre Congrès n'ait pas un caractère spécial, un caractère qu'aucun Congrès précédent n'a pu atteindre. L'année dernière, nous étions dans le sanctuaire de la Mère de DIEU au Puy ; mais ce n'est qu'au IVe siècle qu'a commencé la dévotion de Notre-Dame du Puy ; sans doute plusieurs de nos rois s'y sont rendus en pèlerinage, et un grand Pape français, Urbain II, y a levé l'étendard des Croisades. Néanmoins, il faut bien l'avouer, Notre-Dame du Puy n'est pas la première Notre-Dame de France, c'est Notre-Dame de Chartres et c'est dans cette basilique de Notre-Dame de Chartres que nous saluons, au début de notre Congrès, la grande, l'antique Notre-Dame de France. (Applaudissements.)

Chers Messieurs, vous êtes tous, depuis longtemps, membres de l'Union ; tous, à un titre quelconque, vous appartenez aux OEuvres ouvrières : donc, ici, je ne parlerai d'abord qu'en passant de ces

Œuvres si importantes, pour donner quelques explications au petit nombre de ceux d'entre vous qui ne seraient pas bien au courant de la question et qui auraient besoin de quelques éclaircissements à cet égard. Je parlerai ensuite de l'Union des Directeurs d'Œuvres, et enfin des Congrès de cette Union, et du Congrès de Chartres en particulier.

Messieurs, vous savez tous ce que nous entendons par nos *Œuvres ouvrières :* ce sont des œuvres essentiellement catholiques; qui dit œuvre dit Église catholique, parce que, par la grâce de Dieu, les autres, ceux qui ne sont point de la famille de Dieu, restent, hélas ! les uns dans leur hérésie, les autres dans l'indifférence, les autres dans leur incrédulité; et nous travaillons, nous autres, nous faisons des œuvres, *opus ;* c'est le travail, nous sommes les ouvriers de Dieu, les travailleurs de l'Église, et pour cela nous faisons des œuvres, ou, pour mieux dire, c'est Notre-Seigneur qui est le grand ouvrier de Dieu dans le monde, il fait l'œuvre du Père, et, ici-bas, nous sommes ses coopérateurs, nous sommes les ouvriers de Dieu. Que Notre-Seigneur mette dans nos cœurs l'amour des œuvres qui aboutissent, sous la bénédiction de Dieu, à sa gloire et à la sanctification de nos frères. Les Œuvres ouvrières sont des œuvres de persévérance religieuse, et, au fond, elles ne sont que cela : nous voulons, nous cherchons le bonheur spirituel et éternel de l'ouvrier. Nous prenons le pauvre petit enfant qui sort des mains des Frères des Écoles chrétiennes, des bancs de l'école et des catéchismes pour le garder à Dieu, et nous continuons ce travail de garde, de fidélité à notre Maître qui nous a donné à chacun le soin du prochain : *Mandavit unicuique de proximo suo ;* nous le suivons dans le cours de sa vie et jusqu'à sa vieillesse; nous faisons davantage, nous étendons nos soins jusqu'à la famille ouvrière : la mère de famille, l'ouvrier, le jeune homme, le fils, par notre grande Union, qui est vraiment universelle. Nous ne pouvons pas tout; mais nous voudrions tout, et Notre-Seigneur aura pour agréable notre bonne volonté, car elle embrasse tout, comme le mystère de l'Incarnation embrasse tout. Nous sommes catholiques, et rien de ce qui est bon, de ce qui est saint, de ce qui est charitable et qui mène à Dieu, n'est étranger à des catholiques. (*Applaudissements.*)

Nos Œuvres ouvrières sont donc des œuvres catholiques; elles sont essentiellement religieuses, et nous nous occupons du bonheur temporel de l'ouvrier, comme saint Vincent de Paul et les saints s'occupaient du bonheur temporel des pauvres, et tout cela en vue de Dieu et du bien spirituel, du bien de l'Âme : *Operemur bonum ad omnes*, dit l'apôtre saint Paul, travaillons au bonheur de tous, en vue de leur âme, pour les attirer à nous, et par nous au bon Dieu, et au bon Dieu pour leur salut éternel. L'*Unum necessarium* de l'Évangile domine tous nos travaux, et, parce que nous sommes chrétiens, nous aimons Dieu et nous voulons le faire aimer partout, sur la terre comme au ciel ; c'est pour cela que nous nous donnons tant de mal, que nous usons notre santé, nos forces, et nous laissons à la merci de qui veut la prendre notre réputation ; c'est pour cela que nous sommes exposés à des actes très-désagréables des journaux du xix° siècle. (*Applaudissements.*) Hâtons-nous de dire que ça ne nous fait rien du tout. (*Applaudissements prolongés.*)

Voilà donc, Messieurs, ce que sont nos Œuvres ouvrières ; est-il possible de concevoir quelque chose de plus beau, de meilleur? C'est le cri échappé au cœur vraiment paternel de cet incomparable Pape, sous le pontificat duquel nous avons passé la plus grande partie de notre vie, de Pie IX, qui est maintenant au paradis (*acclamations*), et qui nous bénit en ce moment ; il ne nous envoie plus de Brefs comme jadis, mais il envoie les bénédictions que contenaient ces Brefs. (*Bravos.*) Vous vous souvenez peut-être que dans son dernier Bref, le plus ample qu'il nous ait envoyé, il disait : « Nous ne pouvons pas comprendre une œuvre plus excellente, meilleure, plus utile, à tous les points de vue, à l'Église, à la famille, à la société civile et ecclésiastique que l'excellente œuvre que vous avez entreprise, mes chers fils, et que vous continuez au milieu de toutes les difficultés possibles. » (*Applaudissements.*) Je ne sais, Messieurs, si je serai encouragé dans cette pensée, mais j'ai entendu dire que notre Congrès de Chartres ferait bien de demander à Léon XIII, le vénérable et admirable successeur du bon Pie IX, de le donner pour Patron des Œuvres ouvrières, d'entamer (car je sais qu'il aime cette proposition), d'entamer, d'ouvrir le procès de sa béatification. Vous verrez, Messieurs, dans votre sagesse et dans votre prudence, si vous devez y donner suite dans ce Congrès, et lors de la clôture, quand nous mettrons notre Adresse finale aux pieds du Souverain Pontife, comme adieu de cœur, avant de nous séparer, vous verrez s'il est opportun, s'il est utile alors de chanter à la louange de PIE IX le *Gloria in excelsis Pio*. (*Applaudissements prolongés*.)

Voilà donc, Messieurs, nos Œuvres ouvrières bénies par le Saint-Siège apostolique, approuvées, bénies par nos Évêques; je n'en connais pas un seul qui n'ait saisi toute occasion de montrer combien ces Œuvres ouvrières lui étaient sympathiques, et chacun, à qui mieux mieux, qualifiait cette Œuvre d'admirable. (*Applaudissements*.) Nos Œuvres sont assurées d'être agréables à DIEU, aux Évêques, à l'Église.

Voilà, Messieurs, la première idée qui répond à cette objection que l'on faisait au commencement du Congrès, que nous nous occupions de ce qui ne nous regardait pas. Nous nous occupons de ce qui nous regarde essentiellement : c'est parce que nous sommes chrétiens, et parce que nous avons du cœur, et l'esprit de charité, *charitas Christi urget nos*, c'est pour cela que nous nous occupons de cette Œuvre avec cette largeur, qui nous fait embrasser du berceau à la tombe la classe ouvrière, les pauvres de Jésus-Christ. Le désir de mieux faire ces Œuvres ouvrières, le désir très-noble et très-bon de les développer par toute la France sous l'égide particulière de nos Évêques, sous la bénédiction et la protection de notre clergé séculier d'abord, et ensuite régulier.

Je vous ai donné l'idée de ces bons prêtres, de ces pieux laïques qui se dévouaient sans cesse à cet apostolat de la classe ouvrière pour former ensemble une union de piété, de vie, de prière avant tout, mais pas de gouvernement, de direction, afin d'échauffer les cœurs de chacun par la charité de tous, afin que chacun vienne apporter ensemble le tribut de ses lumières, de ses bonnes pensées et que chacun profite de ce qu'ont fait tous les autres, des écoles qu'ils ont pu faire, des maladresses qu'ils ont pu commettre et qu'ils viennent naïvement proclamer au milieu de leurs frères : Ne passez pas par ce chemin, j'y ai passé, je me suis brûlé, passez par ici, je le connais, suivez-moi. C'est ce que nous faisons dans notre Union. L'Union a commencé, il y a bien longtemps; le premier qui l'ait ébauchée est ici présent au milieu de nous, c'est M. l'abbé le Boucher, du diocèse d'Angers, que nous avons proclamé bien des fois le Patriarche de l'Union. (*Applaudissements*.) Cependant, pour qu'il ne puisse pas en prendre de l'orgueil, ajoutons bien vite que ce n'est pas lui tout seul; après le bon Dieu, après la Sainte-Vierge, après saint Vincent de Paul, c'est le Congrès de Nevers. Après les désastres de la France en 1871, quatre vingt-cinq directeurs d'Œuvres de bienfaisance, des Aumôniers, des amis d'Œuvres ouvrières se réunirent à Nevers sous la bénédiction de l'Évêque de Nevers et là on eut surtout une pensée de Dieu.

Nous nous réunissons à Versailles, à Paris, à Angers, c'est bien, mais quand on s'est séparé, chacun emporte au fond de son cœur une joie, mais elle ne se répand pas, il n'y a pas d'expansion, elle reste seulement pour nous, il faudrait en faire profiter d'autres. Vous savez combien, nous, Français, nous sommes terribles pour répandre autour de nous le bien comme le mal, le mal comme le bien ; et le cœur de ces bons prêtres français réunis à Nevers saignait de se trouver comme resserrés par leur petit nombre. On dit : Il faut fonder une *Union des directeurs* d'Œuvres ouvrières, il faudra tâcher d'organiser un *bureau* ; nous prendrons Paris parce qu'il est à la source des chemins de fer. C'est un fleuve de bien, souvent d'autre chose ; mais tout aboutit là ; c'est la capitale de la France. Certains de nos amis que nous retrouvons ici, afin de nous servir, étaient là. C'était, non pas pour diriger et pour conduire, mais pour servir, pour faire l'office de bons et fidèles serviteurs, et, par conséquent, ils furent tout de suite chargés de préparer pour l'année suivante une réunion comme à Nevers. Regardez autour de vous, il n'y a pas ici d'ouvriers, il y a ici les directeurs des Œuvres ouvrières, c'est absolument comme dans un Concile ; il n'y a pas de chrétiens, de fidèles, mais des Évêques qui représentent chacun la partie de l'Église confiée à leur sollicitude par le Chef unique de l'Église.

Eh bien ! nous avons eu cette pensée aussi de faire ce Concile avec cette différence qu'il n'y a pas de Pape. (*Sourires.*)

Ici, il y a des directeurs qui propagent le bien, qui font connaître à tout le monde Notre Seigneur Jésus-Christ, qui le font aimer, qui apprennent par leurs exemples et par leurs paroles aux jeunes gens, aux soldats, aux ouvriers, aux vieillards à prier, à s'approcher des sacrements, à se confesser humblement, souvent, et à apprendre à être bons et chrétiens, voilà ce que vous faites, Messieurs, vous venez vous réunir ici pour propager ces Œuvres ouvrières dont vous êtes les protecteurs, les pères et les amis. Voilà ce qu'est notre Union, comme vous le voyez, et qu'on a appelée *L'en-*

trale : sans doute qu'on n'y voyait pas malice en ce temps-là : *In illo tempore*. On l'appelle Centrale, nous aurions pu l'appeler de Saint-Vincent de Paul ou Bureau de Paris; le mot — Central — ne fait mal à personne et il est bien facile d'en donner l'explication. Tant pis si l'on ne comprend pas, car nous sommes accusés d'être politiques, une association politique, générale; nous sommes accusés d'être une association centrale qui se ramifie partout, dont la poignée est à Paris et la pointe de tous les côtés. (*Sourires.*) Malheureusement, il n'y a pas de poignée à la pointe et la pointe n'est nulle part, parce qu'une pointe pique et nous ne piquons pas, car nous avons la charité et la poignée est là où se trouve une main qui tient une crosse. (*Applaudissements.*) Ici, à Chartres, il n'y a pas d'autre directeur des Œuvres ouvrières que Mgr l'Évêque de Chartres. (*Applaudissements.*)

A Paris, il n'y en a pas d'autre que son S. Ém. le Cardinal-Archevêque de Paris, et de même pour tout le reste de la France, à Versailles, à Poitiers, en Normandie, partout, dans tous les coins, partout où il y a un diocèse, le directeur de l'Union c'est le Pape pour l'Église universelle, et dans chaque diocèse, notre Évêque. Si maintenant on veut appeler notre Union : Centrale, on peut dire que la foi catholique est centrale, que la confession est centrale, que la communion est centrale. Oh! comme elle est centrale! mon Dieu, tout est central dans l'Église; et, sous ce rapport, on a admirablement raison : *Unam Ecclesiam;* et nous avons pour profession de n'être que des catholiques, nous ne sommes qu'une œuvre catholique; mais nous sommes plus qu'une œuvre : nous sommes une idée catholique, et cette idée catholique s'appelle l'idée des Œuvres ouvrières. (*Applaudissements.*)

Le Bureau Central de cette Union est appelé à rendre tous les services que les directeurs peuvent désirer. Vous savez tous qu'il y a des villages, des villes de province, qui n'ont que peu ou point de ressources. Au contraire, dans les grandes villes, et spécialement dans la grande ville de Paris, les ressources sont inépuisables, et incalculables. Ainsi un pauvre petit curé, un vicaire, sous la protection de son curé, veut former un patronage; il ne sait pas s'y prendre; que fait-il? Il écrit au Bureau Central, et le Bureau lui envoie des documents rédigés par des hommes compétents sur cette matière, par des hommes d'expérience, la manière de s'y prendre, pour fonder dans une paroisse rurale de cinq à six cents âmes une œuvre de jeunes gens, de mères chrétiennes, d'ouvriers chrétiens. Dans les villes, on agit de même; car les difficultés changent de face; mais elles sont au fond les mêmes, toujours. Nos renseignements sont fournis par l'expérience de tous, et dans ce moment deux ou trois d'entre vous sont chargés de les réviser pour éviter toute erreur, et répondre davantage à vos désirs. Encore un autre service que nous vous rendons : vous avez besoin de manuels de prières pour vos réunions, nous vous en préparons. Nous en avons relié de très-bons à bon marché, qui sont faits pour nos Œuvres, pour l'enfant, pour l'apprenti, pour l'ouvrier, pour le jeune homme, pour le soldat; nous ne vendons pas : nous n'avons pas de patente, nous cédons à prix coûtant : nous perdons ordinairement et beaucoup, et c'est le plus clair de notre budget (*sourires*); mais je le sais: c'est l'appât du pêcheur divin, de Notre Seigneur Jésus-Christ, pour prendre le poisson. On dit : où prendrons-nous ces livres, où les achèterons-nous? Ils vont nous coûter les yeux de la tête. Le Bureau Central répond à vos désirs : il vous envoie tout ce que vous demandez. Vous n'avez pas d'argent : le Bureau Central ne peut pas vous en donner; mais il s'ingénie pour vous en faire trouver, et au moyen de deux grandes Œuvres, dont il sera question dans ce Congrès, au moyen de l'Association de Notre-Dame de Salut, et de l'Œuvre de Saint-François de Sales. Voilà ce système de services qui permet à une quantité de bons prêtres et de chrétiens d'accomplir une mission et de fonder des œuvres ouvrières. Eh bien! dans l'Œuvre de Saint-François de Sales, nous arrivons à donner chaque année (pour les Œuvres ouvrières) de 30 à 35,000 francs; si nous avons beaucoup d'argent, nous donnons davantage. Ce que je dis des Œuvres ouvrières, Messieurs, s'applique également aux œuvres militaires, aux cercles militaires, à l'Œuvre des marins, aux aumôniers des soldats marins, et ce ministère se rattache essentiellement aux Œuvres ouvrières, car ces enfants qui quittent nos œuvres à dix-neuf ans, s'ils ne trouvent pas l'Aumônier militaire, l'Aumônier de marine, pour les recevoir et les garder au bon Dieu, ils seront perdus; ils s'en iraient s'engouffrer dans des abîmes de vices et de misères que vous savez aussi bien que moi. Voilà donc l'Œuvre des directeurs des Œuvres ouvrières, sous la direction de l'Évêque du diocèse.

Maintenant arrivons au Congrès; cette réunion est la huitième.

depuis la fondation de l'Union. Nos Congrès sont la réunion des directeurs des œuvres ouvrières catholiques.

Ici, il n'y a pas d'autre autorité que celle du président, l'Évêque du diocèse, qui convoque, qui bénit, qui prend devant Dieu et devant les hommes la responsabilité de notre réunion. Pour nous, nous n'avons d'autre responsabilité que d'être bien sages; mais la responsabilité de l'Évêque est la responsabilité de Dieu en personne. Nous autres Membres du Bureau Central, nous avons l'air d'être l'autorité; mais nous n'avons en réalité qu'une mission très-fatigante, permettez-moi de vous le dire, celle d'organiser nos Congrès, de perfectionner chaque année ce que nous avons fait les années précédentes, afin de vous mettre plus à votre aise, et de vous rendre contents de vos serviteurs. Malheureusement nous ne pouvons pas tout ce que nous voulons. Depuis trois ans, nous n'avons pu obtenir comme les années précédentes, le 1/2 tarif sur les différents réseaux en faveur des Congressistes, à l'exception de la C¹ᵉ du Nord, qui généreusement nous a toujours accordé demi-place : les autres refusent cette concession, et c'est la raison pour laquelle nos Congrès depuis trois ans sont moins nombreux, parce que les directeurs des Œuvres ouvrières ne sont pas riches; ils donnent de leur substance; ils sont pauvres, quelquefois jusqu'à la dernière pauvreté; nous connaissons sous ce rapport des choses héroïques; nous faisons le bien comme Notre-Seigneur, comme les Apôtres l'ont fait. Quand nous avons des demi-places, nous en profitons; mais quand on n'en a pas, ceux qui ne peuvent en supporter les frais, restent chez eux.

Nos Congrès se tiennent sous la houlette pastorale de l'Évêque, et ici, avons-nous dit en commençant, sous la houlette de la Sainte-Vierge. J'ai eu le bonheur de faire connaissance à Arras d'un couvent de Bénédictines du Saint-Sacrement, et la supérieure qui est abbesse, d'après les grandes traditions bénédictines, se montrait à moi, mais sous le nom de prieure : « Vous n'êtes donc pas une abbaye, — Si, Monseigneur, nous sommes une abbaye qui existe depuis fort longtemps. — Pourquoi ne prenez-vous donc pas le titre d'abbesse. — Madame l'abbesse n'est pas ici, elle est au chœur, c'est la Sainte-Vierge et ma crosse est au chœur dans les mains de la Sainte-Vierge, qui est madame l'Abbesse : moi, je ne suis que sa première servante, je suis la prieure; pour travailler à sa gloire et à celle de Notre-Seigneur. » A Chartres le premier serviteur de la

Sainte-Vierge, c'est l'Évêque, et sa crosse repose entre les mains de la Mère de Dieu. » (*Applaudissements.*)

Voilà, chers Messieurs ce que je voulais vous dire en gros; je voulais ajouter que cette année notre Congrès est béni plus qu'aucun autre. Je n'en sais rien; mais j'en suis sûr, et pour une raison très-simple, c'est que d'avance, avant de naître, il a été persécuté. (*Applaudissements*). Vous avez eu des calomniateurs qui parlent de choses qu'ils ne connaissent pas et auxquels j'ai cru de mon devoir de répondre. Ils prétendent que vous vous réunissez pour faire le mal : vous ne vous en seriez pas douté! Ici, nous sommes réunis sous la bénédiction de la Sainte-Vierge et de Monseigneur, pour faire le mal! c'est un peu fort! Continuons à faire le bien, ce sera la meilleure manière de répondre à ces mauvaises paroles, à ces mauvais cœurs. Nous pouvons leur répondre, si par hasard derrière les fentes de cette tente, il y avait de faux-frères pour dénaturer nos paroles et nos actes, que nous ne nous laisserons pas faire et bien que nous soyons des agneaux comme notre Maître : *Ecce Agnus Dei,* qu'ils sachent que nous sommes aussi les lions de la tribu de Juda, et que les lions ont des dents et des griffes, et que sans vouloir pourtant en user jamais, nous ne nous laisserons pas calomnier, parce que nous sommes les enfants de l'Église, que nous sommes des catholiques, et que nous faisons les œuvres de Dieu. Nous ne nous laisserons pas calomnier impudemment et malgré les préjugés de certaines gens, s'ils s'attaquent à nous, de manière que nous puissions le juger blessant pour la foi et non pas pour nous, car nous ne pouvons pas être blessés; mais pour l'Église catholique, pour son honneur, nous irons jusqu'aux tribunaux, s'il le faut, et je ne les engage pas à s'y frotter! (*Applaudissements*). Au fond, ce sont des poltrons; car lorsqu'on fait le mal, au fond du cœur, on a peur. (*Bravos.*) Voilà pourquoi nous n'avons pas peur; nous n'avons peur que d'une chose, c'est d'offenser Dieu, c'est de ne pas faire assez de bien; nous espérons de la bonté de la Sainte-Vierge que nous aimons de tout notre cœur, qu'elle bénira tous nos travaux, et qu'elle nous fera faire le bien *très-bien,* et afin d'imiter les prédicateurs, c'est ce que je vous souhaite à tous de tout mon cœur. (*Applaudissements prolongés.*)

DISCOURS DE M. CHARLES PÉRIN

PROFESSEUR A LA FACULTÉ DE DROIT DE L'UNIVERSITÉ DE LOUVAIN

MESSEIGNEURS,
MESSIEURS,

Je sens profondément le charme de cette grande assemblée chrétienne. J'en suis d'autant plus pénétré que, depuis bien des années, je souhaite de pouvoir m'associer à vos travaux et de venir m'inspirer de votre zèle.

Éloigné par la distance, je me suis trouvé au milieu de vous par la pensée chaque fois que vous vous êtes réunis. De cœur je vous ai fidèlement suivis depuis Nevers jusqu'ici, attentif à tous vos actes, et ne cessant de m'instruire à votre école.

Devant une assemblée si franchement dévouée au bien, qui déjà voit ses efforts couronnés de tant de succès, il ne faudrait, semble-t-il, parler que d'espérances. C'est tout le contraire que j'ai résolu de faire. Le discours que je vais vous tenir pourrait décourager des hommes qui ne trouveraient pas, comme vous, leur raison d'agir dans les régions supérieures à ce monde.

Je veux vous parler, Messieurs, des obstacles qui s'opposent présentement à ce grand travail de la restauration de la foi chrétienne dans le peuple ouvrier, travail tout ensemble religieux et social, qui est l'objet propre de votre Œuvre. Vous montrer la grandeur des obstacles, c'est vous dire la grandeur des sacrifices que vous avez à faire pour les vaincre. En m'expliquant sur ce point avec une entière franchise, je suis sûr de répondre à vos intentions, car vous avez bien fait voir que votre charité est toujours empressée à rechercher et à accomplir tous les sacrifices.

. Mais je ne répondrais point à votre pensée, et je pourrais être justement accusé de charger à dessein mon tableau de teintes assombries, si je ne vous rappelais, par un coup d'œil jeté en passant sur des Œuvres qui ont réussi, comment ces obstacles, si redoutables qu'ils soient, peuvent être surmontés par la charité, lorsqu'elle travaille docilement dans l'esprit de l'Église, et qu'elle sait proportionner son action aux nécessités de l'époque.

I

Le premier des obstacles que vous trouvez sur votre route, Messieurs, c'est l'hostilité que le bien rencontre en ce monde par cela seul qu'il est le bien. Cet obstacle est de tous les temps. C'est la révolte instinctive de notre nature déchue contre les rigueurs du sacrifice au prix desquelles tout bien doit être conquis. Mais de nos jours cette révolte affecte un caractère d'intensité et d'universalité qu'elle n'avait pas eu jusqu'ici. Elle se nomme elle-même la Révolution et se propose ouvertement la destruction définitive, absolue, radicale, c'est le mot juste, de tout ce que les hommes, en tous les siècles, ont accepté et respecté comme la loi naturelle de leur vie.

Deux mots résument la doctrine et l'action du radicalisme révolutionnaire : Le mal glorifié et mis à la place du bien ; l'individualisme exalté comme principe d'harmonie sociale et substitué à la charité que l'on repousse en l'outrageant.

Les plus fermes, lorsqu'ils jettent un regard dans cet abîme de passions réfléchies et intraitables que la Révolution a ouvert au milieu de nous, ne peuvent se défendre d'un mouvement d'effroi. Pour ne pas céder au découragement, ils ont besoin de se rappeler qu'ils ne sont pas seuls dans les combats livrés au génie du mal, auteur et fauteur de tout individualisme, et qu'ils ont avec eux Dieu, auteur et protecteur de tout bien et de toute charité.

Et pourtant ce n'est pas de ce côté que nous avons le plus à nous garder. Cet adversaire qui nous poursuit de son hostilité radicale et nous menace d'une totale destruction, nous contraint à la lutte. Devant un tel ennemi nous ne pourrions déposer les armes sans que la révolte de notre conscience nous avertît à l'instant de notre erreur. C'est en nous-mêmes, dans les illusions que nous suggère parfois notre affection pour la grande cause à laquelle nous sommes dévoués, dans l'empressement quelquefois irréfléchi que nous mettons à la servir, qu'est la source d'un péril moins facilement aperçu et par cela même plus à craindre.

Les circonstances, autant que les recommandations de l'Église, nous font une nécessité d'aborder le mal dans sa cause première. Il s'agit d'attaquer, partout où elle se rencontre, la tendance, malheureusement générale aujourd'hui, à faire vivre l'homme de ses seules forces, comme s'il était lui seul son auteur, ou du moins à le faire dépendre aussi peu que possible de Celui auquel il doit tout, même cette grandeur dont il est si fier et dont il abuse tant. C'est-à-dire qu'il faut que nous nous en prenions directement à l'erreur libérale, qui est l'essence même de la Révolution, et que nous combattions sans ménagements, sous toutes ses formes, la doctrine d'orgueil dont le libéralisme s'inspire.

Pour entreprendre avec succès cette attaque de front contre l'erreur capitale du siècle, il faut être armé de convictions arrêtées. Il faut aussi ne pas redouter les conséquences d'une attitude qui peut nous obliger à rompre avec des hommes et des partis qu'on appelle modérés et que l'on espère rallier, en évitant de poser vis-à-vis d'eux les principes qui divisent.

II

Plusieurs, soit qu'ils aient de ces craintes, soit qu'ils ne voient pas bien le fond des questions, aiment à se renfermer dans la considération des désordres particuliers qui affectent la paix et le bien-être de notre société. Sans creuser plus avant, ils se bornent à chercher le remède dans certaines pratiques des temps qui n'ont pas souffert comme nous de ces désordres.

Cette méthode offre deux grands inconvénients : en théorie, elle renverse les choses et prend les effets pour la cause; en pratique, elle se condamne à l'impuissance parce qu'elle laisse subsister le principe toujours actif des maux qu'elle voudrait guérir.

L'instabilité est dans toute notre vie moderne. C'est un fait reconnu par tout le monde, mais il est diversement apprécié. Les uns s'en réjouissent, les autres s'en effrayent et s'en affligent, suivant qu'ils sont pour ou contre la Révolution; mais tous sont d'accord pour le constater. Il nous frappe particulièrement dans les choses qui font l'objet habituel de nos préoccupations. L'économiste l'aperçoit surtout dans l'atelier : là dans les conditions de l'hérédité, ici dans la nature des engagements. En poussant l'investigation plus avant, on reconnaîtrait que cette instabilité tient à la disposition intime des âmes, qu'elle procède des erreurs qui ont altéré le fond même de notre conscience.

Arrivé là, il faudrait, Messieurs, pour résoudre la difficulté, faire appel aux principes. Mais la voie des principes est longue. On ne peut se flatter de les faire accepter promptement d'une société dont ils contrarient tous les penchants. De nos jours, pour le bien comme pour le mal, on est pressé. On suivra donc une voie qui paraît plus courte. On laissera respectueusement les principes dans les régions supérieures, et on se renfermera dans l'ordre des faits que la tradition établit.

Reconnaître, comme des données convenues, certaines vérités morales qui se retrouvent dans la tradition de tous les peuples, et fonder sur ces données la paix sociale ; restaurer la famille par la liberté de tester rendue au père ; réorganiser l'atelier par la permanence des engagements, telles sont les réformes par lesquelles on croit pouvoir rendre l'ordre à nos sociétés, que leur révolte contre Dieu menace d'un écroulement général.

Si l'on considère la ténacité des préjugés et des engouements de notre âge, ce n'est assurément pas la hardiesse qui manque à ce plan de réforme sociale. Mais c'est un autre genre d'audace qu'il nous faut, Messieurs, pour triompher des entêtements modernes. Ils ont leurs sources dans certaines conceptions générales, dans certaines erreurs capitales, que la Révolution a réussi à répandre jusque dans le peuple. Pour les vaincre, il faut s'attaquer à ces erreurs fondamentales par l'audace des affirmations totales. La réforme sociale, dont nous venons d'esquisser les traits généraux, laisse de côté ces questions essentielles, sur lesquelles se livrent les grands combats qui décideront du sort du monde contemporain ; elle reste dans les dehors du problème, alors que, pour sortir d'embarras, c'est au cœur même de la difficulté qu'il faut aller.

Gardez-vous toutefois, Messieurs, de méconnaître le profit que nos sociétés ont tiré, et peuvent tirer encore, de ces courageuses propositions de réforme, et ne diminuez pas l'honneur qui en revient à leur promoteur. Ceux qui, aujourd'hui, aperçoivent et vous signalent les côtés faibles de cette louable entreprise n'ont pas été les derniers à applaudir à l'initiative généreuse d'où elle est sortie, à se réjouir de l'ébranlement salutaire qu'elle a imprimé aux idées. Pour la faire accepter, même d'un petit nombre, ce n'était pas trop de tout ce qu'un homme peut montrer de pénétration, de droiture, d'amour du bien, de persévérance infatigable, toutes choses qu'en ce temps de libéralisme on nous donne rarement l'occasion d'admirer.

Quelle entreprise, que de rappeler au respect et à la pratique de
la tradition une société qui, depuis un siècle, se fait honneur de
mépriser son passé ! Restaurer la chaîne des traditions est une des
premières nécessités de ce temps de folies orgueilleuses et d'aven-
tures coupables. Plus d'un, parmi ceux qui s'étaient laissés séduire
aux fausses grandeurs de la Révolution, commencent à le comprendre. Mais est-il bien sûr que les hommes consciencieux qui cèdent
à cette heureuse impulsion soient tous bien fixés sur le vrai caractère de la tradition en fait d'ordre social ?

Veuillez y prendre garde, Messieurs, il n'y a pas seulement,
pour les sociétés, la tradition des faits et des institutions, il y a
aussi, il faut qu'il y ait avant tout, la tradition des principes. Et
cette dernière est la source de la première, la raison de sa persis-
tance et de son autorité.

Tenter de nous refaire un ordre social, en rassemblant quelques-
unes des pièces aujourd'hui éparses de l'édifice renversé par la
Révolution, sans se soucier de mettre à la base les principes qui
sont le fondement nécessaire de toute construction sociale, ce
serait, suivant l'expression des saintes Écritures, bâtir sur le sable
une demeure que le premier coup de vent emporterait. Comment
songer à bâtir de la sorte, en un siècle que l'on pourrait appeler le
siècle des tempêtes ?

Reprenons, sans hésiter, la tradition intégrale de nos sociétés
modernes, qui est la tradition chrétienne. Pratiquons la grande et
simple leçon d'architecture sociale que nous donne Celui qui est le
maître des nations aussi bien que des individus. Supputons atten-
tivement ce qui doit entrer dans les fondements de cette demeure
que nous voulons nous bâtir, sur les ruines amoncelées par la
Révolution, afin qu'elle soit, pour nous et pour nos fils, un abri
sûr et durable.

Lorsqu'on fait appel à la coutume, on oppose des mœurs à d'autres mœurs. Mais qui dira que les mœurs que l'on veut restaurer
valent mieux que celles que l'on veut corriger ? On prétend juger
par la coutume les pratiques contemporaines ; mais qui jugera la
coutume ?

Nos pères avaient des principes : c'étaient les vérités que l'Église
leur enseignait d'autorité divine. De ces vérités sortaient des règles
de conduite obligatoires pour la vie publique comme pour la vie
privée, et ces règles, habituellement pratiquées, constituaient le

fond des traditions. Si nous voulons rendre fécondes les sollicitations généreuses qui nous ramènent à la tradition et nous pressent de rompre avec l'esprit de subversion et d'instabilité, élevons la tradition au-dessus de l'arbitraire des conceptions humaines. Confirmons la leçon des faits par l'acte de foi et d'obéissance qui lui donnera toute sa vertu. Tenons-nous étroitement unis à la seule institution qui ait pu traverser les siècles sans jamais changer, à cette Église catholique, qui résume dans ses dogmes et dans sa législation toute la tradition du genre humain, et qui donne à la tradition sa règle infaillible.

Restons franchement soumis à cette puissance, qui sait respecter la liberté des hommes dans les choses contingentes et variables, tout en lui imposant dans les choses nécessaires une salutaire contrainte : qui sait aussi, en répandant la grâce dont elle est dépositaire, rendre faciles les obligations qui pèsent le plus à notre faible nature.

III

Les catholiques sont les soutiens nés de la tradition; mais, grâces à Dieu, ils ne sont point, comme on voudrait le faire croire, les adversaires nés de tout changement. L'autorité qui les guide a toujours su proportionner son action aux besoins des temps. Là où elle ne trouve rien qui contredise la loi de Dieu, elle répand ses bénédictions, et elle ne renonce jamais à tirer de l'ordre créé par les hommes, dans le domaine laissé à leur liberté, des moyens de réaliser son but suprême, qui est de conduire les âmes à Dieu.

Ce ne serait pas, Messieurs, sans grand détriment pour nos Œuvres, et pour l'influence qu'elles doivent exercer sur la société, que nous asservirions nos idées et nos entreprises à des formes de vie publique et privée qui ont produit, dans certaines conditions d'existence sociale, des résultats heureux, mais que le temps, en modifiant ces conditions, a définitivement emportées.

Il arrive qu'aujourd'hui les plus fermes dans la foi, les plus ardents au bien, les plus exercés dans les œuvres, se prennent à douter de tout dans la vie contemporaine. Il leur semble que tout est perdu sous le régime de liberté qu'ont adopté les sociétés modernes, et ils font un appel désespéré à des mesures de contrainte légale et de réglementation du travail, auxquelles répugnent également nos habitudes présentes et les transformations accomplies dans les procédés du travail.

On parle de restaurer les anciennes relations légales des patrons avec les ouvriers, alors qu'en réalité la situation des uns et des autres est absolument changée, alors que, par l'extension des entreprises, par l'emploi des grands capitaux et des puissants moteurs, par la concentration des travailleurs dans de vastes ateliers, par l'extension du marché et la nécessité de chercher au loin le placement des produits, les rapports entre l'ouvrier et celui qui l'emploie se trouvent absolument modifiés.

On voudrait rétablir des corps de métiers, aujourd'hui qu'il n'y a plus de métiers, et que la grande industrie envahit de plus en plus le domaine du travail. Pour nous ramener aux règlements des métiers, il y aurait à porter un règlement préliminaire : celui qui limiterait l'importance des ateliers, mettrait des bornes à la division du travail et interdirait de vendre les produits en dehors d'un certain rayon. Ce règlement-là, Messieurs, personne no le fera, et je n'ai pas entendu dire que personne ait osé le proposer.

Les patrons et les ouvriers, dans la situation où ils sont les uns vis-à-vis des autres, ont comme jadis des droits et des devoirs réciproques. Il faut trouver le moyen d'assurer le respect de ces droits et la pratique de ces devoirs. Notre état social laisse en ce point beaucoup à désirer, tout le monde en convient. Il y a des garanties à donner, cela est certain. Mais faut-il aller les demander à des institutions qu'on ne peut concilier ni avec les transformations définitivement introduites dans les procédés du travail, ni avec un régime de liberté civile qui est entré profondément dans nos mœurs?

Rappelons-nous que, s'il y a des choses qui restent et doivent rester, il en est d'autres qui passent et qu'on ne peut retenir quand elles ont fait leur temps. Comme elles sont liées aux faits extérieurs et variables de notre existence, il faut qu'elles changent à mesure que ces faits se modifient. Chercher à les immobiliser, serait une entreprise aussi vaine que de prétendre faire luire sur le monde un éternel printemps ou de vouloir perpétuer pour l'homme les années de sa jeunesse.

Tous les âges et toutes les saisons ont leurs inconvénients ainsi que leurs avantages. Partout nous rencontrons les épreuves et les combats, nulle part la vie facile et assurée contre la peine et les mauvaises chances. Acceptons courageusement la peine et le combat tels que la Providence les a départis à notre temps. Poursuivons notre but charitable à travers les obstacles qu'élève devant nous la Révolution ; mais ne mettons point au nombre des obstacles, des choses qu'il nous est possible de tourner au bien. Repoussons avec une infatigable énergie le mal qu'un esprit de révolte et d'égoïsme insinue partout, sous les apparences les plus diverses et sous les combinaisons les plus subtiles ; mais ne repoussons pas, de parti pris, des formes de vie et de travail qui sont en elles-mêmes inoffensives. Écartons-en la Révolution qui nous les dispute. Purifions-les de l'individualisme et de l'antagonisme dont la perversité radicale les a infectées. Efforçons-nous de faire servir à la gloire de Dieu un état social qu'il a permis, et au milieu duquel la charité peut renouveler et renouvelle déjà les merveilles qu'on l'a vue accomplir en d'autres temps.

Un Pontife dont l'univers catholique vénérera toujours la grande et sainte mémoire, Pie IX, décrétant des mesures pour rendre à ses sujets les bienfaits de l'association corporative dont l'invasion des lois révolutionnaires les avait privés, prenait soin de déclarer « que l'état actuel de la société et des législations lui interdit de tourner ses pensées vers le rétablissement des anciens systèmes de privilèges en faveur de classes déterminées de commerçants et d'industriels ».

En une matière de si grave conséquence pour la direction des Œuvres ouvrières, nous ne pourrions céder à aucun mouvement de sympathie personnelle. La sagesse nous commande de nous tenir en garde contre la séduction qu'exercent toujours des hommes de bien qui cherchent le bien avec ardeur, mais qui nous semblent trompés par leur ardeur même. Nous sommes tout disposés à les suivre, quand ils nous montrent la nécessité de l'association inspirée par la charité ; quand ils protestent contre l'isolement où vivent aujourd'hui les travailleurs, contre la séparation des classes et l'antagonisme des ouvriers à l'égard des patrons, contre toutes ces fatales conséquences de l'esprit révolutionnaire que nous imposent les lois du régime libéral. Mais s'ils nous proposaient une restauration, si mitigée qu'elle fût, du privilège et de la réglementation des anciennes corporations d'arts et métiers, nous nous tiendrions à l'écart, persuadés que de pareilles propositions, loin de ncus offrir une solution, ne feraient qu'élever des obstacles a notre action charitable dans l'ordre économique.

Nous ne pouvons songer à engager la lutte contre les vices et les désordres de la société révolutionnaire, en répudiant les conditions de liberté et d'égalité civiles sous lesquelles nous vivons depuis longtemps déjà, et qui n'ont, en elles-mêmes, rien de révolutionnaire. Les peuples modernes y sont parvenus par un travail social poursuivi durant des siècles avec l'aide de l'Église et de la royauté chrétienne. Elles sont la loi de notre époque, comme les engagements perpétuels et les restrictions à la liberté du travail furent la loi d'un autre temps.

Si grands que puissent être les obstacles auxquels notre action charitable va se heurter sous ce régime nouveau, il ne faut pas désespérer. Fils de l'Église catholique, nous avons les principes de salut. La charité catholique a plus d'une fois affronté des difficultés qu'on aurait pu croire insurmontables, si on ne les avait envisagées que d'un regard humain.

N'est-ce pas elle qui, au milieu des passions sauvages et des oppressions impunies du x⁰ siècle, a su organiser la paix de Dieu? N'est-ce pas elle qui a préparé, par l'association pieuse des travailleurs groupés autour de leurs célestes protecteurs, ces grandes institutions corporatives qui ont donné aux classes ouvrières, dans les conditions économiques du temps, avec des libertés toujours accrues, des siècles de sécurité et de bien-être? Nous sommes aujourd'hui en présence de passions et d'oppressions d'un autre genre. Les convoitises raffinées de la civilisation ont succédé aux instincts impétueux de races plus jeunes et moins réfléchies; mais le vieux fonds de la nature humaine est resté, et la guerre que se livrent les cupidités d'en haut et d'en bas, affranchies de tout frein religieux, nous menace d'une barbarie pire que celle dont l'Église a triomphé aux débuts de la civilisation moderne.

IV

Lorsqu'on a vu le vieil esprit catholique se réveiller parmi nous, et que la charité s'est remise à l'œuvre avec un redoublement d'ardeur, on pouvait prévoir qu'elle ne serait pas impuissante dans les conditions nouvelles de vie économique où le monde était entré.

En rapprochant le passé du présent, en considérant ce fonds de la nature humaine qui ne change pas, ainsi que les lois supérieures qui régissent notre vie morale et qui ne changent pas non plus, on pouvait, sans crainte de se tromper beaucoup, esquisser les traits généraux de la reconstitution sociale que la charité nous préparait. Ce qui n'était il y a vingt ans qu'une espérance est devenu, sous la bénédiction de Dieu, une vivante réalité.

Il n'y a longtemps, Messieurs, que l'Œuvre de l'usine chrétienne, combinée avec celle des Cercles catholiques d'ouvriers, faisait son apparition dans vos grandes assemblées, et qu'à Reims elle était appelée de son vrai nom, par un des modernes apôtres de la charité, que nous regrettons tous de ne point voir ici aujourd'hui [1].

Aussitôt nommée et définie, la *Corporation chrétienne* a reçu de vous l'accueil le plus empressé, et grâce à vous, ce type nouveau de l'association de toutes les classes vouées au travail a trouvé des admirateurs et, ce qui vaut mieux, des imitateurs.

Que vous dirai-je de l'homme qui a été l'instrument de la Providence pour cette grande restauration de l'association dans la vie ouvrière? Rien, Messieurs! Vous le connaissez, il est ici, et il a horreur de tout ce qui ressemble à une louange. C'est un de mes meilleurs amis, et, pour rien au monde, je ne voudrais lui déplaire. Je parlerai donc de l'œuvre, laissant de côté l'ouvrier qui ne demande qu'à être oublié.

De l'œuvre, il faut que je vous en parle, non pour l'exposer ni pour la résumer, vous la connaissez mieux que moi; mais, je ne puis me dispenser de vous le faire remarquer, il n'est point d'œuvre qui ait mieux réussi à triompher des obstacles que les vices, les erreurs et les illusions de la société libérale opposent à la solution chrétienne du problème économique. Elle nous a montré, par des faits, que les résistances de l'esprit révolutionnaire à la pratique chrétienne du patronage et de l'association ne sont pas invincibles; elle nous a prouvé qu'on peut, sans rompre avec les habitudes de liberté et d'égalité civiles, chères à notre âge, restaurer cette puissance de l'association qui est de tous les temps et qui a fait la prospérité des âges précédents.

---

[1] Le P. Marquigny. — *La solution catholique de la question ouvrière.* Rapports sur la corporation chrétienne. — Paris, Lecoffre.

L'économiste qui s'arrêtera à considérer l'organisation et le fonctionnement de la corporation chrétienne, sera frappé d'y trouver résolues, avec une facilité qui étonne en notre temps de complications infinies, les plus graves difficultés de la question ouvrière. La charité y a pourvu à tout par le patronage combiné avec l'association.

Dans la corporation chrétienne, maîtres et ouvriers, ayant appris à se connaître, trouveront aisément le moyen de s'entendre. Les ouvriers ne songeront pas à accuser l'avidité du maître qu'ils verront chaque jour occupé à les servir dans tous les offices de la charité. Le maître, de son côté, compatissant à la condition pénible de l'ouvrier, sera toujours prêt à faire pour lui tout ce qui ne sera pas impossible.

Grâce aux habitudes de modération que l'esprit chrétien aura répandues dans la corporation, le maître pourra, sans provoquer les réclamations de l'ouvrier, maintenir pour la rétribution du travail une certaine moyenne. Les salaires ne seront pas élevés autant qu'ils pourraient l'être durant les temps de grande activité et de grands profits, mais ils ne seront pas réduits, dans les temps difficiles, jusqu'à ne plus fournir à l'ouvrier le nécessaire. Et ceci n'est pas un rêve, Messieurs, c'est un fait dans la corporation chrétienne. L'entente que les syndicats ont vainement cherchée, sous l'empire de l'esprit utilitaire et par les exigences d'une prétendue justice égalitaire, la corporation la trouvera, la réalisera par l'esprit d'abnégation, par le sentiment réciproque du devoir chez les grands et chez les petits, par la puissance de la mutuelle confiance et du mutuel respect sous la loi de la hiérarchie naturelle du travail.

Lorsque le patron et ses ouvriers ne feront plus dans la corporation qu'une même famille; lorque l'ouvrier se trouvera lié à cette famille par toutes les attaches de l'ordre moral et de l'ordre matériel; lorsqu'il se sentira retenu, non-seulement par la charité intelligente, mais encore par les institutions qui lui rendent profitable sa fidélité au patron, par les combinaisons qui lui facilitent l'économie, qui le garantissent des accidents, qui lui procurent des secours dans ses détresses, alors on pourra espérer d'avoir trouvé le remède à l'instabilité des engagements, dénoncée, non sans raison, comme une des plaies de la société moderne.

Par la corporation, la permanence des engagements rentrera dans les habitudes de la vie ouvrière. Cette bonne coutume de l'ancien atelier remplacera la coutume pervertie de l'atelier libéral, et cette heureuse révolution sera accomplie sans qu'il ait rien fallu sacrifier des droits de la liberté individuelle, auxquels l'ouvrier d'aujourd'hui est si obstinément et, disons-le, si justement attaché.

Et la famille, cette société mère de toutes les sociétés, dont les vertus et le bien-être donnent la consistance et la prospérité à tout l'État; société douce et sainte entre toutes lorsque la vertu chrétienne y règne; source intarissable de force, de consolations et de bénédictions dans la vie du monde; bonne et saine pour les hommes de tout rang que les soucis du travail et des affaires fatiguent et absorbent dans la vie matérielle, mais particulièrement salutaire et souhaitable pour l'ouvrier, dont l'existence est plus chargée de labeurs et plus traversée de souffrances; la famille n'aura-t-elle pas bientôt repris parmi les travailleurs les bonnes traditions que la Révolution a réussi à lui enlever, lorsque toutes les institutions de la corporation chrétienne concourront à la purifier des vices qui la déshonorent, lorsqu'elles lui auront restitué les habitudes recueillies, modestes et laborieuses que les influences de l'Église y faisaient régner autrefois? N'y a-t-il pas bien plus à attendre de cette action qui vient de Dieu, et qui pénètre au plus intime des mœurs de la famille, que de la réforme des lois successorales dont les effets peuvent être douteux et resteront en tout cas assez limités?

En esquissant ces grands traits de la corporation chrétienne, j'ai rencontré les difficultés capitales de la question ouvrière. Je ne sais, Messieurs, si votre impression répond à la mienne. Pour moi, je trouve ces difficultés, je ne dirai pas aplanies, mais singulièrement réduites, par la charité ingénieuse qui a organisé la corporation.

Lorsqu'on fait ce qu'il m'est impossible de faire ici, lorsqu'on examine en détail cette association qui unit en Dieu et rapproche étroitement, dans une même vie, les classes supérieures et le peuple, on est frappé d'y découvrir en germe une reconstitution de l'ordre économique qui répond aux plus vives préoccupations du moment. C'est une organisation chrétienne du travail que nous offre l'usine du Val-des-Bois, et l'on trouvera, dans l'exposé des lois qui la régissent, un abrégé des règles de l'économie sociale telle que notre temps la comporte et la demande.

V

Si nous pesons, Messieurs, les difficultés contenues dans ce mot qui, depuis trente ans, a fait surgir tant de systèmes, soulevé tant de controverses, provoqué tant de désordres : « l'organisation du travail », nous sentons d'instinct que ce n'est pas trop, pour les résoudre, de toutes les forces de l'ordre spirituel et de celles de l'ordre civil, des forces de la vie publique et de celles de la vie privée.

Sans la charité, rien ne se fera pour la solution du problème social. C'est pour avoir voulu s'en passer et avoir essayé de constituer l'ordre économique sur l'intérêt propre et sur les seules lois de la justice légale, que nos sociétés en sont réduites aux extrémités où nous les voyons.

Mais la charité, pour accomplir son œuvre, a besoin d'être aidée et protégée par les pouvoirs publics. Ces pouvoirs manqueraient à leur mission s'ils refusaient de pourvoir à la sécurité des entreprises de la charité, et s'ils ne leur assuraient la liberté avec tous ses moyens naturels d'action. Ils trahiraient les intérêts sacrés qui leur sont confiés, s'ils refusaient d'assurer par les lois l'efficacité des efforts que fait la charité pour préserver les faibles de l'injustice des plus forts, et pour les défendre des exploitations et des séductions auxquelles leur faiblesse les expose.

L'action combinée de l'Église, qui inspire et soutient la charité, et de l'État, qui lui prête l'appui des lois, est pour les œuvres d'une nécessité impérieuse. C'est en pareille matière que l'on voit clairement ce que valent les pernicieuses théories qui voudraient séparer des puissances faites pour travailler en commun, chacune dans leur ordre, et suivant le degré de leur autorité et de leur dignité, à la fin assignée par Dieu au genre humain

Loin de nous les suggestions de ces hommes timides qui, dans la crainte de froisser les préjugés du libéralisme moderne, renoncent à réclamer de l'État l'accomplissement de ses devoirs envers l'Église. A les entendre, on pourrait croire que Dieu nous a mis en ce monde pour d'autres fins que pour travailler à sa gloire et réaliser le salut auquel sa grâce nous appelle. En fait de charité comme en tout le reste, leur influence est fatale.

Dans les œuvres que la charité seule inspire, on voudrait n'éloigner personne et l'on souhaiterait de pouvoir concilier toujours. Mais quand les principes sont en question, toute hésitation serait funeste, toute conciliation coupable. On ne doit se laisser désarmer ni par la bonne foi, ni par les bonnes intentions, et l'on ne peut se permettre aucune atténuation bienveillante.

Arrière donc ces hommes honnêtes, mais dangereux, qui voudraient être pour Dieu, mais qui ne savent pas être contre la Révolution. Ne ressemblent-ils pas à ces anges tombés, qui n'avaient su prendre parti ni pour Dieu ni pour Satan, et que Dante ne voulait mettre ni dans le paradis ni dans l'enfer? Il ne les voulait pas mettre dans l'enfer, parce que les habitants de l'abîme auraient pu, en se comparant à eux, tirer gloire de leur coupable audace; il leur fermait le paradis, parce que leur faiblesse en aurait terni la beauté. Nous ne pouvons pas faire comme Dante, qui les regardait et passait. Notre devoir est de signaler, sans nous lasser, leur déplorable erreur, et, comme disait saint François de Sales, de crier, lorsque nous les voyons, au feu et au loup!

Il n'y a pas, dans les œuvres sociales d'obstacle plus sérieux que cette neutralité des prétendus sages entre l'Église et le siècle, et il n'en est pas que vous ayez écarté de vous avec plus de soin et de succès. Vous avez en ceci, Messieurs, un avantage que l'on n'a point partout. Vous rencontrez peu autour de vous de ces admirations naïves pour les maximes absolues du laisser-faire et du laisser-passer, que professent, en d'autres régions, beaucoup de gens très-estimables, mais fort embarrassants. Plus rarement encore vous avez à vous défendre de ces tactiques savantes par lesquelles les habiles se flattent de désarmer l'ennemi en dissimulant leurs principes. Vous ne songez pas, vous qui êtes des Francs, à cacher votre drapeau, et vous allez fièrement à la bataille, enseignes déployées.

Assurément elle est rude, cette lutte corps à corps et à visage découvert, avec un ennemi qui occupe parmi nous les positions dominantes. Elle sera longue, car les obstacles à franchir sont nombreux, divers et redoutables. Combien d'entre nous peuvent se flatter d'en voir le terme? Malgré tout, nous ne désespérons pas de la victoire finale. Bien des signes annoncent que Dieu a laissé tomber sur nous un regard de miséricorde, et qu'il n'a pas rejeté nos sacrifices.

Qu'importe que nous ne puissions ici-bas contempler de nos

5.

yeux la restauration chrétienne à laquelle nous aspirons ! Nous n'attendons pas sur cette terre le prix de nos sueurs. Qu'importe que nous soyons jusqu'au bout à la peine, s'il nous est permis d'espérer que nos fils seront à la gloire, et qu'ils verront luire sur le monde le règne de la justice et de la charité, préparé par nos humbles labeurs !

MESSEIGNEURS [1],
MESSIEURS,

Mgr l'Évêque de Chartres m'ayant fait connaître son désir que je prisse la parole pour faire connaître à l'honorable assemblée des membres du Congrès l'insigne basilique aux pieds de laquelle nous nous trouvons en ce moment, je m'empresse d'obéir à ce désir de Sa Grandeur.

Je vous demande seulement avant de commencer, de m'accorder toute votre indulgence pour l'imperfection de cet entretien : Peu de moments m'ont été donnés pour m'y préparer, et peu de moments aussi me sont accordés pour vous parler d'un sujet immense et presqu'inépuisable.

Vous savez tous déjà, que la cathédrale de Chartres est un des monuments les plus importants, non-seulement de la France, mais du monde entier. L'immensité de sa construction, ses clochers célèbres, le nombre presqu'infini des sculptures et des peintures qui animent cet édifice, attirent l'attention des visiteurs et leur imposent l'admiration. Les savants et les antiquaires y trouvent une mine inépuisable d'études hagiographiques, liturgiques et artistiques. Les ( ) s et les pèlerins sont édifiés par les figures des

[1] S. G. Mgr Regnault, évêque de Chartres, et Mgr de Ségur.

saints personnages de l'Ancien et du Nouveau Testament, et par les enseignements qu'ils donnent aux fidèles attentifs. Nous nous sentons comme écrasés sous le poids des travaux et des recherches qu'il faudrait faire pour vous donner une description un peu complète de ce monument.

Nous nous bornerons à vous dire quelques mots de sa construction et de celle des grandes églises que nous a léguées le moyen-âge, puis je vous donnerai quelqu'idée des enseignements que nous pouvons puiser dans les différentes parties de l'édifice et dans sa décoration.

Le monument tel qu'il se présente à nous aujourd'hui, date presque complétement de la première moitié du xiii° siècle. Il remplaça une église bâtie aux xi° et xii° siècles par les évêques Fulbert et Thierry. Je cite ces deux évêques, parce qu'il reste encore quelques portions de leurs églises. Ainsi, la crypte tout entière, le vieux clocher et une grande partie de la façade occidentale, remontent à cette époque. Il ne reste presque rien au contraire des églises précédentes, que le malheur des temps a fait disparaître à peu près complétement. Les traditions les plus respectables font remonter la prédication de l'Évangile et la fondation d'églises chrétiennes à Chartres, presque jusqu'aux temps des Apôtres ou au moins jusqu'à leurs successeurs immédiats : et je ne puis laisser dans l'obscurité du silence cette merveilleuse histoire, qui nous apprend comment longtemps avant la venue de Jésus-Christ, les Druides vénéraient à Chartres une image représentant une vierge, accompagnée de cette inscription : *Virgini parituræ.* C'est là que serait le point de départ de la religion chrétienne dans cette partie de la Gaule que nous habitons, et l'origine du premier temple élevé à la gloire de la Sainte-Vierge dans la cité chartraine.

Pour en revenir à la cathédrale actuelle, je vous ferai remarquer que l'ensemble si complet et si harmonieux de ses parties doit être attribué à cette heureuse circonstance qu'elle a été bâtie avec une grande rapidité et que le même architecte a dû en diriger les travaux, ce qui malheureusement n'a pu sauver son nom de l'oubli.

On ne peut s'empêcher, en considérant la grandeur vraiment extraordinaire de cette église, de se demander quels procédés, quelle méthode employaient les architectes de cette époque singulière, pour parvenir à terminer des œuvres aussi gigantesques que nos grandes cathédrales, et par quels moyens ils arrivaient à vaincre les difficultés sans nombre qu'ils devaient rencontrer pendant le cours de ces prodigieux travaux.

L'histoire de la construction des monuments religieux dans ces temps reculés, et si différents des nôtres, est fort intéressante. Nous possédons sous ce rapport des documents fort précieux et je ne puis résister à vous donner quelques détails à cet égard.

Robert du Mont nous apprend qu'en 1148 on vit pour la première fois, à Chartres, les fidèles s'atteler à des charriots remplis de pierres, de bois, de grain et de tout ce qui pouvait servir aux travaux de la cathédrale, dont les tours s'élevaient alors comme par enchantement. Jamais on ne verra pareil prodige. L'enthousiasme gagne pour ainsi dire toute la France et la Normandie. Partout on s'humiliait, partout on faisait pénitence, partout on pardonnait à ses ennemis. De tout côté on voyait des hommes et des femmes traîner de lourds fardeaux à travers des marais fangeux, recevoir le fouet, et célébrer par des chants de triomphe les miracles que Dieu accomplissait sous leurs yeux.

Voici ce que nous lisons dans une lettre parvenue jusqu'à nous, de Hugues d'Amiens, archevêque de Rouen : « C'est à Chartres que les hommes, par esprit d'humilité, ont commencé à traîner des charrettes et des charriots pour aider à la construction de la cathédrale. C'est là aussi que Dieu a surtout fait éclater des miracles pour récompenser l'humilité de ses serviteurs. Le bruit s'en est répandu au loin et a mis la Normandie en émoi. Les fidèles de notre province sont d'abord allés à Chartres porter le tribut de leurs vœux à la Mère de Dieu. Puis ils se sont habitués à prendre leurs propres cathédrales pour but de ces pieux pèlerinages. Ils forment ainsi de pieuses confréries dans lesquelles personne n'est admis sans confesser ses fautes, sans recevoir une pénitence et sans se réconcilier avec ses ennemis. Les confrères se donnent un chef, à la voix duquel tous, soumis et silencieux, traînent sur des charrettes les offrandes qu'ils portent aux églises et qu'ils sanctifient par leurs larmes et leurs mortifications. Pleins de confiance en la bonté de Dieu, ils se font accompagner de leurs malades, qui souvent reviennent guéris de toutes leurs infirmités. »

Haimon, abbé de Saint-Pierre-sur-Dive, confirme de point en point les assertions de l'Archevêque de Rouen. Comme le Prélat, il atteste que l'église de Chartres fut le premier édifice à la construction duquel on vit s'associer des pèlerins accourus de différents côtés. Il ajoute que cet usage ne tarda pas à s'introduire en Normandie, et que dans cette province il n'y eut bientôt pas de sanctuaire dédié à la Sainte-Vierge, qui ne devint le but de pareils témoignages.

Pour les moines de Saint-Pierre-sur-Dive, ce mouvement religieux fut un excellent moyen d'achever leur église, dont les travaux étaient interrompus depuis de longues années. Assurés que la foi enfanterait chez eux les mêmes prodiges que dans les pays voisins, ils firent solennellement bénir des charriots à l'imitation de ceux de Chartres. Leur confiance ne fut pas trompée. De toutes parts on répondit à leur appel. Chacun était jaloux d'aller rendre hommage à la Vierge dans une église à peine ébauchée, mais où les cérémonies du culte s'accomplissaient déjà avec pompe et régularité. C'était un généreux élan qui se communiqua avec une merveilleuse rapidité dans toutes les classes de la société. Les femmes comme les hommes, les riches comme les pauvres, les puissants comme les faibles, tous s'attelaient aux chars sur lesquels on portait à Saint-Pierre-sur-Dive, la chaux, la pierre, le bois, et les vivres destinés aux ouvriers. Les populations s'ébranlaient en masse : chaque paroisse se mettait en route avec ses vieillards et ses enfants; on emmenait même les malades, dans l'espérance de leur faire miraculeusement recouvrer la santé. Les bannières ouvraient la marche; des trompettes donnaient le signal des manœuvres. Les fardeaux étaient énormes. Parfois il fallait les efforts d'un millier de pèlerins pour imprimer le mouvement à un seul char. Le convoi s'avançait au milieu d'un religieux silence. Dans les haltes, on n'entendait que les confessions et les prières des pénitents. A la voix des prêtres, les haines s'apaisaient, et la bonne harmonie renaissait dans les cœurs. Si un pécheur obstiné refusait de pardonner à ses ennemis, on le chassait ignominieusement, après avoir jeté à terre l'offrande qu'il avait mise sur le char.

Arrivés au terme du voyage, les pèlerins rangeaient les voitures autour de l'église et formaient une sorte de camp dans lequel ils passaient la nuit en prières. Ils illuminaient leurs chars et faisaient retentir au loin le chant des psaumes et des cantiques. Ils demandaient à la Vierge avec une aveugle confiance la guérison de leurs malades, et, si leurs vœux tardaient à être exaucés, on les voyait eux et leurs enfants, se dépouiller de leurs habits, se traîner en gémissant jusqu'au pied des autels, et supplier leurs prêtres d'être sans pitié et de leur donner la discipline en expiation des fautes qu'ils pouvaient avoir commises. D'ordinaire, aux gémissements et aux supplications succédaient des cris d'allégresse. C'est que la Vierge s'était laissée fléchir. Des miracles venaient de s'accomplir. Un malheureux infirme qu'on avait amené sur un char s'était tout à coup senti guéri. Plein de vigueur, il courait remercier sa Bienfaitrice. De toutes parts on criait au miracle; de longues files de pèlerins se rendaient processionnellement à l'autel, baisaient la terre, mettaient les cloches en branle et entonnaient des chants de triomphe.

Tels furent les actes de foi qui s'accomplirent en 1145 dans l'abbaye de Saint-Pierre-sur-Dive et dans beaucoup d'autres églises de France. Mais ce ne fut pas seulement en 1145 que la construction des édifices religieux donna naissance à de pareilles manifestations. Les mêmes transports d'enthousiasme durent souvent éclater sur différents points de la chrétienté pendant le cours du xiie et du xiiie siècle.

Sous le règne de Philippe-Auguste, quand on reconstruisit la principale partie de la cathédrale de Chartres dévorée par les flammes en 1194, la cité chartraine revit des processions de pèlerins apportant leurs pieuses contributions sur de lourds charriots. Un trouvère du xiiie siècle, Jean Le Marchant, s'est complu à parler de ces processions dans un opuscule dont le manuscrit est dans la bibliothèque de Chartres.

Ces passages sont bien utiles à connaître; sans eux les constructions gigantesques des grandes églises de France seraient complétement imcompréhensibles, et sans eux l'on ne pourrait jamais s'expliquer comment en peu d'années le sol de notre patrie s'est couvert de monastères et d'églises immenses. Cet enthousiasme qui remplissait les âmes et les élevait au-dessus des choses vulgaires et matérielles, a pu seul créer les grandes basiliques de Chartres, de Paris, de Reims, d'Amiens et de tant d'autres villes; ainsi que les abbayes de Saint-Denys, de Cluny, de Clairvaux et de Fontevrault, etc. C'est véritablement l'époque héroïque de notre histoire.

Mais sans nous arrêter à ces considérations qui nous entraîneraient bien loin de notre monument, revenons vers lui et tâchons d'en donner une idée.

Ici j'éprouve un certain embarras, une certaine hésitation. La cathédrale de Chartres se présente à nous sous différents aspects, suivant le point de vue où se placent les observateurs.

Pour les uns, ce sera une œuvre d'architecture où les formes et les ressources de ce bel art fourniront à notre étude de nombreux exemples et de précieux renseignements sur les constructions aux époques primitives du moyen-âge : je n'entrerai sous ce rapport dans aucun détail technique ou archéologique.

Pour d'autres, ce sera comme un livre, — où l'histoire de la religion dans l'Ancien et le Nouveau Testament se lira sur ses murs comme sur d'immenses pages offertes aux yeux de tous; — des centaines ou plutôt des milliers de personnages peints et sculptés, nous raconteront les œuvres merveilleuses de Dieu parmi les hommes, et rempliront notre esprit de saints enseignements.

Pour d'autres, la représentation figurée des vertus et des vices, et aussi les nombreux sujets allégoriques et symboliques se présenteront à leurs regards pour leur rappeler les préceptes et les lois qui doivent être sans cesse présentes à notre mémoire et à notre intelligence pour la conduite de la vie.

Je préfère en ce moment suivre ceux qui regardent ces peintures et ces sculptures comme l'expression des prières que les chrétiens doivent adresser à Dieu dans les moments que nous passons ici-bas, pendant cette courte existence terrestre qui nous est accordée.

C'est sous ce point seulement que je désire diriger votre attention. N'ayant pas le loisir de vous faire une description complète du monument, je vais vous inviter à le parcourir en tous sens avec moi, pendant que je vous ferai une énumération de ses diverses parties.

On peut, en effet, assimiler notre belle église à un livre de prières, et nous allons pendant cette pieuse visite, prononcer devant ces statues, devant ces bas-reliefs et ces verrières aux riches couleurs, les formules de prières que l'Église récite journellement.

Voyez en effet cette *main divine* qui, dans un très-grand nombre de sujets peints et sculptés, se présente à notre vue, et qui, pendant tout le moyen-âge était employée pour figurer la *Personne du Père*, n'est-ce pas, exprimée par la peinture ou la sculpture, la même expression que nous lisons dans notre livre : *Pater de cælis Deus, miserere nobis.*

Au-dessus de la grande porte occidentale, au-dessus de celle du porche sud, comme sur le trumeau de ce même porche, ces grandes et belles statues du Christ, correspondent à ces paroles : *Fili redemptor mundi Deus, miserere nobis.*

Dans les trois porches, dans le vitrail du milieu du chœur, dans le vitrail de Notre-Dame de la belle verrière, cette colombe qui descend du ciel, c'est l'image de l'Esprit-Saint : *Spiritus sancte Deus, miserere nobis.*

Regardez le haut de la porte de droite du grand portail, regardez les portes du nord et du midi, regardez les trois pignons ou frontons des extrémités de l'église, vous y verrez des statues de la Sainte-Vierge ; vous verrez aussi cette image bénie dans l'intérieur du monument, soit au vitrail central du chœur, soit au vitrail au-dessus de la grande porte ouest, soit aux vitraux qui terminent les transepts, et en maint autre endroit comme dans les bas-reliefs qui entourent le chœur, enfin par-dessus tous les autres, la Vierge du pèlerinage se montrera à vous et attirera vos hommages et vos prières.

Sancta Maria, ora pro nobis;
Sancta Dei genitrix, ora pro nobis;
Sancta Virgo Virginum, ora pro nobis.

En voyant dans les sculptures du grand portail, dans celles du midi et du nord et dans les vitraux du chœur, ces effigies nombreuses des anges, des séraphins et des autres esprits célestes, auxquels les artistes ont donné un corps matériel, vous vous écriez :

Sancte Michael, ora pro nobis;
Sancte Gabriel, ora pro nobis;
Sancte Raphael, ora pro nobis;
Omnes Sancti Angeli, orate pro nobis;
Omnes Sancti beatorum Spirituum ordines, orate pro nobis.

Au portail du nord, une grande statue de saint Jean-Baptiste ; au-dessus de la porte du midi une autre statue du même Saint, dans un vitrail du chœur, trois panneaux vous feront proférer ces mots : *Sancte Joannes Baptista, ora pro nobis.*

Au grand portail, dans le bas-relief de la Nativité, que vous trouvez aussi dans le porche nord et dans les sculptures du tour du chœur, la présence de saint Joseph vous fait invoquer ce Patron : *Sancte Joseph, ora pro nobis.*

Les belles statues qui sont à la porte occidentale et à la porte septentrionale, plusieurs vitraux du chœur, du transept nord et de celui du midi, nous montrant les figures inspirées des prophètes et des patriarches : Moïse, Aaron, Melchisédech, David, Isaïe, Ézéchiel, Daniel, Jérémie, et la grande rosace septentrionale vous présentant la série des douze petits prophètes, vous dites : *Omnes sancti Patriarchæ et Prophetæ, orate pro nobis.*

Au portail nord, au portail sud, nous voyons la statue de saint Pierre, le prince et le chef des Apôtres; nous retrouvons son image dans un vitrail du chœur et nous nous écrions : *Sancte Petre, ora pro nobis.*

Au portail du sud et dans les vitraux du chœur, saint Paul, sculpté et peint, nous fera proférer cette prière : *Sancte Paule, ora pro nobis.*

Au jugement dernier, qui se voit au portail sud, les douze Apôtres entourent Jésus-Christ : priez et invoquez chacun d'eux en particulier. Ils sont puissants auprès de Jésus-Christ notre sauveur : leur intercession est efficace : si nous les implorons, ils nous écouteront :

Omnes sancti Apostoli, orate pro nobis;
Omnes sancti Evangelistæ, orate pro nobis;
Omnes sancti Discipuli Domini, orate pro nobis.

Devant le grand portail, devant les bas-reliefs du tour du chœur, nous pourrons invoquer les saints Innocents dont nous voyons l'odieux et cruel massacre :

Omnes sancti Innocentes, orate pro nobis.

Au portail du midi, dans les vitraux de la nef et des bas-côtés, d'autres supplices et d'autres martyres vous arracheront des cris de pitié et cette prière :

Sancte Stephane, ora pro nobis;
Sancte Laurenti, ora pro nobis;
Sancte Sebastiane, ora pro nobis;
Omnes sancti Martyres, orate pro nobis.

Parmi les statues qui ornent le porche sud, vous reconnaissez :

Saint Grégoire;
Saint Jérôme;
Saint Ambroise;
Saint Martin et autres.

Vous les appelez à votre secours :

Sancte Gregori, ora pro nobis;
Sancte Hieronyme, ora pro nobis;
Sancte Ambrosi, ora pro nobis;
Sancte Martini, ora pro nobis;
Omnes Sancti Pontifices et Confessores, orate pro nobis;
Omnes Sancti Doctores, orate pro nobis;
Omnes Sancti Sacerdotes et Levitæ, orate pro nobis;
Omnes Sancti Monachi et Eremitæ, orate pro nobis.

Dans les vitraux de la nef :

Sainte Marie-Madeleine;
Sainte Marie-Égyptienne, appellent sur vos lèvres ces mots :

Omnes Sanctæ Virgines et Viduæ, orate pro nobis.

Puis, résumant toutes ces invocations et les récapitulant d'un seul mot, vous vous écriez :

Omnes Sancti et Sanctæ Dei, intercedite pro nobis.

Parcourez encore avec moi les nefs et les bas-côtés de la cathédrale : entrez dans ses diverses chapelles, examinez les sculptures qui ornent le tour du chœur, contemplez toutes ces images qui semblent vous parler et vous inspirer en vous montrant la Divinité présente dans ce saint temple, et ces paroles s'échapperont de votre bouche :

Propitius esto : parce nobis Domine ;
Ab omni malo : libera nos Domine ;
Ab omni peccato : libera nos Domine, et la suite.

Passant encore une fois devant ces précieux chapiteaux du grand portail où la vie de Jésus-Christ est sculptée, devant les bas-reliefs du tour du chœur où l'on revoit les mêmes événements, vous prierez encore et vous direz :

Per mysterium sanctæ incarnationis tuæ, libera nos, Domine;
Per nativitatem tuam, libera nos Domine;
Per crucem et passionem tuam,
Per mortem et sepulturam tuam,
Per resurrectionem tuam, libera nos Domine.

Enfin, devant le portail du sud, vous verrez la représentation détaillée du jugement dernier et vous invoquerez dans ce moment redoutable votre miséricordieux Rédempteur :

In die judicii, te rogamus audi nos.

Est-ce tout? Non, car chaque fois que vous passerez devant le portail occidental, devant cette porte nommée porte royale, parce que c'est celle du Roi des rois, vous admirerez la magnifique image du Christ assis sur son trône et entouré de la cour céleste, votre âme alors se remplira de désirs d'entrer, comme cela vous a été promis, dans la gloire du Seigneur et nous conjurons l'Agneau sans tache de nous mériter cette grâce et cette faveur en répétant trois fois, comme nous l'enseigne l'Église, les paroles :

Agnus Dei qui tollis peccata mundi, miserere nobis.

Terminons, en faisant remarquer que la cathédrale de Chartres, par ses nombreuses représentations figurées est celle qui, plus que toute autre, exprime les pensées de prières, et de louanges de Dieu. Ce langage des arts a l'avantage de parler sans cesse et sans fin à l'esprit des fidèles, et comme dans ces églises où jadis des clercs et des moines se relayaient, pour que la prière ne cessât ni jour ni nuit, toutes ces saintes et pieuses images remplissent cette fonction que l'on nommait alors *laus perennis.*

Paul Durand,
à Chartres.

ASSEMBLÉE GÉNÉRALE DU MARDI SOIR 10 SEPTEMBRE 1878

Procès verbal de la première Assemblée générale,
du lundi 9 septembre 1878

A huit heures du soir, les membres du Congrès se dirigent vers l'Évêché où doit avoir lieu la première assemblée générale du Congrès. Mgr l'Évêque de Chartres, auprès duquel les Œuvres catholiques trouvent toujours l'hospitalité la plus généreuse et l'accueil le plus paternel, avait bien voulu permettre aux organisateurs du Congrès d'élever dans les jardins de l'Évêché une vaste salle dont la décoration gracieuse faite d'oriflammes, aux couleurs de Notre-

Dame et aux couleurs pontificales, rappelle et les gloires de Notre-Dame de Chartres et les pieux souvenirs de ce diocèse. C'est là que les membres du Congrès se retrouvent au nombre de trois cent cinquante. A l'heure précise, S. G. Mgr de Chartres, accompagnée de S. G. Mgr de Ségur, directeur du Congrès, fait son entrée dans la salle, aux applaudissements unanimes, prend place au bureau de la présidence et ouvre la séance par le *Veni sancte*.

Après la prière, S. G. Mgr de Ségur déclare le Congrès ouvert sous la présidence de S. G. Mgr de Chartres, et donne la parole à M. Albert Lebont de Château-Thierry-Beaumanoir, secrétaire général du Bureau Central de l'Union des Œuvres ouvrières catholiques, pour l'appel nominal des membres dignitaires. M. d'Alvimare de Feuquières, président du Comité catholique de Chartres, et M. le comte Gaston de Lévis-Mirepoix, sont proclamés Vice-Présidents aux côtés de Mgr de Chartres. M. l'abbé Barrier, vicaire général de Chartres, et M. l'abbé Bourlier, supérieur du Grand-Séminaire, sont désignés pour assister, comme Vice-Présidents d'honneur, S. G. Mgr de Ségur, chanoine-évêque de Saint-Denys, prélat de la maison de Sa Sainteté, Président du Bureau Central de l'Union et directeur du Congrès.

M. l'abbé Millault, chanoine honoraire, curé de Saint-Roch, à Paris, premier Vice-Président ecclésiastique du Bureau de l'Union; M. le chanoine du Fougerais, deuxième Vice-Président du même Bureau, et M. Paul Decaux, Président du Conseil des Patronages, à Paris, Vice-Président laïque du Bureau Central de l'Union, sont nommés Assistants du Congrès.

M. le Secrétaire général proclame après cela les noms des Présidents, Vice-Présidents, Secrétaires et rapporteurs des différentes Commissions, ainsi que les Secrétaires des assemblées du soir.

Les délégués de NN. SS. les Évêques, MM. les Vicaires généraux, les Supérieurs d'ordre, les Présidents des Commissions et les étrangers de distinction présents au Congrès, sont ensuite invités à prendre place au Bureau d'honneur.

Mgr de Chartres se lève alors, et s'adressant aux membres du Congrès, Sa Grandeur leur souhaite la bienvenue dans sa ville épiscopale, elle témoigne tout d'abord le bonheur qu'elle éprouve à voir à ses côtés ce Prélat vénéré dont le nom se rattache à tant d'œuvres admirables, celle de Saint-François de Sales entre autres, et dont les écrits sont aux mains de tous les catholiques des armes puissantes pour la défense de l'Église, du droit et de la vérité.

Sa Grandeur salue tous ces Directeurs d'Œuvres ouvrières catholiques venus de toutes parts pour travailler en commun au soulagement de leurs frères de la classe ouvrière, glorifier Dieu en resserrant ces liens de la charité chrétienne qui doivent unir tous les hommes. Quelle consolation, ajoute Sa Grandeur, d'ouvrir cette assemblée sous les auspices de Notre-Dame de Chartres, abrités sous les tours vénérées de son antique cathédrale. Chartres est le sanctuaire le plus ancien élevé en l'honneur de la Sainte-Vierge ; les multitudes, les rois, les docteurs, les pontifes sont venus se prosterner au pied de son image et baiser les dalles de sa crypte; saint Louis lui-même a voulu laisser à notre basilique des preuves de sa foi et de sa munificence royale. Ayez confiance, nous dit en terminant Sa Grandeur, Notre-Dame de Chartres ne sera pas par vous invoquée en vain, elle bénira vos travaux et vos œuvres. Les applaudissements qui accueillent ces paroles de Mgr l'Évêque de Chartres, lui prouvent qu'elles ont trouvé un écho dans le cœur de tous les membres du Congrès.

S. G. Mgr de Ségur remercie Mgr de Chartres de l'accueil si bienveillant qu'il daigne faire au Congrès, et des bénédictions qu'il nous promet à tous au nom de Notre-Dame de Chartres. Béni de la Sainte-Vierge, notre Congrès de Chartres aura un cachet spécial de piété, d'union, d'amour mutuel.

Monseigneur donne un pieux et bon souvenir au Congrès du Puy et à Notre-Dame de France, mais, ajoute-t-il, à Chartres, où nous retrouvons la plus ancienne dévotion à la Sainte-Vierge, sur le sol de notre patrie, puisque les Druides eux-mêmes l'honoraient comme la vierge qui devait enfanter, plus que jamais nous saluerons la grande Notre-Dame de France.

Mgr de Ségur ne pense pas qu'il soit nécessaire de donner de longues explications sur les Œuvres de l'Union, si connues des membres du Congrès. Cependant en présence des attaques odieuses et des calomnies dont notre Œuvre a été dernièrement l'objet de la part de la presse impie, Sa Grandeur croit devoir donner quelques éclaircissements sur ce que sont nos œuvres et nos congrès.

Monseigneur établit tout d'abord que les œuvres telles que nous les comprenons sont des œuvres essentiellement catholiques, cherchant le bonheur spirituel de l'ouvrier, et pour cela le prenant en quelque sorte au berceau pour le conduire jusqu'à la tombe au milieu des rudes labeurs de la vie. Nos œuvres sont donc exclusivement religieuses, nous songeons avant tout aux âmes pour les attirer à Dieu et leur procurer le salut éternel.

Sa Grandeur nous rappelle aussi les encouragements donnés à l'Union des Œuvres ouvrières catholiques par Pie IX, de regrettée mémoire, et elle nous montre ce Pontife glorieux et bien-aimé nous envoyant encore, non plus ses brefs, mais ses bénédictions du haut du ciel.

Quelques membres ayant émis la pensée de voir le Congrès demander humblement dans son adresse à Notre Saint-Père le Pape Léon XIII glorieusement régnant, d'ouvrir le procès de béatification de son prédécesseur, Monseigneur livre cette pieuse pensée à notre sagesse et à notre cœur.

Sa Grandeur se demande comment nous pourrions ne pas espérer voir nos œuvres agréables à Dieu, quand nous les voyons bénies par le Souverain-Pontife, encouragées par tous nos Évêques, accueillies avec faveur par tous les membres du clergé régulier et séculier.

Monseigneur entre ensuite dans quelques détails sur l'origine de l'Union des Œuvres ouvrières, union de piété, de foi, de prières, de charité et non œuvre de gouvernement et de direction. Il proclame le nom de M. l'abbé Le Boucher, fondateur de l'Union, et ce nom est salué par des applaudissements unanimes.

Sa Grandeur fait pleine et bonne justice de l'accusation portée avec la plus insigne mauvaise foi contre notre Œuvre, d'être une association politique et dangereuse, Elle montre que ce bureau, appelé central, n'a en réalité aucune direction sur les bureaux des diocèses qui n'ont qu'un seul directeur, leur Évêque. Le Bureau Central n'a qu'une seule ambition : se faire le serviteur des autres et mettre à profit les avantages que lui donne sa position à Paris, pour rendre aux Bureaux diocésains respectifs tous les services possible.

Voilà l'Union des Œuvres ouvrières catholiques, voilà le secret de cette centralisation qui décentralise autant qu'elle peut.

Nous sommes au huitième Congrès, ajoute Mgr de Ségur, et

dans ce Congrès, comme dans ceux qui l'ont précédé, Nevers, Poitiers, Nantes, Bordeaux, Lyon, Reims, le Puy, il n'y a d'autre autorité que celle de l'Évêque du diocèse qui nous bénit et prend la responsabilité devant Dieu et devant les hommes; le Bureau Central n'a qu'une mission : organiser les Congrès et les perfectionner.

Sa Grandeur a la confiance que le Congrès de Chartres sera béni de Dieu, car avant de naître il a été persécuté, calomnié par des hommes qui ne nous connaissent pas. D'ailleurs, dit en terminant Mgr de Ségur, nous ne nous laisserons pas intimider, car nous sommes les enfants de Dieu; nous n'avons qu'une seule peur, d'offenser le bon Dieu, une seule crainte, de ne pas faire assez le bien; nous ne nous laisserons pas calomnier, et si les injures nous paraissent trop blessantes pour notre foi, nous aurons recours aux tribunaux, assurés que justice sera faite. Les membres du Congrès répondent à ces paroles de leur bien-aimé et vénéré Président, par des applaudissements unanimes.

M. de Château-Thierry, secrétaire général du Bureau Central de l'Union, donne ensuite quelques avis pour la bonne organisation des travaux du Congrès; il indique qu'un tableau indiquant les lieux et l'heure assignés aux différentes Commissions sera affiché dans le vestibule du Grand-Séminaire. M. le Secrétaire donne l'horaire du mardi : la messe sera célébrée à six heures trois quarts, par S. G. Mgr de Chartres ; le soir, à six heures et demie, salut et bénédiction du Très-Saint Sacrement à la cathédrale, S. G. Mgr l'Évêque de Versailles officiera. L'assemblée générale aura lieu à huit heures du soir. Premier rapport sur l'Œuvre des Cercles catholiques d'ouvriers, rapporteur, M. Ancel.

Lecture de l'état des recettes et dépenses du Bureau de l'Union. M. l'abbé Tournamille rendra compte des travaux des Commissions pendant la journée. — Les membres du Congrès qui désirent prendre part au pèlerinage de Loigny, sont priés de donner leur nom le plus tôt possible.

Mgr de Ségur invite tous les membres à assister à la méditation qu'il aura le bonheur de faire tous les jours après la messe; il annonce aux ecclésiastiques que S. G. Mgr de Chartres, à l'occasion du Congrès, confirme tous les pouvoirs qu'ils ont dans leurs diocèses respectifs.

La parole est ensuite donnée à M. Charles Périn, l'éminent professeur de droit à l'Université catholique de Louvain, qui a bien voulu venir de cette terre de Belgique si féconde en œuvres catholiques, pour apporter à ses frères de France le secours de sa parole autorisée et le fruit de sa longue expérience dans les questions sociales.

Il serait téméraire de vouloir rendre compte dans un simple procès-verbal de ce discours magistral ; il est des œuvres, en effet, qu'il ne faut pas morceler sous peine de les affaiblir et d'en détruire l'harmonie. Tous, nous serons heureux de lire dans son intégrité ce discours si profondément pensé, par lequel M. Périn nous a tous conviés à la grande œuvre du travail de la restauration de la foi chrétienne dans le peuple ouvrier, travail qui est le but de l'Union des Œuvres ouvrières catholiques.

Mgr de Ségur remercie M. Périn au nom de tous les membres du Congrès, et donne ensuite la parole à M. Paul Durand. Avant la clôture de la première assemblée générale du Congrès, Sa Grandeur recommande l'exactitude à tous les sons de la cloche ; c'est la voix de Dieu qui nous appelle, il ne faut pas que le temps soit perdu.

La séance se termine à dix heures par la bénédiction de S. G. Mgr l'Évêque de Chartres.

Le Secrétaire,

DE BOISSIEU,
Président de la Conférence Saint-Vincent de Paul, à Chartres.

PREMIER COMPTE-RENDU

DES TRAVAUX DES DIVERSES COMMISSIONS

Lu à l'Assemblée générale du mardi soir 10 septembre 1878

MESSEIGNEURS [1],
MESSIEURS,

Je reprends la tâche qui m'est imposée depuis quatre ans. Quand, il y a quelques jours, je recevais de Paris l'invitation au Congrès de Chartres, on me disait : Vous ne pouvez pas refuser, vous n'avez rien à dire, car vous avez fait vœu d'obéissance au Bureau Central! Il paraît que j'ai commis une imprudence! Je souhaite, Messieurs, qu'elle ne soit pas pour vous une cause d'ennui et un sujet de pénitence.

Je compte d'ailleurs sur votre bienveillance, Monseigneur ; elle est proverbiale, et pourquoi ne le dirai-je pas? lorsque pendant cette belle journée de dimanche nos ouvriers des Cercles catholiques vous voyaient, je les ai entendus dire dans la simplicité de leur langage : *Comme Monseigneur a l'air bon!* — Je l'ai senti aussi, et je suis rassuré.

Vous serez indulgent, vous aussi, Monseigneur, qui me connaissez depuis longtemps déjà, qui me traitiez comme un père, alors que notre bonne ville de Toulouse n'avait pas eu encore la joie de se presser sur vos pas pour recevoir votre bénédiction épiscopale, et qui me faites depuis l'honneur d'une amitié qui me touche profondément.

Je ne demanderai pas pardon au Bureau Central puisque c'est lui qui me fait parler, mais à vous tous, Messieurs ; surtout pour les incorrections, peut-être même les inexactitudes qui pourront

---

[1] S. G. Mgr Regnault, évêque de Chartres. — S. G. Mgr Goux, évêque de Versailles. — Mgr de Ségur.

échapper à ma plume obligée de marcher souvent plus vite que ma pensée, vous le comprendrez sans peine et me pardonnerez tout, je l'espère, en considération de mon ferme propos de me reprendre et de me corriger avec une simplicité d'enfant.

PREMIÈRE COMMISSION : L'UNION

La création, le développement, mais surtout le fonctionnement des Bureaux diocésains, tel est, Messieurs, l'objet des travaux de la première Commission *dite de l'Union*. Elle était nombreuse aujourd'hui, mais il n'est pas impossible qu'elle ait été privée des lumières de plusieurs d'entre vous, Messieurs, qui y ont leur place marquée; elle est importante, par suite vous êtes assurés d'y trouver le plus puissant intérêt.

Nous avons appris ce matin, au sein de cette Commission présidée par Mgr de Ségur, qu'un membre du Bureau Central a visité depuis le dernier Congrès vingt et un diocèses; qu'il y a dissipé bien des préjugés, aplani grand nombre d'obstacles, suscité des bonnes volontés efficaces, enfin qu'il a fait des merveilles ! Personne ne s'en étonnera quand j'aurai dénoncé à votre reconnaissance l'apôtre infatigable de l'Union, M. le chanoine du Fougerais. Mais la Commission, fière de ses succès, lui demande de continuer son œuvre de missionnaire et de parcourir la France entière. Toutefois, il vous sera fait tout à l'heure un appel, qui a pour but d'aider ce travail de propagande en faveur de la création des Bureaux diocésains, et pour cela de trouver quelques hommes de zèle, de dévouement et de constance comme M. du Fougerais. — M. le Curé de Saint-Roch réussira bien sûr et sa parole élégante et persuasive ne nous laissera plus indifférents.

Il n'y a encore, Messieurs, que vingt-neuf Bureaux diocésains; on n'a prononcé cette année l'agrégation que de trente-huit œuvres et de cinquante-quatre membres !

La Commission est persuadée qu'avec un peu plus d'ardeur et de hardiesse de la part de nous tous, ces chiffres peuvent facilement grossir dans de belles et consolantes proportions.

Il y a eu ce soir grande affluence pour entendre le R. P. Ludovic, président de la deuxième Commission. Il a développé les principes de l'Œuvre qu'il prêche et qu'il pratique pour la protection du travail chrétien. Il ne se dissimule pas les difficultés, on les lui a chantées sur tous les tons. Mais il est sourd à tout cela et rien ne l'arrête ! Sa parole ardente et convaincue a condamné à l'immobilité pendant une heure plusieurs d'entre nous qui avions besoin d'être convertis. Je n'ose affirmer que ce soit fait. Il est des conversions difficiles à opérer ! Mais on a parfaitement écouté et chacun est au moins resté convaincu qu'il y a obligation pour faire quelque chose en faveur des travailleurs chrétiens.

Au reste, la monographie de la Confrérie de Notre-Dame de Nazareth... et le rapport de M. Hervé-Bazin, si excellent et si pratique, ont fait beaucoup de bien à la question. Ce sont des actes, des exemples, et ceux-ci entraînent : *Exempla trahunt.*

Notre vénéré président, Mgr de Ségur, assistait à la réunion de cette Commission ; il était déjà ce matin à celle que préside M. Ch. Périn et avec les nombreux auditeurs qui se pressaient dans l'ancienne bibliothèque de l'évêché ; il a entendu, goûté et applaudi le rapport de M. L. Harmel sur les associations de patrons chrétiens.

Analyser ce rapport serait une faute que personne ne me pardonnerait, et j'ai un si grand besoin d'indulgence que je n'aurai garde de compromettre de propos délibéré ma situation de secrétaire, surtout dès le premier jour du Congrès.

Vous entendrez tous ce beau travail, Messieurs, et vous voudrez encore le lire après l'avoir entendu, aussi n'en dirai-je plus rien.

Vous aurez à en adopter les conclusions si sérieuses, si nettes, si essentielles, si catholiques, qu'elles ont été votées par la Commission à l'unanimité et sans discussion aucune.

Une seule préoccupation a dominé tous les auditeurs du travail de M. Harmel : comment faire pour le propager, le répandre et le faire connaître ? La réponse est facile. Mais je n'ai pas le droit d'être indiscret, je me réserve pour demain le plaisir de constater que le rapport sera imprimé sans que la caisse de notre Bureau Central, qui résonne comme si elle était vide, ait besoin de prendre sur l'avenir ; l'avenir d'une caisse d'œuvre ! y a-t-il rien de plus incertain !

Je termine ce que j'avais à vous dire sur cette troisième Commission en signalant à votre attention, Messieurs, la bonne nouvelle que M. André est venu porter ce matin à la tribune. Il est très-probable, pour ne pas dire certain, que le journal la *France nou-velle* publiera *une fois par mois*, un numéro spécial, qui rendra compte des travaux de la *Commission consultative des industriels*.

Nous devrions tous par reconnaissance, prendre immédiatement un abonnement à la *France nouvelle*.

La quatrième Commission est celle qui a sans doute l'intention de faire le plus de travail, aussi se réunit-elle deux fois par jour. C'est là, Messieurs, que les hommes pratiques, les vieux, les anciens des Œuvres catholiques vous diront les résultats de leur expérience? ils ne vous feront peut-être pas connaître toutes les difficultés qu'ils ont rencontrées afin de cacher leur mérite, mais ils vous montreront les fruits; or : *a fructibus eorum cognoscetis eos.* Vous ne vous y tromperez pas.

Dans cette Commission des Œuvres que préside le patriarche de l'Union, on a admiré ce matin les merveilles que l'on fait à Chartres sous le regard de la Sainte-Vierge et sous les bénédictions si pater-nelles que vous prodiguez aux œuvres de votre diocèse, Monsei-gneur. Au reste avant d'entendre la monographie lue par M. l'abbé Genet, en vous voyant si bon et si assidu au milieu de nous pour nous bénir et nous encourager, nous avions tout compris !

Il existe à Armentières (Nord), une Corporation chrétienne qui a fait l'admiration de la quatrième Commission. Là, au milieu d'une population de vingt mille âmes environ, on a créé toutes les œuvres possibles. On y prend l'enfant au berceau, par la crèche, pour le conduire d'étape en étape, d'âge en âge, d'œuvre en œuvre, d'asso-ciation en association, jusqu'au ciel.

Dans cette même Commission, il a été lu ce soir un rapport sur l'Œuvre si aimable des Crèches à Paris.

Enfin, pour donner une nouvelle preuve de la richesse des bénédictions de Notre-Dame de Chartres, et aussi du zèle du Bureau diocésain, qui a pour président M. le Supérieur du Grand-Séminaire, un rapport a constaté qu'il existe dans ce diocèse, aujourd'hui, plus de trente Patronages ou Œuvres catholiques ouvrières.

Tel est en résumé, Messieurs, le travail des quatre premières Commissions du Congrès.

La *cinquième*, si intéressante, est celle de MM. les Aumôniers militaires ; elle ne discute pas longuement, mais elle arrive droit à la pratique : voici, Messieurs, le résumé de son travail dans cette première journée.

La réunion fermée des prêtres du Congrès, pour les causeries sacerdotales, a eu lieu ce soir à l'heure indiquée. Je n'ai rien à en dire, le sujet en a été indiqué publiquement ; aujourd'hui, donc, tout le monde le connaît. Qu'il me soit permis, en terminant, d'exprimer la joie de tous les prêtres pour ces délicieuses et si utiles causeries, et d'affirmer d'ailleurs à nos Évêques, pour qu'ils nous bénissent, que prêtres et laïques, membres du Congrès, nous comprenons plus que jamais la nécessité de nous sanctifier nous-mêmes, si nous voulons sanctifier nos chers ouvriers !

L'abbé TOURNAMILLE,
Chanoine honoraire, directeur du
Cercle Saint-Cyprien, à Toulouse.

RAPPORT GÉNÉRAL

SUR

L'UNION DES ŒUVRES OUVRIÈRES CATHOLIQUES DE FRANCE

TRAVAUX EFFECTUÉS PAR SON BUREAU CENTRAL, DEPUIS LE CONGRÈS
DU PUY JUSQU'AU CONGRÈS DE CHARTRES

MESSEIGNEURS [1],
MESSIEURS,

Il est d'usage, chaque année dans nos Congrès, de rappeler brièvement l'origine et le but de l'Union des Directeurs d'Œuvres ouvrières, en rendant compte en même temps des travaux effectués par le Bureau Central de cette Union.

[1] S. G. Mgr Regnault, évêque de Chartres. — S. G. Mgr de Ségur, chanoine-évêque de Saint-Denys, président du Bureau Central de l'Union.

Cette tâche utile incombait jadis à un spirituel et zélé religieux qui a rempli, depuis la fondation de l'Union, les fonctions de secrétaire général, jusqu'à l'heure où, devenu de jour en jour plus nécessaire à l'Ordre auquel il appartient, entraîné par sa foi ardente qui sut donner à nos grands pèlerinages nationaux une impulsion qui excite à si juste titre l'admiration des catholiques, et qui garantit à la France chrétienne d'impérissables espérances de rénovation et de salut, il crut devoir se démettre de ses fonctions, tout en restant membre de notre Comité.

La rareté de ses apparitions à nos séances de quinzaine, nous a toujours causé de vifs regrets : il comprenait l'Union à merveille et la représentait partout avec dévouement et amabilité.

Il est vrai qu'éloigné de nous pour les motifs que nous venons de signaler, il s'est aussi donné tout entier à la rédaction d'une revue déjà célèbre : « *Le Pèlerin.* »

En deux années à peine, le nombre des lecteurs de cette publication s'est élevé de six cents à près de cinquante mille !

Dans ce portrait imparfaitement tracé, vous avez reconnu, Messieurs, le R. P. Bailly.

Les fonctions de secrétaire général de l'Union retombèrent donc sur de bien faibles épaules.

J'ose espérer que vous voudrez bien me tenir compte de ma bonne volonté et me pardonner mon inexpérience.

Ce Congrès, Messieurs, est la huitième assemblée générale de l'Union. Aussi, croirait-on inutile, à première vue, de revenir sur des définitions données déjà tant de fois, touchant le caractère spécial de cette Union.

Les événements exigent de nous de nouvelles explications; et soit qu'il s'agisse de ceux qui veulent se déclarer nos ennemis acharnés, irréconciliables; soit qu'il s'agisse des personnes qui veulent bien applaudir à nos efforts, honorer notre Œuvre de leurs sympathies, et lui accorder leur précieux concours; il est nécessaire de remettre en lumière la constitution même de l'Union.

Le président de notre Bureau Central, Mgr de Ségur, dans une réponse claire, nette et digne de son noble caractère, a déjà fait bonne justice des accusations et des calomnies dirigées par la presse révolutionnaire à la fois contre ce Congrès et l'Union, dont il est la plus haute représentation.

Après Sa Grandeur, une parole aimée et éloquente viendra ce

soir, proclamer les droits indiscutables des catholiques à continuer la pacifique croisade qu'ils ont entreprise pour le bonheur et la moralisation de la classe ouvrière! Il démasquera aux yeux de tous les honnêtes gens, les ruses et le plan d'intimidation dont voulent user à notre égard les serviteurs de Satan, et tracera, avec la vigueur et la prudence d'une âme virile et sacerdotale, les impérieux devoirs qui nous sont imposés par l'heure présente.

Quant à ceux qui nous aiment, je me permettrai de leur indiquer en quelques mots les points qui nous distinguent des grandes œuvres catholiques qu'ils confondent avec la nôtre.

D'abord il y a l'Œuvre des Cercles catholiques d'ouvriers.

Le rapport qui vous a été présenté par M. Raoul Ancel, aura déjà apporté des éclaircissements que quelques esprits pouvaient désirer. S'il restait encore quelque obscurité dans votre pensée, veuillez, Messieurs, vous s'adresser au Comité de l'Œuvre des Cercles, 10, rue du Bac, à Paris.

L'étude des règlements, du plan et des bases de cette Œuvre, que l'on peut appeler très-justement la noble et courageuse avant-garde des Œuvres catholiques, rapprochée de l'examen attentif des documents qui exposent ce qu'est l'Union des Œuvres ouvrières, vous montrera clairement, je l'espère, la distinction qui existe entre notre Union et l'Œuvre des Cercles catholiques d'ouvriers. Mais elles s'honorent toutes deux de servir les vrais intérêts de la classe ouvrière, de professer la même doctrine catholique, apostolique et romaine. Inutile d'ajouter qu'il existe entre elles des liens de bonne confraternité.

Les Comités catholiques ont pour but de propager *toutes* les œuvres catholiques sans exception, et comme il est facile de le comprendre, il y a là un champ d'action plus étendu que celui de l'Union, circonscrit comme son nom l'indique clairement, à la propagande des œuvres *ouvrières* et à l'union des Directeurs de ces œuvres, entre eux, par les liens de la prière, l'échange des méthodes et des idées.

Enfin les Conférences de Saint-Vincent de Paul, tout en prêtant un utile concours aux Œuvres ouvrières se sont surtout donné la mission de soulager les besoins corporels des pauvres, lesquels n'appartiennent pas toujours nécessairement à la *classe ouvrière*. Chacun sait que ces secours corporels sont toujours accompagnés de visites charitables, qui ont pour principal objet, la consolation de ceux qui souffrent et leur retour à la religion si, par malheur, ils s'étaient éloignés de Dieu.

Mais hâtons-nous de revenir à notre Union.

En 1729, douze prêtres se réunissaient à Marseille et fondaient en faveur des jeunes gens une réunion, dite *Œuvre de la Jeunesse*, qui produisit les plus heureux résultats. C'était à proprement parler un cercle où l'on faisait des conférences. Il possédait une bibliothèque, des jeux de toutes sortes ; et les jeunes gens qui le fréquentaient se trouvaient là en contact, non-seulement avec des prêtres intelligents et zélés, mais encore avec des gens du monde qui venaient seconder les efforts du clergé et travailler de concert avec lui, à la moralisation de la jeunesse ouvrière.

Interrompue par la Révolution, cette Œuvre fut rétablie en 1799 par un jeune prêtre qui lui devait sa foi et son courage pendant les jours mauvais. Ce prêtre n'était autre que M. l'abbé Jean-Joseph Allemand.

L'abbé Allemand vit accourir autour de lui de nombreux jeunes gens qui, sous son habile direction, formèrent les cadres de l'Œuvre nouvelle. Cette Œuvre n'a point cessé d'exister et l'on peut encore l'admirer à Marseille. L'élan devint très-général vers 1835 ; aussi malgré la mort de M. Allemand, arrivée en 1836, le progrès de son œuvre continua-t-il, et durant une période de soixante ans, près de vingt mille jeunes gens y sont venus, à tour de rôle, chercher avec empressement l'affermissement de leurs principes chrétiens et les habitudes d'une vie sage et honnête.

L'idée de M. Allemand ayant frappé plusieurs esprits sérieux, les œuvres ouvrières se répandirent bientôt dans un grand nombre de villes où l'on sentait la nécessité de moraliser les ouvriers et de leur donner une direction capable de refréner leurs désordres de plus d'un genre.

En 1855, on fonda à Angers une revue « *le Jeune Ouvrier* » qui était l'organe des Directeurs des Œuvres ouvrières. Cette revue établit entre eux des rapports mutuels et un échange précieux d'idées et de renseignements. Ce fut là l'occasion d'un premier petit Congrès qui se tint à Angers et dans lequel vingt-cinq Directeurs vinrent conférer ensemble des besoins de leurs œuvres, de la meilleure direction ainsi que de l'impulsion à donner à ces associations.

En 1859, Paris eut un Congrès analogue. Le nombre des Directeurs s'était un peu accru ; ils étaient trente-deux. En 1870, Versailles eut le sien et quarante Directeurs y assistèrent. Comme on le voit le mouvement en faveur des Œuvres ouvrières s'accentuait un peu plus chaque jour. Enfin, en 1871, Mgr Forcade, alors évêque de Nevers et aujourd'hui archevêque d'Aix, appela le Congrès dans sa ville épiscopale et on y compta soixante-quinze membres.

Ce fut à ce Congrès que fut fondée l'*Union des Directeurs d'Œuvres ouvrières* et son Bureau Central.

Voici en quels termes le compte-rendu des travaux de l'Assemblée de Nevers relate ce fait important :

« Le 8 du mois de septembre 1871, les Directeurs des Associations ouvrières, réunis en Congrès au Grand-Séminaire de Nevers, ont conclu entre eux une Union, dont le but est la propagation des idées chrétiennes parmi les masses et qui portera le titre d'*Union des Associations ouvrières catholiques.* Ils ont de plus adopté les résolutions suivantes :

RÉSOLUTION PREMIÈRE

« Unis ensemble dans le Cœur de Notre-Seigneur Jésus-Christ, ils s'associent plus spécialement dans un dévouement absolu à tous les intérêts réels des classes ouvrières, dans un amour ardent pour ceux que Notre-Seigneur a tant aimés lui-même, dont il s'est fait le compagnon de travail, et à qui il disait avec une si ineffable tendresse : *Venite ad me omnes, et ego reficiam vos.* »

RÉSOLUTION SECONDE

« Ils se déclarent les enfants soumis de la sainte Église et du Souverain-Pontife, successeur de Pierre et vicaire de Notre Seigneur Jésus-Christ. »

RÉSOLUTION TROISIÈME

« Ils se placent tout d'abord sous le haut patronage de NN. SS. les Évêques de France, en leur demandant de les bénir, de les encourager dans l'œuvre qu'ils entreprennent et qui, assurément, est l'une des plus importantes de ce temps. Il ne s'agit de rien moins, en effet, que d'arracher les classes ouvrières, véritable force vitale du pays, aux ennemis, si audacieux aujourd'hui, de Dieu, de l'Église et de la société. »

RÉSOLUTION QUATRIÈME

« Sachant que la prière est la clef des trésors du ciel, ils mettent en commun leurs prières et leurs œuvres, afin d'obtenir de Dieu tous les secours dont ils ont besoin dans une si grande lutte.

« Et, pour avoir dès à présent des intercesseurs puissants, ils se placent sous la protection spéciale de la Très-Sainte Vierge Immaculée et de saint Joseph, que S. S. Pie IX vient de déclarer patron de l'Église universelle. »

RÉSOLUTION CINQUIÈME

« Pour rendre leur union plus réelle et plus efficace, ils veulent que désormais toutes leurs Œuvres forment une seule et grande association catholique, qui prendra le nom d'*Union des Associations ouvrières catholiques.* »

RÉSOLUTION SIXIÈME

« Néanmoins, chaque Œuvre particulière conserve son nom spécial, ses règlements propres, sa couleur locale, son autonomie, en un mot.

« Mais toutes, pour pouvoir faire partie de l'Union, devront adopter comme base commune les statuts fondamentaux suivants :

« 1° L'Œuvre de *** est essentiellement catholique et humblement soumise à l'autorité du Souverain-Pontife;

« 2° Elle est placée sous le haut patronage de Mgr l'Évêque du diocèse;

« 3° Ses membres se font honneur de remplir fidèlement les devoirs du chrétien. »

RÉSOLUTION SEPTIÈME

« L'Union se constitue un *Bureau Central*, dont le siége sera établi à Paris, etc.

« Les attributions du Bureau Central seront :

« 1° De susciter, de renseigner, d'encourager les Œuvres ouvrières, de les affilier à l'Union; dès sa formation, il se préoccupera avant tout de l'union des œuvres déjà existantes;

« 2° De préparer et d'organiser le Congrès annuel ;

« 3° De surveiller la rédaction de la *Revue*[1] *des Associations catholiques*, véritable organe de l'Union des Directeurs d'Œuvres ;

« 4° De saisir toutes les occasions de travailler par la parole publique, par la presse, à la propagation des idées chrétiennes parmi les masses.

« Le Bureau Central avisera aux moyens de créer à l'Union des ressources financières.

« Il aura en province des correspondants parmi les hommes de dévouement, Directeurs ou amis des Œuvres, qui voudront bien se vouer à recueillir des souscriptions ou des dons volontaires.

« De plus, la caisse du Bureau Central recevra *annuellement* de chaque Œuvre agrégée à l'Union, une cotisation dont le chiffre est laissé à l'appréciation du Directeur[2].

« Les pouvoirs du Bureau Central dureront d'un Congrès à un autre[3]. »

RÉSOLUTION HUITIÈME

« Dans chaque Œuvre, on récitera en commun les prières suivantes, comme l'avait déjà réglé le Congrès d'Angers :

« Le Souvenez-vous...

« Cœur sacré de Jésus, ayez pitié de nous...

« O Marie, conçue sans péché...

« Saint Joseph, priez pour nous...

« Saint Vincent de Paul, priez pour nous...

« Saints Patrons du travail, priez pour nous.

« Les Directeurs s'efforceront de communier le 8 septembre, fête de la Nativité de la Sainte-Vierge, et anniversaire du jour où l'Union des Œuvres a reçu la bénédiction du Souverain-Pontife. Les prêtres, ce même jour ou un jour rapproché, diront la messe à l'intention de l'Union.

---

[1] Aujourd'hui cette publication est remplacée par le *Bulletin de l'Union*, prix : 6 francs par an.

[2] Les Congrès suivants ont fixé le minimum de la cotisation annuelle à 5 fr. Cette cotisation vient en aide au Bureau Central qui, en sa qualité de serviteur des Directeurs d'Œuvres, a des charges considérables à supporter : frais de bureau, de personnel, etc.

[3] Le Congrès de Poitiers a confirmé le Bureau Central dans ses fonctions, d'une façon permanente.

« Il est désirable que les Directeurs préparent les membres de
leur Œuvre à faire la communion ce jour-là ou le dimanche le plus
rapproché. »

RÉSOLUTION NEUVIÈME

« L'Union aura des armoiries, où figurera comme pièce principale : la croix des croisades [1] ! »

Enfin, de précieuses indulgences ont été accordées par N. T.-S. P. le
Pape Pie IX aux membres de l'Union, par un Rescrit Apostolique,
en date du 3 juillet 1872. Ce Rescrit nous accorde, avec la bénédiction du Vicaire de Jésus-Christ [2] :

1° Une indulgence plénière à gagner l'un des jours du Congrès
annuel ;

2° Une indulgence plénière le jour de la fête de l'Immaculée-
Conception, de la fête de saint François de Sales, de la fête de saint
Joseph et du patronage de saint Joseph, de la fête de saint Pierre,
de la fête de saint Vincent de Paul, et enfin le 8 septembre, pour la
Nativité de la Très-Sainte Vierge ;

3° Une indulgence d'une année à chacune des réunions où l'on
s'occupera des intérêts de l'Œuvre, pourvu qu'on y adresse une
prière commune aux intentions de Sa Sainteté.

La présidence de ce Bureau Central composé d'un certain
nombre de prêtres, de religieux et de laïques fut offerte à Mgr de
Ségur, qui daigna l'accepter. Des lettres furent écrites à NN. SS. les
Évêques pour les prier humblement de vouloir bien constituer,
chacun dans leurs diocèses respectifs, un *Bureau diocésain*, placé
sous leur immédiate autorité, c'est-à-dire un Comité qui groupât
autour de chaque siége épiscopal les prêtres, les religieux et les
laïques désireux de susciter et d'encourager les diverses œuvres ou
associations qui sont destinées à procurer à la classe ouvrière le
bien-être moral et matériel.

---

[1] Les armes de l'Union sont : de gueule, à la croix d'or, certie de sable. La
devise est : *Sint Unum.*
[2] Pour gagner ces Indulgences les Œuvres doivent être agrégées à l'Union par
le Bureau Central et reçoivent un Diplôme comme signe sensible de cette agrégation.
Les Directeurs et membres des Œuvres gagnent, par ce fait, les indulgences
sus-énoncées.

Comme vous le voyez, Messieurs, nous ne nous sommes point écartés des sages règlements formulés au Congrès de Nevers.

Le Bureau Central qui n'a pas la prétention d'être parfait, ni de se soustraire à l'examen de conscience, croit pouvoir vous assurer néanmoins qu'il a fait son possible pour satisfaire vos légitimes désirs et se montrer bon et fidèle serviteur.

Son secrétariat, depuis le mois de novembre 1877 jusqu'à l'ouverture de ce Congrès, a expédié dans les différentes contrées de la France, sept mille sept cent treize ballots de livres, bulletins, documents concernant la fondation des Œuvres ouvrières. Deux mille deux cent soixante lettres sont venues frapper à sa porte et plus de quatre mille lettres sont parties de son secrétariat pour aller trouver nos confrères de province qui avaient bien voulu réclamer nos services.

La rédaction du *Bulletin de l'Union*, du *Compte-rendu des travaux du Congrès du Puy*, sont autant de services que vous voudrez bien ne pas méconnaître.

Vous n'avez pas non plus perdu le souvenir, Messieurs, des démarches si utiles et si fructueuses entreprises par l'un de nos Vice-Présidents, M. le chanoine du Fougerais? Il a visité, vous le savez, vingt et un diocèses pour l'établissement de nouveaux Bureaux diocésains.

Vous avez applaudi, comme il le méritait, cet homme vraiment humble et apostolique, qui a bravé les rigueurs de l'hiver pour aller provoquer des œuvres que les malheurs des temps rendent chaque jour plus nécessaires.

Nous avons réédité, après l'avoir augmenté et corrigé soigneusement, le *Manuel de prières et de cantiques*, dont chaque année dix mille exemplaires sont vendus.

Je crois utile d'ajouter, qu'une réimpression partielle de nos documents pour la fondation des Œuvres a été faite avant ce Congrès.

Ces documents sont au nombre de trente, et vous êtes instamment priés, Messieurs, de vouloir bien les réclamer, en la mesure de vos besoins, au secrétariat du Congrès. Ils vous seront offerts avec bonheur, et vous n'aurez d'autre droit à acquitter que celui que nous prenons la liberté de vous indiquer ici :

« *Lege et fac secundum exemplar.* »

Quelques-uns de ces documents manquent toutefois à la série complète. Des hommes pratiques et dévoués ont bien voulu se charger de les revoir, de les retoucher et dans le courant de 1870 au plus tard, nous serons en mesure de vous envoyer les numéros que vous ne pourriez pas emporter. Ce rapport est déjà trop long et j'aurais encore beaucoup de choses à vous dire.

Par exemple que nous avons propagé de toutes nos forces le « *Manuel d'une Corporation chrétienne* » qui résume d'une façon remarquable la manière de réformer le travail industriel au point de vue chrétien.

La Société protectrice du travail chrétien, si calomniée par nos ennemis, a trouvé parmi nous de fidèles et courageux propagateurs. M. Babeur, membre de notre Bureau Central, vous a dit, au sein de la deuxième Commission, que le Bureau Central voulant entrer dans la pensée du R. P. Ludovic, avait institué un Bureau de Placement chrétien en faveur des membres des Œuvres ouvrières catholiques de Paris.

Cet exemple a déjà été suivi en d'autres lieux et les villes de Bourges et du Puy nous ont signalé des projets de fondations analogues, pour un avenir très-rapproché.

Il est bon également, Messieurs, de vous faire part d'une nouvelle qui trouvera, nous en sommes persuadés, un grand écho dans vos cœurs.

Mgr de Ségur, frappé de l'abandon dans lequel sont laissés les intérêts matériels de la classe ouvrière, de la part de ceux qui se vantent pompeusement de les servir, s'est adressé à un jurisconsulte catholique, le priant de vouloir bien former un comité d'études qui examinerait les projets de lois qui pourraient, dans un moment opportun, être soumis aux délibérations des Chambres. Voici la réponse qui nous a été adressée :

« Je puis vous annoncer que, conformément à la demande que Mgr de Ségur a daigné m'adresser, je me suis occupé de constituer un comité de législation ouvrière, pour l'étude des projets de loi que les catholiques peuvent entreprendre de soutenir dans l'intérêt des ouvriers. Ce comité est fondé ; un projet est mis à l'étude, et nos travaux commenceront sérieusement, et je l'espère utilement, à la fin d'octobre. »

Je ne puis mieux terminer ce rapport, Messieurs, qu'en empruntant au journal l'*Union*, le compte-rendu de la célébration de notre

fête patronale que, S. S. le Pape Pie IX avait daigné fixer au
troisième dimanche après Pâques, fête du Patronage de saint
Joseph.

Permettez-moi d'ajouter que tandis que les Œuvres ouvrières de
Paris sont réunies toutes ensemble sous les voûtes de l'antique
église métropolitaine, le même jour, à la même heure, dans un
grand nombre de villes épiscopales, le même spectacle édifiant et
vraiment unique, est répété à l'édification générale de tous les
gens de bien.

Voici donc comment M. Poujoulat rend compte de notre fête :

« Que de choses j'ai vues passer depuis quarante ans, sous les
voûtes de Notre-Dame! Que de pompes et d'émotions diverses!
Mais je n'ai jamais été plus remué qu'à la réunion d'avant-hier
dans la vieille basilique. Près de six mille hommes, appartenant
aux classes ouvrières, étaient là, avec leurs bannières, dans l'attitude de la foi. Dans cette région du travail, tant exploitée par les
malfaiteurs de la politique, et où les ambitieux de la Révolution
cherchent des points d'appui, un monde à part s'est formé sous le
souffle chrétien. Le génie catholique contemporain a fondé à Paris
et en province des œuvres pour tous les besoins de cette portion si
intéressante de nos frères, et ces œuvres se donnent tous les ans
rendez-vous dans la métropole et dans nos cathédrales où l'on a
les siècles pour témoins. C'était la première fois que j'assistais à
cette solennité religieusement populaire. On est toujours édifié de
tout homme qui prie, on l'est davantage par ces milliers de travailleurs prosternés aux pieds de Celui qui voulut commencer sa vie
mortelle dans un atelier de Nazareth. Que de merveilles de zèle et
de volontés généreuses il a fallu pour que tous ces jeunes hommes,
arrachés aux inspirations grossières et malsaines, aux excitations
coupables, pussent être conduits à ces hauteurs où rayonnent la
vérité et le devoir! Quel spectacle que ce vrai peuple mis en communication avec les choses divines, et noblement transfiguré par
les idées de religion, d'ordre et de respect! Quelle bonne tenue
dans les rangs! Quel contentement et quelle sérénité sur les visages!

« J'aurais voulu voir là ceux que les audaces du mal découragent,
ceux qui se lassent de combattre, ceux qui désespèrent ; ils auraient
compris que les temps sont changés, que le catholicisme a fait un
grand pas parmi nous, qu'une assemblée comme celle du 22 avril à
Notre-Dame est une grande et consolante nouveauté. Elle recevait

du moment présent un vif intérêt. Nos ennemis disent que nous sommes une poignée d'aristocrates, et voilà une représentation populaire de la cause que nous défendons ; ils disent que nous sommes seuls, et de tous côtés on accourt sous les étendards de nos croyances. Ils gardent sous leurs mains des ouvriers qui chantent le *Ça ira* ou des chansons obscènes. Les nôtres chantent les cantiques de l'Union des Œuvres ouvrières, le cantique du Sacré-Cœur, et la comparaison n'est pas à la gloire de nos ennemis. Je ne connais pas de musique d'un plus puissant effet que ce chant dans les profondeurs de la vieille basilique. Lorsque de ces six mille poitrines sortait le refrain qui demande à Dieu de sauver tout ce qu'il faut sauver, on sentait l'âme et les entrailles catholiques, on sentait la foi toute vivante, toute puissante : c'était une ardente prière dans un fleuve d'harmonie. Le *Magnificat*, chanté par ces masses de voix avec accompagnement des orgues, était comme un grand air triomphal ; c'est Marie qui parlait, Marie que toutes les générations proclameront heureuse ; c'est elle qui parlait de la puissance du bras divin, de la défaite réservée aux entreprises des superbes, du renversement des puissants. Un souffle de victoire semblait passer dans nos rangs.

« La chaire attendait une parole ; le P. Joseph, curé de Saint-Joseph à Genève, s'est fait entendre. C'est un missionnaire de charité et de courage, plein d'entrain et de chaleur, et dont la bouche semble ne pas suffire à tous les flots de discours qui montent dans son cœur. Ses accents étaient en parfait accord avec son auditoire et avec ce temps. Il a parlé du peuple avec amour et intelligence, et glorifié l'ouvrier au souvenir du divin charpentier. Il a montré comment l'Église « empiète » à force de dévouement et de sacrifices, comment on aime son pays quand on est chrétien et comment on sait mourir aux grandes et terribles luttes. Il a terminé par un mot de Jeanne d'Arc qu'il sera toujours utile de rappeler lorsqu'on veut vaincre. Les leçons de patriotisme se sont trouvées mêlées aux leçons de religion. En entendant toutes ces choses, on ne se sentait pas disposé à mal faire ; si, par hasard, quelques-uns de nos ennemis, poussés par la curiosité, se sont glissés au milieu de nous, durant ces deux heures passées à Notre-Dame, ils ont pu se convaincre que nous ne prêchons ni la haine, ni l'égoïsme, ni la lâcheté. Il est vrai qu'ils auraient eu le désagrément d'entendre prier pour le Pape.

« Que voulez-vous? il faut qu'ils s'y résignent. Ils pourront bannir et tuer, ils ne parviendront jamais à anéantir la prière ; elle demeurera vivante tant qu'il y aura des catholiques ; n'en restât-il qu'un seul debout, elle serait encore contre nos ennemis une force invincible. La prière pour le Pape est une respiration de l'âme catholique à l'heure où nous sommes. Nous disons : « Que le « Seigneur le conserve et le vivifie ; qu'il le rende heureux sur la « terre, et ne le livre pas à ses ennemis. » Et nous répétons cette immortelle parole de l'Évangile : « Tu es Pierre, et sur cette pierre « je bâtirai mon Église. » Cette parole est écrite autour de la coupole de Michel-Ange, et lors même que le pétrole ferait sauter la basilique de Saint-Pierre, il y aurait encore sur la terre des cœurs et des monuments où resterait gravée la divine parole.

« Quand le troisième dimanche après Pâques arrive, des confrères et des bienfaiteurs des Œuvres ouvrières manquent à l'appel ; c'est qu'ils ont répondu à un autre appel, celui de Dieu. Mais ils sont encore de la fête. On prie pour eux. Le *De profundis* pour ces pauvres absents est bien touchant. Le génie chrétien, qui a le secret de ne rien laisser perdre, a le secret de tout réunir. Les associés viennent encore en aide les uns aux autres par delà la mort ; les liens sont indestructibles ; la fraternité ne s'éteint pas dans la tombe ; elle revêt l'immortalité de l'âme elle-même, qui traverse la terre où tout passe pour aller aux cieux où rien ne doit finir.

« C'est une grande joie que de présider de telles assemblées ; cette consolante douceur est donnée à notre vieil Archevêque. Quelle plus belle couronne qu'une semblable famille ! L'antiquité avait imaginé un héros qui renouvelait ses forces épuisées chaque fois qu'il touchait terre. Notre vieil Archevêque se retrempe dans ces réunions si belles et si fécondes. Sa « terre » à lui, ce sont ces œuvres de Paris auxquelles rien ne peut être comparé dans le monde, et qui impriment au front de la grande cité un caractère de préservation et de gloire. Les bonnes œuvres sauveront Paris et la France.

A. Lebout de Chateau-Thierry-Beaumanoir,
Secrétaire général du Bureau Central de l'Union.

7.

COMPTE-RENDU FINANCIER

DU 1er AOUT 1877 AU 1er SEPTEMBRE 1878

RECETTES

Encaisse au 1er août 1877......................		2,074 56
Abonnements au *Bulletin*........................		4,782 90
Comptes-rendus du Congrès...........	610 35	
Manuels de cantiques..................	2,424 55	
Documents.......................	42 45	
Vente de librairie, etc.............. ...	1,065 10	
Total....	4,742 45 ci.	4,742 45
Produit des cartes de congressistes au Congrès du Puy.		4,600 »
Cotisations de membres agrégés........	1,612 »	
Cotisations d'Œuvres unies............	723 25	
Total....	2,335 25 ci.	2,335 25
Dons divers.........................	673 47	
Don anonyme.......................	100 »	
De M. Feron-Vrau......................	100 »	
M. le comte de Caulaincourt............	100 »	
M. Eug. Baillet.....................	120 »	
M. le baron de l'Espée................	200 »	
M. Babeur.........................	200 »	
M. le comte Jarry.....................	500 »	
M. le comte Yvert.................	390 »	
Anonyme............................	1,000 »	
M. de Lachenais......................	1,000 »	
M. le comte de Lévis-Mirepoix..........	1,000 »	
Total....	5,383 47 ci.	5,383 47
Dons des Œuvres :		
De l'Association de Saint-François de Sales	1,100 »	
De l'Association de Notre-Dame de Salut.	5,000 »	
Total....	6,100 » ci.	6,100 »
Quête à la cathédrale du Puy..........	139 62	
Quête à Notre-Dame de Paris (Fête patronale de l'Union).....................	160 65	
Souscriptions recueillies par la Commission de l'Usine.....................	172 55	
Produit d'un sermon de charité........	462 95	
Produit de la souscription pour la statue de Jésus-Ouvrier, qui a été offerte à Sa S. Pie IX, de vénérée mémoire..........	2,234 95	
Total....	3,170 72 ci.	3,170 72
Prêts faits au Bureau Central......................		7,100 »
Total....		41,189 35

COMPTE-RENDU FINANCIER

DU 1er AOUT 1877 AU 1er SEPTEMBRE 1878

DÉPENSES

Frais d'impression :

Bulletin..............................	4,262 45	
Comptes-rendus du Congrès............	2,811 75	
Documents et divers..................	848 »	
Total....	7,922 20 ci.	7,922 20
Affranchissements de lettres et port de ballots de librairie...................	1,291 89	
Frais généraux, loyer, éclairage, chauffage, papeterie, traitement des employés, voyages, etc..........................	14,804 65	
Total....	16,099 54 ci.	16,099 54
Achat de librairie........	887 90	
Manuels, reliures, etc	854 30	
Total....	1,742 20 ci.	1,742 20
Dépenses pour le Congrès du Puy.................		6,880 45
Fête patronale de l'Union à Notre-Dame de Paris.......	1,150 »	
Statue de Jésus-Ouvrier offerte au Saint-Père..............................	3,000 »	
Achat d'une bannière pour l'Union des Œuvres ouvrières....	303 »	
Total....	4,453 » ci.	4,453 »
Remboursement de prêts faits au Bureau Central....		1,500 »
Total....		38,597 39

BALANCE

Recettes 41,189 35
Dépenses 38,507 39

Encaisse au 31 août 1878.... 2,591 96

SITUATION GÉNÉRALE

Dû à M. Pigelet, imprimeur......................... 8,774 86
— à M. Goupy, imprimeur........................ 379 75
— aux lauréats du concours Doudeauville........... 500 »
— à M. le duc de La Rochefoucault-Doudeauville .... 2,000 »
— à divers pour avances.......................... 7,343 25
— à M. Froc-Robert, la statue de saint Joseph, offerte à
  Notre-Dame de Paris........................... 375 »

Total.... 19,372 86

En caisse............................ 2,591 96
Créances de librairie à faire rentrer..... 692 45

Total.... 3,284 41 ci. 3,284 41

Déficit.... 16,088 45
A recouvrer.... 10,475 »

Le déficit réel (si les rentrées se font bien) serait donc de : 5,613 45

Nota. — 438 Œuvres agrégées sur lesquelles 320 doivent la cotisation de 5 francs pour 1877.............................. 1,600 »
365 doivent la cotisation de 5 francs pour 1878............... 1,825 »
938 membres agrégés sur lesquels 716 doivent la cotisation de
1877 à 5 francs... 3,580 »
694 doivent la cotisation de 1878 à 5 francs................. 3,470 »

A recouvrer.... 10,475 »

RAPPORT

SUR L'ŒUVRE DES CERCLES CATHOLIQUES D'OUVRIERS LU AU CONGRÈS
DE L'UNION DES ŒUVRES OUVRIÈRES CATHOLIQUES, A CHARTRES, LE
11 SEPTEMBRE 1878, PAR M. RAOUL ANCEL, DIRECTEUR DES RELA-
TIONS DE L'ŒUVRE.

MESSEIGNEURS,
MESSIEURS,

Au moment de retracer devant vous les progrès de l'Œuvre dont
la divine Providence nous a faits les serviteurs, il vous paraîtra
juste, assurément, que nous tenions à exprimer tout d'abord notre
gratitude au Bureau Central, qui nous appelle chaque année dans
ses Congrès, et nous fournit ainsi l'occasion de manifester la sympathie étroite qui nous unit à lui, en même temps que de marquer
les caractères distinctifs de notre action. Nous avons, de notre
côté, par une note insérée dans un des derniers numéros de notre
Bulletin, vivement pressé nos confrères de se rendre nombreux à
une invitation dont ils ne pouvaient manquer, d'ailleurs, d'apprécier la valeur.

L'Œuvre des Cercles catholiques d'ouvriers, née à peu près en
même temps que l'Union, lui avait été agrégée peu de temps après
sa fondation. Il devint toutefois promptement évident que, comme
pour toutes les Œuvres qui poursuivent un but défini par le moyen
d'une organisation propre, telles que la Société de Saint-Vincent de
Paul par exemple, il fallait lui réserver sa pleine autonomie, avec
une marche indépendante de celle de tout autre groupe, et s'efforcer
seulement de former avec chacun de solides relations d'où pût
sortir le concert des forces placées au service de l'Église.

Quelques-uns parmi vous, sans doute, se souviennent encore, en
effet, du premier appel aux hommes de bonne volonté lancé par
l'Œuvre au jour de Noël 1871. C'était son programme, auquel elle
est toujours demeurée fidèle, et qui n'est autre que celui de la
contre-révolution, c'est-à-dire d'une lutte qui doit se poursuivre
sur tout terrain, quel qu'il soit, où les ennemis de la société chrétienne ont porté leur effort. C'est ainsi que l'Œuvre des Cercles
catholiques d'ouvriers prit à côté des grandes œuvres de la charité

catholique une place que le malheur des temps ne permettait pas
de laisser vacante. Elle fut dès l'abord une œuvre sociale, une
association de catholiques militants tendant à restaurer, dans la vie
publique comme dans la vie privée, des institutions et des mœurs
conformes aux enseignements de l'Église. C'était aborder un terrain semé d'obstacles et de dangers parmi lesquels elle n'avait le
droit de compromettre qu'elle-même. Beaucoup de nos actes pouvaient être mal interprétés, beaucoup de nos paroles mal goûtées,
et notre seule responsabilité devait être engagée dans un combat
où nous risquions de rencontrer, pour nous juger sévèrement,
d'autres même que des adversaires. Il y avait là, d'ailleurs, toute
autre chose qu'une Œuvre ouvrière, comme pourraient le penser
ceux qui n'auraient entendu que son nom. Sans doute, les Cercles
sont un élément important de la forme de l'Œuvre, mais ils n'en
sont même pas à eux seuls la forme complète, et l'on se tromperait
gravement si l'on y voulait chercher le but qu'elle ambitionne d'atteindre. Ce but, l'article premier de nos Bases et Plan général le
définit « le dévouement de la classe dirigeante envers la classe
ouvrière, » c'est-à-dire l'exercice même du devoir de paternité
sociale qui s'impose à ceux que Dieu a le plus largement comblés
de ses dons à l'égard de ceux qui en ont moins reçu. Tel était le
fondement sur lequel l'Église avait établi la magnifique unité de la
société chrétienne, et dont la destruction constitue l'œuvre propre
et vraiment satanique de la Révolution. Le restaurer est l'œuvre
sociale par excellence, qui ne peut se mener à bien que par le concours de forces très-homogènes, reliées entre elles par un inébranlable attachement aux principes proclamés par l'Église sur ses
rapports avec la société civile, et par une ferme discipline.

Les comités dont nous provoquons la formation sont des associations d'hommes de la classe dirigeante, unis par un lien religieux
et par une adhésion collective, semblable pour tous, aux règles
fondamentales de l'Œuvre, formulées dans les sept articles de ses
Bases et Plan général. Le texte en est bien connu; il se trouve
reproduit en tête de la plupart de nos documents, et il est conçu
de telle sorte que, tout en laissant à ceux qui l'ont accepté une
très-grande latitude dans l'application, ce qui est la condition essentielle d'une activité féconde et bien réglée, il les garantit cependant, par la précision des principes généraux qu'il exprime, contre
tout écart de nature à affaiblir l'unité de doctrine et d'effort néces-

saire pour se mesurer avec un ennemi qui excelle par la discipline
et par l'organisation de ses forces. Chaque comité fonctionne dans
sa pleine indépendance, et son action ne s'étend jamais au delà des
limites de la commune où il est établi. Les ressources pécuniaires
dont il dispose lui appartiennent en propre : il ne reçoit de subvention d'aucun autre ni n'en fournit à aucun. La correspondance
qu'il entretient avec le Secrétariat général par l'entremise des
secrétaires de zone et de division, n'a pas pour objet de chercher
des ordres, mais bien une impulsion toujours croissante, qu'il est
en droit d'attendre des fondateurs de l'Œuvre. Ceux-ci, en effet,
dégagés qu'ils sont des mille soucis locaux qui absorbent et fatiguent parfois les meilleurs dévouements, sont mieux à même de se
consacrer à agrandir la portée sociale de l'Œuvre en recherchant
les développements de la pensée première qui l'a inspirée. Pour
accomplir ce grave devoir, ils sont aidés eux-mêmes par cette correspondance, qui les tient renseignés sur les résultats actuels de la
mise en pratique des doctrines et des méthodes propagées. De plus,
ils trouvent dans l'association de travail formée entre eux-mêmes
le moyen de fournir aux comités locaux un secours efficace
lorsque ceux-ci tentent quelque essai de nature à influer sur le
progrès général de l'Œuvre. Cette association des fondateurs de
l'Œuvre se nomme *Comité de l'Œuvre;* le Secrétariat général est
son organe actif, et l'instrument qui lui sert, avec l'aide de certaines commissions consultatives qui s'y rattachent, et dont je parlerai tout à l'heure, pour appuyer l'action des comités locaux, et la
soutenir dans d'incessants et nécessaires développements.

En effet, si le premier objet qui s'offrait à la sollicitude de ces
comités était la formation de l'Association ouvrière catholique qui,
sous le nom de Cercle, devait grouper les hommes de la classe ouvrière et fournir le point de contact indispensable entre les deux
classes que les doctrines révolutionnaires tiennent si profondément
divisées, on ne pouvait voir là pourtant qu'une très-faible application
du principe du dévouement de la classe dirigeante. Le but de
l'Œuvre demeurait bien loin encore et le Cercle n'était qu'un pas
fait pour s'en rapprocher. Il fallait appeler tous les membres de la
famille ouvrière à se placer sous le patronage des membres de la
classe dirigeante correspondant à leur état, et il fallait que ceux-ci
pussent leur apporter le bienfait de l'Association catholique. Le
modèle de cette « corporation chrétienne » nous était magnifique-

ment fourni par M. Harmel dans son usine du Val-des-Bois; l'admiration qu'il excitait était unanime, mais beaucoup pensaient qu'il était impossible de le reproduire dans les conditions de dispersion et d'isolement du patron où vivent la plupart des familles ouvrières de nos villes et de nos campagnes. Plusieurs de nos Comités, cependant, ont victorieusement résolu le problème par la création des Comités de dames patronnesses qui, groupant les femmes et les filles des ouvriers de nos Cercles dans les Associations des mères chrétiennes et des enfants de Marie, sous la direction de MM. les Curés des paroisses, partout où ils veulent bien s'en charger, réunissent à certaines fêtes la famille ouvrière tout entière sous la bannière du Cercle.

Des sociétés de patrons chrétiens se forment en même temps, qui préparent le rétablissement de l'ordre dans le monde du travail par une juste protection accordée aux ouvriers que leur foi et leur pratique religieuse exposent trop souvent à de déplorables persécutions. Toulouse, Versailles, Tourcoing et bien d'autres villes qu'il serait trop long de nommer ont vu ainsi un grand nombre de patrons s'associer dans une pensée de dévouement aux intérêts moraux et matériels des ouvriers dont Dieu leur a remis la garde. Ces hommes répudient les théories de l'économie libérale qui ne veut voir dans le travailleur qu'un instrument qu'on achète au plus bas prix possible et qu'on jette de côté dès qu'il a produit son effort. Ils se plaisent, au contraire, à reconnaître qu'ils ont charge d'âmes et charge d'existences; et ils abordent courageusement l'étude des besoins qu'ils sont appelés à satisfaire, s'efforçant ainsi de se mettre à même de pratiquer dans sa plénitude le devoir de paternité sociale dont l'accomplissement tend à substituer à l'isolement qui engendre la méfiance et la haine, la solidarité qui produit la confiance et l'affection.

Et ne croyez pas que ces choses ne se fassent que dans les villes où se trouvent de grandes agglomérations ouvrières; des villages aussi possèdent à cette heure leurs associations multiples où viennent se ranger les divers membres de la famille ouvrière agricole, sous le patronage d'un comité, composé des notables et des anciens de l'endroit, qui s'est donné pour mission de travailler, sur le terrain qui lui est propre, à restaurer l'ordre social chrétien. L'année qui vient de s'écouler a vu se développer considérablement le nombre et l'importance des fondations rurales de l'Œuvre des

Cercles catholiques d'ouvriers, et nous le constatons avec bonheur, car nulle part il n'est assurément plus nécessaire que dans les campagnes de poser une digue aux envahissements de la propagande révolutionnaire.

J'ajoute qu'il est facile de reconnaître la tendance, chaque jour plus marquée, des ouvriers et des patrons catholiques à se grouper par corps d'état, et bientôt sans doute, le cercle professionnel, avec son comité composé de patrons de la même industrie, aura restauré, sous une forme appropriée aux besoins de notre époque, la corporation d'arts et métiers.

Enfin, je dois vous dire un mot du mouvement qui a attiré dans nos rangs un nombre déjà considérable d'hommes appartenant à la grande industrie. Des chefs d'usines et de fabriques importantes ont, sur notre invitation, résolu de se grouper en une *Commission consultative,* étroitement rattachée au Secrétariat général de l'Œuvre, et dont le but est d'étudier, avec l'esprit pratique que donne l'expérience des affaires, et à la lumière de la foi chrétienne, les devoirs spéciaux que la charge de chef d'industrie impose à l'égard des ouvriers au point de vue de leurs intérêts moraux et matériels, aussi bien que de rechercher en commun les meilleurs moyens et les méthodes les plus favorables pour accomplir ces devoirs. Présidée par M. André, maître de forges, cette commission, malgré la dispersion de ses membres par toute la France, produit un travail continu et très-actif dont les résultats se sont manifestés lors de notre dernière assemblée générale. Plusieurs rapports sont sortis de son sein pendant l'hiver dernier, qui ont traité avec une autorité pratique, que les hommes compétents se sont plu à reconnaître, les questions les plus importantes ayant trait à l'organisation chrétienne du travail. Ai-je besoin d'ajouter que ses membres conforment leur conduite aux principes qu'ils proclament et fournissent eux-mêmes les modèles des réformes qu'ils préconisent.

Cette commission fait partie d'ailleurs d'un ensemble de réunions consultatives groupées autour de la section d'enseignement du Secrétariat général de l'Œuvre, telles que la *Commission agricole,* où de grands propriétaires viennent mettre en commun, en vue de préparer l'amélioration de la condition des habitants de la campagne, le fruit d'observations rendues plus sûres par l'esprit chrétien qui les a dirigées, et la *Commission des Arts et Métiers,* qui se livre, pour ce qui regarde l'organisation des petits ateliers de travail, à des recherches analogues à celles que poursuit pour la grande industrie la commission des industriels.

Les travaux élaborés par ces commissions forment un corps de renseignements fondés sur une solide expérience desquels un *Conseil*, présidé par l'aumônier du Comité de l'Œuvre, dégage des thèses doctrinales conformes aux préceptes de la théologie catholique. La connaissance des règles fondamentales de l'ordre social chrétien, les relations entre patrons et ouvriers, le mouvement corporatif et la liberté du travail, les grèves, le repos du dimanche ont constitué jusqu'ici les principaux objets des études de ce conseil, et les solutions qu'il formule sur ces graves questions servent ensuite de guide à la propagande exercée par la première section du Secrétariat général au moyen de la presse, des relations et autres voies qui lui sont propres, en même temps que les comités locaux y trouvent la règle de leur action. Peu à peu aussi l'expression s'en fait jour dans notre revue : *l'Association catholique*, qui y gagne plus d'unité et d'autorité, ainsi que dans nos publications recommandées.

Il faut noter toutefois que le Conseil, se plaçant sur le terrain des principes absolus, les thèses qu'il fournit ne passent pas dans le domaine de la pratique sans que les commissions consultatives aient examiné dans quelles limites, suivant elles, il est utile, possible ou suffisant, en présence des hypothèses et des milieux actuels, d'en poursuivre l'application.

Mais, Messieurs, vous l'aurez remarqué sans doute, voici que j'ai, en vous rendant compte des travaux de l'Œuvre des Cercles catholiques d'ouvriers, abordé successivement les divers points qui marquent précisément la division des travaux de ce Congrès : comités d'action, protection du travail chrétien, réforme des usines, grandes manufactures et ateliers, organisation des Œuvres ouvrières à la ville et à la campagne : tel est le cadre que nous venons de parcourir rapidement ensemble. Est-ce donc à dire que l'Œuvre des Cercles soit la même chose que l'Union des Œuvres ouvrières, et alors, pourquoi, tandis que les hommes qui composent l'une et l'autre sont unis par la plus étroite sympathie, laisser subsister entre les deux œuvres une distinction où d'aucuns pourraient trouver le témoignage d'une rivalité ?

J'ai prononcé ce mot, et je me hâte de l'écarter tout d'abord, car il ne saurait convenir au langage d'hommes qui ont fait du dévouement et de l'abnégation personnelle la règle de leur action. Mais je vous ai dit en commençant comme l'Œuvre des Cercles catholiques d'ouvriers possède son objectif propre qui fait d'elle une entreprise marquée d'un caractère particulier. Je vous ai signalé l'appel aux hommes de bonne volonté lancé par ses fondateurs dès la première heure de son existence. Depuis lors, toutes ses Assemblées générales ont été closes par un discours où le Secrétaire général de l'Œuvre indiquait chaque année un nouveau progrès dans l'application correspondant à un développement continu de la pensée renfermée dans ce premier document. L'année dernière, il opposait la revendication des droits de Dieu à l'insolente proclamation des droits de l'homme, fondement des erreurs modernes, et cette année, il montrait comment cette revendication doit porter sur les trois ordres religieux, politique, économique, où la Révolution a introduit le désordre avec la révolte contre la loi de Dieu. Mais cela n'est pas tout, et, si un tel programme exige pour l'œuvre qui l'a adopté une existence indépendante, vous aurez bien remarqué, dans ce que je vous ai fait connaître de notre Secrétariat général, et quoique je n'aie eu le temps d'aborder devant vous qu'un côté de son action, celui par lequel il tend à découvrir et à formuler les conséquences qu'entraîne la reconnaissance des droits de Dieu sur les sociétés humaines, vous aurez remarqué, dis-je, que nous avons dû créer pour notre association une organisation, et établir une discipline qui ne nous permettent de la confondre avec aucune autre.

C'est, Messieurs, un service immense rendu à la cause que nous servons ensemble que d'avoir uni les Directeurs d'Œuvres ouvrières ici rassemblés par un lien de réciproque affection fondée sur les relations que ces magnifiques Congrès de l'Union leur permettent de former ensemble; et certes, il y a dans le fait de ces travaux communs qui, chaque année les rapprochent pour un temps toujours trop vite écoulé, un bienfait dont plus que personne nous savons apprécier la portée en en faisant remonter l'honneur au prélat vénéré qui préside le Bureau Central et aux hommes de si grand dévouement qui l'entourent. Nous avons cru, cependant, qu'en raison de l'objectif particulier qui s'impose à leurs efforts dans la réalisation du plan général, une cohésion plus intime encore et plus soutenue était nécessaire entre ceux qui forment sous la bannière de l'Œuvre des Cercles catholiques d'ouvriers la phalang essentiellement militante que Pie IX a nommé l'Armée de Dieu. — Messieurs, l'Armée de Dieu, bien d'autres que nous y combattent et de plus dignes aussi : mais il nous a paru que cette parole, plusieurs fois répétée par le grand Pape, dont le souvenir sera toujours vivant dans nos cœurs, nous imposait la mission d'en fortifier les cadres en même temps que d'en constituer l'avant-garde. Avec la grâce de Dieu que nous implorons humblement, la bénédiction du Pontife qui gouverne l'Église, les encouragements des Évêques de France, sous la tutelle desquels notre Œuvre a été placée dès ses premiers pas, nous n'y faillirons pas.

ALLOCUTION DE M. MILLAULT

CHANOINE HONORAIRE, CURÉ DE SAINT-ROCH, A PARIS

POUR LA FONDATION DE NOUVEAUX BUREAUX DIOCÉSAINS

MESSEIGNEURS[1],
MESSIEURS,

J'ai l'honneur de faire partie de la Commission de l'Union, et j'en suis heureux, parce que c'est un beau nom; c'est la pensée mère de votre Congrès : *Sint unum*, et ce matin, on définissait avec plus de précision que jamais le rôle et les attributions du Bureau Central de Paris. Ce Comité, c'est un serviteur des Œuvres, et surtout des Bureaux diocésains. Mais, Messieurs, pour qu'un serviteur puisse utiliser son zèle et ses forces, il faut qu'il ait quelqu'un à servir. Pour que le Bureau Central serve les Bureaux diocésains, il faut donc que leur nombre se multiplie, et saisi de cette pensée, il fallait supplier NN. SS. les Évêques d'instituer dans leurs diocèses des Bureaux diocésains. Un de nos chers collègues nous a montré ce que l'on pouvait faire, il a visité un grand nom-

[1] NN. SS. de Chartres, de Versailles et Mgr de Ségur.

bre de diocèses et suscité des volontés énergiques; il a présenté ces hommes à l'Évêque, et fait adopter ces Bureaux diocésains; car tous les Évêques sont sympathiques aux Bureaux diocésains. Mais pour les constituer il faut des hommes, et ce sont des hommes que M. le Chanoine du Fougerais a été chercher. Nous nous sommes dit : Puisqu'en ce moment l'on réunit dans cette enceinte les vaillants d'Israël, des hommes d'honneur et de foi, qui donnent leur vie à Jésus-Christ et à l'Église, pourquoi ne pas leur faire appel : cela diminuerait d'autant la tâche de nos vénérables collègues? Pourquoi la plupart d'entre vous, qui hésitent à le faire, ne viendraient-ils pas ce soir ou demain matin nous dire : « Dans mon diocèse, je puis grouper autour de moi deux ou trois hommes de zèle, capables de faire le bien? Vous me direz le jour où vous pourrez constituer notre Bureau diocésain; nous sommes là, nous n'avons plus qu'à obéir. Oh! la grande chose! Que je serais heureux, si pendant que je parle, Notre Seigneur vous disait au cœur : « Fais cela pour moi, travaille pour moi. » Oh! Messieurs, le grand bonheur de faire servir à Dieu son intelligence, sa volonté et ses forces! Heureux celui qui au lit de mort pourra dire à Dieu : « J'ai pu être faible, j'ai pu commettre des fautes; mais jamais je n'ai refusé de faire un bien que vous m'ayez proposé. » (*Applaudissements.*) J'ajoute une parole qui est presque un piége, si je considère la paresse naturelle à l'homme, en commençant par moi-même. J'ajoute ceci : si vous ne vous trouvez pas en mesure de faire en personne ce que je vous demande, ou plutôt Notre-Seigneur, voyez autour de vous si vous ne découvririez pas parmi vos amis qui habitent telle ville, tel diocèse, allez les trouver et dites-leur : « Dieu demande cela; le pouvez-vous faire? » Mais, Messieurs, ne parlez ainsi que si vous ne pouvez pas agir par vous-mêmes. Il ne faut pas donner aux autres à servir Dieu, quand on peut le faire soi-même. (*Applaudissements.*) Il ne faut jamais donner aux autres les richesses d'une bonne œuvre, quand on peut les garder pour soi, ou si l'on n'y peut suffire, nous devons là partager avec nos amis. Faisons comme les marchands; s'ils possèdent ce que je demande, ils ne m'enverront jamais à leur voisin, jamais. Nous aussi, Messieurs, faisons les affaires de Dieu, enrichissons nos âmes; si quelqu'un entend l'appel de Dieu, qu'il y soit fidèle. Si vous vous trouvez faible, allez chercher la force dans la sainte Eucharistie. Ah! Messieurs, ce matin, quel beau spectacle vous

présentiez quand vous reveniez de la Table sainte dans cette belle
Cathédrale ! J'ai vu des fidèles émus jusqu'aux larmes à la vue de
tant d'hommes honorables possédant Dieu, et promettant de se
sacrifier pour lui ! Ah ! Messieurs, je pourrai répéter ici ce que j'ai
dit dans une autre enceinte : Nos chers frères séparés, que j'aime
de tout mon cœur, envieux, jaloux des grandeurs, des splendeurs,
des beautés de la sainte Église catholique vinrent un jour trouver
M. Étienne, supérieur des Lazaristes, et lui dirent : « Nous voudrions faire des sœurs de charité. » M. Étienne les reçut avec une
bonté parfaite ; il les mena au Noviciat, rue du Bac ; il leur montra
les règlements, leur donna tous les documents ; et ces pauvres
gens, dans leur simplicité, lui disaient : « Ne nous cachez rien. »
M. Étienne leur disait : « Tout est là. » Et quand ils allaient le
remercier, il leur dit : « Je vous dois la vérité ; vous ne réussirez
pas. » — « Comment ! nous ne réussirons pas ? Pourquoi ? » —
« Vous avez la mécanique, mais la vapeur vous manque. » (Applaudissements). Eh bien ! Messieurs, cette vapeur, c'est le sang de
Jésus-Christ, c'est la sainte Eucharistie, c'est la sainte communion.
Vous avez la vapeur ; eh bien ! marchez. (Applaudissements prolongés.)

Procès-verbal de la seconde Assemblée générale du mardi 10 septembre 1878

Lu à l'Assemblée générale du mercredi soir, 11 septembre 1878.

Au Bureau d'honneur prennent place NN. SS. Regnault, évêque
de Chartres ; Goux, évêque de Versailles et Mgr de Ségur, chanoine-
évêque de Saint-Denys, prélat de la maison de Sa Sainteté.

A leurs côtés se tiennent M. l'abbé Barrier, vicaire général de
Chartres ; M. l'abbé Bourlier, supérieur du Grand-Séminaire ;
M. l'abbé Millaut, chanoine honoraire, curé de Saint-Roch ; M. Albert
de Château-Thierry, secrétaire général de l'Union et M. le chanoine
Tournamille, rapporteur général des Commissions.

M. d'Alvimare de Feuquières, président du Comité catholique de Chartres et M. le comte de Lévis-Mirepoix, vice-présidents du Congrès.

M. le chanoine du Fougerais; M. Paul Decaux; MM. les délégués de NN. SS. les Évêques ; les Membres du Bureau Central de l'Union et toutes les personnes invitées dont le précédent procès-verbal a donné les noms.

Mgr l'Évêque de Chartres ouvre la séance par la récitation du *Veni Sancte Spiritus*, puis Mgr de Ségur demande aux Membres du Congrès de saluer la bienvenue de Mgr Goux, évêque de Versailles, qui a bien voulu venir présider à nos travaux.

Nos mains se chargent d'interpréter les sentiments de nos cœurs et des bravos enthousiastes font connaître à Mgr l'Évêque de Versailles combien nous sommes à la fois heureux et fiers de sa visite.

Une salve nouvelle à l'adresse de la bonne pensée de Mgr de Ségur n'eût point été de trop ; mais nous lui devons tout, et le compte de notre reconnaissance est si peu près de se fermer encore, que nous n'eussions pu songer à nous acquitter en si peu de temps.

M. de Boissieu, président des Conférences de Saint-Vincent de Paul de Chartres, secrétaire désigné pour la première Assemblée générale a la parole pour la lecture du procès-verbal de cette réunion. Son exposé est si complet, si intéressant et si clair que bien des fois il est interrompu par les bravos de l'auditoire.

Mgr l'Évêque de Chartres félicite M. le Secrétaire et lui témoigne combien l'Assemblée tout entière a été heureuse d'entendre son procès-verbal si lucide et si vrai, surtout quand il rappelle le cordial accueil de Mgr l'Évêque de Chartres, ajoute Mgr de Ségur.

D'énergiques applaudissements soulignent cette parole gracieuse et vraiment opportune.

M. le chanoine Tournamille est invité à faire connaître les travaux des Commissions.

Les habitués des Congrès savent avec quel soin constant M. le Chanoine s'acquitte de sa tâche et de quel esprit il sait toujours égayer un rapport qui, en d'autres mains, pourrait être bien sec et bien aride.

M. Tournamille, pourtant, qui craint de mal faire, s'excuse de toutes ses forces et demande à ses auditeurs une indulgence sans borne et des pardons sans nombre. Hélas! on ne songe point à tout et le rapporteur né des Commissions a oublié justement de demander pardon du seul défaut que chacun lui reproche : son extrême discrétion. Espérons qu'il se corrigera et que *bien longtemps* chaque soir il consentira à nous intéresser, à nous charmer.

Inutile de dire que, si court qu'il ait paru, son rapport et le rapporteur ont été couverts d'applaudissements.

M. le comte Yvert, camérier de Sa Sainteté, donne ensuite lecture de la lettre adressée le 20 août 1878 au pape Léon XIII, par Mgr de Ségur, pour lui annoncer que l'Union des Œuvres ouvrières, association de prière, de zèle et d'efforts sous l'autorité de NN. SS. les Évêques, doit tenir à Chartres son Congrès annuel.

M. le comte Yvert lit aussi le télégramme que Mgr l'Évêque de Chartres, au début de nos travaux, a fait parvenir à Sa Sainteté pour implorer en faveur du Congrès sa bénédiction apostolique.

M. l'abbé Millaut, chanoine honoraire, curé de Saint-Roch, expose un vœu de la Commission de l'Union dont il fait partie.

On a défini récemment, dit-il, le rôle du Bureau Central de la façon la plus précise et la plus nette. C'est le serviteur et le serviteur zélé des Bureaux diocésains. Mais qui dit serviteur, suppose quelqu'un à servir et pour utiliser le zèle du Bureau Central il est nécessaire, par suite, de fonder des Bureaux diocésains.

On a beaucoup fait déjà et des apôtres se sont dévoués à trouver des hommes pour ces œuvres nécessaires, mais pourquoi ne profiterait-on pas de ce Congrès pour jeter en quelque sorte les bases des Bureaux qui restent à fonder.

NN. SS. les Évêques ne demandent qu'à voir naître partout ces œuvres qui leur offrent un aide, aussi M. le Curé de Saint-Roch at-il le ferme espoir que de ce Congrès bien des membres emporteront l'intention formelle de s'offrir d'eux-mêmes à leurs pasteurs et de se mettre à leur disposition.

Si à la rigueur, à l'extrême rigueur, car il ne faut pas céder à d'autres le bien que l'on peut faire et les mérites que l'on peut soi-même acquérir, donc à la rigueur on ne peut se dévouer en personne on peut toujours susciter des dévouements. Et puis, si la force nous manque, n'avons-nous pas le Dieu qui fait les forts.

Si nos bien-aimés et vénérés Seigneurs eussent été hier soir, tous présents à notre réunion, M. l'abbé Millaut comptait un succès écrasant, et d'enthousiasme on eût créé tous les bureaux à naître.

Espérons que son succès pour être retardé n'en sera pas moins grand.

Mais ce n'est plus de Bureaux diocésains *in facto fieri* que M. Vagner va nous entretenir, et le Bureau de Nancy grâce à Dieu comme son bien cher et vénérable délégué est vivant, très-vivant et pour longtemps nous le désirons de tout cœur.

Quelle puissante et vivante peinture de son zèle, de ses efforts, de ses heureuses inventions, et quelle précieuse mine à exploiter. M. Vagner n'a pas tout dit et en faisant dans son rapport la part de tous il a oublié la sienne.

Nous ne l'imiterons pas, et en constatant après lui l'état florissant du Bureau diocésain de Nancy dans le passé et dans le présent, nous souhaitons de tout cœur, comme gage certain de sa prospérité future, voir bien des années encore son rapport présenté par notre si bon et si sympathique M. Vagner.

M. Raoul Ancel, délégué du Comité de l'Œuvre des Cercles catholiques d'ouvriers, lit ensuite un rapport sur cette Œuvre à laquelle de concert avec tant d'esprits généreux et de nobles cœurs il consacre ses soins. Plus d'un point rapproche cette Œuvre, qui pourtant a son objectif propre et déterminé, des œuvres diverses dont l'Union a formé en quelque sorte le faisceau.

Indépendantes les unes des autres et pourtant se prêtant un mutuel appui, d'aspect différent et pourtant conservant l'air de famille, de la grande famille chrétienne, ces œuvres sœurs s'élancent de concert, sans rivalité et dans une sainte émulation à la conquête des âmes.

Telles, si vous permettez à un Chartrain cette comparaison, nos flèches hardies si dissemblables et pourtant ayant entre elles ce je ne sais quoi de ressemblant (*Qvalis decet esse sororum*) jettent toutes deux dans un splendide concert leur *sursum corda* vers les cieux, se complétant l'une l'autre et nécessaires toutes deux à l'harmonieux ensemble de l'édifice.

Mgr de Ségur remercie M. Raoul Ancel de sa communication si intéressante. Il rappelle avec une chaleur communicative le grand et chrétien spectacle que les Cercles catholiques ont donné dimanche en la ville de Chartres, l'admirable discours de M. le comte Albert de Mun qui a soulevé si puissamment mais d'une toute autre façon amis et ennemis. Sa Grandeur, en terminant, prie M. Raoul Ancel de vouloir bien rappeler ses paroles à M. le comte de Mun.

M. Harmel est ensuite invité à lire son rapport sur une Société de Patrons. Je ne tenterai point d'analyser cette œuvre magistrale

sortie d'un cœur vraiment français, disons mieux d'un cœur d'a-
pôtre. Bien des fois interrompu par les bravos de l'auditoire tout
entier, dont le cœur vibrait à l'unisson du sien, M. Harmel a dû à
cause de l'heure avancée remettre au lendemain la lecture des
conclusions de son admirable travail, ce nous sera une occasion
nouvelle et bien chère d'applaudir une fois de plus et de remercier celui qu'on a si bien nommé : l'apôtre de l'usine.

Malgré l'heure avancée la parole est donnée au R. P. Joseph,
ancien aumônier militaire, directeur de l'orphelinat de Douvaine
et président de la Commission de l'Aumônerie militaire.

Maîtrisant à grand'peine l'émotion qui débordait de son cœur,
le R. P. Joseph a fait un chaleureux appel aux catholiques en
faveur de l'Œuvre de Notre-Dame des Soldats.

On ne comprend pas assez cette Œuvre s'écrie l'orateur dont la
voix vibre d'enthousiasme et de foi. Nulle part plus de besoins,
nulle part plus de dangers.

Toutes les œuvres aujourd'hui passent par la caserne, et si l'on
ne la moralise pas, tous les efforts des Patronages et des Cercles
viendront échouer et se stériliser dans ce milieu fatal.

L'orateur ne veut pas médire de la caserne, il y a là encore de
beaux dévouements, de grands et nobles cœurs, mais la propagande
révolutionnaire sous sa forme la plus hideuse et la plus lâche
arrive à tromper toute surveillance et s'efforce hélas ! avec trop de
succès, de corrompre nos soldats.

C'est aux catholiques à y pourvoir et à ne point laisser l'aumônier désarmé et sans ressources devant l'inondation des plus abo-
minables publications. Gardons à l'armée sa foi, conclut en terminant le R. Père et nous aurons ainsi puissamment contribué au salut
de la patrie.

Au frémissement qui pendant ces admirables et patriotiques
paroles courait dans l'auditoire nous avons compris que, quoi qu'on
ose dire, les cléricaux savent et comprennent ce que c'est qu'aimer
la patrie.

M. le secrétaire général Albert de Château-Thierry donne ensuite
quelques avis au sujet des exercices du lendemain.

Mgr de Versailles doit célébrer la messe de six heures trois
quarts ; il sera assisté de MM. les chanoines de Bogenet, vicaire
général de Limoges et Tournamille de Toulouse.

Le salut du Très-Saint Sacrement à six heures du soir sera donné par Mgr de Ségur, assisté de M. l'abbé Millault, curé de Saint-Roch et du R. P. Bailly, supérieur du couvent des PP. Augustins de l'Assomption, à Paris.

M. l'abbé Darel fera les fonctions de diacre et M. l'abbé Dupuy de sous-diacre, enfin M. de Château-Thierry annonce que dorénavant la troisième Commission tiendra ses séances à neuf heures dans le local des séances générales.

A dix heures un quart la séance est close par la récitation du *Sub tuum* et la bénédiction que NN. SS. les Évêques de Chartres et de Versailles donnent aux membres du Congrès.

H. DUBREUIL,

Membre du Bureau diocésain de Chartres, rédacteur en chef d' *Courrier d'Eure-et-Loir.*

DEUXIÈME COMPTE-RENDU

DES TRAVAUX DES DIVERSES COMMISSIONS

Lu à l'Assemblée générale du mercredi soir 11 septembre 1878

Messeigneurs [1],
Messieurs,

J'éprouvais hier une certaine inquiétude à la pensée de la besogne que j'ai imprudemment acceptée, je me présente à vous aujourd'hui avec de vrais remords ou du moins avec des regrets bien légitimes.

Il ne m'a pas été possible de rendre, comme je l'aurais désiré, la physionomie de chacune des réunions des Commissions de cette deuxième journée du Congrès; mais comme c'est un peu votre faute, je me plais à espérer que vous ne m'en voudrez pas trop.

J'ai dit, Messieurs, que c'était un peu votre faute. En effet, d'après l'organisation déterminée par le Bureau Central, les Commissions devaient se succéder afin de ne priver personne de la satisfaction de les suivre toutes. Votre Secrétaire, en particulier, se réjouissait de penser que, se rendant de l'une à l'autre, il lui serait plus facile de vous donner une idée complète de tous les travaux du jour sous une forme plus intéressante puisque : ce que l'on conçoit bien s'énonce clairement.

Mais cette sage disposition du Bureau Central ayant été modifiée par suite du feu sacré qui vous anime et du désir que vous avez tous de travailler longuement, sérieusement et utilement, malgré toute ma bonne volonté, je n'ai pas su trouver le moyen de me

[1] NN. SS. Regnault, évêque de Chartres; Goux, évêque de Versailles; de Ségur, chanoine-évêque de Saint-Denys.

partager. Heureusement que MM. les Secrétaires des Commissions
se sont montrés compatissants à mon égard ; grâce à eux je suis en
mesure de vous dire à peu près ce qui s'est fait aujourd'hui dans
les diverses Commissions.

Vous me permettrez bien, Messieurs, de me faire tout d'abord votre
interprète, usant de mon droit d'enregistrer tous les travaux de la
journée, en offrant à Mgr de Ségur l'hommage de notre reconnaissance pour ses méditations du matin. N'est-il pas vrai, Messieurs,
que cette première réunion de chaque jour est la plus suave et la
plus bienfaisante ! Comme elle répand un doux parfum sur l'ensemble de nos travaux, de nos conversations, de notre vie au
Congrès ! Ce n'est que demain que nous contemplerons la belle fleur
dont les racines et la tige sont déjà si précieuses en enseignements !
Son épanouissement est destiné à nous étonner et à nous ravir ;
son odeur délicieuse nous promet des leçons que nous graverons
tous bien avant dans notre cœur. Elles nous seront données ces
leçons avec le même charme, la même suavité, le même amour que
celles de la racine et de la tige ; à demain donc, encore plus nombreux autour de cette chaire aimée de Notre-Dame.

Je n'ai pas à vous dire qu'avant le travail des Commissions
chacun s'est consciencieusement acquitté de son devoir au réfectoire ; là le Congrès se réunit trois fois par jour et la simplicité, la
bonne fraternité de tous ne sont-elles pas le charme principal de
nos repas. En passant, toutefois, rendons hommage dès aujourd'hui
à la sollicitude et aux succès incontestables de M. l'Économe ; grâce
à lui tout va à merveille !

Mais je sors un peu de mon sujet et de mon rôle. Je serai plus
court en parlant des réunions auxquelles il ne m'a pas été possible
d'être présent.

J'étais à la première Commission de l'Union ; elle s'est prolongée
bien au delà de l'heure réglementaire, mais aussi quelle besogne !
Assurer des relations fréquentes et fructueuses entre les Bureaux
et les correspondants diocésains et le Bureau Central, n'est pas
petite affaire ! Là, sur cette question, tout le monde est timide ! Le
Bureau Central a peur de trop nous demander ! Nous, nous crai-
gnons de nous engager à trop faire ! Quelques-uns, c'est l'exception,
se plaignent de n'avoir pas assez d'occupations ! d'autres assez
nombreux crient qu'ils en ont trop et qu'ils ne savent où donner
de la tête !... Vous le comprenez, Messieurs, il y a eu au sein de la

première Commission, ce matin, un véritable assaut de propositions, de projets, de vœux, etc... Mais la place n'est pas encore
prise ! tout s'est passé cependant avec une parfaite régularité, et
demain la Commission en se résumant pourra vous demander de
sanctionner ses vœux.

La deuxième Commission n'a pas eu à souffrir de son déménage-
ment, elle a été nombreuse aussi aujourd'hui, et pendant deux
heures elle a continué à s'occuper des études qui lui appartiennent.
— Le R. P. Ludovic a éclairci certains points, il a dit en particulier
et par là il a calmé certaines inquiétudes, que son œuvre ne devait
pas être organisée par les prêtres exerçant le ministère paroissial,
mais bien par des laïques;... quelques autres frayeurs ont été
calmées par les paroles pleines de sens et de justesse de M. le Vicaire
général de Limoges.

La seconde Commission s'est ensuite occupée de la banque populaire d'Angers. Les hommes de finances ont pu apprécier son organisation ; quelques membres de la Commission souhaitent ardemment toute prospérité à cette banque, mais ils demandent pour
cela de grandes précautions ! Les déconfitures de quelques entreprises de ce genre sont une raison de plus pour les fondateurs de
la banque populaire d'être prudents et sages. Avec la grâce de
Dieu, ils le seront.

La troisième Commission a perdu beaucoup de temps ce matin,
en voulant en gagner. Le changement d'heure et de local a mis le
trouble dans les esprits; bien des congressistes n'avaient pas
entendu l'annonce faite hier soir, en sorte qu'ils attendaient dans
une salle, tandis que le Bureau de la Commission et quelques
membres plus attentifs prenaient patience et les attendaient
dans cette salle. A dix heures cependant la séance a pu commencer, et l'on s'est efforcé de réparer le temps perdu.

On a commencé par écarter la question spéciale des contre-
maîtres. C'est aux patrons à les bien choisir, aux Œuvres catholiques il appartient de les former.

La Commission a voté l'impression du rapport de M. Harmel.

Mais sans avoir l'intention de faire un jeu de mot je me hâte de
dire l'impression profonde produite par la monographie de l'usine
chrétienne de Lafarge (Ardèche). Quels récits touchants ! Messieurs,
et comme ces faits nombreux prouvent bien ce qu'il y a de géné-

roux et de grand dans le cœur de l'ouvrier, quand il se trouve en face d'un patron qui ne donne pas seulement un salaire pour un travail ! mais qui se dévoue et se donne lui-même, pressé par l'amour de Jésus-Christ. Tel est, Messieurs, évidemment M. de Lafarge dans son usine !

Quel spectacle touchant n'ont pas eu sous leurs yeux les membres de la Commission, lorsque, l'apôtre de l'usine s'est jeté dans les bras de M. de Lafarge !

Si vous voulez, Messieurs, éprouver de douces émotions bien capables de vous encourager, profitez des journées du Congrès pour interroger M. de Lafarge et recueillir de sa bouche le récit de faits qu'il n'a pu dire dans son rapport et que sa modestie surtout l'a déterminé à ne pas publier.

A la gloire de Dieu ! de notre sainte et divine religion, à la gloire du patron chrétien et aussi à la gloire de l'ouvrier qui aime toujours quand on l'aime, recueillons, Messieurs, ces récits émouvants que nous porterons à nos ouvriers pour les intéresser et les encourager; ils valent les meilleurs sermons.

La troisième Commission s'est séparée tout embaumée des communications de M. de Lafarge.

La quatrième Commission a causé longuement ce matin sur les Œuvres rurales. C'est M. le Supérieur du Grand-Séminaire qui a fait principalement les frais de cette conversation; il a successivement recommandé d'agir avec prudence, de commencer modestement et sans bruit, de greffer l'Œuvre rurale sur une confrérie. (Le bon M. Vagner aura bien des imitateurs, il a si bien prouvé la nécessité de cette précaution). M. le Supérieur a conseillé la bannière, les insignes. Mais il a dit qu'il fallait s'attendre à beaucoup de contra- dictions et ne jamais se décourager! tout le secret est là! — Enfin répondant à une objection toute métallique, il est d'avis qu'il ne faut jamais se mettre en peine de l'argent, il vient toujours ! Pre- nons acte de cette affirmation, Messieurs ! et marchons même sans argent!

La Commission a entendu plusieurs autres excellents causeurs, après quoi, M. Georges Martin, délégué de l'Œuvre des Cercles, a lu la monographie d'un Cercle catholique d'ouvriers; il en a dit la constitution et les rouages.

Ce soir enfin, la cinquième Commission s'est occupée des mili- taires ? La recommandation du R. P. Joseph a été entendue et l'on

s'est bien préoccupé de donner un appui efficace de toutes parts
à l'Œuvre de Notre-Dame des Soldats.

Puissent toutes nos bonnes volontés ne pas s'égarer en route,
lorsque nous rentrerons chacun chez nous!

Au reste, voici le résumé des travaux de MM. les Aumôniers
militaires pendant cette deuxième journée du Congrès.

Vous dirai-je enfin, Messieurs, que sans doute parce qu'ils ne
veulent pas avoir à rendre compte du temps perdu à Chartres,
grand nombre de congressistes ont assisté à la réunion de l'Œuvre
des Cercles, à celle de la Société bibliographique, et autres..., personne ne se repose, tout le monde est à l'œuvre et chacun se
prépare déjà à reprendre avec une nouvelle ardeur le travail qu'il
a laissé, c'est-à-dire le dévouement incessant et efficace envers nos
bons ouvriers!

L'abbé Tournamille,
Chanoine honoraire, directeur du Cercle Saint-
Cyprien, à Toulouse.

RAPPORT SUR LE CONCOURS DRAMATIQUE

LU A L'ASSEMBLÉE GÉNÉRALE DU MERCREDI 11 SEPTEMBRE 1878

Messeigneurs [1],
Messieurs,

La mission du jury chargé d'examiner les pièces soumises à son
appréciation et de décerner le prix de 500 francs fondé par
l'Association de Notre-Dame de Salut est douce cette année, bien

[1] NN. SS. Regnault, évêque de Chartres; Goux, évêque de Versailles; de
Ségur, chanoine-évêque de Saint-Denys.

que difficile; car les œuvres dignes de recevoir ce prix sont nombreuses, et le seul embarras sérieux du jury a été l'embarras du choix.

Il a d'abord dû éliminer, comme ne remplissant pas les conditions expresses du concours, un drame intitulé : *Les Martyres de Césarée* renfermant quatre rôles de femmes qui ne sauraient être convenablement remplis par des hommes.

Il a également dû mettre hors concours une œuvre très-poétique et très-remarquable ayant pour titre : *Divine pastorale,* qui n'est qu'une imitation en vers libres du Cantique des Cantiques, et qui ne saurait faire l'objet d'une représentation théâtrale.

Enfin, il a pensé qu'il y avait lieu d'écarter encore quatre autres petites comédies très-vives et très-spirituelles intitulées : *La Corvée du pain, La Première étape, Le Sergent et les Garennes de Clisson.* Elles sont imprimées et ne rentrent pas dès lors dans l'esprit ni dans la lettre du programme, lequel n'a en vue et ne désigne que les pièces manuscrites et inédites. En outre, deux d'entre elles au moins ont déjà été présentées à nos concours.

Le jury ne pense pas que la représentation antérieure d'une pièce soit une cause suffisante de mise hors concours ; mais il en est autrement de l'impression et de la publication de l'ouvrage, qui doivent suivre et non précéder le jugement du jury.

Ces éliminations faites, restaient dix-sept pièces soumises à notre examen. Pour les juger, nous nous sommes préoccupés, non-seulement des qualités littéraires, du style, de la versification, de la portée morale et dramatique de chaque œuvre, conditions nécessaires pour mériter le prix, mais encore de son appropriation aux acteurs qui doivent la représenter et aux spectateurs pour lesquels elle est faite. Telle pièce, excellente en elle-même, peut offrir des difficultés de mise en scène et d'interprétation presque insurmontables et qui doivent lui faire préférer des œuvres moins élevées peut-être, mais se rapprochant davantage du but proposé.

Après quelques hésitations et de mûres réflexions, nous avons pensé qu'il y avait lieu de partager le prix entre deux œuvres d'un caractère tout différent, mais qui l'une et l'autre offrent des qualités si remarquables de composition et de sentiment dramatiques, qui sont si bien faites pour exciter dans l'âme des spectateurs des pensées généreuses et des émotions salutaires, que nous avons cru devoir les couronner l'une et l'autre comme deux réalisations presque parfaites, chacune dans leur genre, de l'objet poursuivi.

De ces deux pièces, l'une est en prose, l'autre en vers; l'une moderne et bourgeoise, l'autre ancienne et chevaleresque; l'une a pour héros un portefaix et l'autre un roi. L'une est intitulée : *Louis Brune, le sauveteur de Rouen*, pièce historique en quatre actes; l'autre : *Saint Louis, prisonnier en Égypte*, tragédie en cinq actes.

Louis Brune, né en 1807, mort en 1843, à l'âge de trente-six ans, est le type achevé du dévouement qui s'ignore et qui ne cesse qu'avec le dernier battement du cœur. Il sauva des eaux de la Seine plus de quarante personnes au péril de ses jours et périt dans toute la force de l'âge en tentant un dernier sauvetage. Le gouvernement le décora, l'Académie française lui décerna le prix Monthyon, la ville de Rouen lui bâtit une maison sur les quais témoins de son héroïsme, lui éleva un monument funèbre après sa mort, et adopta sa veuve et ses enfants. Il mourut le 25 décembre au moment où le monde chrétien célèbre la naissance de Dieu fait homme qui nous aima jusqu'au sacrifice de la croix. Quel plus noble héros pour un drame chrétien?

L'auteur de la pièce qui porte le nom de cet humble grand homme n'a fait que traduire en scènes émouvantes quelques épisodes particulièrement dramatiques de sa vie. Mais il s'est acquitté de cette tâche avec tant de verve, d'esprit et de cœur, il a groupé autour de son héros des physionomies si vraies et si sympathiques, des types si touchants dans leur mâle et simple énergie, que l'intérêt ne languit pas une minute et que la répétition de traits sublimes mais qui se ressemblent est exempte de monotonie et captive le spectateur jusqu'au bout.

Nous ferons à l'auteur, que nous ignorons encore en écrivant ces lignes, une seule recommandation : c'est de diminuer sensiblement dans la bouche de ses vieux marins les jurons, très-innocents d'ailleurs, que son amour de la couleur locale lui a fait prodiguer outre mesure.

Avec saint Louis, héros de la seconde pièce que nous avons jugée digne du prix, le ton change et s'élève, comme l'exige la forme tragique. Mais l'âme est la même, celle d'un chrétien et d'un saint. La composition de cette tragédie est excellente, les personnages historiques sont très-fidèlement rendus, et ceux inventés par le poëte sont heureusement trouvés. Les grandes pensées, les beaux vers, les tirades éloquentes ne font pas défaut, et plusieurs situations nous ont fait penser au beau drame de *La Fille de Roland* qu'elles ne dépareraient certainement pas.

C'est une belle œuvre qui deviendra presque parfaite, quand l'auteur aura fait disparaître quelques négligences de style, de rime et de versification et qu'il aura modifié la scène trop peu vraisemblable, bien qu'ayant une certaine base historique, où le Conseil des émirs offre sérieusement à saint Louis le trône de l'Égypte, sans même lui demander le sacrifice de sa foi.

Après ces deux œuvres, et à une très-petite distance, nous devons en signaler quelques autres qui, à défaut des premières, auraient mérité le prix.

Ce sont d'abord deux pièces en vers d'un même auteur, qui dans un petit drame en un acte intitulé : *Héroïsme chrétien*, a rendu très-heureusement un noble et touchant épisode de notre dernière guerre, et dans sa tragédie d'*Agathoclès* a mis en action avec un vrai talent les circonstances dramatiques de la fuite de Constantin, retenu par Galère à Nicomédie et destiné par ce tyran à la mort.

C'est ensuite une œuvre charmante, tenant autant de l'idylle chrétienne que du drame, remplie d'une poésie un peu mystique, qui, sous le titre d'*Octavius*, nous fait assister à la nuit de la nativité du Sauveur en Palestine. Jouée aux approches de Noël, cette pièce d'un sentiment si délicat et si élevé pourrait produire un grand effet : mais il y faudrait des interprètes et un auditoire d'élite, ce qui ne veut certes pas dire qu'il les faudrait chercher en dehors de nos chers amis des Œuvres ouvrières.

C'était encore, avant de terminer et pour remplir un devoir de justice, *Mizaël ou l'Enfant prodigue,* œuvre d'un sentiment très-pur et tout biblique; *le Pardon,* drame très-saisissant malgré ses incorrections poétiques et dont nous ne saurions trop encourager l'auteur ; *Théophane Vénard,* œuvre trop peu personnelle mais très-élevée et intéressante; enfin un *Mariage sous Dioclétien,* drame bien fait, dont le principal défaut est d'être une tragédie en prose, ce qui n'est pas admissible.

En dehors de ces diverses pièces, plusieurs offrent des qualités réelles et ne manquent ni d'intérêt ni de valeur ; mais nous ne croyons pas devoir les nommer, parce qu'en aucun état de cause elles ne nous eussent paru assez remarquables pour être couronnées.

Telles sont, Messieurs, les décisions et les appréciations des juges de ce concours dramatique, si heureusement imaginé et établi par l'Association de Notre-Dame de Salut.

Nous espérons que ceux d'entre vous qui liront ou verront représenter les pièces couronnées ou louées par nous, partageront notre sentiment et se joindront à nous pour applaudir et encourager les auteurs de ces bonnes et belles œuvres.

Marquis DE SÉGUR.

CAUSERIE DE M. ANTONIN RONDELET

PROFESSEUR A L'UNIVERSITÉ CATHOLIQUE DE PARIS

SUR LE SALON DES ŒUVRES

MESSEIGNEURS [1],
MESSIEURS,

Je viens vous parler du salon des Œuvres. Voici en quoi il consiste : Les catholiques de Paris se sont dit : Quand on s'occupe de bonnes œuvres, la plupart du temps l'un ignore ce qu'un autre fait. Il faut donc se communiquer ce qu'on fait; alors on s'est réuni tous les mercredis de huit heures à dix heures du soir? — Des personnes présentes parlent, racontent telle chose qu'elles ont faite, qu'elle ont vue, là il n'y a pas de docteurs, il n'y a pas d'études; on n'y voit rien de pareil. C'est un homme qui parle et tous les hommes qui s'occupent d'œuvres sont priés de se présenter, on leur fait le meilleur accueil; voilà pourquoi je parle. Vous ne serez pas étonnés, Messieurs, de m'entendre définir le salon des Œuvres comme je vais le faire, et tout le monde en pourra faire la réflexion : le salon des Œuvres c'est notre Congrès en permanence où nous venons raconter les œuvres qu'on a faites, et sur vous il a un avantage; car

---

[1] NN. SS. Regnault, évêque de Chartres; Goux, évêque de Versailles; de Ségur, chanoine-évêque de Saint-Denys.

vous avez un défaut, un défaut irrémédiable : c'est de ne durer que quatre jours; et nous, nous durons toute l'année. On peut venir y parler et nous ne faisons pas autre chose que continuer votre Congrès de l'Union des Œuvres ouvrières. Mais vous n'êtes pas obligés de me croire là-dessus. Avez-vous des témoins; ah! n'en a pas qui veut; pour nous, nous en avons et des témoins sans peur et sans reproche qui sont ici, et d'abord dans le R. P. Joseph et dans le R. P. Ludovic. Je me souviens que nous existions à peine, le P. Joseph, qui ne me démentira pas, vint chez nous, son cœur plein de larmes pour les maux de la patrie; il nous raconte qu'il entreprend cette œuvre admirable des tombes pour les victimes de la guerre. Par son dévouement, cent quatre vingt-six édifices ont été élevés sur les cadavres de nos soldats qui sont morts pour notre pays et il a fondé quatorze messes perpétuelles au bout de deux ans et demi d'efforts. A cette époque il nous parlait avec une émotion telle qu'elle faisait passer le frisson dans nos âmes, nous avions presque désespéré malgré son grand talent oratoire; eh! bien, grâce à Dieu, tout a réussi, et il est venu nous raconter ce qu'il avait fait. (*Applaudissements prolongés.*) Voulez-vous que je vous cite une œuvre qui traite des questions catholiques ouvrières; ce sera l'œuvre que vous racontera le P. Ludovic, œuvre qu'il me racontait à Angers. (Regardant sa montre en la prenant sur le bureau « et le temps vole, ah! que voulez-vous Messieurs, c'est de vous que je parle, et il me semble que cela doit vous intéresser vous qui voulez le travail chrétien ».) Il y a deux ans, à l'Assemblée des Comités catholiques, à Paris, le P. Ludovic, que je n'avais pas l'honneur de connaître, arriva pour nous parler d'une œuvre. Cette œuvre je la connaissais à peine, il me demanda si je voulais en faire le rapport. Il fallait obéir quand même, je n'en étais pas capable; je lus ce rapport et on me demanda si l'on pouvait donner plus de publicité à cette œuvre. Je répondis : non, c'est plus opportun de ne pas en parler au Congrès catholique; il faut laisser la chose se développer et voir ce que le bon Dieu voudra faire de cette œuvre; mais nous avons le salon des Œuvres, venez y parler et vous serez bien accueilli. Il vint et il parlait merveilleusement; et nous disions, nous verrons ce que cela fera et vous voyez ce qui s'est fait. (*Applaudissements.*) Un jour on avait parlé d'une œuvre, c'était de ramasser des mendiants, et comme pour les noces de l'Évangile, on allait chercher ces gens qui couchaient le long des buissons, et on les logeait. On avait raconté cela,

et là se trouvait un homme de Dieu qui fut poursuivi de l'idée de
réaliser la parole de l'Évangile. Eh bien, il y a trois mois, Paris
était rempli de vagabonds qui volent, qui assassinent, et aujour-
d'hui aux Batignolles il y a une maison bénie de ce quartier où
l'on ramasse tous ces vagabonds pour en faire d'honnêtes ouvriers.
(*Applaudissements.*) On raconte tout cela à nos réunions, et à la vue
de tant de bien, on s'en va le cœur content. Mais Messieurs, je ne
peux pas raconter tout ce qui peut intéresser. Nous faisons aussi
des choses profitables; ainsi, je crois que le Grand-Turc, (c'est très-
sérieusement que je le dis,) je crois que le Grand-Turc n'aurait pas
été fâché d'assister à l'une des séances de cette année où nous avions
un capitaine qui a dressé la carte topographique de Crimée; il a
épousé une jeune fille de la noblesse russe; il est allé faire un voyage
dans les Balkans et il a étudié les passages du Danube et quand la
guerre actuelle a commencé, il est venu nous faire assister au passage du Danube comme il a eu lieu réellement depuis, par l'armée
russe. Et puis, nous avons des scènes plus touchantes; nous avons
eu deux Pères qui partaient pour évangéliser le désert du Sahara;
eh bien! cette année un des Pères est venu nous raconter son excursion, il est venu se représenter seul; son compagnon était resté
martyr de Jésus-Christ; c'est le premier martyr du salon des
Œuvres, j'espère qu'il y en aura d'autres. (*Applaudissements répétés.*)
Enfin j'ai fini cette fois. Je regrette bien que Mgr l'Archevêque de
Larisse ne soit pas ici présent, car il serait le dernier de mes
témoins, et le plus respectable de tous. Nous avons eu bien des
Évêques tantôt d'un diocèse, tantôt d'un autre, qui daignaient venir
nous parler; mais je me souviens qu'un jour que nous étions en
séance, celui qui en était chargé annonça un Évêque que je ne connaissais pas, il était du diocèse de Belley, nous étions à Paris, je ne
le connaissais pas, nous ne le connaissions pas. Le Prélat vint avec
une grande bonhomie nous raconter comment il avait été accueilli,
il nous parla de Genève; (Pardon, Père Joseph, de ce souvenir.) et
nous disions : Quelle remarquable parole d'apôtre, quelle belle intelligence. C'était la première fois que Paris l'entendait, et c'était dans
notre humble réunion; heureux aujourd'hui d'être les fils spirituels
de celui qui est le digne collègue de Son Ém. le Cardinal Guibert.
(*Applaudissements.*)

Messieurs, je n'ai plus qu'à vous demander une chose c'est de
venir vous-mêmes à nos séances, vous y serez bien accueillis. Venez-

y, car je vous dirai pour dernier mot que celui qui avait le moins
de confiance dans cette œuvre c'était moi, je n'y voulais pas croire,
mais voici ce qui est arrivé; on vint frapper chez moi; et on me dit :
venez à nos réunions; mais pourquoi faire? Pour y parler, on vient
et on parle; et en effet on n'y fait pas autre chose. Pas possible!
C'est tellement possible qu'on appelait en commençant notre salon,
le salon des désœuvrés; je me rappelle avoir lu dans le *Théâtre de
l'Académie française* une pièce morale d'un homme qui ne 'ait rien,
et qui se trouve être musicien, peintre, économiste et ce qui vaut
mieux un homme de charité, qui se met au service du prochain.
Le salon des Œuvres du Congrès, je le vois ici, nous sommes vos
fils obéissants et fidèles; ainsi nous marchons sur vos traces.
(*Applaudissements prolongés.*)

DISCOURS DE MGR GOUX

ÉVÊQUE DE VERSAILLES

Messeigneurs [1],
Messieurs,

Je suis un ancien du Congrès qui ai le bonheur de me trouver au
milieu de mes frères; aussi vous me pardonnerez d'abord de
n'avoir fait aucune objection pour vous adresser la parole; en me
levant pour obéir à l'appel de Mgr l'Évêque de Chartres et de notre
bon et aimable Mgr de Ségur, qui acquiert chaque année dans nos
Congrès plus de mérite, et groupe autour de lui plus de nombreuses sympathies, je fais acte d'obéissance, mais très-volontiers;
il n'était point nécessaire de m'y forcer, car je le fais de grand
cœur, soyez-en convaincus. (*Applaudissements.*) Je suis d'autant plus
heureux de me retrouver dans ce Congrès, que j'y rencontre

---

[1] Mgr Regnault, évêque de Chartres et Mgr de Ségur.

tout ce qui existait dans les anciens; les mêmes règlements, à peu
près la même affluence, ce même mélange heureux de prêtres et de
laïcs; on entend rappeler ici des noms aimés; tantôt celui qu'on a
si bien surnommé l'Apôtre de l'usine, qui parle si franchement le
langage apostolique, en traitant de l'importante question du travail
et des besoins de la classe ouvrière; tantôt on entend parler
de celui qui établit les Bureaux diocésains, qui, à peine nommés,
sont déjà si nombreux; on retrouve tous ces hommes qu'on a appris
à aimer, à respecter, et les exemples des années déjà passées; ici,
c'est le même rapporteur des Assemblées générales que je suis heureux de retrouver, et qui, en devenant chanoine, n'a rien perdu de
son dévouement et de sa verve (*Applaudissements*); on est heureux
surtout de se retrouver ce vénéré prélat qui a tant de rapports touchants avec saint François de Sales, qui siége au milieu de nous,
et qui n'a qu'une parole à dire pour obtenir l'obéissance joyeuse
de tous (*Applaudissements*); et, cette année surtout, nos cœurs sont
touchés de se retrouver à Chartres, auprès de cette magnifique cathédrale, dans ce diocèse célèbre, dont le vénéré prélat nous fait si
largement les honneurs. Heureux de profiter d'une hospitalité si gracieuse et si bienveillante, de jouir de la société de celui qui est devenu
pour moi un intime; ce sera un bonheur de plus pour nous de
s'unir à lui, quand vendredi il ouvrira sa crypte souterraine qui a
été si magnifiquement restaurée par lui; et, quand la procession se
déroulera sous ses voûtes, puisse Notre-Dame de Chartres obtenir
par sa protection qu'après vous avoir bénis, vous, protecteurs ou
directeurs des Œuvres, un jour on voie dans son enceinte les
ouvriers eux-mêmes, dignes des efforts que vous avez faits pour eux.
(*Applaudissements.*)

Il faut que je vous dise un mot d'édification, et je me demande
ce que je pourrai dire après toutes ces choses si bonnes et si excellentes que vous avez entendues. Pour la plupart, vous attendez de
moi des paroles qui ont trait à mon ministère, des paroles plus
spécialement religieuses. Je ne crois pas pouvoir vous en dire une
plus utile que celle-ci : Quel est le but de notre Union? Or, saint
Bernard se disait à lui-même, pour se retremper au milieu de ses
travaux : « *Bernarde, Bernarde, ad quid venisti?* » Eh bien!
demandons-nous pourquoi nous sommes ici. Sommes-nous venus
pour faire de la politique? On nous a accusés de faire de la politique. C'est une chose permise à certaines heures, en certains lieux;

nous sommes tous des citoyens; nous ne renions pas nos droits et nos devoirs; mais nous ne venons pas faire ici de la politique; nous ne sommes pas de la terre; nos visées sont plus hautes; nous faisons de la politique du ciel, et à ceux qui nous ont accusés de pensées terrestres, nous n'avons rien à répondre; car le vénéré prélat que vous connaissez, a répondu dans une lettre qui ne laisse pas de réplique, appuyée qu'elle est sur un caractère qui est la meilleure des démonstrations. (*Applaudissements.*) Dans une assemblée politique, il y a compétition de places, d'honneurs; dans une assemblée politique on se déchire surtout; et aujourd'hui, on vote des impôts, on invalide quelquefois ses collègues. (*Applaudissements.*) Ici, nous ne votons d'impôts que ceux que nous prélevons sur nous; ici, nous ne détestons personne, nous n'invalidons personne; au contraire, nous accueillons tout le monde, nous accueillons à bras ouverts ceux qui, pour la première fois, se trouvent au milieu de nous. (*Applaudissements.*) Donc, nous ne sommes pas une assemblée politique. Sommes-nous une assemblée scientifique, philosophique, littéraire? Certes, il y a ici beaucoup de savants qui parlent avec une rare compétence des questions industrielles auxquelles ils se sont appliqués; d'autres parlent de matières philosophiques avec un charme inexprimable, témoin les paroles délicieuses et pleines de vérité que vous venez d'applaudir. Mais ce n'est pas tout. Faisons-nous une assemblée de spiritualité? Hé! on pourrait le croire quand on entend des paroles si élevées, si pleines de foi chrétienne, qu'il semble que nous sommes dans une sorte de retraite; et ce n'est pas cependant ce qu'on se propose ici; nous avons un autre but. Nous ne sommes ni un Congrès politique, ni scientifique, ni archéologique; nous sommes un Congrès de chrétiens, nous n'avons pas d'autre titre, nous ne sommes pas autre chose, mais nous valons assez par cela. Nous sommes un Congrès de chrétiens et de catholiques, bien entendu, soumis à la sainte Église. Nous sommes unis de cœur tous ensemble et soumis à l'autorité infaillible du Pape. Nous sommes un Congrès de chrétiens, et il le faut au temps où nous sommes, car, par les attaques incessantes qu'indiquait si bien le vénérable prêtre qui vient de parler, on cherche à saper tout ce qui existe parmi nous; mais ce qu'on se propose avec la subversion de toutes choses, en minant les bases de la société, c'est d'établir sur les ruines du christianisme vaincu le paganisme qui a été détruit, il y a quinze cents ans. Oui, à voir ce qui se passe, c'est

le paganisme qu'on veut ramener, avec son absence de foi, avec le
naturalisme, moins la poésie de ces fables dont les Grecs et les
Latins nous ont laissé de si charmants souvenirs; ce qu'on se propose aujourd'hui, c'est le paganisme qu'on veut ramener dans nos
villes avec ses séductions et ses plaisirs, avec ses mœurs faciles,
avec ses grandioses exhibitions, et si l'on laissait aller les choses,
dans l'avenir, on amènerait le peuple à se voter du pain et des
jeux aux dépens des contribuables : car il ne faudrait faire que
certains pas, au point où l'on s'est engagé, pour en arriver là.
(*Applaudissements.*) Le paganisme qu'était-il? La religion du matérialisme, la déification des sens, l'absence de la foi au Dieu créateur. Le christianisme l'a renversé, Jésus a été mis à sa place, et
c'est pour cela qu'on s'attaque à Jésus-Christ. On voudrait l'arracher au peuple et malheureusement ce qu'on vient de dire prouve
qu'on est trop victorieux dans cette voie. Enlever Jésus-Christ, c'est
la tendance de la Révolution qui n'est pas autre chose que la
révolte contre Jésus-Christ, on l'avait fait pendant la première
Révolution en 89 et, dans ces temps modernes, elle cherche à
séduire Jésus-Christ, elle cherche à s'en débarrasser, à le jeter en
bas, elle ne recule devant rien, elle le veut détruire et elle arrive
quelquefois à le crucifier, mais Jésus-Christ ressuscite toujours
après trois jours. (*Applaudissements.*) Eh bien! tous ces efforts sont
vains, Jésus-Christ est ressuscité une fois, il ressuscitera toujours;
il est mort chez un grand nombre des enfants du peuple, c'est là
le grand malheur du peuple, c'est là le grand triomphe de la Révolution d'avoir arraché Jésus-Christ de l'âme du peuple et pour ce
peuple de l'avoir séparé de Jésus-Christ. Aujourd'hui, ils l'ignorent, ils le blasphèment ou le regardent comme leur ennemi. Oh!
Messieurs, il n'y a pas pour nous d'ambition plus élevée que celle
de rendre Jésus-Christ au peuple, et pour cela que pouvons-nous?
La première chose, c'est de nous revêtir de Jésus-Christ, c'est d'être
des modèles de Jésus-Christ : *Induimini Jesum Christum.* Il y a une
manière de donner Jésus-Christ aux autres, c'est de le faire contempler, et pour cela, rendons-nous conformes à notre divin
Modèle, à ses perfections divines, c'est déjà notre premier devoir,
notre première tâche; ensuite il faut se servir de tous les moyens
que le zèle et la foi mettent à notre disposition, afin d'empêcher
l'enfant du peuple de s'égarer; il faut chercher à contrebalancer
les romans, les mauvais livres répandus dans les ateliers. Le peuple

ne vient plus au son des cloches en aussi grand nombre dans nos églises, elles sont trop souvent désertes; eh bien! s'ils ne viennent plus à nous, il faut aller à eux, il faut marcher à la conquête des âmes, il faut y aller comme les Apôtres, peut-être pas par les mêmes moyens. Et qui sait si l'on ne réussirait pas, si l'on nous voyait comme les Apôtres, nu-pieds, le bâton à la main? On nous traiterait sans doute d'insensés, mais si on voyait notre vie soutenir cette prédication muette, peut-être que nous remporterions le triomphe comme les premiers Apôtres du christianisme.

Messieurs, cela veut dire (car je ne veux pas demander ce dévoue-ment à mes confrères; nous sommes dans un état de société où ces choses pourraient paraître périlleuses) cela veut dire que dans cette ligue où nous voulons entrer, il faut s'unir pour combattre le bon combat de Jésus-Christ. Il faut tâcher de le faire connaître en répandant les bonnes doctrines, en pratiquant les bonnes œuvres pour ramener les cœurs à l'Église, et pour cela il faut employer ce que les circonstances mettent à notre disposition, toutes les ressources de l'intelligence et de la foi. Voilà ce que nous devons faire avec un zèle qui ne se fatigue pas, avec une charité qui ne s'épuise jamais; et croyez bien, Messieurs, que si nous savons le faire et y persévérer, certainement nous arriverons à des résul-tats. Nos ennemis sont bien arrivés à leurs fins; Jésus, qui était autre-fois le roi de la société, comment l'ont-ils détrôné? L'esprit du mal a soulevé les mauvaises passions; ils ont employé la persuasion en prenant leurs intérêts; ils se sont servi de la presse, de la publicité, avec persévérance. Servez-vous des mêmes moyens; mais pourtant ce n'est pas la même chose. Notre-Seigneur disait : « Voyez les enfants des ténèbres. Ne sont-ils pas plus avisés que les enfants de lumière dans la conduite de leurs affaires? » Eh bien! voyez la tac-tique de nos ennemis dans cette guerre qu'ils font à Jésus-Christ. Usons des mêmes moyens, et souvenons-nous que si nous employons la persuasion, nous serons certainement vainqueurs; car, il faut le dire bien haut, tout n'est pas perdu, il ne faut pas se décourager. Il est incontestable que Jésus-Christ fait comme le soleil qui dore le sommet des montagnes avant de descendre au fond des vallées. Au XIXe siècle Jésus-Christ atteint le sommet de la société; il plane sur les classes supérieures, sur les points élevés; mais par un effet de contraste, la vallée est plus sombre, l'ombre paraît plus épaisse en ce moment; mais ce soleil se répand, il ne s'arrêtera pas, et si

nous l'aidons à faire son évolution, avec notre concours qu'il veut
bien employer, mais dont il pourrait se passer, il illuminera les
sentiers les plus obscurs de la vallée. Mais il veut des apôtres au
commencement de la course; ce sera notre œuvre, l'Œuvre de
l'Apostolat. (*Applaudissements.*) Nous pouvons dire que dans les
classes élevées de la société, il y a plus de foi qu'il y a trente ans;
il n'y a contre nous aujourd'hui qu'un grossier matérialisme, et
pour réfuter les erreurs des écrivains de ce temps, il suffit de lire
leurs livres pour trouver la réfutation, selon la parole de l'Écriture : *Iniquitas mentita est sibi.* Il ne faut que leur propre raisonne-
ment pour les réfuter. (*Applaudissements.*) Encourageons-nous donc
mutuellement, nous avons une âme raisonnable créée à l'image de
Dieu; je sais bien que dans le cœur de l'homme, il y a de mauvais
instincts; mais aussi je sais qu'il y a du bon; il faut réveiller ses
qualités endormies; il faut montrer au peuple que nous sommes ses
amis, et quand les hommes, quand les ouvriers nous verront courir
à eux pleins de charité, dévoués à leurs propres intérêts, ils revien-
dront à nous. Peut-être ne verrons-nous pas un si beau triomphe,
mais d'autres le verront; l'Église ne meurt pas, les premiers Apôtres n'ont pas vu le triomphe de l'Église, et pourtant ils ont eu la
gloire de le préparer. Au IIIe siècle, les martyrs tombaient nombreux et obscurs; ils n'ont pas vu le triomphe, pas plus que les soldats qui tombent victorieux sur le champ de bataille; ils sont morts,
et pourtant on dit que ce sont eux qui ont remporté la victoire.
Pour nous, si nous la voulons cette victoire, il faut se dévouer, ne
pas marchander les sacrifices, s'il le faut, et pour cela, un des meilleurs moyens c'est d'entrer courageusement dans l'Union des
Œuvres ouvrières catholiques. Là on s'entend, on met en commun
son expérience, et surtout on met en commun la prière. Saint
Liguori, un des plus grands docteurs des temps modernes, a traité
spécialement de ce grand moyen de la prière. Il ne suffit donc pas
d'agir, d'écrire, mais encore il faut prier. On en a fait l'expérience
dans tous les temps; nous le ferons encore, et quand nous deman-
derons à Jésus-Christ de voir fleurir son règne, de voir sa divine
figure si belle, si chaste, si resplendissante, et si capable d'attirer
les peuples. Quand Jésus se montra aux yeux du peuple, il était
impossible de n'être pas charmé, subjugué. Faisons donc comme
les peintres qui copient et qui surtout ont gravé ces choses, copions
Jésus en nous, et montrons-nous aux enfants du peuple; prions

beaucoup pour eux, ce sera le plus grand service que nous puissions rendre à la société et à nos frères, ce sera le meilleur titre que
nous puissions avoir aux bénédictions de Dieu.

Procès-verbal de la troisième Assemblée générale

du mercredi 11 septembre 1878

Lu à l'Assemblée générale du jeudi soir, 12 septembre 1878.

Au Bureau d'honneur ont pris place NN. SS. les Évêques de
Chartres et de Versailles, Mgr de Ségur et MM. les Chanoines, les
délégués et les invités dont les procès-verbaux antérieurs nous ont
donné les noms.

Mgr l'Évêque de Chartres ouvre la séance par la récitation du
Veni Sancte Spiritus.

M. Dubreuil, directeur du *Courrier d'Eure-et-Loir*, secrétaire de
la séance d'hier, a la parole pour la lecture du procès-verbal, puis,
M. le chanoine Tournamille donne lecture du compte-rendu des
travaux des Commissions.

Son rapport est vivement applaudi.

M. le comte Yvert donne ensuite lecture d'un travail sur l'Œuvre
de Saint-Michel et Saint-Remy, société de propriétaires destinée à
continuer dans la propriété rurale l'œuvre de paternité sociale
dont l'usine, propriété industrielle, est dotée déjà.

M. J. Tremaux, délégué de Mgr de Langres, prend ensuite la
parole et présente un rapport sur l'Œuvre de l'Association réparatrice des blasphèmes et de la profanation du dimanche, Œuvre que
Sa Sainteté Pie IX a qualifiée de divine, qu'il a érigée en archiconfrérie et qu'il a enrichie de nombreuses indulgences.

M. Antonin Rondelet est invité à dire quelques mots du Salon
des Œuvres. Sa causerie étincelante de verve intéresse vivement
l'auditoire.

Monseigneur annonce ensuite à l'assistance, que le télégraphe vient d'apporter la bénédiction du Très-Saint-Père à notre Congrès.

L'Assemblée tout entière se lève à la lecture de ces paroles et les cris de Vive Léon XIII s'échappent de toutes les poitrines.

M. le chanoine du Fougerais parle ensuite de l'Œuvre du bon journalisme. La presse est une arme à deux tranchants, personne n'est à l'abri de son journal bon ou mauvais, et la puissance de la presse est telle que l'Islande a reconquis sa liberté par la presse.

M. Albert de Château-Thierry donne quelques avis sur l'ordre des exercices.

Mgr l'Évêque de Chartres célébrera la sainte messe, assisté de M. Garreau, curé de Charleville, et du R. P. Joseph.

Le salut sera donné par Mgr l'Évêque, assisté de M. Barrier, vicaire général, et de M. Pougeois, curé de Morée, délégué de Mgr l'Évêque de Meaux.

Le R. P. Bailly, supérieur des Augustins de l'Assomption, remplira les fonctions de diacre; celles de sous-diacre seront remplies par le R. P. Delorme, des Frères Prêcheurs.

Mgr l'Évêque de Versailles adresse ensuite à l'Assemblée quelques paroles d'édification :

« Le grand danger de l'heure actuelle, dit l'éminent Prélat, c'est « l'effort fait de toutes parts pour arriver à la destruction du chris- « tianisme.

« On veut aujourd'hui, ce semble, rétablir le paganisme. On veut « tuer Jésus-Christ dans les âmes; mais Jésus-Christ ressuscite « toujours après trois jours.

« Rendons Jésus-Christ au peuple, et pour cela revêtons-nous de « Jésus-Christ. *Induimini Jesum Christum.* Soyons persévérants, « nous serons victorieux.

« L'erreur n'a qu'un temps. Peut-être ne verrons-nous pas le « triomphe, mais l'Église, elle, ne meurt pas. »

La récitation du *Sub tuum* termine la réunion. Avant de se sé-parer, NN. SS. les Évêques bénissent les membres du Congrès.

H. DUBREUIL,
à Chartres.

TROISIÈME COMPTE-RENDU

DES TRAVAUX DES DIVERSES COMMISSIONS

Lu à l'Assemblée générale du jeudi soir 12 septembre 1878

MESSEIGNEURS,
MESSIEURS,

Voici le résultat des travaux et des études que je vous signalais hier au sein de la première Commission de l'Union...

Considérant l'influence morale que doit exercer le Bureau Central sur les Bureaux diocésains ;

Considérant la très-grande utilité de rapports réguli avec le Bureau Central, qui sans vouloir donner une direction aux Œuvres ni exercer un contrôle, ne peut leur donner les renseignements qu'il n'a pas, ni leur proposer des exemples qu'il ne connaît pas, ni enfin s'intéresser aux besoins qui ne lui sont pas signalés ;

Considérant qu'il ne saurait y avoir dans les rapports réguliers entre les Bureaux diocésains et le Bureau Central autre chose qu'un échange de communications pouvant servir au bien commun, et nullement une ingérence ou un empiétement capables de détruire l'autonomie des Œuvres et en particulier de porter atteinte le moins du monde à l'autorité de NN. SS. les Évêques.

Le Congrès émet le vœu :

« 1° Que le Bureau Central envoie tous les mois, indépendamment du *Bulletin*, aux Bureaux et aux correspondants diocésains, le compte-rendu de ses réunions ;

« 2° Que les Bureaux diocésains formés par NN. SS. les Évêques aient surtout un secrétaire actif et des réunions régulières, tous les mois ou au moins tous les deux mois ;

« 3° Que les Bureaux et les correspondants diocésains envoient chaque année, quelques semaines avant le Congrès, un rapport sur les Œuvres ouvrières du diocèse ;

« 4° Que bien persuadés des avantages considérables qui en résulteraient pour tous, les Bureaux et les correspondants diocésains veuillent bien envoyer au Bureau Central une communication relative à leurs travaux, au moins tous les trois mois. »

L'accomplissement de ces vœux est destiné à nous faire constater au prochain Congrès des prodiges de zèle et des succès si désirables ! Soyons-y donc tous fidèles.

Il existe à Bourges et à Orléans des Bureaux diocésains bien dignes d'éloges et d'imitation ! Il y a à Paris une œuvre qui par ses bienfaits s'étend à toutes les œuvres de France, c'est l'Œuvre de Notre-Dame du Salut. Voilà ce que nous ont appris au sein de la première Commission les trois rapports courts mais substantiels et pleins d'intérêt qui ont été lus successivement le matin après l'adoption des vœux que vous venez de sanctionner vous-mêmes.

Dès le début de la réunion de ce soir la deuxième Commission a renoncé à l'étude plus approfondie des banques populaires, le temps lui manque. Elle a donc aussitôt entendu le rapport de M. Babeur sur le placement des travailleurs chrétiens.

L'intelligent et si dévoué Directeur de cette Œuvre à Paris, nous en a dit la nécessité, les caractères, l'organisation, les succès, il nous a donné d'utiles conseils. Vous me pardonnerez, Messieurs, de m'appesantir sur ce rapport qu'un petit nombre seulement d'entre vous a entendu. La nécessité de l'Œuvre du Placement n'a pas besoin de se démontrer. Pour réussir, il faut que cette Œuvre soit gratuite; qu'elle donne aux employés ou aux ouvriers qu'elle place des garanties pour le choix de l'atelier, le salaire, etc., qu'en même temps elle offre des garanties au patron sur le caractère, la conduite, la capacité de celui qu'on lui confie. Il est bon que l'Œuvre ne s'occupe que des membres des Œuvres catholiques ouvrières ; à Paris, on ne promet jamais d'avance aux ouvriers de province une place ou du travail; il serait si imprudent de favoriser les départs pour la capitale.

M. le Rapporteur nous a indiqué comme moyens de propagande les circulaires, mais surtout les visites des patrons à domicile; c'est le vrai moyen de bien connaître les patrons et de s'entendre utilement avec eux dans leur intérêt comme dans celui de l'ouvrier ou de l'employé.

A cette Œuvre il faut une organisation : un directeur qui visite les patrons, les Directeurs d'Œuvres, qui les tienne au courant par la correspondance, qui ait des registres pour consigner les renseignements recueillis et les demandes qui lui sont adressées. A Paris il y a un conseil à côté du Directeur.

Enfin, M. Babeur nous promet la prospérité de l'Œuvre du Placement, si à côté de cela, nous avons une association de patrons ou toute autre de ce genre.

Il est regrettable, Messieurs, que vos occupations multipliées ne vous aient pas permis d'entendre ce rapport sur une Œuvre si importante au point de vue pratique de nos Œuvres ! Vous voudrez le lire dans le compte-rendu du Congrès et le méditer afin d'imiter dans toutes les villes importantes où il y a plusieurs œuvres, l'exemple qui nous vient de la capitale.

La deuxième Commission a entendu la lecture d'un second rapport sur la liste des travailleurs chrétiens d'Angers. La manière de les former et de les distribuer nous a singulièrement intéressés.

Ce n'est pas seulement dans cette réunion qui a terminé ses séances ce soir, à quatre heures, après quelques bonnes paroles d'encouragement et d'adieux de son vénéré président, ce n'est pas seulement là, dis-je, qu'il y avait grand attrait aujourd'hui, mais aussi, et personne ne me contredira, dans la troisième Commission dite de l'*Usine chrétienne*.

Quoique je n'y sois venu qu'un peu tard, j'ai entendu exprimer un désir que nous voudrions bien tous voir se réaliser. Emporter avec nous la liste des membres du Congrès, ne serait-ce pas une grande joie et un bon souvenir ?

La question a été posée au Bureau Central.... Attendons la réponse.... Elle sera favorable sans doute et nous l'en bénirons.

J'ai encore entendu, ou plutôt je n'ai entendu que l'écho bien affaibli sans doute, de deux monographies : l'une, d'un Ouvroir de jeunes filles ; l'autre, de l'Orphelinat des jeunes apprentis au Bourget (Paris).

Mais ce que j'ai entendu de mes propres oreilles, c'est le rapport lu par M. Feron-Vrau sur le projet de fondation d'une école d'arts et métiers à Lille !

Ce grand et magnifique projet, qui sera le complément heureux de l'Université catholique, se poursuit activement. Une société civile est formée, 14,000 mètres de terrain sont achetés; les professeurs à peu près assurés... le prix de la pension est déjà fixé...

Ce rapport excite l'émulation : M. R. Ancel promet le concours le plus étendu de l'Œuvre des Cercles; M. André, celui de la Commission d'industriels qu'il préside... Enfin, Mgr de Ségur, qui désire que beaucoup de monde marche à sa suite, demande pour l'Œuvre de Saint-François de Sales l'honneur de la première bourse dans cette école tant désirée.

Messieurs, une bourse entière ne sera que de *six cents francs*. C'est pour rien, en vérité, si l'on considère le bienfait que cette somme procurera!

Je ne suis pas chargé de vous pousser à être généreux, mais je vous déclare que j'ai failli ce matin commettre une témérité en m'engageant moi-même pour une bourse... Hélas! ceux qui connaissent le fond de la mienne auraient accusé mon imprudence et se seraient rappelé le fleuve au bord duquel je suis né et qui baigne les fondations de ma demeure!

Vous n'êtes pas Gascons, Messieurs, et vous avez de l'argent! Que l'école des arts et métiers de Lille reçoive ici son baptême, qu'elle puisse un jour se dire la fille du Congrès de Chartres! Ce sera un titre de gloire pour notre assemblée de 1878 et une cause de bénédictions!

Après ce rapport sur l'école des arts et métiers, la troisième Commission a entendu une intéressante communication sur le repos du dimanche, surtout dans la grande industrie; cette communication, faite au nom de l'Association du repos du Dimanche, nous fait connaître pour le mois d'octobre la tenue d'un Congrès spécial qui aurait lieu à Paris. Déjà plusieurs rapports sont prêts pour cette importante assemblée. Appel pressant est fait à tous les industriels présents qui pourraient fournir des renseignements et assister eux-mêmes à ce Congrès qui aura lieu probablement au moment de la distribution des récompenses de l'Exposition.

Je voudrais avoir fini, Messieurs, et pour vous et pour moi, mais la Commission qui a fait aujourd'hui le plus de travail est la quatrième, et c'est d'elle que j'ai encore à vous parler.

Ceux qui y ont assisté ce matin ont appris avec plaisir que cette année, à Versailles, 3,600 soldats ont fait leurs pâques! Il y a de quoi rendre jalouses beaucoup de villes de garnison. Honneur à l'aumônier militaire de Versailles!

Mais les membres de la quatrième Commission ont aussi recueilli les éloquentes paroles de M. le chanoine Schorderet sur l'Œuvre de Saint-Paul! Sur la publication d'un journal populaire à 5 centimes,

il publierait un journal qui s'appellerait *la Lumière*... Ne jouons pas
sur les mots, mais affirmons que nous en avons bien besoin ! Donc,
souhaitons qu'elle se répande beaucoup. Au reste, peu importe le
nom, car il paraît qu'on n'est pas très-d'accord sur le nom ! qu'importe, en vérité, pourvu que ce soit le journal de Celui qui est la
véritable lumière du monde ! Courage donc, ô vous, qui que vous
soyez ! Si vous pouvez par la presse contrebalancer le mal immense
de la presse, vous aurez rendu à l'Église, à la France, un service
immense ! Aussi, tandis que vous êtes tous d'accord sur le fond,
aplanissez vite et arrondissez les formes et donnez-nous bientôt de
quoi lire et surtout de quoi faire lire à nos ouvriers !

Je désire, Messieurs, que ces vœux, qui sont au fond de tous nos
cœurs, vous dédommagent de ce que je ne puis vous dire sur les
conversations intéressantes et animées, brûlantes d'ailleurs d'amour
pour les âmes du pauvre peuple, conversations que la plupart
d'entre vous, plus heureux que moi, ont pu entendre et goûter ; et
que, vous le comprendrez, je n'ai pas eu le temps de reproduire et
que je n'aurais pas le temps de vous lire.

Ce soir, à quatre heures, la quatrième Commission a eu une réunion extraordinaire pour entendre le rapport ou la monographie du
Cercle des maçons de Paris.

Cette Œuvre, fondée par un évêque, est et demeure essentiellement chrétienne. Trois à quatre cents maçons ou ouvriers du bâtiment appartiennent à ce Cercle. M. Duvert nous en a dit l'organisation, le but, les moyens d'attrait, les résultats, les espérances... ; il
faudrait tout redire pour ne pas mal dire ; aussi je crois vraiment
plus sage de ne pas chercher à analyser ce travail si intéressant, fait
par un homme si chrétien et si compétent en fait d'ouvriers. Ce
Cercle des maçons a été reconnu le 20 mars 1870 comme établissement d'utilité publique, ce qui n'est pas à dédaigner par le temps
qui court.

Il est bien permis de remarquer en passant que, dans l'organisation de ce Cercle, il y a bien des traits de ressemblance avec les
Cercles catholiques d'ouvriers ; c'est, à mon sens, un éloge qui revient à chacune de ces Œuvres.

L'abbé Tournamille,
Chan. hon., Directeur du Cercle catholique
St-Cyprien de Toulouse.

ADRESSE ENVOYÉE AU CONGRÈS DE CHARTRES PAR LES OUVRIERS DU
CERCLE SAINT-CYPRIEN DE TOULOUSE

MESSIEURS,

Profondément touchés de votre infatigable dévouement pour le
bien des classes ouvrières, nous ne pouvons laisser passer une occasion si favorable de vous en témoigner notre vive gratitude.

Merci à vous qui ne craignez ni peines ni fatigues pour arracher
l'ouvrier aux plaisirs malsains d'un monde séducteur.

Merci à vous que la générosité et le zèle portent à mépriser les
attaques vaines et insensées dont vos œuvres sont l'objet.

Merci à vous qui, oubliant vos intérêts souvent les plus chers,
voulez concourir à augmenter le bien-être de ces ouvriers dont
vous êtes les protecteurs et les pères.

Nous apprécions et nous estimons d'autant plus le désir qui
anime chacun de vous de concourir au bien de nous tous, que
nous n'ignorons pas les grossières insultes dont on vous abreuve
les luttes que vous soutenez, les obstacles dont vous triomphez.

Pourrions-nous mieux faire que d'unir nos vœux à vos vœux et
nos prières à vos prières.

Puisse le Ciel nous exaucer et nous accorder de voir l'Église et
son Chef auguste jouir de cette sainte liberté que l'esprit des
ténèbres est si jaloux de leur ravir.

Les membres du Cercle catholique de Saint-Cyprien de Toulouse :

MM. Biau, sous-directeur ; Pélissier, président ; Morère, vice-
président ; Dutrey (Paul), secrétaire général ; Micas (Vincent), trésorier ; Laporte, conseiller ; Servat (Gabriel), Arbus, Troy, Fauré,
Biramont, A. Bistes, Rives, Bosc, Raynal, Garal, A. Claverie,
Noguès, Marqués, Déoux (Jean), Duclos (Achille), Durand, Not (Jo-
seph), Erembert, Aumain, Léon (Pierre), Rey (Xavier), Ferrié, Cau-
bère, Coméléra, Saurine (E.), Frapech, Bellegarrigue, Lalubi (An-
tonin), Marcou, Viguier, Souque, Dutrey (Dominique), Deville
(Anselme), Mailles, Bernadou, Duranton, Rivière, Garric, Berjaud,
Picot (Basile), Rey (Léon), Clostres, Costes, Cantareuil, Fonteix
(Lucien), Benoit, Bouzignac, Déoux (Louis), Guitton (Joseph),
Roumieu (Jean), Saint-Supery, Dedieu, Giroux, Barthal, Castéra

(Émile), Azimon, Combes (Théodore), Organ, Chalons (P.), Saurine (M.), Verdier, Larondeau, Régi, Giscaro, Frayssinet, Aribaudy,
Barrère, Micas (Baptiste), Gout, Gendre (L.), Souparin, Lasbax,
Victor Albert, Parant, Vidal, Revel, Daroux, Poulallier, Paul Dominique, Labit.

RAPPORT GÉNÉRAL SUR LE CONCOURS LYRIQUE

PROPOSÉ PAR

L'ASSOCIATION DE NOTRE-DAME DE SALUT

MESSEIGNEURS[1],
MESSIEURS,

Il n'est sans doute personne parmi vous qui ne sache par l'histoire, s'il ne l'a constaté par lui-même, la voie malheureuse dans
laquelle sont entrés bon nombre de nos compositeurs modernes,
relativement à la musique religieuse. Cette aberration, ou plutôt,
disons le mot, cette décadence, aussi regrettable dans son principe
que dangereuse dans ses conséquences, je la signalais déjà l'an dernier à votre attention. Faisant appel à la fois et à votre conscience
et à votre goût, juges presque infaillibles en pareille matière, je
vous demandais, au nom de l'art et de la religion, de réagir, dans
la mesure de vos forces, contre cet excès déplorable à tous égards.
Vous m'avez entendu, Messieurs; je dirai plus, vous m'avez compris,
et je n'en veux d'autre preuve que cet accueil toujours si cordial
et si fraternel que vous me réservez chaque année à l'époque de vos
Congrès. Je vous en remercie de tout cœur. Désormais donc, je
suis des vôtres; et, laissez-moi vous le dire en toute simplicité, j'y

---

[1] Mgr l'évêque de Chartres. Mgr de Ségur. Mgr Richard, archevêque de
Larisse, coadjuteur de S. Em. le Cardinal-Archevêque de Paris.

suls à ma place, car, si vous me permettez une comparaison, votre
Œuvre de l'Union n'est rien autre chose qu'un immense instrument
dont vous êtes les cordes, cordes puissantes et sonores. Touché par
la main habile de notre pieux et bien-aimé Président, l'instrument
résonne, et, de tous les points de notre France catholique, il fait
entendre à la gloire de Dieu et à la prospérité de son Église, le plus
admirable concert. Et, en disant au monde ce qu'il y a de beau, de
grand, de noble dans le sein de l'Église, il dit aussi tout ce qu'il y
a de tendre, de généreux, de dévoué, dans le cœur de ses enfants,
dans votre cœur à tous.

C'est donc pour perpétuer au milieu de nous cette œuvre de régénération dans la musique et par la musique, que l'Association de
Notre-Dame de Salut, dont nous avons ici un des plus zélés propagateurs, ouvre, chaque année, un concours dont le but premier et
unique est de donner à nos associations ouvrières catholiques, des
chants dignes d'elles et de la haute mission qu'elles sont appelées à
remplir dans le monde. Ce concours, que nous saluons de toutes
nos félicitations et de tous nos encouragements, entrepris sous
d'aussi heureux auspices et avec une telle pureté d'intention, deviendra avec le temps, nous en avons la certitude, une digue assez
puissante, sinon pour couper le mal dans sa racine, du moins,
pour l'arrêter dans sa marche toujours progressive.

Je ne reviendrai pas, Messieurs, sur ce que je vous ai dit l'an
dernier de la musique dans nos Œuvres! Je craindrais de mettre en
contravention l'axiome bien connu : « *Bis repetita placent....* » ou
bien alors, il me faudrait l'éloquence toujours si franche et si entraî-
nante de ces apôtres intrépides qui nous ont précédés et que vous
avez toujours si vivement applaudis. *Scripta manent*, vous avez sous
les yeux mon premier rapport [1], il renferme sur ce point toute ma
pensée; à vous donc de le consulter, de le méditer et d'en tirer
pour la pratique tout le fruit que vous êtes en droit d'en attendre.

Poursuivant toujours le même but, et répondant au désir exprimé
en plusieurs circonstances par Mgr de Ségur et par MM. les Membres du Bureau Central, je voudrais aujourd'hui réagir contre cette
coutume malheureusement par trop répandue de nos jours de sacrifier le plain-chant à la musique. Et cela, Messieurs, par suite de

[1] Compte-rendu du Congrès du Puy.

certains préjugés, plus ou moins fondés, et qui s'en vont chaque
jour dans le monde religieux, frappant sans aucun droit et sans
aucun respect, tout ce qu'il a de beau, de vrai et de sacré. Depuis
quel temps donc est-il permis à l'habitant de nos contrées de répu-
dier, sans égard aucun, sa langue maternelle, cette langue qu'il a
reçue, comme un précieux dépôt, de ses ancêtres? La langue de
l'Église, Messieurs, est partout la langue du chrétien, notre langue
à nous, par conséquent, c'est le plain-chant, consacré à la fois par
la liturgie et par la tradition. « Sa marche lente et grave convient
également à la doctrine austère et élevée de la religion, et aussi à
la majesté de son culte [1]. » C'est dans le plain-chant « qu'il faut
chercher la pure inspiration musicale du christianisme, inspiration
naïve et grandiose, qui, seule, peut se plaire sous les voûtes nues
et séculaires de nos vieilles cathédrales, qui seule se marie et s'harmonise avec la marche grave et lente des prêtres, la sainte obscurité du lieu, les vitraux colorés, les saints sculptés, et même la
pierre, seule capable de répondre aux accents pleins et retentissants
de l'orgue [2].... »

Voilà pourquoi, Messieurs, fidèle à ses saintes traditions, la religion qui sourit toujours si maternellement aux arts, accorde avant
tout, au plain-chant le bénéfice de ses faveurs. Et cette préférence,
j'allais dire cette prédilection, croyez-le bien, Messieurs, n'a rien de
capricieux, ni d'arbitraire; elle repose tout entière sur cet amour
invariable du beau et du vrai, qui devient pour nous, en toutes
choses, comme le dernier mot de sa conduite.

Et qu'on ne me dise pas que le plain-chant manque dans sa première inspiration, de charme et de beauté! « Le plain-chant, écrivait il y a quelques semaines à peine, un homme dont l'expérience
et le savoir donnent à ses paroles une autorité vraiment respectable,
le plain-chant est le plus beau de tous les chants. Son illustre com-
pilateur, le Pape saint Grégoire le Grand, y a réuni tous les chefs-
d'œuvre de l'Église primitive.... Faite avec une haute intelligence,
son œuvre est devenue le type de la vraie musique qui convient au
culte. Rien ne peut lui être comparé, pas mêmes les productions
les plus vantées et les plus riches de l'art moderne.... En sa présence, les préjugés disparaissent, comme le soleil fait fuir par

[1] *Génie du catholicisme.*
[2] A. Guiraut, *Revue encyclopédique.*

devant lui le plus léger nuage [1] ! » Citerai-je ces chants si beaux et vraiment inimitables de l'*Adoremus*, de l'*Ave verum*, du *Tantum ergo*, du *Lauda Sion*, du *Te Deum*, et, dans une autre ordre d'idées, ceux du *Vexilla*, du *Dies iræ*, du *Stabat* et *tutti quanti*. N'est-il pas vrai, Messieurs, qu'aujourd'hui encore, et malgré la distance qui nous sépare de ces deux époques bien mémorables de notre vie, en même temps que leurs beautés tout intimes ces mêmes chants nous rapportent, et sans avoir rien perdu de leur force, les parfums toujours si chers et si suaves de notre première communion et de notre sacerdoce.

Et puis, Messieurs, ne l'oublions jamais, la religion chante Dieu, et l'infinie richesse du sujet donne à son chant toute la puissance et tout l'éclat de la véritable beauté. « Détacher nos esprits et nos cœurs de la terre, les transporter aux pieds de l'Éternel, et se faire oublier elle-même en présence de la majesté suprême, seule digne de fixer nos pensées et nos sentiments, tel est le but de la religion dans le plain-chant. » Est-il, je vous le demande, un but plus noble pour elle et plus digne de nos efforts!

Et ce que je dis ici du chant, je pourrais aussi facilement l'appliquer aux paroles. « Sans doute, ce n'est pas dans les proses de nos missels, ni dans les hymnes de nos antiphoniens, qu'il faut étudier la richesse et les beautés de la langue de Virgile et d'Horace, Mais, sous une forme prosaïque et, en quelque sorte, négligée, quelle chaleur d'inspiration! quels flots de poésie brûlante! quelle profondeur de pensées! quelle vivacité d'images! et surtout, quel pathétique!.. L'expression y est, comme dans nos Livres saints, tellement appropriée au sujet, que, malgré son inélégance, on ne saurait la remplacer que par elle-même. C'est ainsi, pour résumer cette dernière pensée, que le christianisme a toujours fait, négligeant les formes trop dessinées, et les beautés terrestres, bonnes tout au plus à flatter les passions et à distraire l'esprit, pour graviter sans relâche vers ce ciel d'où il est descendu, et puiser dans la grandeur même de Dieu, ces traits divins et ces beautés immortelles qui, planant au-dessus des temps et des lieux, sont de tous les siècles, de tous les pays, et tout en se faisant sentir aux intelligences, gagnent insensiblement les cœurs [2] ! »

[1] *Musica sacra.*
[2] A. Guiraut. *Revue encyclopédique.*

Voulez-vous savoir maintenant, Messieurs, où repose la raison première de cette accusation! Elle est tout entière dans l'interprétation, ou, si vous aimez mieux, dans l'exécution plus ou moins défectueuse, et trop souvent négligée, du plain-chant. « On a perdu avec le temps, les règles pratiques de la bonne et véritable exécution; et c'est à cela qu'il faut attribuer avant tout, le caractère lourd et maussade qu'on donne aujourd'hui au plain-chant.... Sans doute, nous rencontrerons dans cette étude bien des difficultés; et ces difficultés naîtront pour la plupart du choix de nos éditions.... Mais nous sommes dans un siècle d'infatigables recherches archéologiques; de toutes parts, on remue la poussière qui scellait les monuments littéraires, et, au moment où je vous parle, nous pouvons espérer que la manière si belle et si touchante dont saint Grégoire faisait exécuter les chants de l'Église sera bientôt retrouvée. Oui, bientôt, et avec l'indispensable et précieux appui de l'Épiscopat, le plain-chant nous apparaîtra ce qu'il est réellement, simple et tout à la fois merveilleux, pathétique et sublime [1]! »

Qu'on n'accuse pas davantage le plain-chant de monotonie. Exploitant ici la pensée d'un de nos contemporains [2], je dirai que « l'Église a des chants pour toutes les fêtes; et qu'elle en a également pour toutes les cérémonies religieuses auxquelles elle se trouve naturellement appelée à présider ». Parcourons ensemble, si vous le voulez, mais aussi rapidement que possible, le cercle de son année liturgique. Nous sommes au commencement, les chants sont moins fréquents, l'Église est tout entière dans l'attente du Messie, son libérateur et son sauveur! et l'attente, nous le savons, quelque longue qu'elle soit d'ailleurs, est toujours silencieuse. Bientôt, ce sont des chants d'une mélodieuse langueur, ce sont les soupirs de l'âme, les cris du désir. Sans-doute, l'Église est dans la joie; mais, sa joie est calme et modérée. Le Dieu qui vient de naître, est un Dieu enfant chargé, par conséquent de nos misères et de nos infirmités. Mais déjà l'enfant a grandi! Nous touchons à la carrière de l'Homme-Dieu! L'Église tout aussitôt s'attriste avec lui. Dans des chants graves et plaintifs, elle exprime les ineffables douleurs, les mystérieuses angoisses du Fils de l'homme et de Marie, sa mère! Puis, c'est le silence le plus profond, le silence de

[1] *Musica sacra.*
[2] L'acte du *Génie du catholicisme.*

la mort; tout se tait autour du tombeau dans lequel est ensevelie l'humanité du Christ. Mais, voilà le jour du réveil et de la joie, réalisant sa parole, Jésus-Christ est ressuscité! Alors, tout s'émeut, tout s'agite dans le sein de l'Église! Et, l'*Alleluia* que nous répéterons éternellement dans le ciel après l'universelle résurrection, commence déjà sur la terre à cette résurrection toute miraculeuse.

Nous sommes à l'Ascension; aux joies premières de la résurrection, l'Église ajoute le désir non moins ardent de suivre Jésus-Christ, son époux, dans le séjour de sa gloire. Et quand, au jour non moins solennel de la Pentecôte, elle chante avec enthousiasme et avec bonheur, elle demande pour elle et pour ses enfants les dons précieux et toujours nécessaires de l'Esprit de sagesse, de force et de vérité.

Nous touchons, Messieurs, à la fin de l'année liturgique, quels chants encore de joie et de triomphe ont la fête des élus dans le ciel. L'Église, toutefois, n'oublie pas ceux de ses enfants encore retenus dans les flammes du purgatoire. « C'est que Dieu a mis au cœur de la mère les sentiments les plus affectueux pour ceux de ses enfants qui ont le plus besoin de son amour! » Tant il est vrai, Messieurs, selon la belle pensée d'un de nos Évêques, « qu'expression fidèle des divers sentiments de l'âme, le chant liturgique s'harmonise toujours parfaitement avec les cérémonies extérieures du culte... Suivant l'âme à travers tous ses mouvements et jusque dans ses institutions divines, il prie avec le juste, il gémit avec le pécheur, il soupire avec le malheureux, enfin, après la voix du prêtre, il est la deuxième voix de Dieu dans le temple [1]. »

Nous savons, par une des légendes intimes du Trianon, publié au commencement de cette année par l'*Univers*, que le roi conçut un jour le projet de compléter et d'améliorer la musique de sa chapelle. « Dumont, disait Louis XIV, ne nous donne que du plain-chant; je veux le décider à modifier sa chapelle... il faudra bien qu'il cède. » Savez-vous, Messieurs, quelle fut la réponse du maître! « Le roi, dit Dumont, m'a comblé de bienfaits! Je le supplie d'en ajouter encore un, en me permettant de quitter son service. — Je vous le défends absolument, répondit le roi; faites

[1] Mgr Freppel, évêque d'Angers.

ce que je vous dis et bientôt vous serez le premier à me remercier.
Vous êtes excellent musicien, Dumont, soyez aussi un serviteur
obéissant. » Et, le congédiant d'un signe de tête, le roi vit Dumont
pâlir et s'éloigner; il ne se douta pas qu'il venait de briser la vie
du grand artiste et, avec elle, la vie de sa fille. En effet, dans un
entretien tout intime qu'il eut quelque temps après avec le P. Ra-
pin, Dumont dit entre autres choses : « C'est, au fond, la haine
de Rome qui inspire tout cela. L'Église, mère et maîtresse des arts,
est attaquée, insultée; on ne veut plus prier ni chanter comme
elle... Le chant grégorien, torturé, dénaturé, tend à disparaître et
l'on veut que je donne le signal de cette déplorable décadence...
Jamais, jamais! Adieu, Versailles, adieu! J'aime mieux tout quitter
que de profaner mon art!... » Parole admirable, Messieurs, conduite plus admirable encore!... Peu de temps après, Henri
Dumont, de retour à Paris, dormait du dernier sommeil sous les
dalles de l'église des PP. Jésuites et les grilles du Carmel s'étaient
refermées sur Marie, sa fille! Vous avez salué bien des fois déjà
dans votre vie, l'illustre compositeur, l'artiste convaincu, saluez
aujourd'hui l'artiste sacrifié.

Aimons donc, Messieurs, aimons le plain-chant et faisons-le
aimer! Je vous le disais en commençant, le plain-chant est la
langue de l'Église, notre langue maternelle à tous, enfants dociles
et reconnaissants, ne la répudions jamais, ni de nos temples, ni de
nos cérémonies! En lui payant cette dette de justice et d'amour,
nous répondrons à un désir formellement exprimé dans le saint
Concile de Trente, la règle ordinaire de notre conduite dans les
choses de Dieu et de son Église. Et pour mieux affermir encore
nos résolutions et assurer davantage le succès de notre entreprise,
formons autour de nous des maîtrises! source toujours féconde où
vous puiserez les éléments indispensables au développement et à la
beauté des cérémonies et à la bonne exécution du chant!... Ces
deux branches inséparables de notre sainte liturgie.

J'ai prononcé ici le nom de maîtrise! ce n'est pas sans raison ;
puisque grâce à l'heureuse initiative de M. le Supérieur du Petit-
Séminaire [1] et à sa direction aussi intelligente que dévouée, nous

[1] M. l'abbé Ychard.

avons à Chartres une maîtrise modèle dont nous étudierons avec fruit les règlements.

Placée depuis de longues années déjà sous les auspices si bienveillants de S. G. Mgr Regnault, et enrichie de ses plus nombreuses et plus paternelles bénédictions, la maîtrise de Chartres est aujourd'hui une *maîtrise-type*. Voilà pourquoi des liens tout intimes la rattachent à la maîtrise de Notre-Dame de Paris, dont nous avons le bonheur de posséder aujourd'hui le saint et toujours bien dévoué bienfaiteur, Mgr Richard, archevêque de Larisse et coadjuteur de S. Em. Mgr Guibert, cardinal-archevêque de Paris.

J'arrive bien vite à la seconde partie de mon rapport, partie à la fois délicate et importante, l'examen critique des manuscrits adressés au Bureau Central pour le concours lyrique de 1878. La mission d'un jury, vous le savez, Messieurs, quel que soit d'ailleurs le genre de ses opérations, est toujours chose difficile. Aussi, n'est-ce pas sans hésitation, je dirai volontiers une certaine crainte, que nous en avons accepté toute la responsabilité. Et pour ne pas compromettre en rien la justesse et l'impartialité de notre jugement, nous nous sommes placés tout de suite au double point de vue de l'art et de la conscience. Entraînés par ce double courant, nous venons aujourd'hui porter à votre connaissance les décisions du jury.

Sept manuscrits nous ont été envoyés parmi lesquels trois seulement avec musique. Était-ce le cas d'appliquer cet axiome bien connu : « *Peu et bon,* » ou cet autre latin : « *Non numerantur sed ponderantur,* » vous les jugerez vous-mêmes et facilement d'après l'analyse très-succincte qui va vous en être donnée.

La pièce qui nous a paru tout d'abord la meilleure et la plus complète a pour titre : « *Bertrand Du Guesclin,* » et pour devise : « *De celui-ci contentez-vous de peur d'en rencontrer de pire.* » Le nom seul de Bertrand Du Guesclin était de nature à inspirer le poète et à gagner le compositeur! Aussi avons-nous plus sincèrement regretté le manque de sens artistique et religieux dans l'inspiration du morceau et l'irrégularité des combinaisons harmoniques dans son accompagnement. La poésie, elle aussi, a bien son cachet sans cependant s'harmoniser avec la grandeur du sujet. C'est à peine si l'on y reconnaît le grand capitaine, encore moins le héros chrétien. En un mot, selon l'expression même d'un jury : « Rien ne vibre dans cette pièce, et nous doutons de son utilité pour nos Œuvres. » « De celui-ci donc ne nous contentons pas dans l'espoir d'en rencontrer un meilleur à l'avenir. »

Dieu le veut est plutôt un cantique qu'un chant de circonstance, manquant dans son ensemble de poésie. Ce qui, d'après les don‑nées ordinaires de la composition, enlève à la musique le caractère qui lui convient. Nous invitons bien charitablement l'auteur de ne plus confondre à l'avenir un chant populaire avec un chant com‑mun. C'est, d'ailleurs, l'écueil le plus général de notre musique moderne.

Quoique un peu supérieure à la musique du cantique précédent, celle du chant des « *Nouveaux croisés, Marie au combat nous appelle,* » paraît encore en certains endroits bien défectueuse. On ne rencontre nulle part l'élan qui conviendrait si bien à ce genre de composition. Pour la partie poétique et littéraire, à part certains vers médiocres, nous croyons pouvoir affirmer que l'auteur de cette pièce arriverait facilement à de plus heureux résultats s'il soignait davantage la facture générale des strophes.

Les quatre compositions sans musique sont généralement faibles. N'ayant pas rempli pour la partie musicale les conditions imposées par le programme, nous n'avons pas autrement à nous en occuper. Nous dirons seulement que dans le *Livre du ciel du Zouave* (titre assez obscur d'ailleurs), nous avons rencontré çà et là de belles pensées et des sentiments vraiment chrétiens.

Enfin, des sentiments exprimés dans la pièce : « *Souvenons-nous enfants du patronage* » sont généralement bons; malheureusement la musique manque et c'est de la musique que demandait le pro‑gramme.

CONCLUSION. — Lorsque le Bureau Central acceptait de l'Asso‑ciation de Notre-Dame du Salut son prix annuel pour le concours lyrique, il n'avait d'autre but, Messieurs, que de faire face au besoin artistique de nos Œuvres, mais surtout de faire disparaître avec le temps ces compositions purement mondaines qui sont l'effet d'inspirations plutôt diaboliques que divines. De là les conditions apportées par lui dans le choix et plus encore dans l'interprétation des sujets. Sans doute, il ne veut pas porter la prétention jusqu'à exiger des chefs-d'œuvre; il le voudrait qu'il ne le pourrait pas, puisque vous le savez tout aussi bien que moi, la perfection en musique comme en tout autre chose n'est pas de ce monde. Toutefois, reste toujours pour lui l'obligation de ne transiger en rien avec le devoir. Fort de son droit, plein de confiance dans le mode d'opération de son jury et surtout plein de respect pour ses décisions, le Bureau Central a décidé que le concours lyrique, ne s'élevant guère cette année au delà des limites de la moyenne, le prix qui devait être décerné serait rejeté sur le concours de 1870. La somme beaucoup plus importante alors lui permettra sans doute d'espérer un plus grand nombre de compositions, un choix meilleur dans les sujets et surtout des connaissances plus sérieuses et plus profondes dans l'interprétation de ces mêmes sujets.

En remerciant, Messieurs, les membres du Bureau Central de la haute confiance qu'ils ont bien voulu nous accorder, nous remercierons en même temps ceux qui ont pris part au concours de leur intention et de leurs efforts, et nous faisons les vœux les plus sincères pour le succès de leurs Œuvres. La semence est jetée, le fruit mûrira en son temps. « Tout, d'ailleurs, arrive à qui sait attendre, » et, pour terminer par une pensée plus chrétienne encore, « il n'y a que ceux qui auront persévéré qui seront sauvés ».

L'abbé C. GEISPITZ,
Maître de chapelle à N.-D. de Paris, Membre
du Bureau Central.

DISCOURS DE M. L'ABBÉ BRETTES, DE PARIS

PRONONCÉ A L'ASSEMBLÉE GÉNÉRALE DU JEUDI SOIR 12 SEPTEMBRE 1878

MESSEIGNEURS [1],

Un protestant anglais a dit ce mot célèbre : « Les Évêques ont fait la France comme les abeilles font leur ruche [2]. »

[1] Mgr l'Archevêque de Larisse, coadjuteur de S. Em. le cardinal Guibert, archevêque de Paris, Mgr l'Évêque de Chartres et Mgr de Ségur, chanoine-évêque de Saint-Denys.
[2] Gibbon.

Aujourd'hui, des hommes qui ne sont, hélas! ni protestants ni étrangers, ont presque réussi à la défaire. Investi, par l'obéissance, du redoutable honneur de défendre contre ses adversaires le Congrès de l'*Union*, qui, dans la limite de ses forces, travaille sous la direction des Evêques à refaire l'œuvre de leurs prédécesseurs, permettez-moi de saluer, avec autant d'émotion que d'espérance, dans vos augustes personnes, les pères de la patrie.

MESSIEURS,

Je connais un prélat qui a une habitude que je me permets d'appeler singulière. Devinez en quel endroit, depuis vingt années, il passe régulièrement la fête du jour de l'an? Vous auriez peine à le trouver, aussi je vais vous le dire : c'est au milieu des pauvres petits orphelins, infirmes et malades, des Frères de Saint-Jean de Dieu. Eh bien, voilà l'un de ces hommes, Messieurs, qu'on présente au peuple comme ses ennemis. Puisque j'ai commencé à commettre une indiscrétion, je la pousserai jusqu'au bout et vous nommerai ce grand coupable : c'est Mgr de Ségur! oui, Mgr de Ségur, qu'une feuille publique osait qualifier ce matin de « Prélat étranger », quand sa famille se distingue depuis des siècles au service de la France, quand par son titre il est chanoine-évêque de Saint-Denys en France, quand enfin sa vie se passe à refaire la France et qu'il se tue à la peine.

Il y a vingt-quatre heures, Messieurs, j'ignorais encore la tâche délicate qui m'était réservée et que j'entreprends en ce moment; c'est vous dire combien peu j'ai pu m'inquiéter de la forme, dont notre Congrès d'ailleurs a le bon goût de ne pas exagérer l'importance, et combien doivent être fortes dans le fond des preuves qui viennent, pour ainsi dire, se présenter d'elles-mêmes, sans qu'on ait à les chercher plus longtemps.

A Dieu ne plaise qu'une seule de mes paroles aille contrister qui que ce soit, aussi bien parmi nos ennemis que parmi nos amis. Nous sommes les ministres du Dieu de charité, nous ne l'oublierons pas; mais cela, soyez-en sûrs, ne nous fera rien perdre de l'énergie que réclame la pleine défense de nos droits.

J'entreprends donc mon plaidoyer, confiant dans votre bienveillance, Messieurs, et surtout dans la noble cause de mon noble client.

J'aurai, si je ne me trompe, complétement vengé l'*Union* et le

Congrès de toutes les attaques dont ils sont l'objet en ce moment, si je prouve nettement ces deux propositions :

1° Nous usons de nos droits;

2° Nous faisons notre devoir.

Je crois, Messieurs, que j'y réussirai sans peine ; vous en jugerez tout à l'heure.

I

NOUS USONS DE NOS DROITS

On distingue dans le droit en général ce qui est légal et ce qui est légitime, suivant que cela est en conformité avec la loi ou avec la conscience. Une chose peut être légale sans être légitime, et réciproquement. Eh bien! nous avons la prétention d'être en conformité parfaite avec l'une et avec l'autre, d'être tout à la fois une institution absolument légale et absolument légitime.

I. Que nous soyons irréprochables au point de vue de la légalité, cela ressort, Messieurs, de notre définition même. Nous sommes l'*Union des Œuvres ouvrières réunis en Congrès*.

Il y a dans cette formule trois choses bien distinctes : l'*Union*, les *Œuvres ouvrières* et le *Congrès*. Si je prouve la légalité de chacune de ces trois parties, il en résultera bien, n'est-ce pas, la preuve que le tout est légal?

1° Parlons d'abord de l'*Union*.

Qu'est-ce que l'Union?

Je trouve la réponse authentique dans des feuilles que, par vos soins, le vent emporte partout.

La voici : « L'*Union* est une association de prière, de charité et d'action. »

Or la *prière* est certes, je l'espère bien, une chose légale. Que diriez-vous d'une législation qui dirait à un homme : Je te défends de prier? (*Rires*.)

Vous riez, Messieurs? Voilà votre réponse. Elle est bonne.

La *charité* est légale, puisqu'il n'existe pas non plus, que je sache, une loi qui ait songé à l'interdire ; et il faut bien convenir que,

dans notre France surtout, la loi aurait fort à faire pour arrêter son
essor.

Mais l'*action* est-elle bien ici une chose légale? Ce mot est élasti-
que, Messieurs; et quand, dans le langage ordinaire de notre temps,
on parle de comités d'action, cela fait peur. Qu'on se rassure pourtant; le nôtre a pour mission de prier, et il agit pour répandre
l'esprit de prière. Il a pour mission de soutenir, de défendre et de
propager les Œuvres de charité, et il y emploie toute son activité.
Mais nous l'affirmons loyalement, et vous en êtes témoins devant
l'opinion, ici le mot *action* ne signifie rien de plus.

Mais pourquoi donc alors, nous dira-t-on, avez-vous cette puissante organisation? Qu'est-ce que ce Bureau Central? Que sont ces
Bureaux diocésains? Quel est le but de votre infatigable propagande?

Nous répondrons, Messieurs, ce que nous avons déjà dit mille
fois en tous lieux et de toutes manières : Notre Bureau Central est
très-bien nommé. Il est un simple bureau parce que, sans rien diriger lui-même, il reçoit sa direction des Œuvres mêmes de l'Union
pour le service desquelles il a été créé. Il n'est rien autre chose
qu'un lien de communication entre des Œuvres absolument indépendantes et une source où chacune d'elles puise les renseignements que peut lui procurer l'expérience des autres. Il résulte de là
que son action est essentiellement décentralisatrice; et pourtant on
l'appelle Central parce qu'il a son siége à Paris. Il y a des gens,
Messieurs, qui se plaignent d'avoir un maître, et nous nous félicitons d'en avoir quinze cents : nous trouvons même que ce n'est pas
assez.

L'*Union* est donc légale.

2° Les *Œuvres* dont s'occupe l'Union sont-elles bien toutes en
conformité avec la loi qui régit la matière?

Oui, Messieurs, et de la manière la plus rigoureuse. Elles sont,
je l'ai dit, au nombre de quinze cents. Eh bien! il n'en est pas une
seule qui n'ait été érigée en vertu d'un arrêté préfectoral, comme
l'exige la loi. Il n'en est pas une seule qui, en se développant au
grand jour, loyalement, sous les yeux des amis comme des ennemis, n'ait prouvé avec évidence qu'elle ne s'occupait réellement et

exclusivement que de l'objet même pour lequel l'autorisation préfectorale lui avait été octroyée. Je dis plus, Messieurs, et sans peur d'être
contredit, il n'en est pas une qui n'ait recherché, désiré, et quelquefois payé fort cher la publicité, par la chaire et par la salle de
conférence, par le livre et par le journal.

Je saisis cette occasion, Messieurs, pour témoigner à nos adversaires toute la reconnaissance des Directeurs d'Œuvres qui ont la
bonne fortune d'être attaqués par eux. Plus leurs attaques sont
violentes, plus on veut connaître nos Œuvres ; plus on les connaît,
plus on les aime ; plus on les aime, plus on les soutient. Aussi bien,
nous avons une raison de plus de leur être reconnaissants, car ils
nous procurent une béatitude que nous a fait espérer notre Maître :
« *Beati qui persecutionem patientur propter justitiam.* » A nos adversaires passés, présents et futurs, merci ; au Congrès qu'on attaque si bien en ce moment, nos félicitations ; et à chacune de nos
quinze cents Œuvres, nos vœux les plus sincères.

3° Notre *Congrès* lui-même enfin est-il légal ?

Ah ! certes, Messieurs, s'il n'était pas légal, il y a longtemps déjà
que nos aimables adversaires vous auraient averti, dans l'intérêt de
vos bourses, que vous pouviez vous épargner les frais du voyage de
Chartres.

Afin de ne pas vous arrêter plus longtemps sur ces détails de légalité, toujours fort peu amusants par eux-mêmes, je ne lirai pas
devant vous, Messieurs, le texte de la loi sur les réunions privées.
Il me suffira d'affirmer, et vous le savez bien, que toutes ses conditions ont été observées, quoi qu'on en ait dit, avec la plus scrupu-
leuse fidélité.

Les convocations ont été adressées exclusivement à des personnes
connues et amies : directeurs, aumôniers, protecteurs et propagateurs d'œuvres ouvrières catholiques. Si on a différé la remise des
cartes nominales jusqu'au jour même de l'ouverture du Congrès,
c'est précisément pour mieux assurer l'exécution des prescriptions
légales, et constater l'identité de chacun de nos invités. Vous savez
encore, et par expérience peut-être, combien l'aimable jeunesse qui
veille à la porte de notre salle se montre impitoyable pour quiconque a eu le malheur d'oublier sa carte à la maison ; eh bien !
quand même cet oublieux réussirait à pénétrer dans l'enceinte, il
serait encore privé du droit de voter, car une main qui se lève ne

peut exprimer un vote qu'à la condition de tenir cette éternelle carte. Faisons des vœux pour que l'accès de toutes les réunions privées soit aussi difficile que chez nous.

On a dit que le Bureau de l'Union avait fait un appel public dans les journaux; ce n'est pas exact. Les journaux ont annoncé, aux Informations et aux Faits divers, la prochaine ouverture du Congrès de Chartres, comme ils l'auraient pu faire de toute autre nouvelle, voilà tout.

D'autres ont dit encore que je ne sais quel questionnaire destiné à éclairer le Bureau sur l'orthodoxie des invités avait été adressé un peu partout avec prière au destinataire de le remplir, afin de permettre ainsi aux directeurs de juger s'il était ou non digne de pénétrer dans le Congrès. La vérité est que ce questionnaire n'a jamais existé que dans la cervelle de ceux qui en ont parlé. La chose est d'ailleurs assez absurde pour n'être même pas discutée.

Dans son objet enfin, notre Congrès, Messieurs, est parfaitement légal. Quelques esprits inquiets veulent à tout prix que nous ayons un objectif politique. En vérité, c'est s'y prendre un peu tard pour s'en apercevoir. Eh quoi! voilà huit ans que nos Congrès se réunissent, et on ne s'en doutait pas encore! Voilà huit grandes villes, aux quatre coins de la France, qui nous ont accueillis, et personne n'a pu le voir! La chose est au moins singulière. Mais enfin il n'est jamais trop tard pour bien faire, pour dénoncer un abus, en fournir les preuves et en demander la répression. Eh bien! soit, mais qu'on les donne donc ces preuves! Il est, paraît-il, assez malaisé d'en produire. Tenez, Messieurs, soyons bons princes; nous avons les procès-verbaux de nos séances; ils sont fidèles; ils sont complets; offrons-les à nos adversaires : ils les trouveront là sans doute ces bienheureuses preuves!..... Les comptes-rendus sont imprimés et publiés; s'adresser au Bureau Central. Il expédie....... contre remboursement; il promet autant d'éditions que besoin sera.

II. Notre Œuvre est légale; est-elle légitime?

Messieurs, la loi naturelle est une. L'humanité la porte, partout la même, écrite sur autant de tables de granit qu'il y a de consciences humaines, en autant d'exemplaires qu'il y a d'individus. Eh bien! la loi naturelle proclame certains droits inaliénables et commande qu'ils soient respectés.

La religion est en souffrance, Messieurs. Or la religion est, dans ses lois, la charte qui définit les droits de Dieu. Que fait l'Union, je vous le demande, si ce n'est protester contre la violation de ces droits, et travailler à les faire reconnaître et respecter partout. Et c'est cette mission qui ne serait pas légitime ?

La patrie est en souffrance. Trouveriez-vous bien conforme à la loi naturelle qu'un fils libre-penseur, sous le prétexte qu'il n'a pas la foi, insultât à la piété de sa mère, et allât dans la compagnie de ses pareils disperser follement le patrimoine qu'elle lui a réservé, livrer à la honte l'honneur de son nom et à la raillerie les larmes de ses yeux ? Eh bien ! Messieurs, la Fille aînée de l'Église voit une partie de ses enfants tous les jours insulter à sa foi, à son honneur et à ses larmes ; elle est là au bord du grand chemin de l'histoire seule, assise sur une pierre, la tête dans ses mains, vêtue de deuil, pleurant l'Alsace et la Lorraine ; les nations passent sans regarder ; et vous voulez que nous restions insensibles, muets, quand notre mère pleure et qu'elle est insultée ! Non, non, jamais ! D'essuyer ses larmes, de consoler son cœur, de soutenir son bras, de prêcher nos frères pour les ramener à ses pieds, on ne nous en empêchera jamais ; et s'il y a une attitude qui ne soit pas légitime, je le jure, Messieurs, sur le cœur de ma mère, ce n'est pas celle de l'Union.

L'individu est en souffrance, Messieurs, ce n'est pas la philantropie de notre époque qui me démentira : Là où l'on voit un homme qui souffre, un autre a certes le droit d'aller à son secours. C'est même plus qu'un droit, c'est un devoir. Un devoir d'autant plus impérieux que je ne parle pas seulement de la misère et de la faim qui dévore tant d'innocentes victimes, mais des tortures bien autrement cruelles encore que souffrent les intelligences privées de la vérité, les âmes privées de la foi, les cœurs privés de la charité, les consciences privées de la paix. L'erreur, le scepticisme, la haine, le remords ont creusé l'abîme sous les pieds de nos frères ; oh ! qui dira sa profondeur ? qui dira les angoisses de celui qui, tombé, se sent précipité dans le vide, et, sans en voir le fond, l'attend pour se briser ? Et il se rencontre des hommes pour déclarer illégitime le dévouement de ceux qui lui portent secours ! Est-ce donc là, Messieurs, ce que la loi naturelle a écrit dans les cœurs ?

Et quand on parle ainsi, est-on vraiment l'ami des hommes ? Messieurs, pour prononcer entre l'Union et ses adversaires, j'en appelle à tous ceux qui souffrent ?

L'État est en souffrance.

Ne craignez pas, Messieurs, je ne glisserai pas sur le terrain politique. D'ailleurs, si je prononce le nom de l'État, c'est pour parler en sa faveur. On s'est habitué de nos jours, pour diminuer les droits de Dieu, à exagérer ceux de l'État. On a fait de lui une sorte de divinité ; on l'a surchargé de priviléges et d'honneurs, et par suite de responsabilités qu'il est impuissant à porter.

Et que deviendrait-il sans la religion, cet État moderne, dont on fait le rival du vrai Dieu ? Il vit uniquement de respect, d'obéissance et de dévouement ; or, le dévouement, l'obéissance et le respect ont dans la religion leur principe et leur garantie. La religion est donc pour l'État la première condition de vie, et on trouve des hommes qui veulent priver l'État de la religion ! qui se disent les amis de l'État, et qui déclarent les hommes de religion, *ipso facto*, les ennemis de l'État ! Oh ! Messieurs, est-il possible que la passion égare jusqu'à ce point la pauvre raison humaine ? Faut-il qu'un siècle soit assez coupable ou assez malheureux pour voir de pareilles doctrines trouver crédit dans les masses, et, au nom du bonheur du peuple, qui finalement restera la victime, armer l'État contre l'Église ?

Certes, je le sens bien, Messieurs, à l'émotion de ma main, je touche au point le plus vif de la plaie, mais je le fais avec l'amour du médecin qui veut sauver son malade à tout prix. Et sans m'inquiéter en aucune façon des formes de gouvernement, je proteste au nom du Congrès, de tous les vrais catholiques et des ouvriers de tous les pays contre les calomnies qui nous présentent au peuple comme les ennemis de l'État, quand nous en sommes les seuls vrais amis, et nous accusent de machiner la perte du pays, quand jour et nuit nous sommes prêts à mourir pour le sauver.

J'aurais fini avec nos droits si quelques objections, d'ailleurs de nulle valeur, ne nous arrêtaient encore. A chacune d'elles, je ne répondrai qu'un mot.

On nous dit : « Vous voulez l'ancien régime. » — Non, nous voulons le régime chrétien, rien de plus.

On dit encore : « Vous êtes la Ligue du XIX⁰ siècle ». — Non, Messieurs, nous ne sommes pas la Ligue ; je crois même avoir suffisamment prouvé que nous ne sommes pas *une* ligue. Cela pourtant ne m'empêchera pas de donner à nos adversaires un conseil de prudence qui pourrait leur servir ; car franchement faire de nous des ligueurs et accepter ainsi le rôle des Huguenots, c'est n'être pas heureux dans ses comparaisons.

Il en est enfin qui feignent de ne pas comprendre comment notre obéissance au pouvoir peut avoir des réserves; et vraiment je le regrette pour eux. Eh bien! c'est une occasion de leur dire et de leur prouver que la religion catholique est le plus fort soutien de la dignité humaine, le plus invincible rempart de la liberté. Oui, il y a toujours des limites à l'obéissance, et il est telles et telles lois bien connues de Néron et de Dioclétien, auxquelles les chrétiens d'aucuns siècles et d'aucuns pays n'obéiront jamais. Ces lois, Messieurs, ce sont celles que des hommes auraient le triste courage de faire en opposition avec les lois de Dieu.

Dieu est le maître des législateurs; il a fait une loi en dix articles qui embrasse la vie humaine, et qui ne doit jamais être violée quand même il faudrait mourir. Dans cette loi générale et inviolable, il a fait une place à la loi humaine; elle est large, mais que l'homme se garde surtout, en légiférant, de sortir de son domaine et d'empiéter sur le terrain de Dieu. La religion prescrit l'obéissance, quand même le détenteur du pouvoir serait pervers, « *etiam dyscholis* », pourvu que la loi qu'il porte soit de son ressort. Mais quand l'homme ose commander d'un côté, et que de l'autre Dieu défend, on obéit à Dieu, non à l'homme, et on répond : *Non possumus.*

Mais, dira-t-on, si l'homme exige de force l'obéissance, alors, du moins, on se révolte? — Non. On meurt.

II

NOUS FAISONS NOTRE DEVOIR

Je veux aller plus loin maintenant, et démontrer à nos adversaires que ce qu'ils nous contestaient comme un droit est pour nous un devoir.

Le devoir, Messieurs, s'étend au vrai qu'il faut rechercher, étudier et enseigner, et au bien qu'il faut aimer, pratiquer et défendre.

Je parlerai de l'un après l'autre.

I. LE VRAI. — Pour tout spiritualiste qui croit l'homme réellement composé d'un corps et d'une âme, il est hors de doute que l'âme est la première en dignité et doit toujours gouverner le corps ; or c'est précisément le contraire qui se passe dans nos temps malheureux.

Vous pensez bien que, pour prouver ma thèse, je ne vais pas entamer une discussion philosophique, que le bon goût ne conseille pas et que la brièveté du temps m'interdit. Je me confine dans les conséquences sociales qu'engendre le principe fondamental de l'école épicurienne.

L'homme élevé dans cette pensée que l'âme doit passer après le corps arrive promptement, Messieurs, chacun le sait, à développer ses appétits sensitifs dans des proportions considérables. L'habitude devenant chez lui une seconde nature, toute sa vie se passe, et avec un accroissement proportionnel au développement de l'appétit, à rechercher et à dévorer des joies sensuelles. D'abord il les désire, il les exige ensuite avec toute l'ardeur d'une concupiscence allumée par une âme immortelle et condamnée à demander au corps la satisfaction de ses instincts élevés que devait et que pouvait seule satisfaire la possession de l'infini.

Un jour, Messieurs, cette âme, qui a cru tant de fois tenir son bonheur, retombe plus triste dans sa déception, parce qu'elle n'a jamais saisi qu'une ombre. On a promis à cet infortuné le bonheur sur la terre, et voilà maintenant qu'il soupçonne, ou croit même, parce qu'on le lui a dit, que l'organisation sociale est faite en haine de lui, que l'humanité entière est son ennemie, qu'il lui faut enfin pour conquérir le bonheur bouleverser la société. Cet homme que la loi fatale du besoin de jouir pousse violemment, quand même et toujours en avant, a conscience de sa faiblesse individuelle ; il cherche la force dans l'union, et forme, avec ceux que dévorent les mêmes passions, ces coalitions immenses qui, à l'heure où nous sommes, glacent le monde d'effroi.

Ah ! Messieurs, vous les connaissez bien ces deux trônes les plus hauts, les plus puissants de l'Europe ; ils avaient cru pouvoir utilement pour leur orgueil favoriser ou du moins tolérer ces doctrines, et, quand la coalition s'en est approchée, ils ont tremblé et appelé du secours. Le secours de qui, Messieurs? D'un prisonnier qu'ils persécutaient hier encore, et ils lui ont dit : « Vous seul sur terre êtes assez fort pour arrêter le torrent et pour sauver le monde. » Les doctrines qui ont fait ce mal sont celles de nos adversaires, et ce prisonnier qu'on supplie de sauver le monde, c'est notre Père à nous dont le Congrès recevait hier la précieuse bénédiction.

Si les sociétés attaquées appellent l'Église au secours, celles qui sont seulement menacées lui demandent aussi de les défendre. Votre Bureau Central a reçu et j'ai là dans la main deux cartes de visite, dont l'une porte : « Madame Aglaïa d'Anderes, déléguée du ministère impérial et royal du Culte et de l'Éducation publique de l'Autriche », et l'autre : « Miss Wyse », déléguée de l'Irlande. Ces dames ont reçu la mission de venir étudier à Paris les Œuvres catholiques pour les implanter et les développer dans ces deux pays, parce que les Œuvres catholiques sont le plus puissant rempart qui se puisse opposer à l'invasion du mal.

Ah! Messieurs, on vient nous demander de l'étranger le moyen de sauver les sociétés en péril, et il faut que dans la France on fasse croire au peuple que c'est nous au contraire qui sommes un péril pour notre société. Est-ce bien possible, Messieurs? Quoi! c'est jusque-là qu'on pousse l'audace! L'Allemagne, la Russie, l'Autriche, l'Irlande, accourent et nous disent : « Vous avez le salut, sauvez-nous. » Et des Français disent au peuple : « Tu vois ces hommes là-bas, eh bien! prends garde, recule, ou tu es perdu! » — Ah! ici, Messieurs, la douleur n'a plus d'expression! C'est un grand crime, n'est-ce pas? de tromper un enfant, parce qu'il est naïf et qu'il croit aisément; c'est un grand crime de donner un mauvais conseil à un enfant, parce qu'il obéit sans détour. Eh bien! Messieurs, le peuple possède au fond toute la droiture et la naïve confiance de l'enfant, et, quand on l'aime comme nous l'aimons, c'est-à-dire de toute son âme, on s'écrie avec indignation : Trahir la confiance du peuple, c'est le plus noir de tous les crimes; et, devant le peuple trompé, on sent son cœur se briser, on fond en larmes et on donne son sang pour le sauver.

Dans la doctrine vraie, l'homme, créé par Dieu à son image et racheté par lui, a senti son corps ennobli de toute la dignité de son âme, et l'Église, divine société des âmes, anime et ennoblit les nations comme les âmes animent et ennoblissent les corps.

Si ces notions sont exactes, — et pour en témoigner, on trouvera toujours des légions de martyrs, — Messieurs, la conséquence éclate d'elle-même : une société est d'autant plus puissante ou d'autant plus près de la mort, que Jésus-Christ est plus ou moins vivant dans ses croyances et dans ses mœurs.

En résumé, Messieurs, un état social qui exagère les appétits du corps et par suite la prospérité matérielle, subordonne l'âme au lieu de la faire prédominer : renversement fatal dont le résultat est de compromettre, à plus ou moins longue échéance, la vie même des plus fortes nations. Nous, au contraire, en subordonnant la prospérité matérielle à la vie morale, nous assurons précisément cette prospérité matérielle elle-même, nous permettons à la vie sociale tout le développement qu'elle comporte, et ainsi, du même coup, nous conduisons à leur fin individus et sociétés.

II. LE BIEN. — C'est une vérité d'expérience, Messieurs, que toute vie sociale repose sur le sacrifice, et deux hommes ne peuvent vivre ensemble qu'à la condition de sacrifices réciproques, ou acceptés ou imposés. Eh bien! je dis, Messieurs, que les doctrines de nos adversaires sacrifient l'ouvrier, et qu'en vertu des nôtres, nous nous sacrifions à l'ouvrier. De quel côté se trouve donc le bien? — Cela n'est pas douteux.

On vante beaucoup de notre temps le cadeau fait à l'ouvrier sous le titre pompeux de liberté du travail. Le résultat le plus clair de ce présent funeste, on l'a dit mille fois, a été de dégager le patron de la solidarité qui attachait pour toujours à sa personne et à son sort le sort et la personne de l'ouvrier. Aujourd'hui l'ouvrier reçoit d'un patron, qu'il peut quitter d'un jour à l'autre, un salaire après lequel celui-ci ne lui doit plus rien. Vienne le chômage, vienne la vieillesse, vienne la grève, vienne la maladie, que fera-t-il? Où trouvera-t-il du pain? On veut qu'il ait une famille! Ses enfants risqueraient tous les jours de n'avoir pas de nourriture; aussi il n'aura pas d'enfants, et les économistes seront effrayés de la dépopulation qui menace la France. Qu'importe; l'ouvrier peut bien se consoler de n'avoir ni du pain à manger, ni des enfants à caresser; il a l'honneur d'être libre et l'espérance de l'hôpital s'il est malade, de l'asile s'il devient vieux !

Ah! Messieurs, qu'on ne m'accuse pas d'exagérer les maux de l'ouvrier. C'est lui qui les souffre, c'est moi qui les dis. Mon silence lui serait nuisible; ma parole peut le faire vivre. Nous sommes catholiques, et nos Congrès n'ont d'autre but que de défendre ses droits et de lui faire du bien. Je le proclamerai donc bien haut : Non, quand vous avez donné à votre ouvrier le salaire de sa journée, pour le travail qu'il a produit, vous n'êtes pas quitte envers lui. Il y a dans sa fatigue, dans ses sueurs, quelque chose de lui-même qui reste impayé et ne s'apprécie pas à prix d'argent. Vous ne pouvez reconnaître cela qu'en lui donnant quelque chose de vous-mêmes, de votre cœur; aussi, en le payant, vous lui dites : « Merci ». Il emporte donc avec lui un droit à votre reconnaissance, et il devrait pouvoir compter sur elle à l'heure du malheur. Le peut-il, en effet? Non, Messieurs; aussi il sent toute l'injustice d'un tel état de choses. De là viennent ses désespoirs; et, comme il ne peut s'en prendre à personne, il s'en prend à la société tout entière et l'expose aux plus grands dangers.

On lui dit : « Je te donnerai des plaisirs. » Sans doute il les accepte, il les dévore; mais il y perd sa noblesse native; et la perte même de sa dignité n'aboutit qu'à le rendre moins homme, plus propre à servir d'instrument et plus redoutable surtout aux tristes jours de l'émeute.

Mais, nous disent quelques-uns, pourquoi donc, s'il en est ainsi, combattez-vous le patronat, quand c'est nous qui l'exerçons? Et puisque vous le combattez chez nous, pourquoi le revendiquez-vous pour vous-mêmes?

Notre réponse est très-simple, Messieurs : Ce n'est pas le patronat en lui-même que nous songeons à réclamer ou à combattre; c'est seulement la doctrine qu'il représente et qu'il couvre. Si le patronat, dans vos mains, conduit l'ouvrier au mal sous prétexte de bien, nous le disons nettement, nous lutterons à outrance et toujours contre le patronat. Mais parce que, dans les nôtres, il doit le conduire au bien, nous ne cesserons jamais de le revendiquer pour le bonheur de l'ouvrier. Il n'est qu'une arme, et tout dépend de la main qui s'en sert.

Telle est, Messieurs, dans sa navrante réalité, la situation de l'ouvrier de nos jours. Placé entre deux doctrines opposées, il penche vers la plus facile qui s'éloigne de nous. Nous le poursuivons, ce malheureux égaré, la vérité sur les lèvres, les larmes dans les yeux et l'amour dans le cœur. Nous épuisons, pour l'éclairer, toutes les industries du zèle et tous les sacrifices; aussi je ne m'étonne pas qu'on nous dénonce à ses colères et qu'on lui crie : « Voilà l'ennemi ». Oui, c'est vrai, le voilà l'ennemi du mal, du mensonge, des passions, de la dégradation et du malheur de l'ouvrier; l'ami par conséquent, oui, le vrai, le sincère ami de son bien, de sa dignité, de sa noblesse, de son véritable bonheur.

Ah! certes, ne croyez pas, Messieurs, que l'ouvrier, quoiqu'il se laisse tromper sur ses vrais intérêts, n'ait rien qui le rapproche de nous. Les adversaires de nos doctrines ont pour complices, dans l'ouvrier, ses passions; c'est un puissant auxiliaire. Nous avons, nous, pour alliés, son intérêt véritable, sa conscience et son cœur : cela vaut mieux. Quand l'ardeur de la passion se sera refroidie, — elle finit toujours par là, — il ouvrira les yeux ; et, à cette heure de retour au calme et au sang-froid, le pauvre enfant qui, dans l'accès de sa fièvre, battait sa mère en pleurs, reconnaîtra ses erreurs, et sa mère, vous le verrez, ne pourra plus le consoler, tant son chagrin sera profond et son cœur relevé.

Et qui donc va au peuple quand il souffre? A l'ouvrier malade ou livré à lui-même, qui donc y va, Messieurs, si ce n'est vous et moi, nous enfin, catholiques, parce que nous l'aimons?

Le premier mot de notre loi, c'est le mot de l'amour, « *Diliges* » ; et ce mot la résume toute. Amour de Dieu, amour des hommes, tout est là. Le vieux saint Jean allait même plus loin. Il disait simplement, lui : « Mes petits enfants, aimez-vous les uns les autres » ; et comme on lui demandait pourquoi c'était cette sentence qu'il léguait à ses disciples, il répondait : « C'est le précepte du Seigneur, et s'il est accompli, il suffit. »

Oui, Messieurs et chers apôtres du Congrès de l'*Union*, vous êtes les disciples de Jésus-Christ, et vous avez comme saint Jean appris sur son cœur les mystères de l'amour sauveur qui le conduisit à la croix. Allez, le crucifix dans la main, la sainte Eucharistie dans le cœur et les yeux fixés vers le Ciel, allez à l'ouvrier et que rien n'arrête vos pas. S'il vous repousse, s'il vous outrage, s'il vous maudit, priez pour lui, sachez attendre et espérer. Quand il souffrira, soyez-en sûrs, il n'ira pas à un autre qu'à vous. Car, il le sait par expérience, et à l'heure propice il s'en souviendra : Nul autre que vous ne lui donne le pain avec autant de délicatesse, le courage avec autant de foi, l'espérance avec autant de force, la consolation avec autant d'amour ; nul autre que vous ne lui rend la paix, comme vous pouvez le faire, en purifiant son âme ; nul autre que vous ne mêle une larme compatissante à celles qu'il répand chaque jour; nul autre que vous ne lui donne la grâce d'un sourire de joie en face de la mort, et ce bonheur est le dernier et le plus suave de tous.

Je crois avoir démontré, Messieurs, que nous usons de nos droits et que nous faisons notre devoir, et ainsi avoir répondu à toutes les attaques dont le Congrès de l'*Union* vient d'être l'objet. J'en veux signaler une, avant de finir, à laquelle nous n'avons pas eu à répondre : il n'est venu à la pensée de personne de nous taxer de couardise ou bien d'hypocrisie. A la bonne heure ! Nos adversaires reconnaissent notre courage et notre loyauté ; j'en prends acte et leur adresse un dernier mot : tantôt ils paraissent nous redouter beaucoup, et tantôt ils nous couvrent d'un superbe dédain. S'ils nous redoutent tant, nous sommes donc bien forts ? Alors, pourquoi nous méprisent-ils ? S'ils nous méprisent tant, nous sommes donc bien faibles ? Alors, pourquoi nous craignent-ils ? — La vérité, c'est que nous sommes tout ce qu'il y a de plus faible par nous-mêmes et tout ce qu'il y a de plus fort par Jésus-Christ. Prenons donc la croix et partons, la victoire nous suivra : « *In hoc signo vinces.* »

Procès verbal de la quatrième Assemblée générale,

du jeudi 12 septembre 1878

Lu à l'Assemblée générale du vendredi 13 septembre 1878

La séance est ouverte à huit heures du soir sous la présidence de NN. SS. Regnault, évêque de Chartres, Richard, archevêque de Larisse, coadjuteur de Son Ém. Mgr le cardinal Guibert, archevêque de Paris, et Mgr de Ségur.

Mgr l'Évêque de Chartres souhaite en termes émus la bienvenue à Mgr l'Archevêque de Larisse aux applaudissements chaleureux de tout l'auditoire.

Le procès-verbal de la séance générale de la veille est lu par M. Léon Harmel.

M. le chanoine Tournamille rend compte des travaux faits dans les diverses Commissions pendant la journée.

Les vœux proposés par la Commission de l'Union sont adoptés à l'unanimité sur la proposition de Mgr de Ségur.

M. de Château-Thierry rend compte ensuite des travaux de l'Union et de son Bureau Central depuis le Congrès tenu en 1877 au Puy.

M. de Château-Thierry fait connaître le véritable caractère de l'Union pour répondre aux calomnies de la presse révolutionnaire, calomnies que Mgr de Ségur a déjà si justement relevées. Il montre les différences qui existent entre l'Union et les diverses Œuvres catholiques comme les Cercles catholiques d'ouvriers, les Comités catholiques et les Conférences de Saint-Vincent de Paul. Depuis l'année dernière, le Bureau Central a fait tout son possible, le Secrétariat a entretenu une correspondance très-suivie et envoyé de nombreuses publications. M. le chanoine du Fougerais a visité vingt-deux diocèses. Remaniement du *Manuel de prières et de cantiques*, propagation du Manuel d'une corporation chrétienne et de l'Œuvre de protection du travail chrétien, Bureaux de Placement chrétien établis à Paris et projetés à Bourges et au Puy, formation d'un comité de jurisconsultes à Paris pour l'examen des projets de loi qui pourraient servir les intérêts de la classe ouvrière, telles sont les œuvres du Bureau Central de l'Union dans l'année qui vient de s'écouler.

Ces intéressants détails sont accueillis par de nombreux applaudissements.

Le R. P. Bailly lit ensuite un rapport sur l'Œuvre de Notre-Dame du Salut qui a obtenu de si beaux résultats depuis sa fondation. L'Œuvre du salut ne demande pas seulement des offrandes, mais elle provoque surtout l'amour des ouvriers et fait appel à la prière. C'est de cet appel à la prière que sont nées ces magnifiques manifestations catholiques, les pèlerinages nationaux. De tous ces pèlerinages le principal est celui des malades pauvres qui, cette année, en conduisait plus de cinq cents aux pieds de Notre-Dame de Lourdes. Les résultats ont dépassé toutes les espérances, plus de cent guérisons complètes et améliorations notables ont été obtenues, et parmi ces miraculés se trouvait une pauvre femme de Chartres. Les applaudissements qui accueillent les dernières paroles du R. P. Bailly lui prouvent que l'Œuvre dont il s'est fait l'apôtre infatigable a toutes les sympathies de l'Assemblée.

M. de Moussac a la parole pour lire le rapport de M. le marquis de Ségur sur le concours des œuvres dramatiques. Les œuvres présentées au concours cette année ont été nombreuses et généralement très-bonnes.

Le prix de Notre-Dame du Salut a dû être partagé entre Louis Brune, drame en prose, et saint Louis, prisonnier en Égypte, drame admirablement versifié. Sur la proposition de M. de Château-Thierry l'Assemblée acclame les lauréats et M. le marquis de Ségur, rapporteur du concours, frère de Mgr de Ségur.

Mgr l'Évêque de Chartres prononce le nom de l'auteur de Louis Brune, M. Hervo de Nantes, déjà couronné par l'Union, et Mgr de Larisse, celui de l'auteur de saint Louis, M. l'abbé Noury, professeur au Petit-Séminaire de Séez.

M. du Roure fait connaître l'état de la caisse du Bureau Central qui est actuellement en déficit de 6,000 fr.

M. de Château-Thierry lit l'ordre du jour des travaux et des cérémonies du lendemain. La messe sera dite à l'heure habituelle par Mgr de Larisse, assisté de son secrétaire et de M. le chanoine Roussillon, de Chartres.

Les membres des Conférences de Saint-Vincent de Paul sont priés de se réunir vendredi à une heure de l'après-midi dans la grande salle du Congrès sous la présidence de M. le comte de Caulaincourt de Lille.

Mgr de Ségur donne ensuite la parole à M. l'abbé Brettes, un des amis les plus zélés des Œuvres ouvrières. Dans un remarquable discours que le Secrétaire se sent incapable d'analyser, M. l'abbé Brettes fait tout d'abord justice, aux applaudissements de l'assemblée, des injures dont certains organes de la révolution ont abreuvé Mgr de Ségur. On a osé écrire, s'écrie-t-il, que le vénéré président de l'Union était un ennemi du peuple et un étranger, mais nous tous connaissons l'amour immense de Mgr de Ségur pour le peuple et pour notre chère France qu'il se tue à refaire. Après avoir déclaré que nous devons nous estimer heureux de la situation qui nous est faite en ce moment, puisque Notre Seigneur Jésus-Christ a dit : « Bienheureux ceux qui souffrent persécution pour la justice, » M. l'abbé Brettes ajoute que les catholiques n'en défendront pas moins leurs droits.

Le Congrès de l'Union en se réunissant est dans son droit, car non-seulement sa réunion est légitime, mais elle est légale. En outre, les catholiques rassemblés ici sont dans le vrai, car leur but est d'enseigner cette vérité indéniable que la société des âmes est supérieure à la société des corps. Enfin ils sont dans le bien, car ils veulent faire des ouvriers créés à l'image de Dieu, de vrais amis de Dieu, et sont prêts à tous les sacrifices pour arriver à ce résultat. Prenons la croix, dit en terminant M. l'abbé Brettes, et avec cette croix nous sauverons le monde.

Ce beau discours est applaudi par l'Assemblée.

Mgr de Ségur remercie M. l'abbé Brettes et demande pour terminer la réunion la bénédiction de NN. SS. l'Évêque de Chartres et l'Archevêque de Larisse.

La séance est levée à dix heures trois quarts.

Le Secrétaire,
Paul OSSUDE,
de Chartres.

QUATRIÈME COMPTE-RENDU

DES TRAVAUX DES DIVERSES COMMISSIONS

Lu à l'Assemblée générale du vendredi soir 13 septembre 1878

MESSEIGNEURS,
MESSIEURS,

Les Commissions du Congrès ont terminé leurs travaux ce matin. Elles étaient moins nombreuses que les jours précédents, mais elles n'ont pas fait pour cela moins bonne besogne.

La Commission de l'Union avait ouvert ses portes aujourd'hui aux jeunes élèves du Grand-Séminaire de Chartres, qui méritaient bien cette faveur pour le touchant empressement avec lequel ils se sont mis à notre service pendant toute la durée du Congrès. On dit que le saint dont on parle est toujours, dans la bouche du panégyriste, le plus grand saint du Paradis. Eh bien, j'en appelle aux anciens. Les commissaires de Chartres ne sont-ils pas les plus charmants et les plus dévoués de tous nos Congrès. Et ceci, remarquez-le bien, mes jeunes amis, je le dis non pas seulement du bout des lèvres, mais du fond du cœur, je n'ai pas le droit, quoique un peu gascon, de dire ici ce que je ne pense pas.

Il a été longuement question de l'établissement de ces petites Conférences dans les Grands-Séminaires; on en a dit l'utilité, les avantages, les développements; et celle du Grand-Séminaire de Séez peut servir de modèle à toutes les autres.

Cette institution, à laquelle sont favorables ces Messieurs de Saint-Sulpice, de Saint-Lazare et les RR. PP. Jésuites, mais surtout NN. SS. les Évêques sans exception, doit donner aux Bureaux diocésains et aux Œuvres ouvrières l'espoir d'une extension merveilleuse.

La première Commission nous annonce enfin comme bouquet de ses réunions :

1° Que le Bureau Central publiera immédiatement le compte-rendu du Congrès de Chartres ;

2° Qu'il fera imprimer cet hiver un annuaire complet des OEuvres catholiques ouvrières ;

3° Enfin que le Congrès de 1879, sauf obstacles, se réunira à Angers, où S. G. Mgr Freppel nous offre une hospitalité qui pourra être splendide, mais qui ne saurait être plus affectueuse et plus paternelle que celle dont nous sommes encore en jouissance à Chartres.

La deuxième Commission a pris hier soir ses vacances ; je n'ai donc rien à vous en dire.

Mais la troisième et la quatrième ont fait du travail, chacune pour deux au moins.

J'ai passé dans la troisième une partie de la matinée ; quel intérêt offrent toutes les questions qui y ont été traitées. Ces questions sont à peu près toutes résumées dans des vœux qui vont être soumis à votre sanction ; je pourrais donc, Messieurs, ne pas vous en parler.

Permettez-moi cependant de vous signaler en peu de mots que la Commission a adopté avec enthousiasme l'idée d'un Congrès spécial où l'on s'occupera du repos du dimanche, surtout dans la grande industrie.

Que je vous dise aussi qu'il s'est fondé un institut de religieuses, connu sous le nom de Sœurs de Sainte-Philomène, ayant pour objet unique la surveillance et l'exercice des fonctions de contre-maîtresses dans les usines. On a démontré l'utilité et même la nécessité d'une institution de ce genre ; mais en présence de l'immense besoin qu'ont les directeurs d'usines, d'avoir des religieuses pour la moralisation des ouvrières, la Commission vous supplie, Messieurs, d'aider les vocations religieuses dans ce but et souhaite ardemment que toutes les communautés religieuses de femmes aient des sujets à donner aux chefs d'industrie qui leur en demanderont.

Je n'ai pu faire qu'une apparition à la quatrième Commission ; mais j'ai reçu d'un de ses secrétaires, M. l'abbé Deflotrières, dont je voudrais que tout le monde vît et lût les procès-verbaux, un compte-rendu complet de la réunion de ce matin ; il s'y est fait un travail considérable.

Le R. P. Delorme a lu sa monographie du Patronage Saint-Thomas d'Aquin du Hâvre... Le R. Père est d'avis que, lorsque nous nous occupons de nos Œuvres, il ne faut pas trop nous encenser mutuellement ; *laissons, dit-il, l'encensoir pour l'autel*... il est certain qu'il y a des coups d'encensoir qui cassent le nez et qui aveuglent quelquefois. Le Patronage du Hâvre est une œuvre modèle... mais pas de compliments... Il est vrai que le P. Delorme n'y est pour rien ; ce sont les autres qui font tout ! *Deo gratias !*

Il existe à Paris une Œuvre de ramoneurs dont M. le comte Affre de Saint-Rome donne la monographie. Ces bons petits, pas propres du tout à l'extérieur, ont grand besoin qu'on leur fasse la toilette de l'âme.

Beaucoup d'hommes de dévouement, et en particulier Mgr de Ségur, se sont occupés de cette Œuvre qui remonte à l'abbé de Pontbriant et à l'abbé de Fénelon au XVIIIe siècle. Après bien des vicissitudes de tout genre, l'Œuvre vit aujourd'hui et patronne environ trois cents ramoneurs.

La santé de l'âme de nos ouvriers doit fixer avant tout notre attention, mais M. le docteur Descieux regarde comme un devoir d'état de donner aux Directeurs d'Œuvres des conseils sur l'hygiène, en faveur de la jeunesse catholique... C'est que M. Descieux estime la santé morale comme condition indispensable de la santé physique... Bravo...

Toujours dans la quatrième Commission.

L'Apostolat de la Prière se présente au Congrès et demande des correspondants; son siége est à Toulouse, Messieurs. Pour ce motif, qu'il me soit permis de vous recommander cette grande Association de prières et de bonnes œuvres.

Les avantages d'une Maison de famille pour les jeunes ouvrières sont ensuite présentés avec un grand intérêt et un grand charme de paroles par M. l'abbé Marbeau, de Paris. Que le bon Dieu bénisse cette excellente Œuvre et qu'elle trouve grand nombre d'imitateurs !

Mais que l'on n'oublie pas les hôtelleries ou maisons de famille pour les ouvriers (ceci est une note particulière du Secrétaire, qui est fanatique de cette Œuvre, comme M. Maignen des corporations).

Le rapport du R. P. Callixte ne peut être lu en entier, faute de temps ; le bon Père annonce qu'il va travailler à un manuel des devoirs de la femme d'ouvrier... Quelle bonne pensée !

M. le Président de la Commission, en y applaudissant des deux mains, a fait de charmants adieux à la Commission ; il regrette de se séparer de frères si bons et si sympathiques.

Je vous disais tout à l'heure, Messieurs, que M. l'abbé Le Boucher avait fait, en clôturant la séance du matin, aujourd'hui, de charmants adieux.

Votre Secrétaire a terminé sa tâche ; il faut donc que lui aussi vous dise adieu ! Puisse-t-il en toute vérité vous dire : Au revoir !

Mais avant de lui fermer définitivement la bouche à Chartres, permettez-lui de vous remercier de la joyeuse et toute aimable sympathie avec laquelle vous avez bien voulu écouter ses comptes-rendus journaliers. Son unique satisfaction et toute la récompense de sa bonne volonté qu'il vous affirme être inébranlable, c'est de penser qu'une fois de plus il a pu servir l'Union des Associations catholiques ouvrières et par conséquent les intérêts sacrés de l'Église et de la France. Merci donc, Messieurs, et à revoir !

M. TOURNAMILLE,
Chan. hon., Directeur du Cercle Saint-Cyprien, à Toulouse.

ŒUVRE DE SAINT-MICHEL ET SAINT-RÉMI

RAPPORT GÉNÉRAL SUR LES DEVOIRS DES RICHES

MESSEIGNEURS,
MESSIEURS,

I

L'année dernière, le Congrès du Puy accueillit favorablement la proposition qui fut faite, dans la troisième Commission, d'étudier et d'appliquer le plus possible les devoirs qu'impose aux catholiques la possession de la richesse.

Peu de temps après, l'Œuvre de Saint-Michel et de Saint-Rémi était fondée dans ce but, et un premier groupe, formé à Paris, sous le nom de Société de propriétaires, entreprit l'examen pratique des charges sociales de la propriété et ses responsabilités.

Depuis lors, cette question a été mise à l'ordre du jour de plusieurs assemblées catholiques. Celle de Lille à la fin de l'an dernier, les Comités d'Orléans et de Blois, celui de Chartres ainsi que plusieurs autres, se sont occupés de l'Œuvre de Saint-Michel et de Saint-Rémi. Ils ont reconnu la nécessité pour les catholiques de pratiquer le patronage qui résulte du rang social.

L'Œuvre des Cercles catholiques d'ouvriers s'est aussi emparée de ce grave sujet, qu'elle examine à son point de vue, particulièrement dans les campagnes; enfin, la dernière assemblée de catholiques, réunie à Paris, a recommandé l'Œuvre de Saint-Michel et Saint-Rémi aux personnes qui se préoccupaient des questions sociales.

Nous sommes donc très-encouragés par l'accueil qui nous est fait de toutes parts, et nous y voyons une preuve de la nécessité d'approfondir davantage notre sujet. C'est dans cette pensée que nous avons l'honneur de vous présenter aujourd'hui ce rapport.

II

On a dit avec raison, Messieurs, qu'une société civilisée a la religion pour base, la famille pour type, et la propriété pour lien hiérarchique.

Or, vous le savez, la religion catholique n'est plus officiellement, depuis 1789, la base de la société française. Toute l'organisation sociale moderne prétend s'en passer : la municipalité s'est substituée à la paroisse, le bureau de bienfaisance a pris la place de la charité. En France, c'est un luxe d'être chrétien.

La famille, sans lien depuis l'abolition de la religion d'État, a été décapitée par la déclaration des droits de l'homme, et les tyrannies du code civile contre le testament l'empêchent de renaître de ses cendres. L'État prend la place du père, qui demain n'aura pas même à veiller sur l'éducation de ses enfants.

Quant à la propriété, elle n'est plus guère qu'un fantôme, un nom sans réalité, et chaque jour nous rapproche de son anéantissement au profit de l'État.

La logique des faits imposera un jour à la société française ces conséquences, à savoir : qu'on n'aura plus la permission d'être catholique; le père de famille sera simplement le reproducteur de l'espèce; et l'homme devenu propriétaire aura travaillé, produit et économisé à titre d'esclave de l'État, pour le compte de l'État.

Il est à espérer cependant que Dieu ne nous laissera pas tomber dans cette barbarie, mais nous aurions tort de nous illusionner : nous penchons de plus en plus vers l'abîme, malgré toutes nos œuvres, tout notre dévouement, tous nos sacrifices.

Que faire dans cette effrayante situation?

Faut-il aspirer vaguement après le rétablissement d'un ordre de choses passé qui ne doit pas être rétabli? Faut-il chercher un accommodement avec la Révolution dans ce libéralisme condamné par l'Église catholique et le sens commun? Faut-il enfin baisser la tête, et attendre lâchement le coup de grâce?

Il nous a semblé, Messieurs, que nous avions mieux à faire. En même temps que nous travaillons au rétablissement du patronage chrétien dans la famille, dans l'usine, dans l'atelier, dans le voisinage, en un mot : au rétablissement du patronage domestique, nous essayons d'aller plus loin : nous croyons nécessaire d'arriver à revendiquer le patronage civil, celui qui s'exerce dans la société même, telle que la Providence l'a constituée.

La suite de ce rapport va vous montrer ce qui nous y conduit, et dans quelle mesure nous souhaitons que les catholiques y parviennent le plus promptement possible.

Pour mettre la société en l'état de dissolution où nous la voyons, la Révolution a d'abord attaqué la religion, puis la famille, et enfin la propriété. Et cela se conçoit, car l'homme est plus attaché généralement à sa famille qu'à sa religion, et ses intérêts personnels l'occupent plus encore que ceux de sa famille.

Le paganisme, remis en grand honneur dans les sciences et les arts, pénétra bien vite dans les coutumes, et, sous le nom de philosophie, la Révolution attaqua ainsi nos institutions traditionnelles.

Quand les idées furent bouleversées, pour détruire complètement chez les Français le respect de la religion catholique, on rompit l'équilibre entre les charges sociales du clergé et ses droits. Le clergé sur qui l'État reposait véritablement, se trouva peu à peu sans devoirs officiels dans la société civile, car les pouvoirs centraux s'en chargeaient. Sous ce régime les abus se multiplièrent rapidement, et il ne parut que juste d'abolir les priviléges du clergé; rouage déclaré inutile dans la société, on le relégua dans les sacristies à l'usage des femmes sensibles et des esprits faibles.

Pour la famille le procédé fut le même. Le luxe effréné de la cour désagrégea les membres des principales familles, qui se firent trop facilement imiter par la ville et la province. Après avoir été confiés à des laquais, les enfants furent pris aux parents pour le service de l'État. Les priviléges des pères, des aînés apparurent enfin comme d'immenses abus, puisqu'on venait de faire cette belle découverte que tous les hommes doivent être socialement égaux, et qu'ils ont bien plutôt des droits à faire valoir que des devoirs à accomplir. C'est ainsi que la ruine de la famille en France fut votée avec enthousiasme par d'excellents pères; le partage forcé trouva des apologistes chrétiens; il a encore parmi nous de chauds défenseurs.

Le dernier lien de la société fut dissous de la même manière. La propriété territoriale avait de grandes charges, des responsabilités très-lourdes. Les pouvoirs centraux l'en dégrévèrent. Dès lors les exemptions d'impôts et de juridiction devinrent une criante injustice, et l'on vit les privilégiés eux-mêmes en faire, comme l'on disait avec emphase, le sacrifice volontaire sur l'autel de la patrie.

L'égalité de tous les citoyens fut décrétée aux applaudissements de tous. Mais le remède fut bien pire que le mal. Sous prétexte d'égalité on ne fit qu'augmenter une injustice déjà monstrueuse : les incapables et les impuissants se trouvèrent hissés à un niveau social où ils ne peuvent pas se soutenir; les capables et les puissants continuèrent à jouir d'une grande partie de leurs priviléges anciens, et plus nous allons, moins il leur est permis d'exercer les charges sociales dont leurs droits ne devraient être que la compensation.

L'homme riche a tous les droits, et il n'a aucun devoir. Il prime, et n'a pas la responsabilité du gouvernement. La richesse paraît donc être le bonheur suprême. Il est naturel alors qu'elle soit l'unique objectif de toutes les convoitises, chacun en veut une grande part, une plus grande part que les autres. De là le désordre social.

En somme, la Révolution a trouvé des auxiliaires, même parmi ses ennemis, en rompant la proportion entre les charges sociales et les droits correspondants. Elle a fait naître une grave injustice, et sous prétexte d'y porter remède, elle a détruit tout l'ordre social chrétien.

Voilà pourquoi, Messieurs, il nous paraît logique, si nous voulons travailler au rétablissement de cet ordre chrétien, de porter nos efforts sur ce point particulier qui est le rétablissement de l'équilibre proportionnel des devoirs et des droits, des charges et des priviléges. Et comme il est plus facile, en ce temps de faiblesse morale, d'intéresser la masse des catholiques aux questions touchant la propriété qu'à ce qui regarde la famille et la religion, nous trouvions opportun, en même temps que nos efforts se portent sur les questions touchant le patronage domestique, d'étudier ce qui regarde le patronage civil, et de prendre simultanément la défense des intérêts de la propriété, de la famille et de la religion.

III

Nous l'avons dit : la propriété est dans l'ordre social chrétien quand le propriétaire n'apparaît pas comme un privilégié de la fortune, mais lorsque ses jouissances ne sont visiblement que la compensation de ses charges.

S'il en est autrement, le prétendu bonheur du propriétaire semble trop enviable à ceux qui n'en peuvent pas jouir, et naturellement toutes leurs aspirations tendent à se procurer des satisfactions exemptes de peines. De là cette guerre entre le capital et le prolétariat, entre ceux qui doivent commander et ceux qui doivent obéir.

La loi est générale, et s'applique à tous les degrés. Faites que le rang soit une charge, et vous avez l'ordre. Faites-en au contraire un privilége sans obligation et le désordre est inévitable.

La responsabilité du Pape, celle des Évêques sont évidentes aux yeux de tous les fidèles ; aussi personne dans l'Église ne trouve injuste les honneurs qui leur sont rendus.

Le soldat se fait gloire de présenter les armes à son général. C'est que si l'épaulette étoilée lui fait envie, il sait, à n'en pas douter, combien elle est lourde à porter.

Et l'ouvrier, Messieurs, se révolte-t-il quand son patron, loin de le traiter comme une simple machine productive, le considère comme un fils dont il est obligé, lui patron, de protéger les intérêts spirituels et temporels?

Voit-on enfin le paysan refuser foi, hommage et travail au propriétaire qui a pour lui les condescendances du père de famille pour les siens?

Il y a là une disposition toute providentielle : L'inférieur résiste, même de nos jours, aux provocations révolutionnaires ; il se montre reconnaissant envers le supérieur qui comprend sa responsabilité.

Mais, Messieurs, combien est rude la tâche du supérieur !

Demandez aux maîtres dans cette science merveilleuse. Que d'abnégation, de zèle, de sacrifice il faut à celui-ci pour remplir ses devoirs de patronage dans son usine ; à celui-là pour agir de même dans ses domaines agricoles ; à d'autres dans leurs propriétés à Paris !

Ces hommes de Dieu réagissent contre le privilége inique de la jouissance sans obligation ; ils assument ainsi volontairement ces charges pour être rendus dignes des droits qu'ils possèdent. C'est à force de travail que ces modèles chrétiens réagissent contre la nature corrompue, et les lois révolutionnaires fortes pour la corrompre encore davantage. Ils sont des martyrs de la vérité et du devoir social.

De tels exemples doivent nous éclairer, mais nous aurions tort de croire qu'ils peuvent se généraliser. Tous les propriétaires chrétiens ne sont pas des héros, et il importe de compter avec la nature humaine et ses faiblesses. Pour réformer une société des modèles sont indispensables, et grâce à Dieu, nous les avons ; mais la généralité des hommes a besoin d'être aidée dans l'exercice de ses devoirs par une règle applicable à tous.

Or, cette règle manque absolument aux propriétaires chrétiens en France, parce qu'il n'y a pas équilibre entre leurs droits et leurs obligations sociales.

Ceci nous amène donc à formuler cette première conclusion, à savoir, que les riches sont en jouissance d'un privilége antisocial, dont il est de notre devoir de réclamer l'abolition.

Voici maintenant le moyen que nous proposerions d'étudier pour arriver progressivement à ce résultat nécessaire.

IV

La propriété est la forme de la richesse : elle est mobilière ou immobilière.

La propriété mobilière, créances, marchandises, meubles de toute sorte, n'est guère, par elle-même, chargée d'une responsabilité spéciale. L'homme qui la possède n'a pas, de ce chef, une charge sociale. S'il emploie des ouvriers, ceux-ci sont à son égard des domestiques, des membres inférieurs de la famille auxquels il doit aide et protection. Ayez vingt domestiques, cent employés, ou cinq cents ouvriers, à l'égard de tout ce personnel, vos devoirs ont le caractère de ceux de la famille. Le patronage que vous exercez est le patronage domestique.

La propriété immobilière, au contraire, fixe les intérêts dans une localité déterminée, et, dans le mesure de son importance, elle impose à son possesseur des devoirs sociaux également déterminés.

Il est évident, par exemple, que le propriétaire d'une maison dans une ville est obligé par conscience et par intérêt de prendre part aux affaires communes de cette ville. Un propriétaire de ferme a le devoir de patronner non-seulement son fermier, mais aussi la commune où il a des intérêts, et d'où il tire des revenus.

C'est le patronage civil, de même nature que le patronage domestique, mais dont l'action s'exerce en dehors de la famille, dans la commune et pour ses intérêts.

Or, cette intervention naturelle du propriétaire dans les affaires locales ne peut s'exercer aujourd'hui que d'une manière vague et souvent infructueuse. La lutte est abandonnée sur ce point par la plupart des chrétiens. Quelques hommes, exceptionnellement zélés, tiennent encore bon, mais ce n'est que l'exception, et presque tous ceux que nous avons interrogés nous ont répondu : « Nous sommes désarmés contre les influences mauvaises qui nous envahissent de plus en plus. »

La cause de ce désordre a déjà été signalée : sans devoirs officiels correspondant à ses droits, le propriétaire foncier est un objet de jalousie et de haine pour les paysans et les ouvriers dont d'habiles meneurs exploitent les passions mauvaises. L'inférieur social saisit

12.

avec joie, comme pour sa vengeance, toutes les occasions de déplaire ou de nuire à son supérieur, et le propriétaire est ainsi presque réduit à l'impuissance.

Est-ce le riche qui souffre principalement de cette guerre? Non, car jusqu'à présent il reste en possession de ses jouissances. Il se retranche, il évite tout rapport avec ceux qu'il devrait patronner, et ces malheureux abandonnés à eux-mêmes deviennent la proie des charlatans qui les ont exploités.

Cet état de choses est une véritable anarchie qui ne peut durer beaucoup. La propriété foncière devra disparaître pour un temps dans le désordre, ou bien ses devoirs sociaux lui seront rendus.

Il nous semble donc indispensable que les catholiques français revendiquent pour la propriété foncière les obligations qui correspondent à ses jouissances. C'est pour eux une œuvre de justice à accomplir.

Et remarquez-le, Messieurs, s'il est nécessaire pour un pays d'avoir une aristocratie, rien n'est plus conforme à l'ordre providentiel qu'elle soit fondée sur la propriété foncière. Dans cette aristocratie, en effet, tous peuvent entrer par le travail, l'épargne et la pratique des vertus chrétiennes, et c'est aussi par ces moyens, par ces moyens seuls qu'elle peut se soutenir et prospérer.

L'ancienne aristocratie française n'était plus bonne à rien pour le peuple qu'elle avait oublié. Ne gouvernant plus, elle a dû disparaître.

De nos jours un propriétaire foncier n'est qu'un particulier, un bourgeois qui vit sur ses revenus; ses intérêts ne sont plus ceux de la commune qui le traite dès lors en ennemi. Il disparaîtra donc s'il ne gouverne pas.

Voilà pourquoi la justice semble exiger qu'un rôle social proportionnel soit reconnu officiellement aux propriétaires fonciers, et en d'autres termes que les imposés dans une commune y deviennent responsables.

On sait en quel état la Révolution a réduit nos communes, et les faits quotidiens accentuent le désordre. La réforme est préparée par l'intensité même du mal, et comme catholiques nous voudrions réclamer l'honneur d'être à la tête de ce mouvement civilisateur.

Deux questions se posent donc ici d'elles-mêmes :

1° Pour représenter les vrais intérêts de la commune les plus imposés devraient-ils former le conseil municipal?

2° Pour les mêmes motifs le vote du budget municipal devrait-il être l'œuvre de tous les propriétaires représentés dans une assemblée au prorata de leurs impositions foncières dans la commune?

Nous posons ces questions, Messieurs, mais nous ne prétendons pas les résoudre d'avance, nous serions seulement heureux de provoquer ainsi l'étude des devoirs et des droits civils attachés à la propriété chrétienne.

La brièveté que doit avoir ce rapport, et le caractère purement théorique que nous tenons à lui conserver ne nous permettent pas de développer ici les grands avantages qu'une organisation naturelle du patronage civil nous paraîtraient donner aux différentes classes de la société.

Nous attirons seulement votre attention sur ce sujet.

Pour l'ouvrier économe, en particulier, et pour le petit patron, le fait d'être propriétaire dans une commune les ferait sortir de la foule. Ils ne se verraient plus confondus avec le nomade sans feu ni lieu, et après avoir participé par représentant ou directement au vote du budget local, à mesure qu'ils augmenteraient leurs propriétés dans la commune, leur rôle croîtrait en importance, jusqu'à leur valoir peut-être un jour le rang de conseillers municipaux.

Au point de vue de l'antagonisme social, quelle utilité n'y aurait-il pas de voir les charges s'augmenter avec les richesses, les responsabilités correspondre aux honneurs!

Enfin, le propriétaire obligé de prendre part aux affaires du pays, obligé d'y résider davantage ou de s'y faire représenter dignement, cesserait d'être en butte à la jalousie haineuse de ses inférieurs, et se trouverait plus en mesure de les patronner selon son devoir uni à son intérêt.

En résumé, Messieurs, la société française se dissout parce que la religion catholique n'est plus la religion du pays, parce que la famille n'y est pas libre, parce que la propriété sans charges sociales y constitue un privilège.

Tout en revendiquant avec énergie les droits de l'Église et ceux de la famille, et pour obtenir que justice leur soit faite, nous appelons votre attention sur le rôle du propriétaire foncier.

Afin de détruire le privilège qui le paralyse et le condamne, nous voudrions que ses charges dans la commune devinssent proportionnelles à ses droits.

S'il est à l'honneur, il doit être au péril; il a la jouissance, il doit avoir la charge.

Nous croyons que le patronage domestique avec ses extensions a besoin d'être appuyé sur le patronage civil, car nous voyons chaque jour les administrations locales ruiner d'un trait de plume toute l'œuvre de longs et pénibles efforts.

Ces administrations, en effet, sont actuellement dirigées dans un sens opposé au patronage chrétien. Pour les y ramener nous nous demandons si le moyen le plus efficace ne serait pas de rendre responsables dans les communes ceux qui y jouissent des plus grands priviléges.

De cette manière l'intérêt viendrait aider à l'accomplissement du devoir, et le patronage domestique, dégagé de ses entraves, cesserait d'être une exception même parmi les catholiques.

Nous osons en conséquence, Messieurs, soumettre à votre approbation le vœu suivant :

« Considérant que le patronage chrétien pour être généralisé d'une manière efficace, doit s'étendre à la société civile, le Congrès recommande aux catholiques l'étude des moyens les plus capables d'obtenir la réforme chrétienne des administrations communales. »

Comte GASTON YVERT.

RAPPORT GÉNÉRAL SUR LE PRIX DOUDEAUVILLE

MESSEIGNEURS,
MESSIEURS,

A la suite du Congrès du Puy, M. le duc de Larochefoucault-Doudeauville, obéissant à des habitudes généreuses qui sont traditionnelles dans sa famille, offrait au Bureau de l'Union des Œuvres ouvrières, une somme de cinq cents francs, comme prix d'un concours sur une question intéressant le monde des travailleurs.

Le Bureau, après mûre réflexion, pensa que la thèse la plus palpitante d'intérêt était la suivante :

De la permanence des engagements dans le monde du travail.

Les auteurs qui voulaient concourir, devaient déposer leur manuscrit au plus tard le dernier jour de juillet 1878 au Secrétariat de l'*Union*, et il était bien spécifié que ce concours étant ouvert précisément pour répondre à des besoins publics, l'auteur couronné ne devait recevoir le prix qui lui aurait été décerné qu'après avoir fait imprimer son manuscrit.

De plus, le Bureau redoutant que le titre du sujet proposé ne produisît pas une impression suffisante sur les esprits, l'avait fait suivre de quelques explications.

Messieurs, nous le disons avec un profond sentiment de tristesse, dans la grande armée des classes dirigeantes que l'émeute épouvante et que les grèves font rêver, il s'est trouvé en France deux hommes, deux seulement qui ont consenti à concourir, c'est-à-dire à s'occuper d'une thèse palpitante d'intérêt pour le monde des travailleurs. Et pourtant il y a tant de plumes frivoles, tant de journalistes prétentieux, tant d'économistes malsains !

En attendant que notre génération penchée sur le barême, ou affriandée par le *Figaro*, consente à étudier le problème le plus redoutable des temps modernes, voyons ce que valent ces deux manuscrits.

Le premier, que nous désignerons par le numéro un, porte l'épigraphe suivante tirée du livre des Proverbes :

« *Benedictio Domini divites facit, nec sociabitur eis afflictio.* »

Avant d'aborder l'examen des deux mémoires, qu'on veuille bien nous permettre quelques observations sommaires.

Dans cet immense travail entrepris par les catholiques pour la régénération de la classe ouvrière, nous entendons sans cesse prononcer les mots de paternité sociale, de protection du travail chrétien, de charité et de sacrifice. Mais il est un mot très-usité autrefois et qui tombe de plus en plus en désuétude. Ce mot, je voudrais le remettre en honneur, parce qu'il résume fort bien tous les autres. C'est le mot de pratique. Jadis les travailleurs se montraient des patrons chrétiens, en ayant à la fois la pratique de la charité et la pratique du métier. Ils méritaient aussi de trouver des pratiques, c'est-à-dire qu'ils étaient connus autrement que par la réclame. Ces gens honnêtes et honorables connaissaient pratiquemènt les mérites des travailleurs, et il y avait entr'eux *une véritable permanence* d'engagements tacites, formés par l'estime et l'affection. Cette permanence des pratiques amenait la permanence d'engagements entre les patrons et les ouvriers.

De nos jours, on n'a plus de pratiques, mais des clients ; c'est-à-dire qu'on a des gens naïfs qui viennent se faire tondre. Ils s'en aperçoivent souvent, et vont se faire tondre ailleurs, heureux quand ils ne sont pas écorchés tout vifs ! Cette instabilité n'est pas pour peu de chose dans l'instabilité de l'atelier. Car tous les patrons ont besoin de *pratiques*, même les grands industriels. Il faudrait donc que le gouvernement, prêtant une attention sérieuse aux généreux efforts que font certains patrons de la grande industrie pour assurer le bonheur de leurs ouvriers, témoignât pratiquement son estime à ces patrons en les couvrant d'une protection qui est un devoir strict, alors la permanence des engagements ne courrait plus aucun danger. Alors les usines chrétiennes ne seraient plus sous le coup de la concurrence effrénée combinée avec le laisser-passer. Souhaitons que les Harmel, les de Lafarge, présents et futurs, obtiennent bientôt la pratique du gouvernement, c'est-à-dire la protection qui fait partie de ses devoirs, et, pour hâter ce moment, que les catholiques n'hésitent pas à cesser d'être des clients de n'importe qui, mais deviennent les pratiques des travailleurs chrétiens !

C'est ce qu'à parfaitement compris l'auteur du Mémoire numéro un ; aussi ce n'est pas sans raison qu'il s'est écrié à la fin de sa préface : « Le catholicisme, c'est le salut ! »

Si l'Église catholique dicte aux patrons tous les devoirs auxquels ils sont strictement astreints, et aux ouvriers les lois divines qui dominent leurs droits, il est manifeste que la solution de la question ouvrière, que le monde officiel se déclare incapable de résoudre, ne pourra se rencontrer que dans une organisation dictée par l'Église catholique, sinon dans tous ses détails, au moins dans son plan d'ensemble.

Nous voilà arrivé à la corporation chrétienne, et c'est en effet l'idéal de l'auteur du Mémoire numéro un.

Grâce à l'épanouissement de cette organisation, la permanence des engagements subsistera, parce que les deux principes, je devrais dire les deux vertus qui doivent donner toute l'économie politique et sociale, sont sévèrement pratiquées, savoir : la charité chez les patrons, et le respect de l'autorité chez l'ouvrier.

Entendons-nous bien et répétons-le avec l'écrivain que nous analysons, il s'agit ici uniquement de la corporation ouverte, et non de celle que Turgot aurait dû réformer et non supprimer. Cette dernière a rempli sa mission et cette mission n'est plus possible à l'heure présente, à cause des nouvelles conditions économiques du travail. Voilà pourquoi l'Œuvre des Cercles catholiques d'ouvriers, avec une perspicacité admirable, a eu la première pensée d'inaugurer les corporations ouvertes. C'est là un point que nous ne devons jamais perdre de vue.

La corporation, dit l'auteur du Mémoire, laisse à l'homme sa liberté, mais elle lui en interdit l'abus ; elle le fait paisible et calme sous sa tutelle, elle l'éclaire, elle le dirige dans ses voies, elle le protège et le défend dans son travail.

Nous ne chercherons pas à analyser ce Mémoire, de plus de cent pages petit in-8°, d'une écriture fine ; nous n'en avons pas le temps. Mais maintenant, nous dirons quelques mots sur les qualités extrinsèques de ce travail.

Non content d'enchaîner ses idées avec une logique indiscutable, l'auteur (et nous l'en félicitons) s'est inspiré des témoignages les plus respectables qui donnent une singulière autorité à ses paroles. C'est ainsi que nous voyons invoqué d'abord l'Écriture sainte, ensuite les jugements de l'auguste et regretté Pie IX, de Balmès, de Donoso Cortès, du Père Marquigny, etc. La forme est parfois piquante, les démonstrations toujours claires et parfaitement saisissables ; le style, constamment pur, s'élève parfois à une certaine éloquence qui impressionne en pareille matière. Enfin, au milieu de ces dissertations sur des sujets si délicats, nous n'avons surpris aucune défaillance.

C'est pourquoi le jury du concours Doudeauville a pensé que le Mémoire numéro un pouvait affronter sans crainte l'impression, et que sa lecture produirait d'heureux résultats sur l'esprit des patrons et des ouvriers. En conséquence il lui a décerné le prix. Toutefois l'auteur de ce Mémoire n'a pas atteint, tant s'en faut, la perfection. C'est là une œuvre estimable, mais non point une œuvre de maître. L'auteur aurait pu planer dans des régions plus élevées, et tracer d'une main plus ferme les grands principes de l'économie chrétienne. Peut-être s'est-il trop avancé, en considé-

rant d'une manière absolue *la participation aux bénéfices* comme
favorable à l'union des ouvriers et des patrons, et par conséquent
à la permanence des engagements. Car, nous connaissons des usiniers profondément chrétiens qui considèrent cette question comme
fort délicate, comme un théorème d'équilibre dans lequel il paraît
difficile de concilier la charité que le patron doit exercer vis-à-vis
de ses ouvriers, avec le respect que l'ouvrier doit toujours avoir
vis-à-vis de son patron.

Quant au manuscrit que nous appelerons le manuscrit numéro
deux, ce n'est plus un travail lentement médité, fortement coor-
donné, et suivant de point en point le programme indiqué. Ce sont
des têtes de chapitre, traitant de très-haut la question économique
et la résumant dans des considérations beaucoup trop succintes.
Pour prouver l'exactitude de ce jugement, qu'on veuille bien nous
permettre d'énumérer les titres de ces divisions :

L'Évangile, la Bible, les Actes des Apôtres ;
La question sociale au IVe siècle, les Pères de l'Église ;
La Papauté, Pie IX et Léon XIII, et la question sociale ;
Les Universités catholiques et la question sociale ;
L'enseignement de la science à Paris, Lyon, Toulouse, Angers ;
Les Œuvres ouvrières et la question sociale ;
Bref de Pie IX à Mgr de Ségur et au Bureau de l'Union ;
La Presse catholique et les menus problèmes.

CONCLUSION

La solution théorique par l'enseignement supérieur ;
La solution dans le monde du travail ;
MM. Harmel, André Mame, le P. Ludovic, Joubert, etc.

Comme vous le voyez, Messieurs, c'est là une table de matières
très-alléchante ; malheureusement le fond du mémoire ne répond
pas à ce qu'il promet. Il n'a pas été assez médité.

Très-certainement l'auteur a composé une magnifique table de
matières suivie de considérations qui décèlent une intelligence très-
élevée et une érudition peu commune ; mais à force de planer
dans les régions supérieures, il a oublié les simples mortels qui ne
sont pas de force à terminer les chapitres. En d'autres termes,
l'écrivain a peut-être trop perdu de vue que notre pauvre société

est encore travaillée par cette maladie étrange que Mgr de Poitiers a flétri du nom de *Morbus comitialis* et que nous nommerons le libéralisme social et incorrigible.

Quoi qu'il en soit, un dernier motif pour ne pas donner le prix au Mémoire numéro deux, c'est qu'il considère le rétablissement de la corporation chrétienne comme impuissant à réformer la société ouvrière, ce qui est contraire aux données du programme proposé.

J'ai fini, Messieurs, il ne me reste plus qu'à adresser des reproches incisifs au Bureau Central de l'Union, qui a choisi pour faire le rapport le juge le moins compétent et le plus inexpérimenté.

Vte Gabriel de CHAULNES, d'Orléans.

ALLOCUTION DE M. LE CHANOINE SCHORDERET

DIRECTEUR DE L'ŒUVRE DE SAINT-PAUL, A PARIS

SUR L'ORGANISATION DE LA BONNE PRESSE

MESSEIGNEURS,

MESSIEURS,

Ce n'est pas sans une profonde et vive émotion que je parais devant cet auditoire d'élite pour lui parler d'une petite œuvre; mais je le fais avec bonheur, parce que je viens la faire connaître et demander pour elle des sympathies et des auxiliaires. Nous travaillons, Messieurs, à la restauration du règne de Jésus-Christ; c'est le but des Œuvres catholiques, c'est le but de la grande Œuvre de l'Union.

Toutes les Commissions, tous les travaux de ce Congrès chantent cette résurrection du règne social de Jésus-Christ; il manque une note à cette grande harmonie, Messieurs, c'est la note de la Presse. Les ouvriers ont trouvé leur apôtre dans M. le comte A. de Mun et dans les hommes éminents qui se sont groupés autour de lui. Pour la moralisation des usines, d'autres apôtres se sont rencontrés, entr'autres MM. Harmel et de Lafarge. Les industries de métiers ont eu leur apôtre dans la personne du R. P. Ludovic, qui a quelque chose de la flamme de saint François d'Assise. — Les PP. Jésuites voient couronner leur œuvre par la fondation des Universités catholiques, et saint Ignace, et le P. Canisius les bénissent du haut du ciel. Toutes les œuvres ont donc leurs apôtres ; et la Presse, qui est la grande puissance de nos temps, n'est pas assez comprise, c'est une mendiante sur le chemin qui va de la terre au ciel ; elle est blessée, et cette Presse n'est pas soutenue comme elle devrait l'être. Elle a pourtant ses apôtres, je dirai presque ses martyrs : saluons ces hommes qui sont tombés sous le feu de la Commune de Paris pour rester fidèles à la vérité, et qui versèrent généreusement leur sang pour la défense de la Presse catholique, pour la restauration du règne de Jésus-Christ. (*Applaudissements prolongés.*)

Voilà le but de l'Œuvre de Saint-Paul tel que l'a défini le Bref de Pie IX ; et, comme nous l'avons dit, le Saint-Père nous a donné sa bénédiction et ce sera notre force contre les attaques des adversaires qui se lèvent principalement contre ceux qui marchent sur ce terrain brûlant de la Presse, parce que c'est là qu'est la lutte, là est le vrai terrain où à l'heure présente se livre un duel à mort entre Jésus-Christ et l'erreur.

Dans une longue audience, Léon XIII a étudié l'Œuvre de Saint-Paul, et il y a quelques jours, lorsque j'étais à ses pieds, recevant ses paroles et sa bénédiction avec amour, il me parlait de prudence. — Ah ! répondis-je au Saint-Père, ce que nous voulons, c'est mourir pour Jésus-Christ, et l'Œuvre de Saint-Paul, petite-fille de saint François de Sales, a pour mission de se mettre au service des écrivains et des journaux catholiques pour les élever à la dignité de l'apostolat.

Je n'ai plus qu'une pensée. Jésus-Christ a visité la France à Paray-le-Monial ; la France y a répondu, la Salette et Lourdes à leur tour lui ont répondu. A Jésus encore de nous rendre visite en portant la vérité par le moyen universel, permanent, puissant de la Presse catholique, au moyen d'agences de publicité catholiques. Bénie par le Pape, bénie par nos Évêques, la Presse sera la trompelle puissante qui portera au loin les vérités éternelles, les vérités du monde surnaturel, et au prix des plus héroïques sacrifices.

Puisse Dieu, avec Notre-Dame de Chartres, accorder à la Presse catholique des apôtres comme M. Harmel, comme le P. Ludovic, M. de Mun, et grouper autour d'eux des apôtres tels que Pierre l'Ermite, saint Bernard, qui entraînaient les peuples aux Croisades! et, sous la bannière de la croix, nous serons des soldats sans peur et sans reproche, des soldats de l'avant contre tous ceux qui attaquent toute vérité au profit de l'erreur et du mensonge.

DISCOURS DE M. L'ABBÉ CODANT

PRONONCÉ A LA CLOTURE DU CONGRÈS DE CHARTRES LE VENDREDI 13 SEPTEMBRE 1878 A LA CATHEDRALE DE CHARTRES

> *Non est mortua puella, sed dormit, et deridebant eum :* cette jeune personne n'est pas morte, elle n'est qu'endormie, et les assistants se moquèrent de lui.

Messeigneurs,
Mes Frères,

Les paroles que vous venez d'entendre rappellent un des plus éclatants miracles de Notre Seigneur Jésus-Christ. Une jeune fille était morte et déjà, autour de son lit funèbre, se faisaient les préparatifs des inhumations ; Jésus-Christ survient, et il déclare qu'elle n'est pas morte, et qu'on a pris pour la mort ce qui n'est qu'un sommeil, *sed dormit* ; mais comme tout le monde était convaincu du contraire, tout le monde se mit à se moquer de lui, *et deridebant eum* ; la suite de l'histoire vous est connue, mes frères, Jésus-Christ s'approcha, prit la main de cette jeune défunte et lui dit de se lever ; elle était vivante, elle fut ressuscitée et rendue à sa famille.

Il me semble, mes frères, qu'en nous occupant comme nous l'avons fait depuis dimanche du berceau de la Très-Sainte Vierge, la mère de Dieu, nous pouvons nous poser aussi une question intéressante. Nous l'avons admirée petite enfant, mais cette enfant, qu'est-elle devenue; cette enfant vit-elle encore, et la réponse est sur toutes vos lèvres, elle s'échappe de tous vos cœurs pour publier que Marie est désormais une Vierge immortelle. Par la même occasion, il nous est permis d'appliquer à la sainte Église ce que nous disions tout-à-l'heure de la Vierge Marie. Et voici de quelle façon je demande la permission d'interpréter cet incident : n'est-il pas vrai que de nos jours il y a beaucoup d'hommes qui restent en dehors de la pensée chrétienne? Combien vous en connaissez, vous mes frères dans le sacerdoce, vous nos coadjuteurs dans l'œuvre sainte, combien vous en connaissez qui persistent à se tenir à l'écart de notre sainte mère l'Église ; et quand on les y appelle, quand on veut les exciter à la fréquentation des sacrements divins, n'est-il pas habituel de leur entendre dire ces tristes mots : La religion, il n'y en a plus; pourquoi m'en parlez-vous? vous savez bien qu'elle a fait son temps; ce n'est pas l'époque de nous parler de ces choses surannées; la civilisation européenne a des aspirations trop larges pour pouvoir tenir encore dans ces étreintes du catholicisme d'autrefois, tenez ne me parlez pas de la religion, tout le monde sait bien qu'il n'y en a plus. Il y a encore quelques rares bonnes femmes, quelques vieillards décrépits, quelques vieilles filles qui n'ont rien de mieux à faire que de réciter des grains de chapelet auquel ils n'ont jamais rien compris. De la religion, il n'en reste donc plus, elle est morte.

Eh bien, nous allons voir si c'est vrai; et ne peut-on pas dire de cette sainte religion ce que Notre-Seigneur disait de la fille de Jaïre : elle n'est pas morte, elle est seulement endormie. *Non est mortua puella, sed dormit.*

La première considération à faire, c'est d'examiner, Messieurs, si véritablement la sainte Église de Jésus-Christ a fini son temps, et si elle n'existe réellement plus.

D'abord je commence à la considérer avec attention ; je n'ai pas besoin de la chercher, puisque dans le monde même, au milieu de ce monde contemporain même, parmi ces agitations de jour et de nuit qui nous emportent, il n'est pas trop malaisé quand on veut, de rencontrer la religion de nos pères. Premièrement, je vous assure qu'elle parle : or quand une personne peut parler, évidemment c'est qu'elle n'est pas morte.

Vous prouver qu'elle parle, ce n'est pas la peine. Qui d'entre vous ignore les grandes lumières, les grandes propagations des vérités qui sont faites constamment par notre immortelle Église? Qu'est-ce donc que le Concile du Vatican qui n'est pas encore fini? N'est-ce pas l'Église qui parle! Que sont donc ces lettres encycliques merveilleuses, les mandements des Évêques, les livres inspirés par la piété, par la science et par la foi? Est-ce que tout cela n'indique pas une personne parlante et parfaitement parlante? Je conclus: Puisqu'elle parle, donc elle n'est pas morte; quand on est mort, on ne parle plus.

Vous vous souvenez d'avoir lu dans l'Histoire ancienne la démonstration qu'un philosophe donnait pour prouver son existence; il se mettait à marcher et disait: Je marche, donc je suis. Eh bien! nous pouvons appliquer cette règle à notre immortelle Église. N'est-il pas vrai qu'elle marche: voyez ces missions à l'intérieur et à l'étranger, le rétablissement de la hiérarchie ecclésiastique en Amérique, en Écosse; et, dans plusieurs autres pays, ces créations de diocèses nouveaux et sans cesse renaissants; est-ce que vous ne voyez pas passer l'étendard de la croix qui traverse l'Europe et qui fait sans cesse de nouvelles conquêtes? Oh! n'allez pas vous imaginer que la Religion éprouve des pertes et des ruines parce que de temps en temps vous voyez s'éclipser son étoile dans certaines contrées de l'Europe et de l'Asie. La question n'est pas là pour notre histoire ecclésiastique; son flambeau peut changer de place, il ne s'éteindra pas, il ne s'éteindra jamais. Aujourd'hui elle marche de conquête en conquête, et quand je dirai que, depuis le commencement du xix° siècle, les Souverains-Pontifes ont examiné cent quatre-vingt-quinze causes de canonisations nouvelles, n'est-ce pas la preuve que l'Église ne s'arrête pas, mais qu'elle marche, et qu'elle marche toujours? Donc puisqu'elle marche, elle n'est pas morte; quand on est mort, on ne marche pas.

A cette démonstration vient s'en joindre une autre: c'est que la sainte Église agit; c'est là son principal domaine, son mot d'ordre; et chaque fois que le Souverain-Pontife se trouve en présence de présidents de bonnes œuvres, c'est le mot qu'il répète avec confiance: *Agite*, agissez. Les méchants ont dit: Agitez, et Notre-Seigneur, dans son Vicaire autorisé, proclame au contraire qu'il ne faut pas agiter, mais agir; agissez, c'est ce qu'on appelle faire des œuvres, faire de bonnes actions. Messieurs, est-ce que j'ai besoin de démontrer ce troisième fait? Est-ce que la sainte Église n'agit pas? est-ce que depuis cinquante ans elle ne paraît pas agir avec une force nouvelle? Si j'avais le temps d'énumérer seulement les œuvres magnifiques, les prodiges enfantés par la charité, par la piété et par la foi! Oh! mon Dieu, oh! mon Dieu, je ne veux pas succomber à la tentation de les dire pour ne pas trop allonger ce discours, mais laissez-moi dire une parole, c'est qu'elle doit aller jusqu'au cœur d'un Français : oui, la plupart des Œuvres catholiques les plus bénies de Dieu dans le siècle où nous vivons sont sorties de la France; quand j'aurai nommé la Propagation de la Foi, les Conférences de Saint-Vincent de Paul, les Universités catholiques, l'Œuvre de Saint-François de Sales, et tant d'autres qui tout à l'heure germent sous les pieds de la sainte Église, on peut proclamer qu'elle agit. Et, Messieurs, que faites-vous ici, membres du Congrès? Des œuvres catholiques pour la classe ouvrière. N'êtes_vous pas des hommes venus tout exprès, ayant traversé la France, venant même du dehors, et pourquoi? Pour faire des œuvres, pour soutenir des œuvres; pour nous dire dans un magnifique langage que vous comprenez que le devoir du chrétien n'est pas seulement de bien dire, mais encore de bien agir. Avec une parole, Messieurs, on peut séduire le peuple; mais quand un jour viendra où le peuple désillusionné cherchera des amis véritables, il laissera de côté ceux qui parlent et se jettera dans les bras de ceux qui font des œuvres. Voici comment l'Église agit. Donc, puisqu'elle agit, elle n'est pas morte; quand on est mort, on n'agit plus.

On a vraiment peine à comprendre que de semblables mensonges puissent s'accréditer dans les âmes qui ont reçu le saint Baptême, comment il y a des hommes qui vous disent qu'il n'y a plus de religion, que la religion est passée, que l'Église est morte, en présence de tout ce que vous voyez, de tout ce que vous entendez. Mais, tenez donc, voici une démonstration encore plus claire, c'est la démonstration de l'hostilité. Il faut malheureusement en convenir : la sainte Église a ses amis; mais la sainte Église a ses ennemis. Ces ennemis sont ceux qui ne la connaissent pas, et les plus terribles sont ceux qui ne veulent pas la connaître. Or, voulez-vous bien écouter et prêter l'oreille, vous entendrez ses ennemis crier contre elle, s'élever contre elle, s'insurger contre elle et dire contre elle ce cri déicide du Golgotha : Otez-le, ôtez-le, crucifiez-le, qu'il soit mis à mort. Est-ce que Notre Seigneur Jésus-Christ, mon Sauveur, n'élait point là quand ce peuple égaré demandait sa condamnation à mort? Eh bien! faites la même réflexion par rapport au sujet qui nous occupe : s'il y a tant de voix qui crient contre l'Église, c'est donc que l'Église existe encore ; car on ne crie pas contre ceux qui n'existent pas. D'où suit qu'une fois de plus se réalise l'antique sentence du Saint-Esprit dans l'Écriture qui nous annonce que les témoignages en faveur de la justice seront rendus par les lèvres de l'iniquité : *Iniquitas mentita est sibi. Ex ore tuo te judico, serve nequam.* Donc, mes frères, c'est un fait qui me paraît démontré suffisamment : la sainte Église n'est pas morte, puisqu'elle parle, puisqu'elle marche, puisqu'elle agit, et son existence est proclamée, est avérée jusqu'à l'attaque par ses adversaires qui se font ses ennemis.

A cette démonstration éclatante, je sais ce qu'on a répondu ; le voici : Puisque nous sommes obligés de l'avouer, disent les adversaires, eh bien ! nous le confessons, la religion n'est pas encore morte, l'Église n'a pas cessé tout à fait d'exister ; c'est vrai, c'est vrai ; nous n'avions pas bien réfléchi, c'est vrai ; mais si elle n'est pas morte elle n'en vaut guère mieux, elle est au moins mourante, elle est agonisante ; la religion a fait son temps, et je vous déclare, disait un beau philosophe de Paris qui n'est pas resté sur la terre pour constater sa prophétie, je vous déclare que le christianisme en a encore pour trois cents ans ; précaution assez prudente, car qui sera là pour vérifier s'il sera un vrai prophète, un prophète de malheur. Or, disent-ils alors avec un ton à peu près aussi dégagé : Oh ! vous pensez bien que de nos jours les idées modernes, l'émancipation de l'esprit humain ne peuvent plus se mouvoir à l'aise dans ces étreintes de l'Église d'autrefois. Il est évident qu'elle n'est pas morte tout-à-fait, nous entendons trop le chant des pèlerinages, le bruit des missions, des comités, des congrès, oui ; mais tout cela ne durera pas longtemps ; ce sont les dernières lueurs d'un flambeau qui va s'éteindre, soyez tranquilles le christianisme ne peut cadrer avec l'homme de nos jours, c'est fini, c'est bien fini ; si l'Eglise n'est pas morte, elle est au moins mourante. Ah ! mes Frères, voulez-vous me permettre d'étudier sérieusement avec vous pendant quelques instants cette seconde question. Comme préliminaires, n'oublions pas que j'ai l'honneur de parler à des chrétiens, et je dois commencer par vous dire que la sainte Église a des paroles de vie éternelle ; la question de son existence ne doit pas être pour vous l'objet d'un doute. Notre-Seigneur a dit : Tu es Pierre, et sur cette pierre je bâtirai mon Église, et les puissances de l'Enfer ne prévaudront jamais contre toi, et soyez assurés que je demeure avec vous tous jusqu'à la fin du monde. Voilà la parole de Dieu qui nous suffit, et doit bien nous suffire ; car un Dieu ne peut pas mentir ; il ne peut ni se tromper, ni nous tromper.

Mais faisons tout de suite le commentaire de ces promesses de vie éternelle. N'est-il pas vrai, chrétiens, que depuis dix-neuf cents ans bientôt qu'existe la sainte Église, elle a passé par toutes les épreuves les plus capables de la détruire si elle pouvait être détruite. Aussi je vous assure que l'Église de Jésus-Christ, quand elle pleure, ne pleure pas sur elle, mais sur ceux qui la font pleurer. Elle pleure sur tous, sur tous ces infidèles, sur tous ces malheureux qui l'ont abandonnée. Quant à sa mission, quant à sa destinée, elle sait qu'elle est immortelle ; et laissez-moi vous le dire et qu'il n'en soit plus question : Allez, si l'Église avait pu mourir, il y a longtemps que ce serait fait ; elle a passé par tout ce qui pouvait produire sa destruction ; et puisqu'elle a survécu, je suis autorisé à dire, elle survivra encore. Voilà sur quoi repose ma croyance qui est la vôtre ; nous avons les promesses de vie éternelle tombées des lèvres mêmes de notre Sauveur Jésus-Christ.

Mais venons à la question : Est-elle mourante ? Est-il exact de dire que la religion s'en va, que l'Église est en train de périr. Eh bien, mes Frères, appuyés sur le témoignage des Écritures, je puis vous certifier que l'Église n'est pas plus mourante qu'elle est morte.

Pour démontrer cette assertion, je vous demande la permission d'agir auprès de cette épouse mystique de Jésus-Christ comme agirait un médecin à côté d'une personne considérée contre très-malade et mourante.

Et d'abord je commencerais par examiner la tête. La tête de l'Église, c'est le Souverain-Pontife, c'est l'Épiscopat, c'est l'Église enseignante enfin, voilà sa tête. J'approche, je regarde de près et je ne vois pas que cette tête soit inclinée, abîmée, affaissée, qu'elle tombe à droite et à gauche comme la tête d'une personne mourante qui va bientôt mourir. Je trouve au contraire que l'Église a sa tête fort droite, dans une attitude de fière dignité ; elle n'a rien à disputer au lis ; voyez sa rectitude, son courage, même dans les pays de persécution, nous n'avez pas vu les Évêques fléchir ni les

Prêtres faiblir ; donc j'ai le droit de dire d'après l'inspection de la
tête : l'Église n'a pas l'air d'une mourante. Après la tête, laissez-
moi ausculter le cœur ; le cœur de l'Église d'après la tradition
c'est l'état religieux, c'est-à-dire, ce petit troupeau d'amis, d'âmes
saintes, de cœurs d'élite pour lesquels le monde n'est plus rien,
qui ont tout quitté, tout abandonné pour n'avoir d'autres richesses
que Dieu seul, d'autre époux de leur âme que le seul Sauveur
Jésus-Christ. Eh bien ! si j'examine ce cœur de l'Église, je le trouve
en parfait état. L'état monastique et religieux des deux sexes est
dans le temps où nous vivons une véritable pépinière d'héroïsme
et de sainteté ; tout le monde en convient et en portera témoignage ;
et ce cœur de l'Église me paraît avoir des battements réguliers. Il
est gonflé sans doute, tant il y a de sang généreux qui inonde ses
saintes artères, mais il n'est pas malade ; et il y a tant de ces êtres
favorisés d'une vocation religieuse, que dans ces derniers jours
on entendait appeler l'attention publique sur ce fait en disant :
Prenez garde, si ça continue, il n'y aura pas moyen plus tard de
faire marier les garçons et les filles ; tous se feront prêtres et religieux ; que deviendrait alors, grand Dieu ! la postérité ? Que faut-il
répondre ? Vous le savez, c'est qu'il ne faut pas s'inquiéter, le danger n'est pas extrême. Vous le voyez donc, par le témoignage de
ses ennemis, le cœur de l'Église est dans un état très-sain qui
n'indique pas du tout une personne mourante.

Est-ce que vous me permettrez d'étudier dans le plus grand respect
ce que les Pères ont nommé les viscères de l'Église, en nous servant
de ce mot dont on se sert pour parler de la miséricorde de Dieu : *per
viscera misericordiæ Dei.* Permettez-moi de sonder un peu les reins
sacrés de notre immortelle Église pour découvrir en elle quelques
signes de mort prochaine. Et dans cet examen persévérant, consciencieux, savez-vous ce que j'ai découvert ? J'ai découvert des
certificats de longue vie, des attestations d'énergie vitale. Tenez,
vous allez en convenir avec moi. Dans les entrailles de Notre Seigneur Jésus-Christ, j'ai déjà découvert premièrement l'amour ;
l'amour du peuple, des petits, des pauvres gens. Ah ! c'est lui seul,
mes Frères, qui a prononcé le premier *pauperes evangelisantur,* c'est
lui qui le premier a pensé aux pauvres ; mais vous qui de nos jours
dites aimer beaucoup le peuple, qui portez sur le pavois celui qui
sera reconnu pour être l'ami du peuple, remarquez bien que Jésus-
Christ est un ami du peuple non pas seulement en paroles, mais

13.

un ami en action, jusqu'au sacrifice, puisque pour le peuple qu'il aimait il a donné son sang sur la croix du Calvaire, et tous les jours il leur donne encore son sang dans la sainte Eucharistie. Donc, dans le temps où nous vivons s'il y a une institution qui ait chance de vie et qui ne doive pas mourir, qui entre mieux dans les idées contemporaines, n'est-ce pas celle de l'amour du peuple qui sort des entrailles de Jésus-Christ ?

J'y ai découvert ensuite cette seconde garantie de vie pour l'époque où nous vivons ; c'est l'amour de la science et de la vérité. Il faudrait, Messieurs, pour cela tout un discours que je ne saurais pas faire pour vous démontrer que toute lumière et toute vérité sort du corps de notre immortelle Église. Ah ! toute science qui ne commence pas par allumer son flambeau à la lampe de la sainte Église, risque bien au premier pas de s'éteindre dans l'obscurité. Laissez-moi le dire avec vous : les adversaires de l'Église font grand apparat de leur amour pour la science ; on dépense des millions pour des établissements scolaires ; on veut répandre au loin l'instruction du peuple, on veut propager la science et la vérité. Je les en félicite, je les en félicite ; alors qu'ils viennent donc donner leur main à la main de l'Église ; c'est elle qui dans ses entrailles et dans son cœur porte plus profondément que tous les autres hommes cet amour de la science et de la vérité. C'est elle qui fait les Apôtres, qui envoie ses ministres chasser les ténèbres et les remplacer par les splendeurs du soleil de la vérité, Jésus-Christ qui n'existe que dans la sainte Église. Enfin, j'ai rencontré sous mon scalpel respectueux dans les viscères de l'Église une troisième passion ; la passion de la liberté de conscience. Entendez-vous, la liberté de conscience : personne ne la chérit plus que l'Église de Jésus-Christ. Si le Fils de Dieu ne vous donne pas votre liberté, vous ne serez jamais libre. Et là où se trouve l'exemption du péché, la soumission à l'enseignement doctrinal de l'Église, là est la vérité, la liberté. Ah ! qu'est-ce donc que la liberté de nos jours ? c'est cette frénésie de liberté, cette passion qui met sur le même rang Barrabas et Jésus. Croyez bien, Messieurs, que personne n'a travaillé pour la conquête de la liberté comme l'Église. Pendant près de mille ans, les peuples eux-mêmes n'avaient pas le courage de la comprendre ; il fallait les forcer à accepter la liberté, il fallait les contraindre pour briser leurs chaînes. Mais tous proclament la liberté des enfants de l'Église, des serviteurs de Jésus-Christ.

Eh bien donc, si la voix du peuple de nos jours fait entendre des vœux sincères de liberté, si les hommes du xix° siècle ont vraiment l'amour du peuple et veulent lui procurer cette vraie liberté, moi je réponds qu'il n'y a aucune institution qui soit complétement capable de répondre à ces aspirations de l'esprit moderne excepté l'Église de Jésus-Christ. Donc j'ai examiné de près l'Église, vous venez d'assister avec moi à cette autopsie du corps mystique du Sauveur, et dans la tête de l'Église, dans son cœur, sur son visage, dans ses paroles, au lieu de trouver des germes de mort, j'ai trouvé des germes extraordinaires de vie; donc elle n'est pas plus mourante qu'elle n'est morte. Je termine ma démonstration en deux mots : Pendant une des plus terribles guerres de l'Afrique française, on amène un jour en présence du général Lamoricière, commandant en chef, un pauvre enfant qu'un Arabe qui se disait son père voulait par la force emporter au désert avec lui. L'Arabe faisait valoir son droit de père, la mère pleurait, la mère voulait garder l'enfant; et comme la dispute menaçait de devenir exaspérée et sanglante, le bon général juge à propos de consulter l'enfant lui-même; il lui dit de sa plus douce voix : Et toi, mon enfant, avec qui veux-tu aller? avec l'Arabe ou avec cette femme? Et le cher petit enfant vient se jeter aux genoux du guerrier, et lui dit : Je ne veux pas aller avec l'Arabe, je veux aller avec cette femme, parce que cette femme c'est ma mère. — Qu'il en soit fait ainsi, dit le général. Et l'on emmena la mère et l'enfant, et l'on mit aux arrêts l'Arabe farouche. Ne me permettez-vous pas, mes Frères, d'appliquer cette scène des camps à la cérémonie qui nous rassemble? Oh! l'enfant, l'enfant que l'on se dispute, je le connais bien, vous le connaissez tous, c'est notre cher peuple de France. L'Arabe, c'est la Révolution, c'est le démon du socialisme et de l'impiété, c'est un monstre. Et la femme qui pleure, la femme qui est agenouillée, ah! c'est sa mère, sa vraie mère, c'est la Sainte-Vierge, c'est Notre-Dame de Chartres, l'antique Patronne de notre nation, c'est la sainte Église qui est aussi une mère. J'espère qu'un jour viendra bientôt où la voix de la sagesse interrogera enfin ce pauvre peuple et lui demandera : Vois d'un côté l'Arabe, et de l'autre ta mère; avec lequel des deux veux-tu bien aller? La réponse, j'espère, ne se fera pas longtemps attendre, et le peuple français, le peuple chrétien que je salue ce soir dans ces prêtres, dans ces laïques, dans son élite, ce peuple enfin désabusé s'écriera du fond de son âme convertie : Non,

plus de révolution, plus de socialisme, plus d'impiété, plus de blasphèmes enfin. Mais nous nous en allons, nous retournons à notre
mère d'autrefois, Notre-Dame de Chartres, la sainte Église. C'est
avec elle que nous devons partir jusqu'au terme du voyage qui
nous réunira tous dans le Paradis; c'est la grâce que je vous souhaite avec la bénédiction de Monseigneur.

Procès-verbal de la dernière Assemblée générale

du vendredi 13 septembre 1878

Le Congrès se réunit pour la dernière fois à deux heures de l'a-
près-midi.

La séance est présidée par NN. SS. Regnault, évêque de Char-
tres; Richard, archevêque de Larisse et coadjuteur de S. Em. le
Cardinal-Archevêque de Paris, et de Ségur, prélat de la Maison de
Sa Sainteté, chanoine-évêque de Saint-Denys.

La récitation du *Veni Sancte Spiritus* ouvre la réunion, puis
Mgr de Ségur invite les délégués de NN. SS. les Évêques et les prêtres étrangers à prendre place sur l'estrade d'honneur.

Le procès-verbal de la dernière réunion est lu par M. Ossude et
vivement applaudi.

Pour la dernière fois, M. l'abbé Tournamille a la parole et fait
des travaux des diverses Commissions un rapport spirituel et précis. L'excellent rapporteur, dans la fidélité de son compte-rendu,
commet une légère indiscrétion dont les bravos unanimes de l'auditoire le récompensent et le remercient. Il nous fait entrevoir pour
l'an prochain la réunion du Congrès à Angers. Mgr Freppel a fait
déjà dans ce but de gracieuses et vives instances.

M. l'abbé de Bogenet, vicaire général de Limoges, lit ensuite le
texte d'un projet d'adresse à Sa Sainteté le Pape Léon XIII.

Dans ce document, les membres du Congrès unis aux Prélats qui
les président, supplient humblement Sa Sainteté de vouloir bien

introduire la cause de la béatification de son vénéré prédécesseur Pie IX, de pieuse et sainte mémoire.

L'Assemblée a écouté debout cette adresse, et à peine est-elle terminée que les acclamations, les bravos et les cris de Vive Léon XIII montrent à M. l'abbé de Bogenet qu'il a vraiment été l'interprète de nos sentiments à tous.

Mgr de Ségur se lève ensuite et demande à M. L. Harmel de vouloir bien accepter le titre de Vice-Président laïque du Bureau Central.

Le titre de Membre est offert à MM. les chanoines Le Boucher, Tournamille et Fossin, au R. P. Ludovic des Frères Mineurs Capucins et à M. Vagner.

Jamais nominations n'ont été mieux méritées, jamais plus chaleureusement, plus cordialement acclamées.

Mais les Secrétaires des diverses Commissions s'avancent tour à tour et font connaître le texte des vœux discutés et admis dans chacune d'elles.

M. de Chaulnes, M. Harmel L., M. l'abbé Aubergier et M. l'abbé Tournamille lisent chacun de ces vœux. Tous sont adoptés à l'unanimité.

M. le chanoine Schorderet a la parole au sujet de l'Œuvre de Saint-Paul, dont il entretient l'auditoire avec une émotion et une chaleur communicatives. Différents vœux proposés par lui, et restant du reste dans les régions de la théorie pure, sont adoptés à l'unanimité.

M. de Chaulnes, rapporteur du Concours Doudeauville, rend compte des résultats de ce Concours. Deux concurrents seulement se sont présentés. Leur œuvre a des mérites divers; l'une toutefois, dont le plan est admirablement vaste, présente plutôt un sommaire de chapitres à traiter qu'une véritable étude de la question.

Le prix est donc attribué à l'autre œuvre.

Sur la proposition de Mgr de Ségur, Mgr l'Évêque de Chartres prie M. Ch. Périn, professeur à l'Université catholique de Louvain, d'ouvrir lui-même le pli cacheté contenant le nom du lauréat.

M. Ch. Périn, aux applaudissements de l'Assemblée, annonce que le prix Doudeauville a été obtenu par M. l'abbé Loriot, curé de Saint-Maurice-Saint-Germain, au diocèse de Chartres.

M. l'abbé Geispitz, maître de chapelle de Notre-Dame de Paris, lit ensuite quelques considérations sur le plain-chant et son admirable rapport avec les diverses fêtes que l'Église nous rappelle chaque année.

Puis il rend compte des résultats du Concours lyrique ouvert cette année par l'Œuvre de Notre-Dame du Salut.

Ce résultat est absolument négatif et, en présence du peu de valeur des morceaux offerts au Concours, la Commission a été d'avis de réserver le prix dont la valeur, par suite, sera doublée l'an prochain.

Mgr de Ségur annonce ensuite que revenant à ses anciens errements, qu'il reconnaît avoir été les meilleurs, le Bureau Central fera imprimer en un volume et le plus tôt possible le compte-rendu du Congrès de Chartres et les documents qui s'y rapportent.

Sa Grandeur invite en conséquence les membres de l'Union de se procurer ce compte-rendu et de le propager le plus possible autour d'eux ainsi que le Bulletin de l'Union.

Mgr de Ségur donne ensuite quelques avis au sujet des cérémonies de clôture qui vont avoir lieu à la Cathédrale.

Puis, Mgr de Larisse prend la parole.

Nous avons pu prendre des notes assez complètes pour reproduire ici au moins dans leur sens les affectueux et paternels conseils de Sa Grandeur :

Messieurs, en me levant pour répondre à l'invitation de Mgr l'Évêque de Chartres et de Mgr de Ségur, je ne puis m'empêcher de me rappeler une parole de notre vénéré Cardinal : c'était à la fin de l'une de nos séances les plus solennelles à la cathédrale de Paris, et le bon Cardinal disait : La séance a été aujourd'hui aussi intéressante que longue. Vous avez admirablement rempli la première partie de cette réflexion; votre séance a été extrêmement intéressante, je voudrais bien ne pas ajouter la seconde partie de cette maxime. (*Applaudissements.*)

Et pourtant, Messieurs, c'est avec un vrai bonheur que je prends la parole. Hier j'étais à peine arrivé à Chartres qu'avec l'accueil le plus gracieux, votre vénérable Évêque me demanda de vous adresser la parole. Cette invitation qui partait de son cœur allait droit au mien, et d'ailleurs j'étais sûr de trouver ici beaucoup d'édification et de cette affection aussi à laquelle Mgr l'Évêque de Chartres nous a accoutumés. J'étais heureux de me retrouver avec Mgr de Ségur. Il y a bien des années que je l'ai rencontré pour la première fois

servant les pauvres au Séminaire de Saint-Sulpice. Il faut croire que
le service des pauvres a une grâce d'union pour les âmes ; car je
crois que depuis trente-cinq ans nous ne nous rencontrons guère
sans nous rappeler ce service commun malgré les événements si
graves qui se sont passés depuis. (*Applaudissements.*) Je ne m'é-
tonne donc pas que vous vous réunissiez avec tant de bonheur aussi,
puisque le but de vos réunions, c'est également le service de la
classe ouvrière, le service de tous ceux à qui vous pouvez apporter
quelques-uns des dons que le Seigneur vous a accordés ; et je crois
que ce qui fait la force de vos œuvres, c'est que vous agissez selon
les desseins de la Providence. A notre époque plus que jamais, il
faut faire pénétrer la pensée de Dieu dans les âmes ; il faut que la
sainte Église catholique notre mère soit connue et aimée, et si la
société est si bouleversée et si malheureuse aujourd'hui, c'est que la
sainte Église n'est ni assez connue ni assez aimée. Ces jours-ci, vous
disiez souvent dans vos rapports que vous désirez dans la mesure
de vos forces et avec le secours de la grâce divine rendre Notre-
Seigneur à la société, mais où est Notre-Seigneur? Il est dans son
Église, l'Église n'est pas autre chose que la continuation de l'action
divine de Notre-Seigneur, et si les hommes le comprenaient mieux
ils accepteraient aussi avec plus de docilité et d'amour l'action de
l'Église qui répond si bien aux besoins les plus intimes des âmes ;
et c'est parce que l'on ne le comprend pas qu'on ne vient pas à elle.
J'ai été frappé d'une parole de saint Ignace ; c'était au moment où
commençaient les grandes luttes contre l'Église dont nous voyons
en ce moment le dernier effort. Il écrivait en quelques lignes un
peu rudes, qui n'étaient pas cicéroniennes, des règles, il ne voulait
pour juge que les sentiments de l'Église *ad sentiendum cum Ecclesiâ*,
et dans ces lignes il écrivait cette maxime, l'Église n'a qu'un seul
et même esprit avec Notre-Seigneur qui est son époux. J'oublie un
mot : l'Église, il l'appelle hiérarchique, *Ecclesia hierarchica*, et plus
encore comme disent ces commentateurs, *Ecclesia Romana*. Ces
paroles sont très-remarquables, ce saint que Dieu a suscité pour
combattre la grande erreur qui s'élevait contre l'Église et qui
est celle du siècle moderne, avait vu ce qui constituait la force de
l'Église ; l'Église hiérarchique si admirable avec son pouvoir, son
sacerdoce, ses divers ordres chrétiens. Il avait vu que cette hiérarchie reposait sur le Pontife suprême, le Pontife romain. Il écrivait ce mot si court qui est la révélation de la conduite de la Pro-

vidence dans tous les siècles: *Ecclesia hierarchica, romana,* et cette Église, disait-il, n'a qu'un esprit avec son divin Époux, et il montrait que si nous voulions faire l'œuvre de Dieu, il fallait s'attacher à l'Église, en suivre les règles divines et ne point s'écarter de ses enseignements. (*Applaudissements.*) Eh bien ! Messieurs, vous voyez ce qui s'est passé au dernier Concile du Vatican. Voyez si cette grande constitution *Romanus Pontifex* n'est pas la réalisation de cette parole que Dieu inspirait à un saint il y a trois siècles. Qu'a fait le Concile du Vatican, si ce n'est la déclaration de la constitution de l'Église reposant sur le Pontife suprême dans une force, une majesté et une splendeur plus grandes que dans tous les siècles. Voilà comment Notre-Seigneur vit dans l'Église, dans son Vicaire sur la terre ; c'est ainsi qu'il unit tout en lui ; d'abord l'épiscopat, puis le sacerdoce et toute la classe des fidèles, et c'est bien votre devise : *Sint unum.* En effet, quand vous lisez cette belle et grande Constitution du Concile du Vatican, vous voyez comment l'honneur du Chef suprême de l'Église est la force de ses frères dans l'épiscopat. Jetez les yeux sur le monde ; a-t-on jamais vu une unité plus grande et plus filiale que celle des Évêques autour du Souverain-Pontife, que celle des prêtres envers les Évêques, soit qu'ils appartiennent à ces grands ordres religieux, soit qu'ils fassent partie du clergé séculier qui leur est plus étroitement uni pour le salut des âmes et pour le bien de la société ; enfin les fidèles ont-ils jamais été plus unis et avec plus d'affection aux prêtres, aux Évêques et au Souverain-Pontife ? (*Applaudissements.*) Et vos Congrès sont une des révélations les plus manifestes de cette admirable vie de Jésus-Christ dans l'Église, et je crois que c'est là ce qui fait votre bonheur et ce qui fait votre force. Et maintenant, Messieurs, que devons-nous faire pour répondre à cette volonté divine à laquelle nous sommes dévoués? c'est de faire connaître et de faire aimer l'Église ; je crois que pour cela nous n'avons qu'à jeter les yeux sur ce que Notre Seigneur Jésus-Christ fait dans l'Église notre mère. Que fait l'Église? agissons comme elle ; remarquons d'abord que tout dans l'Église aboutit au salut des âmes, c'est sa grande œuvre. Ainsi, Messieurs, quand dans nos Congrès nous examinons les questions sociales, les Œuvres ouvrières, n'allons pas nous arrêter à la considération des choses du temps qui se modifient avec les siècles; occupons-nous d'abord des âmes. Ayons le désir, le cœur, la volonté de travailler au salut des âmes. Occupons nous de la nôtre d'abord, n'est-ce pas là ce qui fait le charme de nos Congrès. J'aimais souvent à recueillir sur les lèvres d'entre vous cette pensée : c'est que ce Congrès était presque une retraite spirituelle; vous sentiez votre âme retrempée dans la vie chrétienne, vous sortiez meilleurs, plus unis à Dieu par la foi et la piété. Vous êtes donc dans l'esprit de l'Église : ainsi en toutes choses travaillons à nous sanctifier ; c'est ainsi que nous accomplirons la volonté de Dieu. Mais ce qui doit nous faire espérer, c'est que depuis ces dernières années Dieu semble multiplier ses saints dans l'Église; en ce moment, dans le diocèse de Paris, nous sommes, j'allais dire obligés, me souvenant que ce mot signifie le travail qu'il impose (laissez-moi passer ce mot), car c'est une obligation très-douce pour nous, d'instruire la canonisation de cinq ou six saints, peut-être davantage, et ce ne sont pas des saints qui remontent à une époque éloignée; ils sont d'une époque toute récente. Ne sentez-vous pas la vie de l'Église dans tout ce qu'elle a de plus essentiel? n'est-ce pas la manifestation de cette vérité ; c'est que l'Église veut faire des saints ; donc ne sortons pas de cette vérité pratique pour nous, et je dirai : tâchons de nous sanctifier et nous-mêmes et nos frères vénérés dans le sacerdoce, puis travaillez au salut des autres. Sanctifiez les familles spirituelles qui vous sont confiées, vos paroisses, vos colléges, vos associations. Travaillons à faire connaître l'Église, à sauver la société. (*Applaudissements.*) Après avoir placé en première ligne le but de l'Œuvre divine à laquelle nous travaillons, remarquons que l'Église s'occupe de tous les détails, de tout ce qui a quelque rapport avec le salut de l'âme. Occupez-vous du salut des âmes avant tout, mais songez aussi aux choses contingentes, aux intérêts matériels des classes ouvrières et à tout ce qui peut rendre pour eux le salut plus facile. C'est ainsi que vous ferez des œuvres solides, chrétiennes, durables. Vous le savez, quand on agit autrement, et l'expérience est là pour le prouver, on bâtit sur le sable. Cherchez donc ainsi à faire pénétrer dans les âmes la grâce et la vérité, apprenez aux autres à observer les commandements de Dieu et de l'Église, à fréquenter les sacrements. Mais souvenez-vous d'un autre caractère des œuvres de l'Église, c'est la patience, la persévérance. Ah! mes frères bien-aimés, dans le discours élevé que j'ai entendu le premier jour, j'ai été heureux de voir si bien rappeler cette qualité de la persévérance dans les œuvres. Messieurs, quand nous lisons dans l'Évangile la parole du Maître, que dit Notre-Seigneur? Il y en a qui jettent la semence,

d'autres viendront après eux, qui moissonneront, mais tous auront
part à la récompense, et ceux qui auront semé, et ceux qui auront
recueilli le fruit de leurs travaux, qui auront moissonné, et voyez
comme l'Église agit avec patience, avec persévérance à travers les
siècles ; vous continuerez donc vos réunions, vos œuvres malgré les
difficultés ; vous succomberez au travail, et après vous, d'autres vous
imiteront, vous succéderont, et la parole du Maître se vérifiera, et
qui aura semé, et qui aura moissonné, tous auront part à la récompense. (*Applaudissements prolongés.*)

Notre Congrès est terminé. Mais, avant de clore la dernière réunion, Mgr l'Évêque de Chartres veut, une fois encore, adresser
quelques paroles aux Congressistes.

Il le fait en ces termes :

« Messieurs,

« Nous allons nous séparer. Nos réunions si agréables, si utiles,
vont cesser avec les derniers chants de la fête que nous célébre-
rons ce soir. Permettez-moi de vous exprimer toute ma reconnaissance pour le bien que vous nous avez fait, en nous communiquant
vos pensées et vos études sur les œuvres catholiques, et surtout en
nous édifiant par vos exemples. Oui, par vos exemples, car tandis
que de nos jours un trop grand nombre d'hommes, chrétiens encore
par le cœur, n'osent professer tout haut leurs principes et affirmer
leurs croyances religieuses ; pour vous, par votre seule présence
ici, vous confessez Notre Seigneur Jésus-Christ, sans crainte ; vous
suivez les conseils qu'il donne dans son Évangile : « Que votre
lumière brille devant les hommes, afin que voyant vos bonnes
œuvres ils glorifient le Père qui est dans le ciel. » Notre-Seigneur
ajoute, il est vrai : « Ne faites pas ces œuvres pour être vus du
monde. » Mais rassurons-nous, la Providence y a pourvu ; elle
nous préserve aujourd'hui de l'écueil de la vanité, puisque les
actes religieux, le soin même des ouvriers et des pauvres attirent
sur nous l'animadversion et le sarcasme. Il en est en effet qui nous
jugent, nous critiquent et nous blâment sans nous connaître. Ah !
s'ils avaient pu assister à nos réunions, s'ils avaient été témoins de
l'harmonie, du bon accord qui règnent entre nous, ils en auraient

été frappés et touchés ; mais non, la prévention les aveugle, et de la prévention à l'hostilité il n'y a qu'un pas.

« C'est par nos bonnes œuvres, Messieurs, que nous répondrons aux attaques dirigées contre nous, et tel est le conseil de l'apôtre saint Pierre : « Faites, dit-il, que ceux qui nous poursuivent de leurs calomnies, comme si nous étions des malfaiteurs, considérant enfin votre bonne manière de voir et de faire, glorifient Dieu, sinon actuellement, au moins au jour de l'épreuve et de l'affliction. » Continuons donc, Messieurs, à nous dévouer pour nos frères, et soyons prêts, s'il le fallait, à nous sacrifier pour eux. Honorons, comme vous le faites, dans l'homme de travail, Jésus-Christ qui a voulu travailler de ses mains et vivre dans la privation et la souffrance, parce que la plupart des hommes vivent et meurent dans cette pénible condition. Je le dis encore, Messieurs, gagnons les pécheurs par notre bonté et notre charité. Parmi les personnes qui ne pratiquent pas la religion, il en est qui la pratiqueront plus tard et conservent au fond de leur cœur le désir de revenir à Dieu. Prenons garde qu'elles n'aient cette pensée, que nous voudrions établir entre elles et nous une ligne de démarcation, une sorte de séparation ; elles en concevraient de l'irritation ; elles croiraient que nous voulons nuire à leurs intérêts matériels, et il serait à craindre que plus tard le prêtre, venant les visiter à la dernière heure, ne trouvât les avenues fermées. Quelquefois la trop grande ardeur dans le zèle peut compromettre les meilleures œuvres.

« Quand, cette année, je fis ma visite à Rome, au tombeau des saints Apôtres, Notre Saint-Père le Pape Léon XIII me reçut en audience particulière, et c'est là que, lui exprimant toute la joie qu'avaient ressentie les catholiques du monde entier, de sa prompte élévation au Souverain Pontificat, il me répondit aussitôt avec effusion : « Ah ! je me regardais comme bien indigne de cette suprême dignité ; mais on m'y poussait, on m'y portait, le vœu était unanime ; et, d'ailleurs, il y aurait eu tant d'inconvénients à différer un choix d'où dépendait la paix de la chrétienté entière, que j'ai reconnu en cela la volonté de Dieu, je m'y suis soumis ; car je veux toujours accomplir fidèlement cette adorable volonté. » Après m'avoir béni, moi et mes diocésains, avec une bonté paternelle qui m'a profondément ému et touché, le Saint-Père a daigné, deux jours après, me permettre de l'accompagner lorsqu'il reçut la visite des pèlerins d'Irlande, d'Angleterre et de l'Amérique. C'était un spectacle bien émouvant que de voir ces pieux voyageurs à genoux, des mères de familles présentant leurs enfants ; et lorsque le Saint-Père les bénissait, les larmes s'échappaient de leurs yeux, les hommes ne pouvaient contenir leur émotion. Nous pleurions tous, lorsque le Pape, s'arrêtant un moment, me dit : « Monseigneur, ces personnes qui sont ici sont des protestants ; elles désirent que je bénisse des croix, des chapelets et d'autres objets pieux, qu'elles me présentent ; je bénis ces objets, cela pourra leur faire du bien. » Ces courtes paroles n'ont pas besoin de commentaire ; elles peignent l'esprit et le cœur de Léon XIII, le vicaire de Jésus-Christ Sauveur du monde.

« Je m'adresse, Messieurs, maintenant à Marie, Notre-Dame de Chartres, et je lui dis : « Souvenez-vous, ô Vierge Sainte, du dévouement de vos fils, de ces hommes de cœur qui sont à vos pieds, de ces amis, de leurs frères ; ils ont travaillé sous vos auspices ; plusieurs ont franchi de longues distances, ont interrompu d'importantes occupations, pour se joindre à nous ; ils n'ont redouté aucune fatigue. Vous les avez bénis, que cette bénédiction demeure sur eux, qu'elle les suive jusqu'à leur dernier soupir, qu'elle se répande sur tous ceux qui leur sont chers ! »

Le *Sub tuum* et la bénédiction de NN. SS. les Évêques terminent la réunion, et l'on quitte pour n'y plus revenir cette vaste tente sous laquelle les heures ont passé si rapides à causer de Dieu et des pauvres de Jésus-Christ.

H. DUBREUIL,
De Chartres.

PREMIÈRE COMMISSION

PREMIER RAPPORT

I. – RAPPORT SUR LES BUREAUX DIOCÉSAINS

Monseigneur [1],
Messieurs,

L'institution des Bureaux diocésains, œuvre capitale de l'Union des associations ouvrières catholiques, s'impose de plus en plus comme une nécessité de l'époque présente, et acquiert une importance de jour en jour plus considérable.

Qui pourrait nier, en effet, que les sociétés ténébreuses exercent dans la famille ouvrière des ravages effrayants et toujours croissants, et que l'ouvrier qu'elles n'atteignent pas dans sa foi est continuellement menacé par une presse impie qui veut lui ravir le trésor de ses croyances religieuses? Dès lors, n'est-il pas nécessaire de prémunir contre ce double écueil nos chers ouvriers, en leur offrant le bienfait d'associations chrétiennes, qui deviennent pour leur âme une lumière, une consolation et une force, et qui leur procurent les avantages matériels que font miroiter à leurs yeux ces sociétés funestes dont nous connaissons tous la puissante et redoutable organisation?

Tels sont les résultats que les Bureaux diocésains sont destinés à produire. Aussi, profondément pénétré de la haute mission qui nous est en ce moment confiée, venons-nous, Messieurs, appeler sur ce très-grave sujet votre plus sérieuse attention.

Comme l'année dernière, nous diviserons ce rapport en deux parties. La première aura pour objet la fondation de nouveaux

---

[1] Mgr de Ségur.

Bureaux diocésains; la seconde exposera la situation des Bureaux déjà existants.

PREMIÈRE PARTIE

FONDATION DE BUREAUX DIOCÉSAINS

Au Congrès du Puy, nous constations l'existence de vingt-sept Bureaux : aujourd'hui, nous avons la satisfaction de vous annoncer la création de cinq nouveaux Bureaux dont voici les noms :

1° *Chambéry*. — Bureau de date récente, mais solidement constitué, et qui donne lieu d'espérer un rayonnement heureux sur toute la province ecclésiastique de Savoie.

2° *Aix*. — Le Bureau, institué dans cette ville, est seulement une section des Comités catholiques, mais exerçant toutes les fonctions et possédant toutes les attributions d'un véritable Bureau diocésain.

Vous partagerez tous, Messieurs, notre joie, en voyant ces deux métropoles du sud-est de la France, Chambéry et Aix, dotées, désormais, d'une aussi précieuse institution.

3° *Tarbes*. — Ce Bureau, fondé depuis plusieurs mois à l'ombre du vénérable sanctuaire de Lourdes, porte sur son front le signe de la bénédiction de Marie; souvent présidé par Mgr l'Évêque, favorisé de la présence d'un missionnaire de la basilique de Lourdes, il poursuit ses travaux avec autant d'activité que de régularité, et déjà les fruits commencent à paraître en fleurs.

4° *Viviers*. — Ce Bureau vient de faire tout nouvellement son apparition au sein de l'UNION. C'est M. de Pavin de Lafarge, l'apôtre de l'usine dans le midi, le délégué de Mgr l'Évêque de Viviers, qui est venu nous apporter de la part de Sa Grandeur, toujours si dévouée à la famille des travailleurs, son acte authentique de naissance.

5° *Nîmes*. — Mgr l'Évêque de Nîmes a daigné nous faire part de sa volonté très-arrêtée de constituer, dans son diocèse, un Bureau.

Il semblerait que nous eussions dû mettre en tête de cette énumération le Bureau diocésain de Limoges, dont Mgr Duquesnay, l'apôtre, on le sait, des classes ouvrières, avait salué, il y a quelques mois, l'apparition par un mandement célèbre, véritable événement dans le monde des Œuvres. Si nous ne l'avons pas fait, c'est que ce Bureau, d'origine ancienne, et qui, en réalité, ne fonctionnait plus depuis longtemps, n'avait pas cessé de figurer sur la nomenclature annuelle.

Mais, *extrema gaudii luctus occupat.* Nous avons le regret, Messieurs, d'avoir à vous apprendre que le Bureau de Moulins a cessé d'exister. Nous croyons, toutefois, avoir lieu d'espérer que l'heure de la résurrection ne tardera pas à sonner pour lui.

Ainsi, l'Union compte aujourd'hui trente-un Bureaux diocésains : Aix, Angoulême, Arras, Auch, Besançon, Bordeaux, Bourges, Cambrai, Carcassonne, Châlons, Chambéry, Chartres, Fréjus, dont le Bureau siége à Toulon, Limoges, Luçon, Lyon, Nançy, Nantes, Nevers, Nîmes, Orléans, le Puy, Reims, Saint-Claude, Saint-Flour, Soissons, Tarbes, Toulouse, Troyes, Versailles, Viviers.

Ces résultats, Messieurs, sans répondre à tous nos désirs, constituent un véritable progrès sur ceux obtenus l'année précédente et que nous avions signalés au Congrès du Puy.

Maintenant, Messieurs, il est une question en face de laquelle nous devons tous nous placer.

Quels sont les meilleurs moyens pour arriver à la fondation si désirable d'un Bureau dans tous les diocèses de France ?

Il est démontré aujourd'hui que l'envoi de prospectus, de lettres circulaires et même de lettres individuelles et autographes, demeure sans efficacité. L'effet que ce puissant moyen de propagande était de nature à produire, a été atteint à l'origine même de notre Union ; c'est, désormais, une arme émoussée.

Mais d'autres voies, pour arriver à l'objet de nos vœux, s'ouvrent devant nous.

La première voie est une visite faite dans chaque diocèse, au nom de l'Union, par un délégué du Bureau Central. Elle a été suivie, cette année, non sans succès. Chargé nous-même de cette mission, nous avons visité, pendant l'hiver dernier, les vingt-deux diocèses du sud-est de la France, du nombre desquels font partie les diocèses de Chambéry, d'Aix, de Nîmes et de Viviers, et nous avons lieu de croire que les explications données à NN. SS. les Évêques, à MM. les Vicaires généraux, aux Présidents des Cercles catholiques et des Conférences de Saint-Vincent de Paul, n'ont pas été sans exercer quelque influence sur les fondations de Bureaux qui viennent d'avoir lieu. Nous savons aussi que plusieurs autres fondations de Bureaux diocésains sont à l'état de projet et n'attendent que l'occasion favorable pour être réalisées. Nous pensons qu'il serait à désirer qu'on eût recours à ce mode de propagande dans les diocèses où il n'a pas encore été pratiqué.

Dans le même ordre d'idées, une autre voie à laquelle il semble que, sous certaines conditions, on pourrait avoir très-utilement recours, est celle qui a été suggérée par Mgr l'Évêque de Montpellier, si dévoué aux œuvres de zèle. Ce serait l'envoi d'un ecclésiastique, membre du Bureau Central, venant, sur la demande de l'Évêque, entretenir le clergé, pendant la retraite ecclésiastique, de la question ouvrière, de la nécessité d'établir des associations parmi les ouvriers, et de l'importance de la création d'un Bureau diocésain comme centre et lien de toutes les associations de cette nature, existant ou à créer dans le diocèse. Un pareil exposé, fait devant tout le clergé, sous les yeux même de l'Évêque, qui daignerait le confirmer de l'appui de son autorité et de sa haute parole, serait le grand événement de la retraite et produirait, sans doute, un effet considérable. Ce délégué, muni de tous les documents de l'UNION, se constituant ensuite, pour ainsi dire, en bureau de renseignements, se mettrait à la disposition des prêtres, pour leur offrir ces mêmes documents et leur donner, à leur sujet, toutes les explications nécessaires.

Enfin, il est une troisième voie d'un accès plus facile et qui présente aussi ses avantages. Qu'un groupe d'hommes zélés et profondément dévoués aux classes laborieuses, vienne trouver l'Évêque, se mette entièrement à sa disposition et lui offre son concours le plus empressé pour l'érection d'un Bureau diocésain; le plus souvent, le Bureau sera par là même fondé, car ce qui arrête ordinairement une pareille fondation, c'est la crainte qu'éprouvent NN. SS. les Évêques de ne pas trouver autour d'eux les éléments d'une semblable institution, ou, si ces éléments se rencontrent, la crainte de voir leur demande accueillie par des refus, ce qui est un amoindrissement de leur autorité. La démarche des hommes d'œuvre, que nous proposons ici, fait disparaître cet obstacle.

Ces moyens, appliqués avec ensemble et vigueur, amèneront, vraisemblablement, la création d'un grand nombre de nouveaux Bureaux. Que le Bureau Central et les hommes de zèle se mettent donc énergiquement à l'œuvre!

Du reste, un fait nouveau, qui s'est produit cette année, viendra leur rendre la tâche plus facile : c'est l'établissement dans plusieurs Grands Séminaires de Conférences qui, grâce aux encouragements de NN. SS. les Évêques, sont déjà au nombre d'une vingtaine, et tendent à se multiplier davantage. Ces Conférences, en excitant le zèle des élèves du sanctuaire et en formant pour l'avenir une pépinière de directeurs d'Œuvres, prépareront l'éclosion de celles-ci, et rendront nécessaire, pour grouper toutes les associations ouvrières du diocèse, l'institution d'un Bureau diocésain.

SECTION SECONDE

DES BUREAUX DIOCÉSAINS ACTUELLEMENT EXISTANTS

La fondation de nouveaux Bureaux diocésains est assurément une œuvre bien importante et qui permet de concevoir de précieuses espérances. Mais, que ces espérances seront loin de se réaliser, si ces Bureaux, une fois fondés, ne fonctionnent que d'une manière irrégulière, dans des conditions très-imparfaites, et à plus forte raison, s'ils ne fonctionnent pas du tout.

Il ne suffit pas, en effet, qu'il y ait un grand nombre de Bureaux existants, il faut encore que ces Bureaux soient vivants, actifs et pleins de zèle.

Nous avons le regret d'avoir à renouveler ici les mêmes observations qui ont été présentées au Congrès du Puy.

Sur vingt-sept Bureaux existants, six seulement sont entrés en relations régulières avec le Bureau Central : Arras, Bourges, le Puy, Nancy, Orléans, Soissons. Quelques autres ont échangé avec lui de rares communications; le plus grand nombre n'en a eu aucune.

Très-peu de Bureaux se sont réunis d'une manière régulière, c'est-à-dire une fois tous les mois ou tous les deux mois. Plusieurs ne se sont rassemblés qu'à de très-rares intervalles; il y en a huit ou dix qui ne se sont pas réunis une seule fois.

Quels sont les remèdes à un pareil état de choses ?

Il en existe, et nous croyons pouvoir les indiquer :

Premièrement. — Du côté du Bureau Central :

1° L'envoi d'une circulaire à MM. les Présidents des Bureaux diocésains, pour leur demander le compte-rendu des travaux de leur Bureau pendant l'année, le nombre d'Œuvres ouvrières que ces Bureaux ont fondées ou soutenues, le nombre des séances qu'ils ont tenues, leurs espérances pour l'avenir. Ce compte-rendu serait inséré dans le *Bulletin* et serait ainsi le trait-d'union entre les divers Bureaux diocésains. Si cette circulaire n'obtenait pas de réponse, la renouveler jusqu'à ce que les indications demandées aient été transmises.

2° Faire de temps à autre aux Bureaux diocésains des communications, par voie épistolaire, sur les événements les plus importants qui s'accomplissent au sein de l'UNION, et demander leur avis sur certaines questions qui intéressent spécialement notre grande Œuvre.

3° Obtenir des Secrétaires des Bureaux diocésains, la copie du procès-verbal de chacune des séances de leur Bureau, au fur et à mesure qu'elles ont lieu, et en publier un extrait dans le *Bulletin.*

4° Inviter très-instamment les Présidents, les Secrétaires et les membres des Bureaux diocésains, à entrer en relations avec le Bureau Central, quand ils viennent à Paris, et à assister à ses séances. Nous rappellerons que le siége du Bureau Central est rue de Verneuil, 32, et que les bureaux sont ouverts toute la journée.

5° Il serait à désirer que les Bureaux diocésains pussent recevoir, tous les deux ou trois ans, la visite fraternelle de l'un des membres du Bureau Central. Ce témoignage d'affectueuse sympathie créerait des liens plus intimes entre les deux Bureaux, et pourrait être, pour plusieurs Bureaux diocésains, une précieuse et facile occasion de ranimer leur zèle.

Secondement. — Du côté des Bureaux diocésains :

1° L'envoi de circulaires aux Associations ouvrières établies dans le diocèse, pour que celles-ci fassent connaître au Bureau diocésain leur situation, et l'informent des faits les plus saillants qui les concernent; ces circulaires feraient aussi mention des lettres reçues du Bureau Central et de leur objet. Les renouveler si elles restaient sans réponse.

2° Plusieurs Présidents et Secrétaires de Bureaux diocésains ne peuvent, à raison des fonctions absorbantes dont ils sont revêtus, donner à l'Œuvre tout le temps qui serait nécessaire, assister aux réunions, ni même faire les convocations. Obtenir d'eux, par l'entremise d'amis communs, qu'ils acceptent qu'un Vice-Président ou un Vice-Secrétaire les supplée pour la partie des attributions qu'ils n'ont pas le loisir de remplir.

3° Réunir une fois par an les Directeurs d'Associations ouvrières du diocèse et, dans cette réunion, traiter ensemble les questions qui intéressent la bonne direction du Bureau et celle des Œuvres ouvrières du diocèse.

4° S'appliquer à propager le *Bulletin de l'Union*, moyen très-efficace de faire connaître l'UNION elle-même, les Bureaux diocésains, et d'appeler l'attention sur la nécessité de créer des Œuvres d'ouvriers.

5° Adresser à la *Semaine religieuse* du diocèse de fréquentes communications sur la situation des Œuvres déjà existantes, et y faire insérer le compte-rendu de chacune des séances du Bureau.

6° Pour faciliter la création ou le développement des Œuvres ouvrières locales, avoir recours, chaque année, en les variant, à un de ces moyens ingénieux par lesquels la charité chrétienne trouve des ressources matérielles pour répandre plus largement ses bienfaits, par exemple : un sermon de charité, une loterie, une vente de charité, etc.

Il nous est bien doux d'être autorisé à rappeler aux Directeurs d'Associations ouvrières que deux de nos Œuvres catholiques les plus importantes, l'Œuvre de Saint-François de Sales et celle de Notre-Dame du Salut, considérant notre UNION comme une des plus grandes forces d'expansion de la charité catholique, continuent, avec la plus généreuse sympathie, de mettre à notre disposition les ressources pécuniaires que la piété des fidèles leur confie, et ne refusent jamais un secours d'argent aux Œuvres qui les sollicitent d'elles par l'intermédiaire du Bureau Central. Les Associations ouvrières déjà existantes et celles qui sont en voie de formation peuvent donc, en toute confiance, adresser leur requête, si la pénurie de leurs ressources l'exige, à l'infatigable Secrétaire général du Bureau Central, M. A. de Château-Thierry, dont le zèle et le dévouement à toute épreuve sont si bien connus et si universellement appréciés par les amis de l'UNION. Il s'empressera de faire toutes les démarches nécessaires pour que les demandes qui lui seront transmises soient couronnées de succès.

Messieurs, notre tâche touche à son terme. Permettez-nous, en finissant, de vous rappeler la devise de notre chère UNION : *Sint Unum!*

Sint Unum! Que cette magnifique devise, symbole de la charité chrétienne et source de sa fécondité, soit toujours notre phare et notre règle!

Sint Unum! Que le Bureau Central ait toujours devant les yeux cette parole du Sauveur, pour stimuler son dévouement à l'égard des Bureaux diocésains dont il s'est constitué le serviteur aussi humble que fidèle!

Sint Unum! Que les Bureaux diocésains ne perdent jamais de vue cet admirable précepte dans leurs relations avec les Associations ouvrières du diocèse, et qu'il les incite à former des liens plus étroits avec le Bureau Central!

Sint Unum! Que toutes les OEuvres de l'UNION inscrivent cette devise sur leur bannière, et, se considérant comme filles d'une même mère et sœurs entre elles, qu'elles soient unies par la plus étroite charité; qu'elles fassent tous leurs efforts pour étendre encore la grande famille de l'UNION, et procurer autour d'elles l'éclosion d'autres OEuvres qui leur devront le bonheur d'avoir part aux bienfaits dont elles jouissent elles-mêmes.

H. DU FOUGERAIS,
Chanoine honoraire. Vice-Président du Bureau Central.

II. — RAPPORT SUR LES CONFÉRENCES

POUR L'ÉTUDE DES ŒUVRES OUVRIÈRES DANS LES GRANDS SÉMINAIRES

MONSEIGNEUR,
MESSIEURS,

Nous avions fait insérer, dans le *Bulletin* de l'UNION du 6 juillet dernier, les mots suivants :

« Nous sommes heureux d'annoncer aux lecteurs du *Bulletin* une excellente nouvelle.

« La pensée de la création dans les Grands Séminaires d'une Conférence ayant pour objet l'étude des Œuvres ouvrières catholiques et l'examen des moyens les plus propres à l'établissement de ces Œuvres, est, de tous les côtés, admirablement accueillie par NN. SS. les Évêques et MM. les Supérieurs des Grands Séminaires. Un voyage que nous avons fait au commencement de l'année dans le centre et le sud-est de la France, pour faire connaître et propager notre chère Union des Œuvres ouvrières catholiques, nous avait déjà permis de constater, dans les vingt-deux diocèses que nous avons visités, l'unanimité et l'ardeur de ces sympathies en faveur de l'institution dont nous parlons. Ces sympathies se sont traduites par des faits.

« Aujourd'hui, une Conférence existe dans les Grands Séminaires dont les noms suivent :

« Saint-Sulpice (diocèse de Paris), Aire, Autun, Bayeux, Blois, Brou (diocèse de Belley), Chartres, Clermont, Coutances, Dijon, Grenoble, Le Puy, Lyon, Metz, Nîmes, Orléans, Rennes, Reims, Rodez, Saint-Jean de Maurienne, Séez, Soissons, Toulouse.

« Il en existe également une, depuis près d'un an, au Séminaire français de Rome.

« Il y a encore l'équivalent d'une Conférence à Moulins. De plus, nous connaissons huit Grands Séminaires où cette précieuse institutions est à la veille de s'établir, si, à l'heure présente, ce n'est pas déjà chose faite.

« Enfin, nous devons ajouter que, très-peu de jours avant sa mort, M. Eugène Boré, supérieur général des Lazaristes, qui vient d'être enlevé si prématurément à l'Église de France, nous avait exprimé le désir de recevoir du Bureau Central un programme indiquant la série et l'ordre des études à faire dans une Conférence, se proposant d'envoyer ce programme aux Supérieurs des Grands Séminaires dirigés par sa Congrégation.

« Ce désir de M. le Général des Prêtres de la Mission ne tardera pas à être réalisé, car, par les soins du Bureau Central, le programme dont il s'agit s'élabore, et d'ici à quelques semaines, paraîtra au *Bulletin*.

« On voit par ce qui vient d'être dit qu'un mouvement en faveur des Œuvres ouvrières s'accentue de plus en plus ; et, d'après nos renseignements particuliers, nous avons lieu d'espérer que, dans un avenir prochain, il y aura bien peu de Grands Séminaires qui ne possèdent dans leur sein cette Œuvre de zèle, véritable pépinière de Directeurs d'Associations ouvrières fécondes et durables. »

Nous ne pouvons aujourd'hui, Messieurs, que répéter devant vous ces consolantes déclarations, en les accentuant davantage, car les renseignements que nous venons de recevoir, depuis l'ouverture du Congrès, dépassent nos espérances.

Un nombre considérable de Grands Séminaires nous sont indiqués comme devant, à la rentrée prochaine, voir dans leur sein, s'établir une Conférence. Les Séminaires où elle existe déjà se louent hautement de cette heureuse innovation, et l'ardeur des séminaristes pour les œuvres de zèle grandit chaque jour davantage.

Nous aimons à faire remarquer ici que les Séminaires où une Conférence est déjà instituée sont dirigés les uns par des prêtres du diocèse, les autres par des congrégations de prêtres séculiers, d'autres enfin par des ordres religieux.

Lecteurs assidus du *Bulletin*, Messieurs, vous savez que le programme exposant la série et l'ordre des études à faire dans une Conférence, programme réclamé avec tant d'insistance, après avoir été élaboré avec le plus grand soin, a paru par sections dans les numéros du *Bulletin* des 6 juillet, 10 août et 7 septembre dernier. Ce travail, retouché de nouveau, conformément aux bienveillantes observations qu'il a provoquées, va paraître prochainement sous forme de document, et sera adressée à NN. SS. les Évêques et à MM. les Supérieurs des Grands Séminaires. Vous userez de votre haute influence, Messieurs, pour appeler sur lui l'attention et en faire apprécier l'importance.

La création d'une Conférence ne suscitant aucun des obstacles que rencontre parfois celle d'un Bureau diocésain, et cette Œuvre, objet de sympathies aussi vives qu'unanimes, étant regardée par tous comme immédiatement praticable, c'est ici surtout qu'une démarche faite par les élèves du sanctuaire auprès de leur vénérable et zélé directeur, aura une irrésistible efficacité.

N'est-il pas permis, Messieurs, en présence de cette admirable institution des Conférences dans les Séminaires pour l'étude des questions ouvrières, et à la vue de tant de précieux symptômes qui, en se manifestant de tous les côtés et sous toutes les formes,

attestent la prodigieuse vitalité de la sainte Église, en particulier
de l'Église de France, n'est-il pas permis de penser que notre nation est toujours, suivant la parole de saint Bernard, la nation pri-
vilégiée et bien-aimée de la Sainte-Vierge et que Dieu ne cesse de
la protéger?

H. DU FOUGERAIS,
Chanoine honoraire, Vice-Président du
Bureau Central.

DEUXIÈME RAPPORT

ORGANISATION, FONCTIONNEMENT ET TRAVAUX DU BUREAU DIOCÉAIN
DE BOURGES

MONSEIGNEUR [1],
MESSIEURS,

L'histoire du Bureau diocésain de Bourges ne sera pas longue
à vous raconter, car il n'a guère plus d'un an d'existence. Puisque,
malgré sa jeunesse, on a jugé utile que je vous en parle je vous
dirai d'abord sa fondation et son fonctionnement : en second lieu
les travaux qu'il a entrepris et les résultats obtenus.

I

Il a été fondé sous le haut patronage de Monseigneur l'Archevêque. Sa Grandeur a voulu présider Elle-même sa première réunion, dans laquelle elle insista sur la nécessité des Œuvres ouvrières
et sur les heureux fruits qu'elle attendait, pour leur développement
dans son diocèse, de la formation du Bureau diocésain. Elle dési-
gna, pour président, M. l'abbé de l'Escaille, vicaire général, pour

[1] Mgr de Ségur.

vice-président le R. P. du Fougerais, supérieur de la résidence des PP. Jésuites de Bourges.

Le premier soin du Bureau a été de former un Comité d'action, chargé de préparer ses travaux et d'exécuter ses décisions.

Le Bureau se réunit environ une fois chaque mois depuis la Toussaint jusqu'à Pâques. Il a décidé qu'après la prière chaque séance commencerait par la lecture d'un ouvrage propre à instruire ses membres des vrais principes qui doivent présider à la fondation et à la direction des Œuvres. Le Manuel de M. Harmel a été notre premier guide. — Les renseignements reçus sur les Œuvres du diocèse sont communiqués ; le Comité d'action soumet les demandes de secours au Bureau, qui accorde une somme proportionnée à l'importance de l'Œuvre et à l'état de sa caisse. Diverses communications sont faites sur les Œuvres qui concernent les classes ouvrières et quand l'ordre du jour est épuisé la séance se termine par la récitation du *Memorare* et des invocations aux saints patrons de l'Union, aux intentions du Souverain-Pontife, pour gagner les indulgences accordées à nos réunions.

Le Comité d'action se réunit, dans l'intervalle des séances, aussi souvent que les besoins l'exigent.

II

Le Bureau diocésain a pris trois choses pour but de ses premiers travaux :

1° S'offrir à MM. les Curés et aux hommes de zèle pour les aider à développer les Œuvres déjà fondées et surtout à en créer de nouvelles. Une circulaire rédigée en ce sens et suivie du Questionnaire de Nancy a été adressée à tous les Curés du diocèse. Une autre circulaire adressée aux Présidents des Conférences de Saint-Vincent de Paul du diocèse, appelait leur attention sur les Œuvres ouvrières et leur indiquait les Patronages comme l'une des œuvres les plus fructueuses auxquelles ils pussent se dévouer pour la moralisation du peuple. Enfin des lettres furent adressées aux personnes influentes dans les différentes parties du diocèse pour leur demander d'être dans le pays qu'elles habitent les correspondants et les représentants du Bureau diocésain.

Ces appels ont produit d'heureux résultats; ils seront réitérés jusqu'à ce que le but ait été complétement atteint.

2° Le second but qu'a poursuivi le Bureau a été de faire connaître le plus possible les OEuvres ouvrières; d'en faire apprécier non-seulement l'importance mais l'impérieuse nécessité pour l'avenir de notre pays. Pour cela on a résumé en quatre pages l'historique de l'Union; les heureux fruits qu'on pouvait attendre des OEuvres ouvrières. La notice fait connaître les avantages de l'Union et les conditions à remplir pour en faire partie; elle se termine par un appel à tous les hommes de cœur pour qu'ils viennent en aide à ceux qui se consacrent à la régénération du peuple.

Un Comité de dames patronnesses a été fondé pour aider à la diffusion de ces idées. On leur a remis des notices et des listes de dizaines, et, en quelques mois, elles ont organisé un sermon de charité et recueilli 125 adhésions de membres agrégés.

Le sermon de charité a été donné par M. le chanoine du Fougerais et n'a pas peu contribué à faire apprécier l'Union à Bourges. M. du Fougerais en outre a assisté à une séance du Bureau et à une réunion des dames patronnesses. Les fruits qu'a produit à Bourges la présence du Vice-Président du Bureau Central nous fait désirer que le plus souvent possible un de ses membres vienne resserrer les liens qui nous unissent et réchauffer notre zèle.

Pour assurer le recrutement des membres agrégés et la perception des cotisations on a chargé plusieurs dames du rôle de dizainières. Si l'on veut de l'argent, il faut l'aller chercher, et comme il est difficile à une seule personne de réclamer dans toute une ville et auprès de personnes qu'elle ne connaît pas; qu'il y a des inconvénients à mettre les recouvrements entre les mains d'un commissionnaire, le système des dizaines nous a paru le plus avantageux et le plus simple.

Nous envoyons au Bureau Central le nom des personnes qui doivent se faire agréger à l'Union : il prononce l'agrégation et envoie les diplômes, moyennant le versement annuel de la moitié de la cotisation.

3° Enfin le Bureau diocésain, convaincu de la vérité de cet axiome que « l'union fait la force » ne néglige aucune occasion pour unir entre elles les OEuvres du diocèse et pour les faire entrer dans le faisceau de l'Union dont le Bureau Central est le serviteur.

Lors des fêtes magnifiques célébrées à Bourges à l'occasion du Millénaire de sainte Solange, il les a convoquées autour de la bannière de l'Union. Et voilà quelques jours à peine, profitant de la présence de prêtres nombreux venus pour assister à la retraite ecclésiastique, M. l'abbé de l'Escaille a réuni ceux qui s'occupent des Œuvres. Deux séances ont eu lieu auxquelles ont assisté près de trente prêtres. M. le Vicaire Général a expliqué le but de l'Union, la mission du Bureau diocésain. Des documents ont été distribués ; enfin ceux qui avaient acquis plus d'expérience dans les Œuvres ont indiqué les meilleures méthodes à suivre pour réussir plus sûrement. Dans ces réunions nous avons pu nous convaincre, Messieurs, que, grâce à Dieu, qui les a fécondés, nos humbles efforts n'ont pas été stériles. Nous savions déjà qu'une dizaine d'Œuvres s'étaient fondées, dont trois dans des paroisses importantes et nous en avions aidé la plupart par des secours. Mais nous avons entendu parler de beaucoup d'autres Œuvres, qu'on ose à peine nommer parce qu'elles ne font que naître : et cela nous montre que l'on travaille sérieusement aux Œuvres. Et là où on ne travaille pas encore, on réfléchit et on prépare.

L'exemple de M. le Curé de Torteron a particulièrement été fructueux. Deux autres ouvroirs fonctionnent dans le diocèse et un quatrième va être fondé incessamment.

Le Bureau diocésain espère beaucoup, pour l'avenir des œuvres de la Conférence ouvrière que M. le Supérieur du Grand-Séminaire a promis d'y établir. Si quelque bien a été réalisé par le Bureau diocésain après Dieu, Messieurs, à la haute influence de Monseigneur l'Archevêque, il faut en rendre hommage au zèle infatigable de M. le vicaire général de l'Escaille, qui malgré de nombreuses et importantes occupations, se dépense sans mesure pour assurer son fonctionnement.

PAUL PIGELET,
Secrétaire du Bureau diocésain de
Bourges.

TROISIÉME RAPPORT

TRAVAUX DU BUREAU DIOCÉSAIN DE NANCY

Monseigneur [1],
Très-honorés Messieurs,

Je vous prie de croire qu'il m'eût été beaucoup plus agréable d'écouter toutes les belles et bonnes choses qui se disent ici chaque soir que de prendre moi-même la parole. Mais des voix autorisées m'ont dit : Vous parlerez, et je parle; vous nous direz quelque chose des travaux du Conseil diocésain de Nancy en 1877-78, et me voici ouvrant la bouche au milieu des docteurs pour vous entretenir quelques instants de Nancy que vous connaissez par cœur. Quelqu'un a dit *Bis repetita placent.* Je souhaite que le mot se vérifie ajourd'hui. Qu'importe d'ailleurs? J'aurai au moins le mérite de l'amour-propre sacrifié à l'obéissance, et un autre encore, celui de la brièveté.

Vous ne vous attendez pas, Messieurs, à ce que, cette année encore, nous ayons pris à Nancy un brevet d'invention nouvelle. Nous n'avons plus absolument rien inventé. Nous nous sommes bornés à exécuter fidèlement nos règlements et à en tirer tout le parti possible. Réunion, par convocation écrite, tous les deux mois, sous la présidence de Monseigneur, toujours présent, toujours dévoué, toujours prêt à porter la main à tous les rouages qui fonctionnent avec aisance. La prière au commencement de la séance, pour mettre Dieu et la Sainte-Vierge dans nos intérêts ; la prière à la fin, pour exprimer notre reconnaissance des bonnes inspirations que nous avons reçues, des résolutions que nous avons adoptées. Après la prière et l'adoption du procès-verbal, une lecture pieuse. Ah! j'avais tort, il y a une minute, d'affirmer que nous n'avions rien trouvé de nouveau. Monseigneur a découvert, pour les séances du

---

[1] Mgr de Ségur, chanoine-évêque de Saint-Denys.

Conseil, la lecture spirituelle. Et ce n'est ni peu, ni indifférent. Pendant la séance, nous traitons les affaires d'autrui, les intérêts des Associations à la ville et à la campagne. La lecture spirituelle est à notre bénéfice propre, pour notre profit personnel. Avant de songer aux institutions qui doivent être utiles au prochain, nous travaillons à notre amélioration à nous, par la lecture de quelques pages de *La Vie dévote*, de saint François de Sales, un Saint, Monseigneur de Ségur, que je crois fort de vos amis.

La lecture finie, on fait connaître les excuses, les causes qui empêchent celui-ci ou celui-là d'être présent à la séance. Ne pensez pas, Messieurs, que ce soit là chose futile, insignifiante. Quand la coutume est établie de ne pas manquer aux séances, sans se trouver dans l'obligation, morale au moins, de décliner des motifs, on fait preuve d'une plus grande exactitude réglementaire. Sur nos soixante membres du Conseil diocésain, il en est bien peu qui se dispensent de cette marque de déférence, de cet acte de politesse.

Quand, l'an dernier, j'ai fait connaître, au Puy, que notre Conseil diocésain se composait de cinquante membres, mi-partie ecclésiastiques, mi-partie laïques, ç'a été pour beaucoup un sujet d'exclamations. Un conseil composé de cinquante membres! Mais ce doit être une Babel, m'a-t-on dit plusieurs fois, et que peut-il sortir de bon d'une telle cohue?

Je vous affirme que ce n'est pas une Babel du tout, et que nos réunions sont des plus calmes, des plus dignes et des plus fructueuses.

En nous réunissant cinquante, nous avons d'abord le grand avantage de nous trouver au milieu des hommes les plus notables du diocèse par leur dévouement et leur expérience, et le second avantage que les membres du Conseil, répandus sur toute la face du diocèse, sont au courant de tous les besoins, de toutes les situations, soufflent partout le feu de la charité et se font localement les inspirateurs d'Œuvres, leurs guides et conseillers.

Quand un Conseil n'est composé que de peu de membres, on est exposé, celui-ci étant malade, celui-là, en voyage, tel autre, empêché par ses fonctions, de ne rencontrer qu'une assemblée très-incomplète, dont l'émulation est absente et où les renseignements font défaut. Chez nous, grâce au nombre de nos inscriptions, nous nous trouvons toujours de trente à quarante; ce qui permet d'abonder en renseignements, de délibérer avec entrain et de conclure avec un chiffre respectable de votants.

Et puis, chose qui a bien son mérite, il y a la quête qui termine la séance. Si l'on est peu, la bourse est légère. Si l'on est beaucoup, l'argent tombe dru dans le chapeau du Trésorier; la caisse devient prospère et se trouve en situation de verser, sur les Œuvres naissantes ou souffrantes, une rosée salutaire.

Voilà ce que j'avais à dire à ceux qui s'épouvantent de notre multitude. Nous en sommes si peu effrayés nous-mêmes, qu'aux cinquante membres que nous comptions l'an dernier, nous en avons ajouté dix et qu'aux soixante de l'année actuelle nous en ajouterons certainement une nouvelle dizaine : et ce sera un bénéfice à la fois matériel et moral.

Il m'a été dit aussi avec tristesse par un vénérable membre d'un Bureau diocésain du Midi : Vous êtes bien heureux de savoir occuper vos séances. Les nôtres sont complétement dénuées d'intérêt. On ne sait qu'y faire ni qu'y dire ; on se regarde avec embarras, on s'entretient de quelques généralités et puis on s'en va, avec la conviction que l'on a peu fait pour l'avancement du règne de Dieu.

C'est, ai-je répondu, que votre ordre du jour pèche et n'a pas été préparé dans la séance précédente. Chez nous, il est de principe que tout le diocèse, avec ses Œuvres diverses, doit être passé en revue chaque année. Donc, à la fin de chaque séance, on convient des cantons dont on s'occupera à la réunion suivante, et Monseigneur désigne les rapporteurs qui les connaissent le mieux, soit parce qu'ils ont avec eux des relations journalières, soit parce qu'ils les habitent. Quand on arrive au salon épiscopal, on sait de quoi il sera question. Chaque rapporteur désigné dissèque par écrit son canton, indique ce qui s'y fait, ce qui pourrait s'y faire, spécifie les besoins, demande les subsides nécessaires. De cette manière, les séances, loin de manquer de sujet d'entretien, de matières à traiter, sont toujours pleines, utiles et intéressantes, parce que l'on ne se perd jamais dans le vague. De cette manière aussi, le diocèse est passé annuellement en revue, sans que le plus petit coin échappe à l'attention. Et enfin, pour faire l'inventaire de fin d'année, et avoir la connaissance complète de l'actif et du passif, il suffit d'un coup d'œil rapide, jeté sur un questionnaire spécial, non pas le questionnaire que vous connaissez tous et qui est devenu classique sous le nom de Questionnaire de Nancy, mais un questionnaire spécial de fin d'exercice, à l'usage des rapporteurs et des correspondants. J'ai eu l'honneur d'en remettre des exemplaires à la première Commission, et je la supplie de l'adopter ou d'en trouver un meilleur, auquel cas nous ne manquerons pas de nous en emparer. Car, dans les œuvres de Dieu, il ne peut y avoir d'amour-propre d'auteur. Il ne doit s'y rencontrer qu'émulation et désir de profiter de toutes les expériences pour arriver plus sûrement et plus vite au bien.

A votre intention, j'ai opéré le dépouillement des Questionnaires du dernier exercice. J'y ai fait d intéressantes découvertes. Quelques-unes de nos créations ouvrières, plantées sur un terrain où elles rencontraient plus d'éléments humains que de sève religieuse, n'ont pas tardé à s'étioler, et leurs tiges desséchées gisent aujourd'hui sur le sol. On songeait plus à leur fournir des jeux, des divertissements, qu'à leur donner une instruction solidement religieuse. Il est difficile de toujours varier les jeux, les récréations; la satiété vient vite, amenant à sa suite l'ennui et la désertion. Il arrive même trop souvent que les jeunes déserteurs s'en vont exercer dans des milieux dangereux, les petits talents de billard qu'on leur a donnés.

Ces Associations ne seront pas ressuscitées tant que, suivant ce qui a été dit à Reims et ailleurs, on n'essaiera pas de les greffer sur une *Confrérie*. L'expérience pour notre diocèse ne laisse rien à désirer. A la campagne, une Œuvre, qu'elle soit d'enfants, de jeunes gens ou d'hommes faits, peut bien naître dans un moment d'entrain, mais ne saurait durer. Souvent le vénérable pasteur qui l'a créée est appelé dans une autre paroisse et sa création, qui ne vivait que par lui, disparaît; ou il meurt, et son Œuvre est enterrée avec lui. Autrement en est-il, quand l'Association est une Confrérie, ayant son Saint, sa bannière, son autel, ses exercices religieux. Le successeur, arrivant, la trouve pieusement groupée autour de l'autel; sans peine, sans effort, il met la main sur l'héritage, qui n'a point pâti et qui, maintes fois, au lieu de souffrir détriment, reçoit un nouvel élément de vie et de stabilité.

Je voudrais, Messieurs, qu'à cette place que j'occupe si imparfaitement, vous vissiez, vous entendissiez Mgr de Nancy, dont je ne suis que le porte-voix indigne. Sa Grandeur vous dirait ce qu'elle nous répète plusieurs fois l'année : Suscitez des Œuvres à la campagne; suscitez-en beaucoup. Mais, si vous voulez qu'elles donnent des fruits de salut et qu'elles aient des conditions de durée, plantez-les sur le terrain solide d'une Congrégation religieuse ou Confrérie. Hors de là, à très-peu d'exceptions près, vous ne produirez qu'un feu passager, qu'une flamme éphémère.

Je désirerais aussi que tous les *Bureaux diocésains* de France entendissent les paroles de notre bien-aimé prélat, quand il nous prodigue ses paternels encouragements. Que de fois n'est-on pas tenté de laisser tomber ses bras découragés et de se dire : Que faisons-nous, mon Dieu! Qu'obtenons-nous? Que sont tous nos efforts, que sont nos travaux? Une goutte d'eau dans la mer orageuse. N'importe! travaillons de tout cœur, de toute âme. Malgré la faiblesse des résultats obtenus, ne nous laissons pas aller : découragement, *sursum corda!* N'est-ce donc rien que l'esprit d'association chrétien, réveillé dans notre pays, où s'agitent tant de passions mauvaises? La résurrection de l'esprit d'association est un fait immense et ce sera l'éternel honneur de notre chère *Union* des Œuvres ouvrières.

Voilà, Messieurs, l'écho bien affaibli de ce que vous dirait notre vénérable évêque. Après avoir entendu sa parole éloquente, les diocèses, qui n'ont pas encore de Conseils d'Œuvres d'hommes, s'empresseraient d'en jeter la base; ceux qui déjà ont l'avantage d'en posséder, les développeraient avec dévouement et avec une plus entière confiance, et tous, dans leurs créations, à la campagne surtout, prépareraient solidement le terrain par la fondation de Confréries, seule base, non mouvante, où il soit possible d'asseoir quelque chose de solide et de durable.

C'est parce qu'elles manquaient de ce terrain solide que quelques-unes de nos Œuvres rurales, ayant déjà deux ou trois ans d'existence, ont piteusement échoué. Cinq ou six n'ont pas répondu à l'appel de fin d'année. Le moyen de toujours trouver son compte, c'est, l'une s'effondrant, d'en créer immédiatement deux autres. Nous n'y avons pas manqué, et voilà pourquoi nos registres mentionnent à l'heure présente cent-trente Œuvres; dix de plus qu'à la récapitulation de l'exercice précédent.

Nous avons donc encore tout sujet de louer Dieu. Nous le louons encore pour les créations nouvelles; nous le louons encore pour le bon esprit qu'il a conservé dans la plupart de nos anciennes Œuvres, pour les succès qu'il leur a donnés, et pour les fruits de salut qu'elles obtiennent.

Je voudrais pouvoir vous introduire dans les lieux de réunions d'un grand nombre de nos Patronages de villes. Combien vous seriez édifiés au milieu des deux cent quarante-cinq jeunes gens de l'*Union* de Pont-à-Mousson, aux Patronages de la Cathédrale, de Saint-Sébastien, de Saint-Fiacre et de Saint-Léon, de Nancy, aux deux Associations d'ouvriers, excellemment dirigés par les RR. PP. de la Compagnie de Jésus, à la Société des Patrons qui, en quelques mois, de soixante sont devenus cent, et un certain nombre d'Œuvres rurales, comme Charey, Lucey, Brouville, etc.!

Mais les limites que je me suis imposées me font une loi de passer toutes ces Œuvres, et bien d'autres encore, sous le silence. Je ne ferai d'exception que pour une seule de nos Œuvres rurales, afin de vous montrer quel esprit nous cherchons à leur inculquer. *Ab uno disce omnes.*

Champigneules est un village non loin de Nancy; on y voit, à côté d'usines importantes, force cafés, cabarets et bals. Malgré ces déplorables éléments, un curé zélé est parvenu à réunir soixante-cinq jeunes gens de douze à dix-huit ans. Tous les dimanches, ils assistent, dans une salle d'école, à une instruction, lecture ou conférence appropriée à leur âge, et suivie quelquefois d'une promenade. Les récréations sont l'exception, l'encouragement; point de billard, point de consommation de liquide. On vient pour s'instruire, s'encourager, se soutenir mutuellement, sous le patronage du Sacré Cœur. Les membres communient à peu près tous chaque mois, et célèbrent très-solennellement leur fête patronale, le deuxième dimanche de la Fête-Dieu. Aux offices spéciaux, ils assistent en corps; aux processions, ils suivent une magnifique bannière qui est leur propriété. C'est ainsi qu'ils vivent depuis quatre ans, croissent lentement, mais sûrement, prospèrent et dureront, grâce au lien religieux.

Messieurs, je suis plus impatient encore que vous d'en finir avec ma tâche qui n'est qu'un complément de mes rapports de Lyon, de Reims et du Puy. Mais, pour vous dédommager d'une foule de petits détails maladroitement exposés, permettez-moi de signaler, en peu de mots, à l'honneur du Conseil diocésain de Nancy, deux traits.

Le premier vous a déjà été indiqué au Puy. En présence de la suppression inique du traitement d'un grand nombre d'aumôniers militaires, le Conseil diocésain a voulu prendre à sa charge la reconstitution du traitement de deux de nos aumôniers titulaires, l'un d'une division de cavalerie, l'autre d'une brigade d'infanterie, d'un régiment de cavalerie et d'une batterie d'artillerie. Il fallait 4,500 francs. A la demande de notre Évêque, les membres de notre Conseil, — ils étaient heureusement nombreux! — se sont inscrits sur une liste de souscription. Sans fracas ni retentissement, la liste a été introduite dans le sein de leurs familles, chez leurs amis, et l'argent est venu à point pour permettre à nos braves aumôniers de continuer leur haute mission. C'est l'histoire de l'année dernière; ce sera celle de l'année présente, car il ne manque plus que quelques centaines de francs à l'appel.

J'ouvre une parenthèse pour vous dire tout l'intérêt que nous portons à l'Œuvre militaire. Aujourd'hui que tout le monde passe à la caserne, c'est l'Œuvre des Œuvres. Le R. P. Joseph ne me démentira pas. Aussi, avons-nous formé un Comité militaire des plus actifs. Plus de cent soixante sous-officiers et soldats sont directement patronés par lui, en correspondance suivie, et souvent des plus touchantes avec lui. A la dernière séance, on nous a lu une série de lettres qui nous ont tous vivement intéressés et émus.

Le second fait, le voici :

Le curé d'un de nos faubourgs, amateur de belles peintures et bon connaisseur, possédait une collection de tableaux remarquables. Il y avait placé la meilleure partie de ses économies, et, comme tout collectionneur, il y attachait un grand prix. Mais c'est aussi un saint prêtre, très-dévoué à ses devoirs, et un membre assidu du Conseil diocésain. Il lui vint à l'esprit que lui, qui avait mission de souffler le feu sacré et de créer des Œuvres ouvrières, n'en possédait point dans sa paroisse. Il en aura une. Le voilà donc qui achète une maison de 40,000 francs pour établir un patronage. Mais avec quelles ressources acquittera-t-il une partie de sa dette? Avec le produit de ses meilleurs tableaux mis en loterie. Quand on pense, Messieurs, au fanatisme des collectionneurs, et à tout ce que le cœur du bon curé a dû souffrir de déchirements en se séparant de tant de vieux amis, on se dit : c'est admirable, et il n'y a que la religion et la soif des âmes qui puissent inspirer de si héroïques résolutions.

Je vous laisse, Messieurs, sous l'impression de ce bel acte de charité, dont la révélation me vaudra de vous, je l'espère, les circonslances atténuantes pour les précieux instants que je vous ai pris, par ordre supérieur.

VAGNER,
Cheva'ier de l'Ordre de Saint-Grégoire-
le-Grand, à Nancy.

QUATRIÈME RAPPORT

TRAVAUX DU BUREAU DIOCÉSAIN D'ORLÉANS

MONSEIGNEUR,
MESSIEURS,

I. — On cherchait, lors de la première séance, les moyens de créer les Bureaux diocésains. Aucun des moyens mentionnés ou proposés n'a procuré l'institution du Bureau d'Orléans. Nous avons tenu en 1874 ou 1875 (j'oublie même les dates de l'histoire la plus contemporaine et la plus locale), un Congrès diocésain des Œuvres qui a pleinement réussi.

Nous avons compté jusqu'à *quatre cents* congressistes dans nos assemblées générales du soir. Nous avons eu des rapports sur toutes les Œuvres, et elles sont nombreuses et anciennes, soit dans Orléans, soit dans le reste du diocèse. Il y a eu cordialité parfaite entre les ecclésiastiques et nos admirables laïques des Conférences de Saint-Vincent de Paul et du Comité catholique. Surtout, il y a eu un élan donné et éclosion ou développement d'un bon nombre d'Œuvres à la suite et par le fait du Congrès. Ce Congrès a senti la nécessité de se survivre à lui-même : il s'est résumé et continué dans le Bureau diocésain.

II. — L'organisation du Bureau s'est faite d'après cette formule : Entente et union de l'*Administration épiscopale*, du *Clergé paroissial* et du *Personnel dirigeant des Œuvres existantes à Orléans*. L'Évêque est seul président et président effectif. Mgr le Coadjuteur a présidé jusqu'ici toutes nos réunions sans exception. Nous avons deux vice-présidents, l'un ecclésiastique, l'autre laïque, — et deux secrétaires, l'un ecclésiastique, l'autre laïque. Nous réalisons, quant à ce point, l'idéal de M. Vagner. Nous sommes une trentaine de membres en tout : ici, encore, nous nous trouvons les heureux imitateurs du Conseil de Nancy.

Nous avons une Commission permanente, laquelle n'a guère fonctionné jusqu'à ce jour.

Nous avons, de plus, une Commission spéciale des Œuvres de la ville : elle s'est réunie une fois seulement.

III. — Ce que nous avons fait, le voici. Nous avons, au moyen d'un questionnaire envoyé sous le couvert de l'Évêché, à tous MM. les Curés du diocèse, et qui nous est revenu rempli d'une façon très-précise, provoqué un compte-rendu complet de l'état, dans toutes nos paroisses, des Œuvres d'enfants, de jeunes filles, de jeunes gens, de femmes, d'hommes.

De plus, nous avons obtenu sans aucune difficulté que Monseigneur et MM. les Archidiacres fissent eux-mêmes la distribution, dans leurs diverses tournées, des documents, brochures, catalogues, etc., intéressant ou facilitant la propagation des Œuvres ouvrières, militaires, etc. Mgr le Coadjuteur appuie cette distribution des explications les plus bienveillantes et des encouragements les plus autorisés. Sa Grandeur veut bien nous rendre compte au retour de ses courses pastorales, des résultats obtenus ou des espérances conçues.

Nous avons projeté et même rédigé un questionnaire annuel qui doit être chaque année envoyé à ceux seulement de MM. les Ecclésiastiques qui ont déclaré, au lendemain du Congrès diocésain, posséder une Œuvre ouvrière quelconque ou avoir la pensée d'en fonder une. L'hiver prochain, nous l'espérons, notre questionnaire *annuel* sera sorti de nos cartons et aura provoqué des réponses sincères et instructives.

Une foule de questions de *détail* ont été examinées au Bureau diocésain; projets nouveaux pour la moralisation des domestiques de ferme, pour le rétablissement de certaines confréries populaires, comme celle des Couverturiers, etc., ont surgi au cours de ses séances.

Peut-être avons-nous manqué parfois de précision, sortant de notre spécialité, élargissant trop notre cadre, causant de choses absolument étrangères à notre mission. Mais, petit à petit, nous en sommes venus, je crois, à nous borner et à ne nous occuper que des Œuvres ouvrières et populaires.

Jusqu'ici tout est bien, ou au moins il n'y a pas trop de mal. J'arrive à la confession de nos fautes, non... de nos imperfections. Nos réunions n'ont pas été assez régulières, ni assez fréquentes : nous n'avons pas même réalisé la réunion trimestrielle. A l'origine, nous étions très-excusables. Aujourd'hui, nous le sommes peut-être un peu moins. Toutefois, il y a, à notre avantage, des circonstances atténuantes. D'abord, les membres du Bureau, et peut-être plus particulièrement les membres laïques du Bureau, appartiennent déjà à toutes sortes d'Œuvres ou d'Assemblées, desquelles ils sont les chevilles ouvrières : ils ne savent comment suffire à tant d'exigences et distribuer leurs heures de liberté entre tant de réunions diverses.

De plus, si Monseigneur et M. le Vicaire général, vice-président, sont absents pendant l'hiver et le printemps, époque des tournées pastorales, par contre, MM. les Membres laïques sont à la campagne pendant l'été et l'automne. Il y a là tout un problème à résoudre.

Je dois dire enfin que, jusqu'à ce moment, le Bureau diocésain n'a pas acquis une autorité ou, si on l'aime mieux, une influence suffisante. A Orléans, la plupart des Œuvres lui sont antérieures : il n'a pas à faire valoir sur elles les droits de la paternité. Il ne peut même guère prétendre aux droits de la paternité adoptive, le Comité catholique dont il n'est que le puîné ayant, très-légitimement et très-noblement du reste, conquis et accaparé pour lui la protection de ces Œuvres ou des Œuvres nouvelles qui connaissent sa caisse riche et généreusement ouverte. Nous n'avons pas de caisse, nous ; et tout ce que nous pouvons faire, c'est d'appuyer les demandes de secours faites au Comité catholique.

L'abbé LEROY,
Secrétaire du Bureau diocésain d'Orléans.

CINQUIÈME RAPPORT

MONOGRAPHIE DE LA CONFÉRENCE ÉTABLIE AU GRAND SÉMINAIRE DE SÉEZ (ORNE) POUR L'ÉTUDE DES ŒUVRES OUVRIÈRES

MONSEIGNEUR,
MESSIEURS,

En venant pour la première fois au Congrès de l'Union, je me disposais à écouter mes vénérés confrères, et nullement à leur adresser la parole. La Conférence ouvrière du Grand Séminaire de Séez, dont votre Grandeur nous a demandé la monographie, ne compte que sept mois d'existence, et loin de pouvoir être proposée comme modèle, elle a tout à apprendre de ses aînées; mais il y a longtemps, Monseigneur, que nous sommes heureux, à Séez, de nous incliner à votre voix sous la bannière de saint François de Sales, et nous nous empressons de le faire aujourd'hui sous la croix de l'Union.

Au milieu du mouvement qui de nos jours entraîne tant de généreux laïques vers les Œuvres ouvrières, c'est un devoir pour les prêtres de s'initier à ces Œuvres afin de les encourager, de les soutenir et de les diriger. Nous qui avons reçu la redoutable et délicate mission de préparer les lévites à l'honneur et à la charge du sacerdoce, nous nous rappelons la parole de saint Paul à son disciple : « *Discant nostri bonis operibus præesse adusus necessarios.* » (Tit., III, 14.) Il est plus nécessaire que jamais pour le clergé de se mettre à la tête des bonnes œuvres, et cette autre parole de saint Paul doit inspirer sans cesse notre conduite vis-à-vis des clercs que Notre-Seigneur nous a confiés : « *Admone illos... ad omne opus bonum paratos esse.* » (Tit., III, 1.)

Depuis plusieurs années déjà, M. Rault, vicaire général, supérieur du Séminaire, dans ses entretiens sur la pratique du saint ministère, insistait fortement sur la nécessité et l'organisation des Œuvres ouvrières, mais cette année, il a voulu établir une Conférence spéciale sur cette matière importante, et il a chargé un directeur du Séminaire de ce cours d'un nouveau genre, désigné sous le nom de « Conférence ouvrière ».

Nous nous sommes inspirés des sages principes émis au Congrès de Reims [1] par Monsieur Dieil, aujourd'hui directeur du Séminaire de Saint-Sulpice, et nous n'avons admis à notre Conférence que les élèves de troisième et de quatrième année, engagés pour la plupart dans les ordres sacrés et déjà formés aux habitudes de travail, de recueillement et de piété qui doivent constituer la vie du Séminaire.

La Conférence a lieu tous les jeudis pendant trente ou quarante minutes au moment du temps libre [2] : elle est facultative; mais presque tous les diacres et sous-diacres la suivent très-fidèlement. Lorsque nous avons la bonne fortune de posséder quelque confrère, directeur ou aumônier d'Œuvres ouvrières, comme il nous est arrivé deux fois cette année, nous le prions de nous dire ses efforts, ses difficultés, ses succès. Ce jour-là nous ouvrons les portes toutes grandes, et les séminaristes de première et de seconde année s'empressent de venir à la Conférence, dont ils peuvent déjà apprécier les avantages.

Quant à la marche suivie dans ce cours des Œuvres ouvrières, j'avoue que dans le principe j'ai été très-embarrassé. Nous n'avions pas encore l'excellent programme que M. le chanoine du Fougerais nous donne actuellement dans le *Bulletin de l'Union*, et nous marchions à tâtons dans un pays inconnu. Nous commençâmes par étudier l'énergique « *Appel* adressé au clergé par le P. Valuy, *pour la sanctification spéciale des hommes* ». Deux séminaristes désignés à l'avance rendaient compte de l'opuscule, et signalaient les passages les plus importants. Nous avons fait de même pour le *Bulletin de l'Union* dont nous recevons deux exemplaires. Pour entrer plus avant dans l'organisation méthodique des Œuvres, je parcourus les comptes-rendus des différents Congrès, où abondent les plus précieux matériaux; mais je ne savais dans quel ordre les mettre en œuvre, lorsque je trouvai annexé à la lettre adressée l'an dernier à

[1] Voir le compte-rendu, p. 151.
[2] De neuf heures à onze heures, entre les classes d'Écriture-Sainte et d'Éloquence sacrée, les séminaristes ont deux heures de temps libre qu'ils peuvent consacrer à la récréation ou à l'étude.

Mgr de Ségur par M. de La Tour-du-Pin, le *Plan général de l'Œuvre des Cercles catholiques d'ouvriers;* je m'y attachai, et après avoir montré la nécessité pour le prêtre, de grouper autant que possible en comité les catholiques influents pour fonder, maintenir et développer les Œuvres, je parlai de l'organisation de la pratique religieuse et de la charité chrétienne, des institutions économiques, des moyens d'instruction, des délassements et des jeux. Je développai ces différents sujets, à l'aide des comptes-rendus et des documents de l'Union, de l'Instruction sur l'Œuvre des Cercles catholiques d'ouvriers, du Manuel de la corporation chrétienne par M. Harmel et de l'excellente Revue des questions sociales et ouvrières, l'*Association catholique,* que nous nous proposons de mettre l'année prochaine entre les mains des Séminaristes, ainsi qu'on le fait en plusieurs Séminaires, notamment à Coutances. J'insistai particulièrement sur les faits et les exemples cités dans ces divers documents; car si les principes peuvent nous émouvoir, les exemples ont la vertu de nous entraîner.

J'ai appelé notre Conférence un cours d'Œuvres ouvrières : mais le professeur s'efforce de s'y effacer pour entretenir une simple conversation avec ses interlocuteurs. Les séminaristes proposent leurs difficultés, leurs doutes, leurs objections, et le directeur y répond en se maintenant le plus possible sur le terrain des faits. Nos diacres m'ont promis, en partant en vacances, de recueillir et de m'apporter à la rentrée toutes les difficultés que ne manquent pas de soulever ceux qui ne se sont pas encore occupés des Œuvres ouvrières, surtout, m'a-t-on dit, quand ils ont l'avantage d'être *Normands.* Je n'ai donc qu'à bien écouter pendant ce Congrès, pour être en mesure de répondre !

Pour nos vingt-cinq nouveaux prêtres qui sont entrés après l'ordination de la Trinité dans le saint ministère, je leur ai donné à chacun d'eux, les principaux documents de l'Union, avec des notices sur l'Œuvre des Cercles catholiques d'ouvriers, aux bases de laquelle ils ont *tous* adhéré, et nous espérons que la divine Providence bénira le désir qu'il ont de se mettre au service de nos Œuvres.

J'aurais voulu, Messieurs, vous exposer les résultats de notre Conférence, mais vraiment nous sommes trop jeunes, et il me faut au moins attendre à l'année prochaine. Cependant, laissez-moi *dire* dès aujourd'hui qu'un souffle favorable aux Œuvres ouvrières passe

sur notre diocèse et qu'il est sorti en partie de notre petite Conférence.

Plusieurs de ses membres ont voulu offrir à Notre-Dame de
Chartres et à son Congrès, les prémices de leur sacerdoce. Je vous
demande la permission de vous citer en terminant la lettre touchante que l'un d'eux m'écrivait en se faisant inscrire pour cette
Assemblée.

« La vigne que la Providence m'a confiée est quelque peu ingrate,
mais je ne perds pas confiance... Au milieu des difficultés ce que je
vois de plus clair, c'est qu'il faut que je me sanctifie, avant de sanctifier les autres. La vie est dure au milieu du monde : j'étais au ciel
dans mon cher Séminaire, aujourd'hui je suis au purgatoire ; mais
je ne me plains pas, puisque j'ai ce que je n'avais pas dans mon Séminaire : la souffrance. Avec cela, on peut aller loin. » Puis, rapportant
les paroles d'un négociant catholique qui vient de se retirer des
affaires et qui disait devant lui : « Pourvu que je me trouve une
petite place dans une Conférence de Saint-Vincent de Paul ou
dans un Cercle, je saurai bien m'occuper, il ajoutait : « Quel
exemple ! Notre-Seigneur a dit : « Je suis venu apporter le feu sur
« la terre. » Quelle honte pour les prêtres de voir ce feu dévorer les
laïques, tandis qu'eux-mêmes qui tiennent chaque matin entre leurs
mains le foyer de cette flamme divine, n'en ressentiraient aucun
effet ! Ces considérations m'ont fait préférer le Congrès à toutes les
sollicitations et les occasions qui se sont offertes pour m'attirer à
l'Exposition. On peut cultiver ses goûts, lorsqu'on est encore jeune,
mais une fois chargé du saint ministère, on doit agir en homme, et
rejeter tout ce qui regarde la jeunesse.

« Adieu donc, de grand cœur, à Paris et à ses merveilles, je
m'arrêterai à Chartres. »

Il est ici, Messieurs, avec plusieurs de ses jeunes confrères et de
ses aînés dans le sacerdoce. Tous ensemble, nous venons chercher
au milieu de vous, encouragement, force et lumière, pour travailler avec vous au salut de nos chers ouvriers, en même temps qu'au
salut de la France et au triomphe de l'Église.

L'abbé DAREL,
Chanoine honoraire, Directeur au
Grand Séminaire.

SIXIÈME RAPPORT

UTLITÉ DE L'ŒUVRE DE NOTRE-DAME DE SALUT POUR LE DÉVELOPPEMENT DES ŒUVRES OUVRIÈRES

MONSEIGNEUR,
MESSIEURS,

Au lendemain, en effet, de cette petite assemblée de Nevers, où l'on décida que les Œuvres ouvrières existantes formeraient une union merveilleuse sous la devise *Sint unum,* on résolut, dans un coin de Paris, de soutenir ce mouvement social par l'aumône et la prière. C'était le Salut.

On voulait vous laisser toute l'action, toutes les heureuses combinaisons, la proclamation des principes, et sans s'exposer à vous rencontrer sur ce terrain, recueillir des aumônes pour aider d'abord le centre de l'Union, le Bureau Central et les Congrès, et, secondement, pour faire naître des Œuvres ouvrières, spécialement dans les petites localités.

Tout le monde, en effet, sentait la nécessité des Œuvres, on traçait les méthodes et les règlements, — MM. les Curés en proclamaient l'opportunité, mais les Œuvres ouvrières étaient précisément plus nécessaires, là où il y avait moins de ressources, et l'expérience a démontré que, dans ces localités déshéritées, la plus petite somme devenait un encouragement puissant pour agir. On nous l'avait dit à Nevers, les riches se groupent ensemble, l'ouvrier est rejeté dans le faubourg ou dans le bourg éloigné, et il faut à notre temps des moyens d'unir les petits aux heureux de la terre, qui n'étaient pas aussi nécessaires lorsque ces séparations, de fait, n'existaient pas, et que le mauvais riche lui-même trouvait un Lazare sur son escalier, ce qui n'arrive plus aujourd'hui,

Une autre difficulté était de venir en aide à une caisse comme celle du Bureau Central, qui ne secoure directement aucune misère, et qui ne travaille pas comme Marthe, parce qu'elle a choisi la meilleure part comme Marie.

Les dames ne donnent point volontiers pour les Congrès et pour ce qu'on appelle les papiers, et les hommes qui comprennent davantage n'ont pas le temps de donner. Or, si l'on voulait, pour faire fonctionner un hôpital, quêter d'une part en faveur des malades, et d'autre part en faveur de l'administration de l'hôpital, les malades recevraient tout et la pauvre administration ne recevrait rien. Il fallait donc, dans une même quête, demander ce qui était nécessaire et à la tête et au cœur; ce fut une des causes de cette fondation de caisse générale des Œuvres ouvrières.

La caisse du Salut fut donc créée, ouverte, remplie, et ce qui est mieux, sans cesse désemplie.

Elle a donné dans le dernier exercice, sur 140.000 francs de recettes, 55,000 francs aux Œuvres ouvrières, dont 6,000 francs au Bureau Central.

Mais surtout, elle prêche à tous de venir en aide directement à la caisse du Bureau Central de l'Union, et aussi de venir en aide aux Œuvres spéciales; elle en fait un devoir à ses associés, car l'association du Salut n'est qu'un moyen de secours, qu'un arrosement à l'heure de la sécheresse, et pour boire et se rafraîchir il ne suffit pas de l'eau des pompes à incendie, quoique nul ne puisse nier l'utilité des pompes d'incendie.

Messieurs, quand il y aura le feu dans votre caisse (ce feu immatériel qui s'alimente du vide), demandez à Saint-François de Sales, car les Œuvres ouvrières sont une part de son vaste domaine, et demandez aussi au Salut.

Sans entrer dans le détail de l'organisation, je vous dirai seulement que les demandes doivent être examinées par le Directeur diocésain désigné par NN. SS. les Évêques, et utilement par le Bureau diocésain lui-même quand il existe, et que NN. SS. les Évêques veulent bien lui donner cette mission.

Cette année toutes les demandes régulières ont été satisfaites, sauf celles de Paris auxquelles le Salut ne donne pas, parce que c'est une Œuvre essentiellement provinciale.

On a plusieurs fois discuté de l'opportunité de l'Œuvre du Salut, on a pensé çà et là qu'il valait peut-être mieux faire des groupes de dames patronesses dans chaque ville, qui seraient les nourricières des Œuvres d'un même diocèse et les soutiens du Bureau diocésain, sans faire sortir les fonds.

Le Salut n'a jamais combattu ces efforts, excepté quand ces réunions prenaient son nom; les bénédictions de Dieu devaient marquer où serait la vérité pratique.

Or, voici les résultats des premières expériences :

Ces réunions départementales, au lieu d'être excitées par l'intérêt des Œuvres locales, ont manqué partout de vitalité, et la plus heureuse de celles que nous connaissons s'étant maintenue dans un grand diocèse de France, il arrive qu'on a constaté depuis deux ans qu'elle donne dans le diocèse des secours ordinaires de 15 et 20 francs seulement, tandis que l'Œuvre générale, quoique privée de son comité proprement dit, a donné un nombre de secours supérieurs, et qui ont été, eux, de 150, 200 et 300 francs. ·

Le tout est envoyé par le Bureau diocésain, chargé par l'Évêque de cette mission.

Au nom du *salut* de la France on peut quêter hardiment et chercher la souscription du sou dans l'école, dans l'atelier, car c'est la souscription du pauvre qui a été jusqu'ici le principal revenu de l'Association, mais au nom du salut des Patronages du diocèse et même des Cercles, cette collecte n'aura jamais cette forme populaire.

Les faits ont d'ailleurs partout manifesté la puissance des Œuvres générales dans l'Église, à cause peut-être du côté plus large, moins individuel de leur charité.

Je ne crains point d'affirmer que partout où l'on aura créé sérieusement, par souscriptions, l'Œuvre du Salut, on aura creusé près du Bureau diocésain un canal bienfaisant d'irrigation pour ce Bureau et pour les Œuvres locales.

II

Le Salut, en effet, ne demande pas à ses associés une simple offrande; il leur demande d'allumer dans leur cœur l'amour des Œuvres ouvrières et des ouvriers, surtout de ceux qu'ils emploient.

Et cet engagement repose sur la prière qui doit être le commencement de l'Œuvre, et qui en est devenue, sans qu'on l'ait cherché, le côté principal.

Car c'est en formant d'abord une simple association de prières pour vos ouvriers, pour tout ce peuple qu'on égare, que sont nées ces grandes neuvaines nationales pour le salut de la France, et cette action surnaturelle, parfois bien hardie, et qui a pour adversaires également ardents, les conservateurs et les destructeurs, et ceux qui hésitent dans leur foi et ceux qui blasphèment.

Cette prière sociale et non isolée a pris au soleil de plus en plus la forme de pèlerinage, prière qui a quelque chose de la vie et de l'aspect de nos Œuvres ouvrières, et qui a toujours été cultivée par elles, alors que le jansénisme condamnait les pèlerinages pour le reste des fidèles.

Le pèlerinage *spécial du Salut*, fidèle à son point de départ, l'assistance à donner aux petits est devenue l'*Œuvre ouvrière des malades*.

Cette année cette Œuvre ouvrière a porté trois cents malheureux malades et infirmes et cent vingt autres qui avaient quelques économies pour payer le voyage, et la Sainte-Vierge a considéré ces cinq cents malheureux avec tant de miséricorde, que le pèlerinage du Salut de 1878, qui compte plus de cent guérisons ou améliorations notables, a été la consécration merveilleuse de l'Œuvre née au premier Congrès de l'Union et pour l'Union.

En cette belle démonstration de foi, d'espérance et de charité, on a remarqué un cercle de Paris qui a fourni, parmi ses ouvriers, plusieurs infirmiers qui ont été admirables de dévouement, le jour et la nuit.

Je propose que l'an prochain chaque Œuvre en relation avec Notre-Dame de Salut apporte son malade, et que nous préparions, pour le Congrès de l'Union, une commission de guéris et de miraculés qui sera la commission de l'action de grâces.

PROCÈS-VERBAUX DE LA PREMIÈRE COMMISSION

PREMIÈRE COMMISSION

L'UNION

Procès-verbal de la séance du mardi 10 septembre 1878

La séance s'ouvre sous la présidence de Mgr de Ségur par la prière d'usage.

Monseigneur désigne les membres du Congrès qui doivent faire partie de cette Commission, ce sont : MM. les Vicaires généraux, les délégués de NN. SS. les Évêques, les Membres des Bureaux diocésains, MM. les Chanoines titulaires, les Supérieurs de Grands et Petits Séminaires, de Colléges ecclésiastiques et les correspondants diocésains, ecclésiastiques et laïques.

Monseigneur fait l'appel des délégués de NN. SS. les Évêques ; ont répondu à cet appel :

Le Bureau Central, comme délégué de S. Ém. le Cardinal-Archevêque de Paris.

M. l'abbé LE BOUCHER, comme délégué de Mgr l'Évêque d'Angers.

M. l'abbé GARNIER, comme délégué de Mgr l'Évêque de Bayeux.

M. l'abbé MERMILLOD, comme délégué de Mgr l'Évêque d'Annecy.

M. l'abbé CAREL, comme délégué de Mgr l'Évêque de Belley.

M. l'abbé MARTIAL[1], comme délégué de S. Ém. le Cardinal de Bordeaux.

M. l'abbé COULOMB, comme délégué de S. Ém. le Cardinal de Cambrai.

---

[1] M. l'abbé Martial, qui s'était fait annoncer, a fait savoir au dernier moment qu'il était retenu par une indisposition ; c'est avec regret que le Congrès reçoit cette nouvelle.

M. l'abbé Durand, comme délégué de Mgr l'Evêque de Grenoble.

M. Trémaux, de Saint-Dizier, comme délégué de Mgr l'Evêque de Langres.

M. l'abbé de Bogenet, vicaire général, comme délégué de Mgr l'Evêque de Limoges.

M. l'abbé Pougeois, comme délégué de Mgr l'Evêque de Meaux.

M. l'abbé Leroy, secrétaire du Bureau diocésain, comme délégué de Mgr l'Evêque d'Orléans.

M. l'abbé Merle, comme délégué de Mgr l'Evêque de Nevers.

M. l'abbé Fossin, comme délégué de Mgr l'Evêque de Poitiers.

M. l'abbé Delalonde, comme délégué de S. Em. le Cardinal-Archevêque de Rouen.

M. l'abbé Monnier, comme délégué de Mgr l'Evêque de Saint-Claude.

M. l'abbé Darel, comme délégué de Mgr l'Evêque de Séez.

M. l'abbé Tournamille, comme délégué de Mgr l'Archevêque de Toulouse.

M. Vagner, comme délégué de Mgr l'Evêque de Nancy.

M. Pigelet, membre du Bureau diocésain, comme délégué de Mgr l'Archevêque de Bourges.

M. le chanoine du Fougerais, vice-président du Bureau Central, est invité à faire connaître son rapport sur les Bureaux diocésains.

M. le Chanoine commence par montrer, avec une très-grande clarté et un accent de conviction qui pénètre tous les membres de la Commission, l'importance et l'opportunité des Bureaux diocésains : il est nécessaire, en effet, qu'au moment où des efforts inouïs sont tentés de toutes parts pour arracher l'ouvrier à l'Eglise, à la société et à la famille, de nouveaux moyens soient employés pour le conserver à ses nobles destinées. M. le Chanoine rappelle ce qu'est un Bureau diocésain : c'est un groupe d'hommes de bonne volonté, d'énergie et de cœur, sous la direction de l'Evêque, qui forment un centre autour duquel gravitent toutes les OEuvres ouvrières du diocèse, et dont elles reçoivent l'impulsion et la vie. — C'est un fait, que partout où le Bureau diocésain fonctionne régulièrement, les OEuvres se multiplient et prospèrent, comme à Nancy, dont le Bureau diocésain est comme personnifié dans son délégué, l'intelligent et dévoué M. Vagner, présent à la Commission.

M. le chanoine du Fougerais rend compte des démarches respec-
tueuses qu'il a faites, dans une sorte d'excursion apostolique,
auprès de vingt-deux de NN. SS. les Evêques de l'est et du midi de
la France; partout il a reçu l'accueil le plus sympathique, partout
il a senti qu'en parlant des OEuvres en faveur des ouvriers sa parole
était entendue et semblait être l'écho des vœux, des désirs qui
préoccupent au plus haut point l'épiscopat français. Mais l'exécution de tels projets offre partout de très-grandes difficultés qui expli-
quent que ces importantes institutions ne sont encore ni aussi nombreuses ni aussi agissantes qu'elles pourraient le devenir.

Vingt-sept Bureaux diocésains existent en ce moment en France ;
trois ont été fondés cette année, Chambéry, Aix et Tarbes; ces
deux derniers étendent leur action à d'autres œuvres sans préjudice pour les OEuvres ouvrières, attendu que ce sont presque
toujours les mêmes hommes qui sont à la tête de toutes les
OEuvres.

Des essais ont été tentés dans d'autres diocèses encore, et n'ont
pas abouti ; on cite cependant plusieurs diocèses où on espère que
cette OEuvre prendra naissance.

Le nombre des OEuvres agrégées pendant cette année est de
trente-huit, et celui des membres nouveaux de l'Union de cinquante-quatre. En présence d'un chiffre si petit, on est amené à
constater, avec M. le Chanoine, que ces résultats sont peu en rapport avec l'activité déployée sur tous les points par les agents du
mal.

M. le Rapporteur veut bien ensuite exposer sa pensée sur les
moyens à prendre pour arriver à créer un plus grand nombre de
Bureaux diocésains, et par eux, susciter de nouvelles OEuvres et
assurer leur existence. On a constaté que les prospectus adressés
depuis trois ans n'ont amené aucun résultat apparent, il faut donc
aviser à d'autres expédients; le premier, énoncé au Congrès du
Puy, l'année dernière, consiste à trouver dans chaque diocèse un
groupe d'hommes de bonne volonté et de dévouement, qui iraient
d'eux-mêmes s'offrir à leur Evêque, lui demandant de vouloir bien
les diriger dans l'œuvre dont ils ont conçu le projet; de la sorte,
ils éviteraient à leur premier pasteur ce travail de recherche et
d'organisation, devant lequel un Evêque, déjà absorbé par toutes
sortes d'OEuvres, est arrêté dès le premier pas. Plusieurs de NN. SS.

les Evêques ont exprimé ce vœu à M. le chanoine du Fougerais dans les entretiens qu'il a eues avec eux sur ce sujet.

Le second moyen, qui a été goûté par tous les membres de la Commission, c'est qu'un ou plusieurs membres du Bureau Central parcourent les diocèses de France comme l'a fait M. le chanoine du Fougerais l'année dernière dans la région de l'est et du midi, et confèrent eux-mêmes, avec NN. SS. les Evêques, MM. les Vicaires généraux, les Supérieurs des Séminaires et les autres dignitaires ecclésiastiques, des Bureaux diocésains à établir dans chaque diocèse, qu'ils s'appliquent à montrer la simplicité d'organisation de tels bureaux, et leur efficacité pour l'union et la vie des Œuvres dans le diocèse.

La pensée d'envoyer un délégué à l'occasion des retraites ecclésiastiques a bien occupé pendant quelques instants la Commission. Mais sur les observations très-judicieuses des personnages les plus compétents de la réunion, cette pensée a été écartée à cause des inconvénients auxquels un tel procédé pourrait donner lieu.

On en revient donc aux deux premiers moyens et M. l'abbé Millault, dont l'éloquence persuasive est bien de nature à faire partager la pensée de la Commission à tout le Congrès, est prié, à l'Assemblée générale du soir, d'élever la voix pour engager MM. les Représentants de NN. SS. les Evêques, les correspondants diocésains, en un mot, tous les hommes d'Œuvres des différents diocèses, représentés au Congrès, de faire connaître eux-mêmes à NN. SS. les Evêques les vœux unanimes du Congrès, et de travailler à grouper autour d'eux quelques hommes de bonne volonté qui consentent à se présenter à leur Evêque pour commencer sous sa direction un Bureau diocésain; ce vœu soulève les applaudissements de la Commission, qui se retire après avoir confié à la Mère de miséricorde le succès de ce saint projet.

L'abbé TARANNE,
Directeur de l'Œuvre de Notre-Dame des
Aydes, à Blois.

Procès-verbal de la séance du mercredi 11 *septembre* 1878.

La séance s'ouvre, comme celle de la veille, sous la présidence de Mgr de Ségur, par la prière et la lecture du procès-verbal de la dernière séance.

M. le chanoine du Fougerais rend compte des Bureaux diocésains
existants. Dix au moins ne se sont pas réunis dans tout le cours de
l'année, d'autres ont eu quelques réunions, ont fait quelque chose,
mais sont encore loin d'avoir rempli tout le programme qui s'offrait à eux; quelques-uns seulement fonctionnent avec activité et
entretiennent des rapports suivis avec le Bureau Central.

Cette inaction de quelques Bureaux diocésains tient ordinairement à deux choses, la première c'est qu'ils n'ont pas à leur tête
d'hommes assez libres pour consacrer à ces sortes d'institutions le
temps et les soins qu'elles réclament, la seconde c'est qu'ils n'ont
pas de secrétaires assez actifs.

Il est vrai qu'en cela comme en toute autre chose on ne fait pas
les hommes, il faut les prendre comme on les trouve; or, parmi
les personnes notables qui offrent leur concours à la fondation
d'un Bureau diocésain, on en trouve quelques-unes que leur haute
position désigne comme naturellement à la présidence ou à d'autres
fonctions élevées dans le Bureau, et qui malgré cela ne sont pas en
position de lui donner un concours effectif; ils peuvent être l'honneur du Bureau diocésain, mais ils n'en seront pas la cheville
ouvrière. Dans ce cas, pour conserver à ces hommes éminents, qui
servent le Bureau à leur manière, la place qu'ils doivent y occuper,
il est important de leur adjoindre soit à titre de vice-présidents et
de vice-secrétaires des hommes ou plutôt un homme, à chacun,
l'un d'action, l'autre de plume, qui seront chargés de tout le
travail du Bureau diocésain, et qui s'en acquitteront avec la plus
grande fidélité possible.

Un moyen qu'indique M. le Chanoine pour entretenir l'activité
des Bureaux diocésains, c'est de les amener à rendre compte de leurs
travaux, ne fût-ce que sommairement, au Bureau Central, et à le
faire publier dans la *Semaine religieuse* de leur diocèse.

Un autre moyen, c'est de propager dans tous les Bureaux diocésains le *Bulletin de l'Union* et de le faire répandre par leurs soins
dans toute l'étendue de leur circonscription.

Le Bureau diocésain trouvera un troisième moyen de s'occuper
utilement, en provoquant chaque année une assemblée générale
des Directeurs des Œuvres du diocèse, en préparant lui-même les
questions à traiter, et en se chargeant après l'Assemblée du compte-
rendu de ses travaux.

Le R. P. Bailly propose, comme quatrième moyen d'activer les

Bureaux diocésains, la visite d'un délégué du Bureau Central ; la bonne impression produite par la présence de M. le chanoine du Fougerais dans plusieurs diocèses, l'année dernière, est une garantie que ce moyen peut être employé avec succès.

La question des rapports entre le Bureau Central et les Bureaux diocésains fait surgir plusieurs questions, à savoir dans quelle mesure ces relations ou correspondances devront avoir lieu, à cette question plusieurs réponses ont été données et plusieurs avis émis.

M. Millault, curé de Saint-Roch, propose que les Bureaux diocésains envoient des rapports au moins trimestriels.

M. Pigelet fait remarquer que cette règle ne peut pas s'appliquer à tous les Bureaux, attendu que dans certains diocèses il y a une époque de l'année où les bureaux diocésains, n'ayant pas de réunion, ne peuvent avoir de rapports à envoyer.

Il faut cependant, comme le fait remarquer M. le chanoine Tournamille, que le Bureau Central agisse avec insistance auprès des Bureaux diocésains pour les exciter au travail et entretenir leur activité.

Afin de donner satisfaction aux vœux et avis divers auxquels cette question donne lieu, M. Vagner propose que les Bureaux diocésains envoient un rapport trimestriel ou au moins annuel de leurs travaux au Bureau Central, lequel rapport servirait à préparer un rapport d'ensemble sur tous les Bureaux diocésains au Congrès de l'Union. Cette proposition est acceptée par tous les membres de la Commission, qui charge M. le chanoine Tournamille de vouloir bien la rédiger et la présenter, sous forme de vœu, à l'approbation des membres du Congrès à l'Assemblée générale du soir.

Le R. P. Bailly demande en terminant que le Bureau Central envoie un rapport spécial de ses séances aux Bureaux diocésains ; la Commission se sépare après la prière habituelle.

L'abbé TARANNE,
De Blois.

* * *

Procès-verbal de la séance du jeudi 12 septembre 1878

La séance du jeudi s'est ouverte sous la présidence de Mgr de Ségur. Après la récitation de la prière ordinaire, lecture a été

faite du procès-verbal de la séance précédente par M. l'abbé Taranne, de Blois, secrétaire improvisé de la première Commission, qui
en avait rempli les fonctions avec une distinction parfaite et qui
tient malgré nous à s'effacer aujourd'hui avec une humilité aussi
admirable que son dévouement. Le procès-verbal étant adopté,
M. le chanoine Tournamille propose à l'acceptation de la Commission des vœux importants concernant les mesures à prendre pour
multiplier les relations entre le Bureau Central et les Bureaux diocésains; ces vœux qui doivent être lus en assemblée générale sont
votés articles par articles. Nous ne serons que l'interprète des sentiments de tous en disant qu'ils sont un petit chef-d'œuvre de rédaction.

M. Paul Pigelet lit ensuite un rapport sur le fonctionnement et
les travaux du Bureau diocésain de Bourges : ce rapport est plein
de renseignements précieux : aussi l'écoute-t-on avec le plus vif
intérêt. Que de services rendus déjà au diocèse de Bourges par ce
Bureau de création récente, soit en groupant les bonnes volontés
des catholiques, soit en recueillant, par le moyen d'un comité de
dames chrétiennes, les secours d'argent dont les Œuvres naissantes
ont besoin ! Tant il est vrai qu'un Bureau accomplira toujours des
prodiges avec un président comme M. de l'Escaille et un secrétaire
actif comme M. Paul Pigelet.

C'est encore un autre secrétaire actif, M. l'abbé Leroy, qui va
parler sur les travaux du Bureau diocésain d'Orléans; les notes de
M. Leroy contiennent tout un trésor de révélations utiles : elles
nous apprennent comment le Bureau d'Orléans s'est formé après
une assemblée régionale de Directeurs d'Œuvres, tant cette nécessité d'un foyer de zèle pour les Œuvres et d'un centre de direction
se fait sentir partout : elles nous disent comment, dans ces réunions
du Bureau que l'infatigable Évêque préside toujours, il règne entre
laïques et ecclésiastiques la plus cordiale entente, comment les
honneurs ou plutôt les charges des fonctions actives et du secrétariat retombent sur les uns et les autres à égal partage et sont acceptées avec le plus grand zèle, comment enfin une commission permanente a la mission d'entretenir l'action constante du Bureau. Là
tout le monde est à l'Œuvre, depuis l'Évêque jusqu'au plus humble
membre du Bureau : les documents sont distribués, les questionnaires lancés, la réforme des abus proposée, les Œuvres urgentes
mises à l'ordre du jour... Aussi y a-t-il une magnifique efflores-

ence d'Œuvres dans le diocèse d'Orléans et M. Leroy porte à *quarante* celles qui depuis quatre ans à peine sont sorties de ce beau mouvement.

En applaudissant vivement à ce zèle, la première Commission croit devoir exprimer ses profonds sentiments de reconnaissance à Mgr l'Évêque d'Orléans et à Mgr le Coadjuteur pour l'impulsion donnée par ces admirables exemples aux Bureaux diocésains déjà établis.

M. de Château-Thierry, secrétaire du Bureau Central annonce en ce moment que, sur la demande de plusieurs congressistes, un nouvel annuaire des Œuvres ouvrières sera imprimé cette année, pour l'instruction et la plus grande édification de tous les hommes d'Œuvres.

Vient ensuite un rapport très-intéressant du R. P. Bailly sur l'utilité de l'Association de Notre-Dame du Salut pour le développement des Œuvres ouvrières. Ce rapport est un récit charmant comme tous ceux que fait l'auteur : qui pourrait du reste ne pas bénir cette charitable Association de tout le bien qu'elle accomplit ? pour nous, nous la remercions de tout notre cœur de ce qu'elle aide beaucoup de ses saintes et abondantes richesses le Bureau Central, notre cher parrain : nous la reconnaissons comme une Œuvre de Dieu puisqu'elle est si complétement l'Œuvre des pauvres, faite par eux et pour eux, puisqu'elle est à Lourdes, la providence des infirmes et des malades, et qu'elle deviendra le salut de la France en généralisant l'aumône et la prière.

Nous devons renoncer du reste à faire l'éloge de ce rapport, et, mieux que toutes nos paroles, la première Commission constate son mérite en en sollicitant unanimement la lecture dans l'assemblée générale du soir.

M. Vagner, l'ami de l'Union, que l'on aime tant à voir et à entendre dans nos Congrès, demande en ce moment la parole sur le mode de publication du Congrès du Puy qui lui paraît défectueuse; mais il est 10 heures et l'examen de cette question est renvoyé à la séance suivante.

L'abbé BESSON,
Chanoine honoraire, au Puy.

Procès-verbal de la séance du vendredi 13 *septembre* 1878

Après la prière et la lecture du procès-verbal de la réunion précédente, la séance s'ouvre par l'éloge des trois Bureaux diocésains de Nancy, d'Orléans et de Bourges, que Mgr de Ségur propose à l'imitation de tous les autres. Le *Bulletin de l'Union* rendant compte de tous les faits saillants que ces Bureaux accomplissent, on fera bien partout de s'inspirer de pareils enseignements, d'aussi beaux exemples et de s'en servir comme d'un document précieux ; on comprendra surtout combien il est important que chaque Bureau diocésain ait un secrétaire actif, et un vœu proposé en ce sens est accepté unanimement.

La parole est ensuite donnée à M. le chanoine du Fougerais sur la nécessité d'établir des Conférences pour l'étude des Œuvres ouvrières dans nos Grands Séminaires. Cette nécessité est tellement reconnue dans les circonstances difficiles que traversent l'Église et la patrie, que les Évêques n'hésitent pas à permettre ces créations nouvelles et que cette innovation a toutes leurs sympathies. On peut affirmer sans crainte de se tromper que dans deux ou trois ans tous les Grands Séminaires auront leur Conférence ouvrière, et que là même ou le Bureau diocésain n'est pas encore fondé, la Conférence ouvrière s'édifiera et rendra les plus grands services.

Quelle riche moisson d'Œuvres se préparera lorsque les Conférences seront définitivement installées dans les vingt-trois Grands Séminaires dirigés avec tant d'esprit sacerdotal par les prêtres de Saint-Sulpice, et vingt-deux autres dirigés par la pieuse Congrégation de Saint-Lazare ! Déjà un premier programme des Conférences est lancé qui aidera tout le monde ; il a besoin cependant d'être complété et c'est pourquoi l'on fait appel à l'expérience des maîtres. M. du Fougerais, qui a pu voir de près et apprécier en juge compétent les progrès et l'importance de ces Conférences ouvrières, affirme aux applaudissements de la Commission qu'il faut en attendre les plus merveilleux résultats. Quelques Pères Jésuites sont allés jusqu'à introduire dans les collèges ces petites Conférences qui peuvent en effet agir si utilement sur l'esprit des jeunes gens, et souvent favoriser les vocations religieuses. A ce sujet des vocations sacerdotales et religieuses, Mgr de Ségur demande à tous les membres présents de s'intéresser à cette grande question qui touche si intimement à la vitalité de l'Église. Il signale ce péril social que les ennemis de l'Église cherchent à agrandir chaque jour : la diminution des vocations religieuses, et rappelle à cette occasion les merveilles chrétiennes produites par l'Œuvre de Dom Bosco, à Turin. M. Michel, de Nice, ajoute quelques faits édifiants dont il a été témoin et accepte avec empressement la mission d'écrire pour le Congrès futur une petite monographie sur cette Œuvre.

Au sujet encore des vocations religieuses, M. le chanoine du Fougerais recommande à l'attention et au zèle de tous les hommes de bien une Œuvre petite jusque-là, modeste, mais admirable et providentielle, pour les grands services qu'elle semble être appelée à rendre en ce moment : c'est l'Œuvre de la Congrégation de Saint-François-Régis, au Puy. La Congrégation des Frères-Ouvriers de Saint-François-Régis s'occupe spécialement du soin des orphelins; pauvres orphelins dont Dieu est le père et qui s'imposent par leur faiblesse même à la tendre charité de l'Église. Ces orphelins, la mort impitoyable les a toujours rendus nombreux, mais le nombre s'en est accru bien considérablement parmi nous depuis les effroyables malheurs de la guerre; d'autres causes menacent de l'augmenter encore, et le travail homicide du dimanche dans les usines et les manufactures, et la déchristianisation enfin des classes populaires... Les Frères-Ouvriers de Saint-François-Régis recueillent dans des orphelinats agricoles ces enfants abandonnés et sont chargés de leur donner une bonne instruction religieuse, primaire et professionnelle : ils se dévouent pour les nourrir et les sauver, les forment au travail et à la vertu, les encouragent par leurs exemples comme par leurs conseils. Bons et solides religieux, se sanctifiant dans la vie simple des champs, aimant ces orphelins de tout leur cœur et en étant aimés avec une affection toute filiale.

Mais le nombre des Frères de Saint-François-Régis est tout à fait insuffisant. Les essais d'orphelinats agricoles se multiplient partout, tant le besoin est grand d'enlever à la corruption des villes ou aux efforts du protestantisme les âmes de ces enfants délaissés; ces essais ne peuvent se soutenir malheureusement faute de bons Frères qui puissent se dévouer. Nous aurions trois mille Frères de

Saint-Régis prêts à partir aujourd'hui, s'est écrié M. du Fougerais, qu'ils trouveraient immédiatement leur place dans nos Œuvres.

Ce sera donc travailler très-utilement à la gloire de Dieu que de favoriser leur recrutement; un appel dans ce sens est fait aux Directeurs de Patronages, d'Orphelinats, d'Œuvres militaires, aux Présidents de petites Conférences... et, vu l'impérieuse nécessité du moment, la Congrégation s'offre à recevoir gratuitement les novices qui lui seraient adressés. M. Millault, curé de Saint-Roch, M. Michel et la Commission tout entière applaudissent à de tels projets.

Cette offre d'un noviciat gratuit pour des jeunes gens d'élite paraîtra aux Directeurs d'Œuvres d'autant plus avantageuse, que la congrégation de Saint-François-Régis du Puy étant reconnue par le gouvernement comme établissement d'utilité publique, les Frères-Ouvriers jouissent du privilége de l'exemption militaire, ont le droit d'acquérir, de posséder en communauté, etc.

Il serait bon de faire connaître davantage, dit-on, cette institution trop peu connue, et d'insérer son programme dans le *Bulletin de l'Union*.

M. Vagner appelle l'attention sur le mode de publication du compte-rendu du Congrès du Puy : il croit que ce mode est contraire à la propagation des Œuvres et aux grands intérêts de l'Union. Le volume du *Congrès du Puy* a paru en fascicules, et on pensait qu'il serait ainsi lu davantage; l'expérience a fait constater qu'il n'en était rien. M. Vagner dit cela en termes si pleins de conviction, d'amour pour l'Union et de persuasion éloquente, que sa proposition est tout de suite acceptée.

Le Congrès de Chartres paraîtra, non plus en feuilles séparées, mais d'ensemble et autant que faire se pourra, avant le 15 décembre prochain.

On entend enfin la monographie de la Conférence établie au Grand Séminaire de Séez (Orne), pour l'étude des Œuvres ouvrières; c'est M. l'abbé Darel, chanoine honoraire, directeur au Grand Séminaire de Séez, qui nous raconte tous ces travaux, auxquels on sent bien qu'il n'est point étranger, et les traits admirables de foi, de charité et de zèle que l'on sera si heureux de lire; l'Assemblée, par son Président, bénit ces beaux résultats et les Directeurs habiles qui savent les faire produire dans ces pieuses réunions.

Puisqu'on est arrivé à la dernière séance de la Commission, la question est posée sur le lieu du futur Congrès. Angers est accepté avec un véritable enthousiasme; pour que les réunions soient encore au Congrès d'Angers plus que jamais fructueuses, M. Harmel propose d'en régler toute l'organisation et les détails avant le Carême : ce vœu, qui tend à rendre de plus en plus fécondes et instructives nos belles assemblées, est agréé par tous les membres.

La Commission se sépare après une fervente prière à la très-sainte Vierge.

L'abbé BESSON,
Chanoine honoraire, au Puy.

DEUXIÈME COMMISSION

DE LA SOCIÉTÉ PROTECTRICE DU TRAVAIL CHRÉTIEN

PREMIER RAPPORT

SOCIÉTÉ DE SAINT-JOSEPH ET CONFRÉRIE DE NOTRE-DAME-DE-NAZARETH, PROTECTRICE ET MODÈLE DU TRAVAIL CHRÉTIEN. — SES STATUTS

1. — SON BUT

C'est de ramener l'esprit de foi et la pratique de la charité entre chrétiens. Saint Paul veut que nous fassions toutes choses pour la gloire de Dieu, même l'action de manger et de boire. Combien plus devons-nous diriger vers cette fin nos rapports avec nos semblables!... Or, la gloire de Dieu est que les fidèles s'aiment entre eux, comme Jésus-Christ a aimé les Apôtres, qu'ils n'aient vraiment qu'un cœur et qu'une âme. Telle est l'union que la *Société de Saint-Joseph* veut établir entre ses nombreux associés.

II. — SON MOYEN

Ce moyen est l'*Annuaire de Saint-Joseph* ou la liste imprimée des associés, avec leur profession et leur adresse.

Les catholiques, s'ils vivent dans les villes, ne peuvent pas plus se connaître que s'ils habitaient des villes différentes.

Ne se connaissant pas, ou bien ils règlent leurs mille relations d'affaires en vue d'un intérêt tout personnel, et dans ce cas ils font acte d'égoïsme et de matérialisme, puisqu'ils n'exercent ainsi aucun amour ni pour Dieu, ni pour le prochain. Ou bien ils cherchent à rendre service à quelqu'un, sans penser à Jésus-Christ et sans profit pour Lui, et alors ils font de la philanthropie, vertu de fabrique humaine, bonne à tromper et à damner les honnêtes gens qui n'ont pas le bon esprit d'avoir la foi. Depuis un siècle, l'enfer doit se peupler de ces philanthropes qui croient faire merveille parce qu'ils aiment leurs semblables en francs-maçons, sans la foi et sans la charité.

Certes, la bonté de Jésus-Christ est grande. Elle ne va pas cependant jusqu'à donner des récompenses éternelles à des gens qui vivent et meurent sans rien faire pour Lui, quand ils n'ont pas fait quantité de choses contre Lui !

C'est pourquoi le catholique a besoin, avant tout, de savoir si les personnes avec qui il entre en relation, appartiennent, oui ou non, à Jésus-Christ, afin que, si elles lui appartiennent, il honore, aime et serve Jésus-Christ en elles, et si elles ne Lui appartiennent pas, il agisse de manière à les gagner à Jésus-Christ.

Mais cette connaissance est devenue impossible depuis que les bouleversements révolutionnaires ont porté une atteinte si grave à l'état civil de l'Eglise. L'*Annuaire de Saint-Joseph* est donc aujourd'hui une nécessité pour tout catholique résolu de ne gaspiller ni ses actions ni son argent, et de régler si bien sa conduite, dans la foi et dans l'amour de Dieu, que tout lui profite pour l'éternité.

III. — SES SERVICES

Dès que les catholiques se connaissent, la seule initiative individuelle peut leur inspirer de se rendre les uns aux autres des services innombrables. Toutefois, l'association est nécessaire pour donner plus de puissance aux services de la charité.

Dans la ville d'Angers, un Conseil de Saint-Joseph, composé de laïques dirigés par deux prêtres, et un Conseil de Zélatrices placé sous la même direction, ont créé diverses institutions économiques, morales et religieuses au profit des travailleurs chrétiens. Ce sont : une caisse de famille pour les malades, une caisse pour les apprentis, une Confrérie de Notre-Dame-de-Nazareth pour la réforme des ateliers, un Bureau de placement gratuit, enfin une banque populaire, faisant des avances commerciales qui varient de 50 à 5,000 francs. Ce n'est là qu'un commencement, l'œuvre de deux années, donnant un faible aperçu de ce que peuvent faire la foi et la charité à l'aide de l'*Annuaire de Saint-Joseph.*

———————

On a tout dit sur les désordres qui règnent dans les ateliers. Impossible de se faire illusion sur la gravité d'un mal qui atteint les proportions d'une calamité publique. Car c'est là que commence à se pervertir la classe ouvrière. Les ateliers sont de tels foyers de corruption qu'ils rendent inutiles les efforts des Frères et des Sœurs, du prêtre et des parents chrétiens pour sauver les enfants du peuple. Dès que ces enfants quittent l'école pour l'atelier, ils subissent une influence délétère qui dégrade bientôt leur esprit et leur cœur. Ils deviennent impies et dépravés, en attendant que, mêlés plus tard à la vie civile, ils soient jetés par l'envie, la haine et la colère dans le courant dévastateur de la Révolution.

La Société de Saint-Joseph n'organise la protection du travail chrétien que pour opposer une digue à ce torrent du mal. Elle recherche donc et protége les rares ateliers qui sont restés à l'abri de la contagion et ceux qui peuvent redevenir chrétiens, afin de réformer les uns et d'améliorer les autres. Tel est le but vers lequel convergent tous les moyens qu'elle emploie.

Les Zélateurs de l'Œuvre comprennent mieux que personne l'immense difficulté d'une telle entreprise. Ils sentent vivement leur impuissance et confessent qu'ils ne réussiront à rien si Dieu n'intervient en leur faveur. C'est pourquoi ils ont commencé à travailler en s'appuyant sur la protection de saint Joseph, modèle et père des ouvriers chrétiens. Mais parce que ce glorieux saint n'accepte notre confiance que pour la reporter sur Marie et par Marie sur Jésus-Christ, ils veulent aussi recourir à la très-sainte Vierge en allant l'invoquer à Nazareth à côté de saint Joseph dans les humbles travaux du premier atelier chrétien. Ils désirent que tous les fidèles l'invoquent avec eux, car ils n'ignorent pas que, selon l'enseignement de l'Église, Marie seule a frappé de mort toutes les hérésies. Ils savent que partout et toujours la Vierge immaculée aura la gloire d'écraser la tête du serpent infernal. Et puisque ce serpent a pénétré aujourd'hui dans les ateliers pour y répandre l'immoralité et l'impiété, c'est là que Marie doit le poursuivre pour vaincre une fois de plus la malice de Satan par sa charité immaculée.

Que faut-il pour que la très-sainte Vierge opère ce prodige? Il faut que tous les cœurs pieux le lui demandent et qu'un concert de supplications s'élève de toutes parts jusqu'à son cœur pour solliciter sa pitié en faveur de la classe ouvrière accablée par tant de maux. C'est saint Joseph qui nous convie tous à cette union de prières. On consolera grandement son cœur en entrant dans la Confrérie de son auguste épouse Notre-Dame-de-Nazareth.

STATUTS

1° La Confrérie a pour but de faire invoquer la très-sainte Vierge pour obtenir par son intercession la réforme chrétienne des ateliers.

2° Son vocable est : *Confrérie de Notre-Dame-de-Nazareth, protectrice et modèle du Travail chrétien.*

3° Les fidèles de l'un et de l'autre sexe de tous les pays peuvent être agrégés dès qu'ils ont fait leur première communion.

4° L'agrégation se fait par la simple inscription sur le registre de la Confrérie.

5° Chaque associé doit se procurer la gravure représentant le tableau de la Confrérie et réciter tous les jours devant cette image la prière suivante :

« Notre-Dame-de-Nazareth, protectrice et modèle du Travail « chrétien, faites revivre la loi de Jésus-Christ, votre Fils, parmi

« les fidèles qui travaillent et parmi ceux qui les font travailler. »

6° La Confrérie est érigée chez les Sœurs de la Miséricorde, rue du Vollier, 4, à Angers, dans la chapelle de Saint-Joseph où se trouve le tableau de *Notre-Dame-de-Nazareth, protectrice et modèle du Travail chrétien.*

7° La Confrérie se réunit une fois par mois. Cette réunion coïncide avec celle de la *Société de Saint-Joseph, protectrice du Travail chrétien.*

8° Pendant le salut qui termine la réunion, on chante trois fois le *Parce, Domine,* en réparation des désordres qui règnent dans les ateliers. Après le salut, on récite en français les litanies de la très-sainte Vierge avec la prière de la Confrérie reproduite à l'article 5 des présents statuts.

9° Le prêtre qui dirige la *Société de Saint-Joseph* est en même temps directeur de la *Confrérie de Notre-Dame-de-Nazareth.*

Les présents statuts étaient approuvés par Mgr Freppel, le 15 avril 1878. Par une ordonnance en date du même jour, Mgr l'Évêque d'Angers déléguait le T.-R. P. Ludovic pour l'érection de la Confrérie et prescrivait qu'elle serait affiliée à la *Prima primaria* du Collége romain. L'érection a eu lieu le 28 avril et l'affiliation le 10 mai.

Le tableau de la Confrérie, dû au pinceau de Mlle Annie Balze, exprime avec beaucoup de grâce et de piété les diverses pensées de l'Œuvre.

La scène se passe à Nazareth. Marie assise contre le mur de sa maison dévide de la laine. Monté sur un tabouret, l'enfant Jésus, à peine âgé de deux ans, étend ses petits bras pour tenir l'écheveau. C'est le matin. Les premiers rayons du soleil dorent le haut de la maison. Saint Joseph, chargé de divers outils, part pour son chantier. Il a déjà le pied sur une marche de l'escalier. Mais en ce moment, il se penche vers l'enfant Jésus et le pressant de la main vers l'épaule, il lui dit tendrement adieu. L'enfant relève la tête, la tourne vers son père adoptif et le regarde avec un délicieux sourire. Il y a dans cette attitude du Sauveur un ensemble d'amour et de douce majesté. Le Dieu-enfant remercie son père adoptif qui travaille chaque jour péniblement pour faire vivre la sainte Famille et il bénit le travail de la journée qui commence.

Pendant ce temps, Marie s'arrête dans une muette contemplation. Les yeux fixés sur le visage de l'enfant Jésus, Elle prie. Ce sont des trésors de grâces qu'Elle demande pour les travaux de son saint époux. Elle est donc *protectrice du travail chrétien*. Mais elle en est encore le *modèle*. Car elle ne reste pas au foyer pour y être oisive. Elle a son ouvrage à la main, et deux pelotes placées dans une corbeille à ses pieds, montrent qu'Elle s'est levée avant le jour pour mettre tout en ordre dans sa maison, qu'elle a cherché ensuite la laine et le lin et que, sans perdre une minute, elle a travaillé d'une main habile. « *Quæsivit lanam et linum et operata est consilio manuum suarum.* » (Prov., XXXI, 13.)

Ce tableau excite la ferveur de nos associées. Elles ont commencé à faire des neuvaines d'atelier. A la réunion du mois, trois ou quatre maîtresses se font inscrire et viennent ensuite, à tour de rôle, pendant neuf jours, suivies de leurs ouvrières, pour invoquer Notre-Dame-de-Nazareth.

Une photogravure reproduit très-exactement le tableau de notre Confrérie. Nous la donnons comme diplôme d'agrégation aux fidèles de tous les pays qui veulent bien unir leurs prières aux nôtres. Qui refusera d'adresser à Notre-Dame-de-Nazareth la petite invocation placée au bas de son image?... Quand nous serons assez nombreux pour demander à Marie avec ferveur la réforme des ateliers, Marie se laissera toucher et les ateliers redeviendront chrétiens.

DEUXIÈME RAPPORT

FORMATION ET DISTRIBUTION DE LA LISTE DES TRAVAILLEURS CHRÉTIENS, OU ANNUAIRE DE SAINT-JOSEPH

L'idée de protéger les travailleurs chrétiens a pu germer dans bien des esprits et prendre corps dans des usines chrétiennement dirigées, et comment ne pas nommer l'usine modèle : celle du Val-des-Bois ; mais personne que nous sachions, avant notre cher et vénéré Président, n'avait essayé l'application générale du moyen qui va faire l'objet de ce rapport. Ce moyen, croyons-nous, permet d'amener les catholiques à se connaître, à se donner la préférence dans les affaires, à se grouper pour arriver à l'établissement de corporations chrétiennes.

Un digne Curé, prenant au sérieux son titre de pasteur et de père, et entendant à bon droit exercer sur ses paroissiens une sorte de magistrature paternelle, a dressé une liste sur laquelle figurent cinq mille fidèles de sa paroisse appartenant aux professions libérales, aux arts, au commerce et à l'industrie, et chacun peut en prendre connaissance à la sacristie ; mais par le dérangement qu'il faut s'imposer, la mesure perd sans doute de son efficacité.

Que la liste livrée à l'impression soit mise entre les mains de chaque paroissien fidèle, disposé à donner la préférence dans ses affaires, ses achats et ses commandes à ses frères dans la foi, la protection s'étend et produit d'excellents résultats.

Si tous les Curés faisaient ce qu'a fait M. le Curé de Saint-Roch, il serait facile de centraliser les indications d'une même ville, et un Annuaire général pourrait être entrepris : on aurait un Bottin catholique. Nous en sommes loin peut-être, et les difficultés passagères de l'entreprise si vaste du T.-R. P. Ludovic restent entières. Le secours grandement efficace ne paraît pas devoir nous venir de ce côté, du moins quant à présent ; il faut le demander à des ecclésiastiques libres et à des laïques zélés.

Combien d'individualités somnolentes que tout changement dans des usages reçus, quelque fâcheux qu'ils soient, trouble et exaspère, parce qu'elles prévoient qu'il en résultera pour elles quelque effort !

Rome est déjà captive, et elles sommeillent sans souci de ce qui les attend au réveil ! Laissez-les dormir, l'oreiller qu'elles se sont fait est si moelleux et si doux ! N'essayez pas de les arracher au sommeil, vous vous exposeriez à leur mauvaise humeur.

Heureusement il est, dans chaque diocèse, un ange préposé au salut de tous, à qui incombe la mission de soutenir ce qui est bien, de repousser ce qui est mal.

L'approbation de l'éminent Évêque d'Angers, la protection dont Sa Grandeur couvre l'Œuvre de la Société de Saint-Joseph, les marques publiques de sympathie qu'Elle a bien voulu accorder à notre vénéré Président, soutiennent notre zèle. Quelle critique pourrait infirmer une telle autorité ?

Nous nous sommes donc mis à l'œuvre. Ma tâche, Messieurs, consiste à vous retracer simplement les moyens employés pour former et distribuer la liste des travailleurs chrétiens que nous nommons l'Annuaire de Saint-Joseph ; à vous exposer les difficultés qu'a rencontrées l'entreprise, les contradictions qu'elle a suscitées, et enfin les succès qu'elle a obtenus à Angers.

Il va de soi qu'avant de songer à attirer les gens dans une voie nouvelle, il faut leur faire connaître et leur faire accepter le but qu'on veut atteindre.

Il fallait tout d'abord que la classe dirigeante consentît à recevoir nos listes et promît de s'en servir. Comme gage d'adhésion, et pour réaliser la pensée de secourir dans leurs détresses les ouvriers et les ouvrières qui s'agrégeraient à l'Œuvre, on demandait, comme on le fait encore, à chaque adhérent une cotisation minimum de six francs par an.

Cette mission ne pouvait au début être utilement confiée qu'à des dames. Il s'en rencontre dans chaque ville dont le dévouement au bien ne connaît pas d'obstacles, et ne recule pas devant les procédés peu gracieux qui les attendent parfois. Ainsi en a-t-il été à à Angers. Le T.-R. P. Ludovic a formé tout d'abord un conseil de zélatrices qui n'a pas tardé à réunir les signatures de deux cents dames.

La partie délicate de l'Œuvre, c'était de rechercher les ouvrières que la Société pourrait protéger, ainsi que les commerçants et les industriels qui, consentant à laisser publier leurs noms, figureraient sur l'Annuaire.

Quant aux ouvrières, en s'adressant aux maîtresses dont les sentiments chrétiens étaient connus, on en a pu grouper dès le début un certain nombre ; mais le soin de recueillir les adhésions des patrons et des commerçants n'avait pas les mêmes facilités.

La première année, en 1876, quelques noms de maîtresses d'ateliers et de marchandes furent seuls publiés. Dès lors, le T.-R. P. Ludovic songea à établir un conseil d'hommes, afin d'étendre la sphère d'action dans laquelle on avait dû se renfermer d'abord.

Nous n'avons pas à raconter ici, comment la Société protectrice du travail chrétien, autorisée par le Comité de l'Œuvre des Cercles catholiques d'ouvriers à s'annexer au Comité d'Angers, et acceptée par celui-ci, en a été séparée.

Le T.-R. P. Ludovic vit là une épreuve que Dieu nous envoyait, il ne se découragea pas, au contraire, et il trouva dans celles des dames patronnesses restées fidèles, un redoublement de zèle et d'activité.

L'Annuaire de 1877 renfermait 230 adresses; celui de 1878 en contient 400.

Ces chiffres vous paraîtront moins insignifiants si vous voulez bien considérer à quel point il est difficile de se procurer des renseignements sérieux.

On s'adresse aux catholiques connus dans chaque quartier. Les uns dans un esprit de tolérance mal entendu signalent comme excellents des gens qui ne sont chrétiens que par le baptême; d'autres conduits par le sentiment d'un rigorisme outré ne voudraient voir figurer sur les listes que des saints; d'autres par crainte de se compromettre ou de blesser la charité refusent toute espèce de renseignements.

Cependant à force de démarches on arrive à se faire une liste. On la divise par paroisses et l'on s'adresse à MM. les Curés pour la contrôler. L'accueil est bienveillant, mais les données que l'on recueille ont peu d'étendue; et il faut dire, par respect pour la vérité intégrale, que d'ardentes contradictions se sont produites. Il en est qui ont nettement refusé leur concours.

Le Conseil de Saint-Joseph a dû souvent intervenir par des investigations particulières, pour assurer autant que possible l'exactitude des informations.

Malheur à nous, Messieurs, si malgré tous nos soins, nous laissions introduire dans notre Société, si nous inscrivions sur nos listes, des éléments imparfaits. Vous jugez qu'une erreur est toujours possible, et vous êtes prêts à l'excuser; d'autres sont moins indulgents, ils n'admettent pas que l'on se trompe, et ils condamnent sans rémission l'Œuvre dans laquelle une erreur se produit.

L'argument le plus fréquent qu'on nous oppose est celui-ci : « Je connais telle personne qui ne devrait pas figurer sur l'Annuaire. » Mais comme chacun se place à un point de vue plus ou moins restrictif et rigoureux, il en résulte que les avis sur une même personne sont quelquefois opposés. Si nous répondons :

« Aidez-nous de vos conseils et de votre connaissance des gens qui vous avoisinent, » on nous oppose les difficultés de l'entreprise que l'on s'exagère, et l'on se croise les bras pour le moins, si l'on ne s'efforce pas de semer la défaveur sur l'Œuvre. Tentez d'éclairer sur la haute portée morale de cette Œuvre des personnes assez mal disposées pour ne pas même songer à défendre leurs répulsions, tant elles les sentent peu justifiées, vous n'y parviendrez pas.

Nous avons vu les commencements de la société de Saint-Vincent de Paul aujourd'hui tant et si justement estimée : les oppositions inconscientes que nous éprouvons n'ont rien qui nous surprenne. Elles auront le sort de toutes celles qui ont poursuivi à leur début les œuvres bénies de Dieu. Elles s'éteindront dans la bonne foi et la droiture qui sont les qualités maîtresses de la plupart des hommes que nous avons en vue.

Je reviens à la formation de l'Annuaire.

Les renseignements pris, on se présente chez les commerçants et les industriels que l'on croit pouvoir admettre dans la Société et devoir y adhérer. Il en est bon nombre dont la clientèle se recrute dans la classe élevée, de ce côté on n'éprouve guère de résistance. Les travailleurs de cette catégorie consentent facilement à acquitter une cotisation annuelle en faveur de la classe ouvrière, et à laisser imprimer leurs noms ; mais si l'on s'adresse à ceux qui sont établis dans des quartiers populaires, et n'ont guère pour clients que des gens hostiles ou enserrés dans les liens de sociétés hostiles à la religion, on est exposé à des refus.

Il y a dans un quartier excentrique d'Angers une épicière, fervente chrétienne, coopérant aux bonnes œuvres, qui dans la crainte de perdre des pratiques (on dit aujourd'hui des clients) n'a jamais consenti à faire partie de la société. Nous nous croyons en droit de supposer qu'elle a demandé conseil, et qu'on ne lui a pas recommandé l'héroïsme de la foi en la Providence. Cependant elle n'a pas l'excuse de charges de famille très-lourdes.

Par contre, nous connaissons un épicier qui, bien que placé dans des conditions à peu près identiques, n'a pas hésité à s'associer à nous ; des gens se sont retirés de lui d'abord, mais Dieu a béni sa résolution et ses affaires sont plus prospères que jamais.

Comme dans les classes supérieures, il est des travailleurs chrétiens qui redoutent de se mettre en vue, sont incapables du moindre effort, et repoussent sans examen toute œuvre nouvelle.

17.

On a dit à plusieurs et d'autres ont pensé qu'à une époque prochaine nos listes pourraient devenir des listes de proscription. A
ceux qui nous ont fait cette formidable objection nous avons répondu que les futurs proscrits sont assez connus pour ne pas redouter
de se faire inscrire, et quant aux catholiques latents, si l'on veut
bien me passer cette expression, que leur calcul est faux, car au
jour du triomphe de l'impiété, ils seraient forcément placés entre
l'affirmation et la négation de la foi ; que s'ils se montrent fidèles
nos listes n'ajouteraient rien aux dangers qu'ils redoutent ; que s'ils
sont destinés à l'infidélité, ils ne sont pas dignes de prendre rang
dans la société de Saint-Joseph, et se font d'avance bonne justice en
restant à l'écart.

Si la pusillanimité est pour plusieurs à l'ordre du jour, s'ils s'ef-
fraient des échos de la haine soufflée au peuple par les tenants de
l'impiété, on peut croire que quand Dieu aura confondu les conseils
de ceux-ci, toutes les faiblesses se dissiperont et qu'alors l'Annuaire
de Saint-Joseph deviendra un gros volume.

Notre foi, comme notre patriotisme, appelle ce jour béni dont
l'aurore semble poindre à travers les ténèbres qui nous environnent,
et nous espérons que grâce aux ferventes prières des âmes pieuses,
le Seigneur permettra que ce jour donne bientôt sa pleine lumière.
Jusque-là, nous travaillerons sans relâche ; du reste, Messieurs,
si l'on tient compte des circonstances, on peut se féliciter des résultats obtenus à Angers, puisqu'ils se traduisent comme je l'ai dit,
par quatre cents inscriptions sur l'Annuaire de 1878.

Quelque chose de particulier, c'est la guerre que nous fait depuis
deux mois un mauvais journal d'Angers qui, après avoir essayé de
peindre notre Œuvre sous les plus sombres couleurs, l'accusant de
marcher dans l'ombre (le croiriez-vous ?) et la qualifiant d'infernale ! de diabolique ! (le rédacteur fait profession de ne croire ni à
l'enfer ni au diable) s'est mis à publier les noms des travailleurs
inscrits sur nos listes. Quelques-uns ont reculé devant cette publicité ; mais on a recueilli dans le même temps quarante nouvelles
adhésions parmi lesquelles nous en pourrions citer qui se sont affir-
mées avec énergie, répondant ainsi généreusement aux provocations
de la feuille radicale. Il faut dire que sauf deux exceptions, ceux qui
se sont retirés ont ajourné à l'an prochain leur résolution définitive.
Il y a de quoi espérer quand l'on considère que les inscriptions ont
été quatre fois plus nombreuses que les demandes de radiation.

Un fait fort honorable pour celui qui en a été l'auteur s'est produit ces jours derniers. Un commerçant que deux clients avaient quitté à cause de son inscription sur nos listes, inscription que leur avait révélé le journal dont nous venons de parler, était venu en toute hâte nous prier de ne le plus comprendre au nombre de nos associés. C'est un homme de conscience qui n'a pas tardé à se reprocher cette faiblesse et qui en venant nous demander de le maintenir sur l'Annuaire, nous a déclaré qu'il considère comme un devoir d'affirmer sa foi quel qu'en doive être le résultat.

Telle est la situation, quant à l'Annuaire; il ne reste plus qu'à vous entretenir des moyens employés pour le répandre.

Il n'est pas vendu publiquement; on pourrait s'en servir pour nuire à nos adhérents : la haine des méchants est plus vive et plus entreprenante que la charité des bons. Il est remis gratuitement :

1° Aux personnes de la classe dirigeante qui ont souscrit une somme annuelle pour Concours aux Œuvres de la Société de Saint-Joseph.

2° Aux travailleurs qui y sont indiqués.

3° Aux ouvriers, ouvrières et apprentis faisant partie de la Société.

4° Enfin, aux gens de travail bien pensants qui déclarent être dans l'intention de s'en servir.

Nous avons essayé de le faire répandre cette année parmi les gens de la classe supérieure connus pour leurs bons sentiments, qui n'ont pas été à même, peut-être, d'adhérer à notre Société. L'absence du plus grand nombre en ce moment où chacun cherche, avec l'oubli des exigences de la vie des villes, la paix et la fraîcheur des champs, a rendu à peu près infructueuses les tentatives commencées; nous espérons mieux à la fin de l'année.

Nous avons cru devoir l'envoyer à tous les Curés du diocèse, en les priant de diriger vers les maisons que nous recommandons ceux de leurs paroissiens que leurs affaires appellent à Angers; nous ajoutions que nous tenions à leur disposition, au prix de 15 centimes, le nombre d'exemplaires qu'ils nous feraient demander. Sauf deux Curés de paroisses peu importantes des environs qui nous ont fait demander l'Annuaire par quelques bonnes âmes qu'ils dirigent, la mesure a avorté.

Notre appel aux communautés religieuses de la ville a eu plus de succès. Elles ont toutes accepté l'Annuaire pour s'en servir, et

toutes aussi ont bien voulu nous donner la liste de leurs fournisseurs avec prière de nous informer de leurs sentiments et de les
agréger à l'Œuvre, s'il y a lieu. Elles ont demandé qu'on leur dési-
gnât ceux qui ne pourraient en faire partie.

Aucune catégorie de personnes n'est plus facile à tromper que
celles qui sont consacrées à Dieu. Elles ignorent le mal et ne le
soupçonnent pas chez autrui. Pourvu qu'on se présente à elles
sous les dehors du respect de la religion, on en obtient tout ce que
l'on en peut attendre.

Nous avons déjà découvert en ce genre de déplorables erreurs.
Nous avons souvent entendu des commerçants chrétiens se plaindre
de ce que tandis que leurs affaires végétaient à cause de leurs sentiments connus, les religieux et les religieuses allaient porter leur
argent à des ennemis de Dieu et de l'Église. Nous sommes heureux
que ce scandale cesse à Angers. Nous l'avons vu avec peine se produire également dans les villes que nous avons habitées.

Il est vrai que les intérêts savent prendre des masques. On voit
des vitrines où les objets religieux ont une place d'honneur ; si
l'on y regardait bien, on y découvrirait souvent quelque anachro-
nisme ; mais une bonne religieuse n'est frappée que de la vue des
images qu'elle aime ; elle n'a point de regards pour le reste. Qu'elle
s'adresse au marchand, lui qui la tournera en ridicule l'instant
d'après, s'il ne la maudit pas, il lui prodigue les égards les plus
délicats, les marques du plus profond respect.

Vous le voyez, Messieurs, nous n'avons négligé aucun moyen
pour favoriser les travailleurs chrétiens de notre ville. Nul doute
que la rage des impies ne s'accroisse de ce que nous voulons
prendre soin avant tous autres, suivant le précepte de l'Apôtre,
des serviteurs de la foi. Cette rage prévue est l'argument des faibles.
Que nous importe leur fureur quand nos frères ont besoin de notre
appui, du moment où nous nous trouvons en face d'un devoir évident à accomplir.

On a dit : les travailleurs catholiques font moins bien, sont
moins approvisionnés, vendent plus cher que les autres. Cela peut
être vrai pour quelques-uns. Qu'on leur fournisse les moyens qui
leur manquent, et ils pourront soutenir la concurrence que leur
loyauté leur rend si difficile. D'ailleurs, s'il fallait faire quelque
sacrifice en faveur des travailleurs chrétiens, est-ce que cela ne

nous serait pas commandé par notre communauté de foi et de sentiments?

On n'en finirait pas avec les objections des gens mal disposés si l'on voulait les exposer toutes.

Je m'arrête, heureux, Messieurs, si vous jugez que je n'ai pas été trop infidèle au programme que m'avait tracé notre cher et pieux Président, à qui je dois le plus grand honneur qui m'ait été fait dans ma vie : celui d'être admis à prendre place dans ces grandes assises où s'élaborent les plans de la restauration des corporations chrétiennes, où l'Église compte tant de dignes représentants et de fils illustres, où la patrie compte autant de serviteurs dévoués qu'il s'y trouve de chrétiens.

Charles BLANCART.

TROISIÈME RAPPORT

BUREAUX DE PLACEMENT CHRÉTIENS FONDÉS EN FAVEUR DES MEMBRES DES ŒUVRES OUVRIÈRES CATHOLIQUES ET DES PATRONS CHRÉTIENS

MESSIEURS,

Les bureaux dont j'ai reçu mission de vous entretenir s'occupent de placer, dans des maisons choisies, les membres des Cercles et des Patronages catholiques. Leur but est de soustraire l'ouvrier et l'employé chrétiens à ces ateliers où l'on travaille le dimanche, où l'on rencontre de mauvais exemples et des amitiés dangereuses, où l'impiété est maîtresse et la religion persécutée.

Ces bureaux ne se proposent pas seulement de rendre service aux travailleurs catholiques, ils ont aussi en vue l'intérêt des patrons chrétiens, et visent à la réforme de la maison de commerce et de l'atelier. En procurant au maître des ouvriers et des employés honnêtes, capables et soumis, on pourra peut-être l'amener à établir chez lui une organisation plus chrétienne, et le décider à accomplir les devoirs que Dieu impose à tout détenteur de l'autorité.

Au mois de janvier dernier un bureau de placement a été fondé à Paris par les soins du Bureau Central de l'Union. Il est aujourd'hui dirigé par un dévoué frère de Saint-Vincent de Paul, ancien directeur de patronage. Grâce à la protection du bon Dieu, l'Œuvre nouvelle a pu s'établir et surmonter de nombreuses difficultés; malgré une crise commerciale qui n'a cessé de durer, elle est parvenue en peu de temps à faire un assez grand nombre de bons placements, et à réunir l'adhésion de beaucoup de commerçants sérieux. Puissent ces résultats obtenus encourager la fondation d'œuvres semblables dans toutes les villes qui contiennent des Cercles et des Patronages. Les bureaux viendraient puissamment en aide aux directeurs de ces œuvres qui ne peuvent consacrer au placement chrétien le temps qui serait nécessaire.

I. — QUELS CARACTÈRES DOIVENT PRÉSENTER LES PLACEMENTS FAITS PAR LES SOINS DES BUREAUX DE PLACEMENT CHRÉTIEN

Un premier caractère est la *gratuité :* le placement doit être gratuit non-seulement pour l'ouvrier mais aussi pour le patron; bien entendu, sans violer cette règle, on pourra de temps en temps envoyer à ce dernier une lettre de quête pour couvrir les frais du bureau.

La gratuité du placement manifeste le dévouement désintéressé des directeurs, et leur attire les sympathies des patrons; j'ajoute qu'elle leur assure la bienveillance de l'administration. M. le Préfet de police, auquel on avait demandé l'autorisation de créer à Paris un bureau de placement chrétien, a fait répondre qu'on pouvait agir sans son autorisation, celle-ci étant prescrite uniquement pour les bureaux fondés dans une pensée de lucre, et destinés à placer toutes personnes.

Les placements faits par nos soins doivent présenter un second caractère : au point de vue spirituel, et au point de vue matériel, ils doivent satisfaire les intérêts du travailleur.

Nous ne devons faire de placements que dans des maisons qui assurent à leurs employés et à leurs ouvriers la liberté du dimanche et des facilités pour fréquenter les Œuvres et accomplir leurs devoirs religieux. Aucun placement ne doit être risqué dans des maisons qui n'offriraient pas ce minimum de garanties, et aussi dans celles qui présenteraient des dangers au point de vue des mœurs. Parmi ces patrons, avec lesquels ils entreront en relations, les directeurs du bureau de placement en découvriront qui offrent des garanties plus grandes, et qui, comprenant mieux les devoirs du patronage chrétien, exercent chez eux une surveillance active et imposent une discipline préservatrice. Ces patrons devront être distingués avec soin, et les placements seront faits chez eux de préférence.

Les directeurs de l'Œuvre de placement devront aussi guider l'ouvrier chrétien dans le choix du travail; ils rechercheront pour lui les places qui développent le plus ses connaissances industrielles et commerciales, et assurent le mieux la continuité du travail. Ils veilleront aussi à ce que les salaires soient rémunérateurs, et quelquefois ils auront à combattre les vilaines tendances de patrons trop disposés à exploiter la misère de l'ouvrier.

J'aborde un troisième caractère qu'il importe d'assurer à nos placements; ils doivent satisfaire les intérêts du patron. A ce point de vue les directeurs de l'Œuvre du placement veilleront avec le plus grand soin. Ils s'efforceront de ne présenter que des sujets consciencieux, capables et soumis. A cette condition seulement ils pourront gagner la confiance des patrons. On ne saurait trop insister sur ce point, parce qu'il existe malheureusement dans le monde un préjugé défavorable aux Œuvres de placement fondées par des catholiques; on est porté à les considérer comme des œuvres de charité, destinées à procurer du travail à tout malheureux qui a faim; on suppose que, dans notre désir d'apporter un soulagement à la misère, nous nous laissons entraîner trop facilement à perdre de vue l'intérêt du patron, et à lui présenter des sujets peu dignes ou peu capables.

Lorsque ces objections leur seront présentées, les directeurs pourront répondre que, à la vérité, beaucoup d'œuvres catholiques de placement ont été fondées dans un but purement charitable, et afin d'offrir un refuge moralisateur à toutes les misères; mais les bureaux de placement fondés au sein de l'Union des Œuvres ouvrières ont un but tout différent. Ils sont établis pour placer non pas toutes personnes, mais uniquement celles qui fréquentent les Œuvres, et leurs protégés présentent ordinairement les qualités qui distinguent le bon employé et le bon ouvrier; dans le Cercle ou dans le Patronage dont ils font partie, on les a triés avec soin, on leur a inculqué à l'égard du patron cette soumission et cette bonne volonté qui rendent le commandement facile et fructueux, enfin on a fait de nombreux efforts pour développer leurs connaissances professionnelles. Un autre avantage de nos bureaux, c'est qu'ils ne patronnent pas des inconnus; les hommes qu'ils se chargent de placer fréquentent les Œuvres depuis un certain temps, et les Directeurs de ces Œuvres peuvent toujours donner des renseignements exacts sur leur caractère, sur leur capacité, et même sur leur passé.

On voit par ce qui précède que les Directeurs de Cercles et de Patronages coopèrent dans une large mesure à l'œuvre entreprise par les bureaux de placement; toujours ils doivent leur adresser des sujets susceptibles de satisfaire un patron, et leur envoyer sur chacun d'eux des renseignements exacts et complets. A Paris, pour appeler l'attention des Directeurs sur ce point, on leur adresse de temps en temps une circulaire; et afin qu'ils n'oublient pas de donner sur leurs protégés les renseignements utiles à connaître, on leur a remis à l'avance plusieurs exemplaires d'un questionnaire imprimé, avec prière de ne jamais envoyer une personne au bureau sans lui remettre une de ces feuilles, signée et remplie suivant les indications qu'elle contient; il y a là un moyen pratique de leur rappeler qu'ils sont responsables de leurs recommandations.

II. — QUELLES PERSONNES DOIT-ON PLACER?

Nous exposerons ici la règle qui a été tracée lors de la fondation du bureau de Paris, en faisant remarquer, toutefois, que dans les localités moins considérables, cette règle pourra n'être pas appliquée avec la même rigueur.

A Paris le bureau de placement a été établi en faveur *des membres des Œuvres catholiques,* eux seuls peuvent profiter des bienfaits de l'institution.

Cette règle produira, nous n'en doutons pas, d'excellents résultats; elle aura pour effet d'éveiller chez beaucoup le désir d'entrer dans les Œuvres, et pour ceux qui en font déjà partie, elle rendra plus redoutable la sanction du renvoi.

J'ajoute que le Directeur du Cercle ou du Patronage est toujours en position de donner des renseignements exacts et complets sur l'ouvrier et sur l'employé qu'il adresse au bureau de placement, et est trop intéressé à la prospérité de cette institution pour lui présenter jamais des sujets indignes ; au contraire, le placement des travailleurs étrangers aux Œuvres présente peu de garantie, les recommandations qu'ils apportent sont ordinairement dictées par la charité et la compassion, elles émanent de personnes qui connaissent mal leurs protégés, et ne songent pas assez à l'intérêt des patrons.

A Paris, on s'est écarté du règlement et on a placé des travailleurs étrangers aux Œuvres qui promettaient d'entrer prochainement dans un Cercle ou dans un Patronage. On a constaté qu'ils montraient ensuite peu d'empressement à réaliser leur promesse, ou que, entrés dans une Œuvre par contrainte, ils n'y restaient pas ou montraient peu d'assiduité.

Le bureau de Paris a été créé en faveur des ouvriers et des employés qui fréquentent les Œuvres de cette ville ; il ne doit pas s'occuper des personnes du dehors. Lorsque des Directeurs de province écrivent pour recommander des membres de leurs Cercles qui désirent venir à Paris, le règlement ne permet pas de faire droit à leur demande. Les fondateurs du bureau ont craint de favoriser la tendance qu'on a en province de venir s'établir dans la capitale. A un autre point de vue du reste cette règle s'imposait d'elle-même. Car les patrons refusent toujours de s'engager à l'avance à accepter une personne qui est au loin, et qu'ils ne peuvent examiner. D'un autre côté, laisser venir à Paris des employés ou des ouvriers qui n'y ont pas de place assurée, c'est, nous le savons par expérience, les exposer à rester longtemps sans ouvrage.

III. — Moyens a employer pour connaitre les patrons chrétiens et trouver des places

A Paris, pour connaître des noms de patrons chrétiens, on s'est adressé au clergé, aux communautés religieuses, aux Directeurs de Cercles et de Patronages. Des commerçants chrétiens ont aussi fourni d'utiles indications sur leurs confrères.

Lorsqu'on eut ainsi obtenu l'adresse de bonnes maisons, on leur envoya une courte circulaire pour leur annoncer l'ouverture du bureau et leur expliquer le but et l'utilité de l'Œuvre. On lit rarement une circulaire : pour attirer l'attention des patrons sur celle-ci on a eu soin de mettre à la fin une liste de commerçants qui veulent bien patronner l'Œuvre naissante. En voyant sur cette liste les noms des meilleures maisons de Paris, les patrons sont plus disposés à lire la circulaire et à s'adresser au bureau.

On a eu aussi recours à la publicité des bons journaux pour faire connaître l'existence du bureau ; mais de tous les moyens de propagande celui qui a le mieux réussi est la visite à domicile. Il doit être préféré à tous les autres, parce qu'il permet de bien connaître les patrons et d'établir avec eux de précieuses relations ; après quelques visites et quelques services rendus, leur confiance est acquise et on peut s'entretenir avec eux de réformes chrétiennes des maisons de travail, et des devoirs imposés par Dieu aux détenteurs de l'autorité. Ces démarches prennent beaucoup de temps au directeur du bureau de placement, aussi ferait-il bien d'appeler à son aide quelques personnes dévouées ; d'anciens commerçants pourraient rendre de grands services à cause de l'influence plus considérable qu'ils exerceraient sur les patrons.

Les Directeurs de Cercles et de Patronages peuvent aussi favoriser le développement du bureau, en lui faisant connaître des places vacantes ; souvent ils n'ont personne à présenter aux patrons qui s'adressent à eux pour avoir des employés ou des ouvriers ; volontiers dans ce cas ils feront part au bureau des places qui leur sont offertes, il suffira de leur en faire la demande.

IV. — Organisation intérieure d'un bureau de placement

Le rouage le plus important et le plus actif est le Directeur du bureau. Il doit rendre aux commerçants et aux chefs d'ateliers des visites nombreuses, pour leur faire connaître l'Œuvre, gagner leur confiance, et s'informer de leurs besoins.

Il doit aussi avoir des relations fréquentes avec les Directeurs de Cercles et de Patronages ; la journée du dimanche sera plus spécialement employée par lui à visiter les Œuvres, et à en étudier la composition.

C'est à lui que les demandes des travailleurs et celles des patrons sont adressées, il doit agir sans perdre de temps pour leur donner satisfaction.

Enfin le directeur doit écrire la correspondance et tenir les registres et cahiers nécessaires au fonctionnement du bureau.

Ces occupations exigent du directeur un dévouement complet et régulier. Lorsqu'il ne pourra y consacrer tous ses moments, il devra se faire aider par un employé intelligent et chrétien.

A Paris, à cause du développement exceptionnel que l'Œuvre pourra prendre, on a établi, à côté du directeur, un conseil composé des représentants des diverses Œuvres de la localité. Les membres de ce conseil éclairent la direction par de sages avis, et lui apportent souvent un précieux concours.

Enfin, à Paris, un président, désigné par le Bureau Central de l'Union, préside à la direction de l'Œuvre et aux travaux du Conseil.

L'œuvre de placement nécessite des écritures diverses et la tenue de certains livres dont il n'est pas utile de parler ici. Je me bornerai à faire observer que les appréciations du directeur sur chaque patron, et tous les renseignements utiles à connaître sur chaque maison, doivent être consignés par écrit et conservés avec soin, car ils sont destinés à éclairer les personnes qui peuvent être successivement appelées à diriger le bureau.

De même il importe de ne pas perdre de vue les personnes placées par nos soins, sur chacune d'elles on a dû prendre des renseignements dont il convient de garder souvenir.

A Paris, des cartons de moyenne grandeur, rangés par ordre alphabétique dans un casier, servent à conserver ces appréciations et ces renseignements. Cette forme présente un triple avantage. Elle facilite les recherches, elle rend possibles les nombreuses modifications qu'il convient d'apporter souvent à chaque dossier. Enfin, elle permet d'intercaler et de mettre à leur place les noms nouveaux dont nos listes s'enrichissent sans cesse.

Léon BADEUR,
Membre du Bureau Central de l'Union,
Président du Comité de l'Œuvre du
Placement chrétien.

QUATRIÈME RAPPORT

DE LA RÉFORME DES ATELIERS PAR LA PROTECTION ORGANISÉE DES TRAVAILLEURS CHRÉTIENS

Monseigneur [1],
Messieurs,

L'année dernière, au Congrès du Puy, votre troisième Commission consacrait les deux rapports de M. Harmel et du R. P. Ludovic par des résolutions analogues, mais distinctes : les unes visant la réforme des usines, les autres la réforme des ateliers.

C'est sans doute le souvenir de ce double vote qui a décidé le Bureau Central à diviser le travail dans le présent Congrès entre deux Commissions spéciales, l'une s'occupant des grands établissements industriels, et l'autre des petits ateliers. Cette division, rendue nécessaire par la force des choses, sera certainement féconde. Il ne faut pas, en effet, que la place de plus en plus considérable prise par la grande industrie nous fasse oublier la petite, et d'autre part, vous le verrez, il est matériellement impossible d'appliquer à la réforme des ateliers les procédés si heureusement suivis pour les usines. Ne nous plaignons pas de la part qui nous est faite, car le champ qui nous est laissé est immense. Hélas ! il est complétement en friche ! et nous n'avons pas même une oasis comme le Val-des-Bois pour nous servir de but et de modèle. Dès les premiers pas, nous sommes arrêtés par une difficulté capitale, l'isolement de nos patrons. Dans l'usine, les travailleurs sont forcément groupés sous une même autorité, l'union, au moins matérielle, existe, et les exigences du travail maintiendront toujours en présence le maître et ses ouvriers. Il en est tout autrement dans la petite industrie que les lois révolutionnaires de 1791 et les doctrines d'une fausse économie politique ont profondément divisée.

[1] Mgr de Ségur.

Portons donc ensemble nos regards sur ces innombrables ateliers où nous attend, s'il plaît à Dieu, une riche moisson. Il y a moins d'un siècle, apprentis, compagnons et maîtres appartenaient tous à des corporations et à des confréries que l'Église aimait et soutenait. Cet édifice huit fois séculaire est détruit; l'isolement et la défiance ont remplacé l'union fraternelle et le respect de l'autorité. Il nous faut donc refaire à la fois le corps et l'âme ; il faut chercher dans le chaos actuel les bases nouvelles de l'association qui décuple les forces individuelles, et de la confrérie qui cimente l'union matérielle par la charité et lui donne une fin morale. Tel est le double travail qu'exige la réforme des ateliers, et c'est celui que la Société de Saint-Joseph espère accomplir en organisant la protection des travailleurs chrétiens.

I

DU NOMBRE ET DE L'IMPORTANCE DES ATELIERS DE LA PETITE INDUSTRIE

Ce n'est pas chose facile que de compter les ateliers de la petite industrie, ni de reconnaître leur importance respective. Nous savons cependant, par des documents officiels ou privés, livrés depuis peu à la publicité, que ces ateliers occupent encore la plus grande partie des travailleurs. Déjà en 1860, sur 101,170 ateliers constatés à Paris seulement, par l'enquête de la Chambre de Commerce, il existait 62,199 ateliers où le chef travaillait seul ou avec l'aide d'un ouvrier; 31,480 où travaillaient de deux à dix ouvriers, et 7,492 seulement où travaillaient plus de dix ouvriers [1]. C'est donc au total 93,679 ateliers pour la seule ville de Paris, et la même proportion se retrouve dans les villes de province.

D'après une note recueillie dans l'Association catholique (juin 1878), la petite industrie compterait aujourd'hui en France 596,776 patrons et 1,060, 444 ouvriers, sur une population industrielle de trois millions d'hommes, soit un peu plus de moitié.

Mais il est facile de montrer par un seul exemple combien ces statistiques sont incapables de nous faire connaître l'entière vérité.

[1] V. Le Play. *Org. du Travail*, ch. I, p. 21.

Vous savez, Messieurs, qu'il existe à Paris une Société de *Protection des Apprentis et des Enfants employés dans les Manufactures*, association philanthropique présidée par M. le Ministre de l'agriculture, et ayant surtout pour but l'application des lois de 1851 sur l'apprentissage, et de 1874 sur le travail des enfants. Des inspecteurs et des Commissions locales furent partout nommés en 1875 pour assurer l'exécution de ces lois dans les ateliers. Or, voici ce que nous apprend un des derniers bulletins de la Société : « L'Administration ne possède et ne peut mettre à la disposition des Commissions aucun document relatif *à l'existence* des ateliers à visiter. » Qui parle ainsi ? C'est un inspecteur appelé devant la Commission du cinquième arrondissement [1]. Il ne peut citer qu'*un* établissement de modiste où il aurait été très-mal accueilli à deux reprises différentes! Il n'a, je cite ses propres paroles, « aucune indication à donner, soit sur la nature des industries qui se rencontrent dans l'arrondissement, soit sur ce qui se passe dans les ateliers ». Aussi la Commission déclare-t-elle, dans son rapport à M. le Préfet de la Seine, qu'elle ne pourra remplir un rôle utile que lorsqu'elle aura à sa disposition *la liste* des ateliers qui renferment des apprentis. Après de tels aveux, quelle foi devons-nous donner aux statistiques ? La neuvième Commission constate cependant que son arrondissement est de ceux qui renferment le moins de grands établissements industriels. L'industrie, dit-elle, y est presque complétement représentée par de petits ateliers (couture, lingerie, boucherie, épicerie, charpente, peinture, modes, etc.) existant en grand nombre, mais qu'il est souvent difficile d'atteindre, leur existence ne se révélant pas toujours par des signes extérieurs. Parfois ces ateliers inconnus sont occupés par un seul ouvrier, qui en est le patron et qui emploie un apprenti; ailleurs, ce sont des couturières et des modistes employant quelques ouvrières et deux ou trois apprenties. « Ce sont ces petits ateliers, ajoute le rapport, qu'il serait peut-être le plus nécessaires de surveiller. » Sans doute, mais il faudrait les connaître et surtout ne pas se fier à la seule philanthropie pour y faire régner l'esprit chrétien et la morale.

Si cette courte, mais utile excursion dans le domaine de l'officiel vous intéresse, Messieurs, je vous citerai encore quelques lignes du rapport de la onzième Commission : « Dans notre arrondissement,

[1] M. Maurice. (Janv.-fév. 1878, p. 41.)

dit-il, fourmillent en majeure partie de petits ateliers (toutes les
Commissions tiennent le même langage) dans lesquels la loi de
1874 n'est ni connue, ni appliquée; leur existence d'ailleurs est
ignorée; les noms, on ne les trouve ni dans les Annuaires du commerce, ni dans ceux de l'industrie. Nombre de maisons comptent
plusieurs ateliers distincts à chaque étage, et la visite de certaines
a parfois exigé près de deux heures. Il semble difficile, sinon impossible, qu'avant deux années, tous les ateliers occupant des enfants aient pu être inspectés, même une fois. »

Ainsi ce que signalent en premier lieu et dans les mêmes termes
tous les rapports, c'est le nombre incroyable de ces petits ateliers
inconnus, isolés, sans trace ni signe d'existence, et l'inobservation
des lois protectrices du travail des ouvriers et des apprentis, soit le
jour, soit la nuit. Le tableau qu'ils font des abus qui y règnent est
sombre, mais le remède qu'on vous propose vous paraîtra bien insuffisant : « Quant aux infractions, déclare la onzième Commission,
elles tiennent le plus souvent à l'*ignorance* ou à l'*indifférence*, mais
quelquefois aussi à l'*insuffisance des groupes scolaires* » et le rapport
demande la création d'écoles de demi-temps. Les visites elles-
mêmes deviennent impossibles, à raison des souffrances actuelles de
l'industrie : « On ne peut plus visiter, dit la Commission, à cause de
la misère de ces petits patrons qui préféreraient renvoyer leurs
apprentis plutôt que de renoncer aux gains que leur procurent un
travail forcé ou les veilles interdites par la loi. » Pauvre loi, Messieurs, et pauvre France! N'êtes-vous pas émus de pitié à la vue de
telles misères, de telles convoitises et de si vains efforts pour porter
remède au mal? Et ne sentez-vous pas vos cœurs battre d'enthousiasme à la voix de l'Église qui nous crie : « Sauvez les ouvriers du
blasphème et de l'impiété! Sauvez-les de la débauche, de l'isolement et de l'envie! » A ces cris d'alarme nous oublierons notre
impuissance, mais, la croix à la main, nous jetterons les filets du
divin pêcheur et la pêche sera bonne, que dis-je? elle sera miraculeuse!

II

LES PRINCIPES ET LES FAITS

Nous sommes tous d'accord sur les principes. Aussi me bornerai-je à rappeler rapidement ceux qui doivent éclairer la question qui nous occupe.

Le premier, celui dont l'observation amènerait aussitôt la réforme, *est la charge d'âme*. Le patron est père, comme l'indique son nom; à ce titre, il ne saurait demeurer indifférent au salut de ses ouvriers. Mais à quoi oblige la charge d'âme ? Elle oblige d'abord à éloigner les dangers graves de corruption. Aux yeux du chrétien, la vie de l'âme est bien supérieure à la vie du corps; si donc les lois humaines condamnent justement le patron quand par sa faute ou même sa négligence son ouvrier est victime d'un accident, comment la loi de Dieu ne condamnerait-elle pas celui qui laisse périr des âmes confiées à ses soins ?

Pratiquement ce devoir consiste à réprimer avec énergie l'audace des meneurs qui introduisent le vice dans l'atelier. Si le patron n'est pas capable de les réduire au silence, il doit les renvoyer. En les gardant, sous de spécieux prétextes d'intérêt, il devient complice de leur impiété, il commet une faute envers Dieu et envers les ouvriers chrétiens qu'il peut avoir chez lui, car personne n'ignore les vexations de tout genre que les meneurs ne cessent de faire subir à ceux de leurs compagnons dont ils ne peuvent supporter la foi.

La charge d'âme va plus loin encore : elle exige qu'on favorise le bien en lui assurant une protection efficace. Le patron chrétien doit encourager l'accomplissement des devoirs religieux, source nécessaire des bonnes mœurs.

Comme premier corollaire de la charge d'âme, j'indique ici la nécessité de bien choisir les contre-maîtres. Quiconque partage l'autorité du patron, doit partager ses devoirs. Aussi le contremaître, la contre-maîtresse, dès que le patron est absent, sont obligés comme lui de veiller au salut des âmes, soit en réprimant le mal, soit en favorisant le bien. C'est en vain que le chef d'une maison manifesterait le désir de tenir chrétiennement son atelier si ceux qui le remplacent ne le secondent point. L'ordre ne régnerait que sous l'œil du maître.

Voici le second corollaire, non moins important : celui qui veut prendre charge d'âme doit aussi prendre charge d'existence. Comment un patron ferait-il croire à son amour des âmes s'il était indifférent à la santé, au bien-être, à la vie même de ses ouvriers ? L'Écriture blâme énergiquement cette charité sans entrailles qui n'a que de belles paroles pour les gens affamés. Et même dans l'ordre de Dieu, on va de la matière à l'esprit, de l'imparfait au parfait, du terrestre au céleste. C'est pourquoi un patron doit commencer à se montrer chrétien en acceptant la charge d'existence et prenant souci des besoins temporels de ses ouvriers.

Éclairés par ces principes, les faits sont loin d'être satisfaisants. Sans parler des patrons matérialistes chez lesquels le mal est sans remède, il reste un nombre considérable de patrons dont la foi n'est pas éteinte, qui pratiquent dans leur conduite privée les devoirs de la religion et dont les ateliers sont des foyers d'impiété. Il y a quelques exceptions, mais elles sont peu nombreuses. Ils s'excusent sur la difficulté de trouver des ouvriers chrétiens, sur leur impuissance à réprimer le mal, quelques-uns même sur le peu de sécurité qu'ils trouvent dans leurs ateliers quand leurs opinions religieuses sont connues. Ils sont dominés par un profond découragement ; ils prétendent qu'il n'y a rien à faire et ne font rien ; j'en connais qui refusent des apprentis pour n'être pas responsables de leur perte.

Nous avons un moyen facile de mesurer le mal dans toute son étendue. La plupart des enfants du peuple sont élevés encore par des Congrégations religieuses et font leur première communion avec des dispositions excellentes. Eh bien ! comptez ceux qui renouvellent leur communion au bout d'un an quand ils ont quitté l'école pour l'atelier. A peine en trouverez-vous un ou deux sur cinquante. Et pourtant on a cherché à les placer chez des patrons chrétiens. Comment ces patrons ont-ils rempli leur charge d'âme ?

Ah ! pardonnez-moi de faire ici une réflexion douloureuse.

Nous sommes menacés de voir l'enseignement primaire retiré aux Congrégations enseignantes. N'est-ce pas un juste châtiment du peu que nous avons fait pour conserver à ces Congrégations le fruit de leurs travaux ? Sommes-nous dignes d'avoir des Frères et des Sœurs pour tenir des écoles chrétiennes, si nous continuons à supporter qu'en sortant de leurs mains leurs élèves tombent tous dans des foyers de corruption ?

Et de fait, Messieurs, s'il ne se sent aidé et soutenu, que voulez-vous que fasse un chef de petite industrie, débordé par le mal, sans ressources contre lui, isolé avec de bonnes intentions dans un milieu défiant et corrompu ? Et s'il ne peut supporter la charge d'âme, comment voulez-vous qu'il accepte la charge d'existence

18.

dans l'état de pénurie auquel le réduit son isolement ? La plupart
ont beaucoup de peine à faire vivre leur famille. Il faut donc que
l'Association vienne à leur secours ; il faut reprendre les meilleurs
procédés des anciennes corporations avec leurs caisses de famille,
leurs règ'ements protecteurs en ce qu'ils ont d'applicable, et autres
institutions sans lesquelles il est impossible au patron d'accomplir
les deux grands devoirs qui pèsent sur lui : la charge d'âme et la
charge d'existence.

III

LA PROTECTION ORGANISÉE DES TRAVAILLEURS CHRÉTIENS

MARCHE SUIVIE PAR LA SOCIÉTÉ DE SAINT-JOSEPH POUR AMENER LA RÉFORME DES ATELIERS

Je dois maintenant vous montrer comment la Société de Saint-
Joseph, en organisant la protection des travailleurs chrétiens, prépare la réforme des ateliers. Mais auparavant, permettez-moi de
faire une observation qui a son importance.

Quand on a voulu entreprendre cette réforme, la première idée
qui s'est présentée à l'esprit a été de rédiger, sous forme de statuts,
les divers principes que vous venez d'entendre et de les proposer
aux hommes de bonne volonté. On a fondé ainsi les associations de
patrons chrétiens. Grâce à l'impulsion vigoureuse donnée par
l'Œuvre des Cercles, ces Sociétés ont pu s'organiser et nous en
comptons un certain nombre. Certes l'idée est excellente ; je crains
cependant, au moins en ce qui concerne la petite industrie, qu'elle
n'atteigne qu'un très-petit nombre de patrons et ne marche qu'avec
une extrême lenteur. C'est l'avis d'un membre zélé de l'Œuvre des
Cercles, exprimé dans une lettre publiée au mois de juin par l'Association catholique.

Cette méthode, en effet, bien que très-sûre, allant du parfait à
l'imparfait, ne saurait produire un mouvement rapide, car ici-bas
le nombre des parfaits est bien petit, surtout quand on les cherche
dans les conditions exceptionnellement difficiles où se trouvent les
patrons dont nous nous occupons.

La Société de Saint-Joseph, Messieurs, a cru devoir adopter une marche différente : elle va de l'imparfait au parfait. Elle imite le procédé de Dieu à la création de l'homme ; elle façonne d'abord un corps avec des éléments terrestres, mais c'est pour communiquer à ce corps une âme vivante, un esprit chrétien. L'expérience a démontré qu'en appelant à nous les chefs de la petite industrie et en les convoquant à des séances hebdomadaires ou même mensuelles, nous n'en réunirions qu'un très-petit nombre et n'obtiendrions aucun résultat sérieux parce que les patrons et les ouvriers disposés à nous prêter dès à présent leur concours actif sont très-rares, surtout en province où les distances semblent si longues, où tous les loisirs sont disputés par la famille, où enfin l'on a depuis si longtemps perdu l'habitude et le désir de s'entretenir avec des confrères. Il faut compter, Messieurs, avec l'indifférence et se mettre en présence de ce fait que la plupart des patrons, sans être hostiles à la religion, étant même chrétiens chez eux, ne songent plus à l'être dans les ateliers et refusent de prendre part aux réunions où l'on établit leurs devoirs sociaux. Ne pouvant donc les amener à nous, nous allons vers eux; nous les laissons dans leurs ateliers, mais nous leur portons, avec la bonne doctrine, l'appui de nos institutions et la force que nous donne le nombre. Un jour viendra... Mais n'allons pas si vite, car Dieu seul connaît l'avenir. Je viens de vous livrer votre plan de bataille, permettez-moi de vous en montrer l'exécution.

Nous avons d'abord patiemment cherché les patrons honnêtes et chrétiens de la ville d'Angers, et ceux qui déjà nous ont offert librement leur concours, forment une liste de plus de 400 noms. Chacun de ces patrons, en entrant dans l'Œuvre, prend le simple engagement de surveiller son atelier et d'en écarter le désordre. La formule est signée par lui. Ne pensez-vous pas, Messieurs, que, plus d'une fois par année, cette promesse reviendra à sa mémoire quand il entendra blasphémer dans son atelier ou qu'il verra s'y produire quelque fait d'immoralité ? Ne pensez-vous pas qu'il se décidera plus courageusement à imposer silence et à chasser les ouvriers impies ? Cette seule signature est déjà un commencement de réforme, tout au moins elle en donne l'idée.

Nos listes sont imprimées et distribuées avec prudence à la classe dirigeante, à la clientèle chrétienne que nous conduisons ainsi peu à peu vers les travailleurs chrétiens, suivant le précepte de saint

Paul [1] et le principe que saint Thomas d'Aquin appelle « l'ordre dans la charité ». Sitôt que parut notre premier Annuaire, des esprits effrayés prédirent que nous ne ferions que des hypocrites. Il y a deux ans que cette objection était formulée au Congrès de Bordeaux : justice en a été faite, soit par le R. P. Ludovic, soit par le R. P. Marquigny de la Société de Jésus, soit par le R. P. Dulong de Rosnay [2], aujourd'hui vicaire général de Laval. Je n'y reviens pas. Au surplus, Messieurs, depuis le Congrès de Bordeaux, l'Œuvre a marché et savez-vous quel a été le résultat de nos efforts? Au lieu de faire des hypocrites, nous avons fait des persécutés.

L'éternel ennemi de notre foi a si bien senti que notre entreprise lui portait un coup sensible et ramènerait peu à peu l'ordre et la vertu dans les ateliers qu'il a excité contre nous l'ardeur de nos adversaires. Le signal de l'attaque est venu des grands journaux de Paris; à leur suite, les petits journaux radicaux d'Angers se sont précipités sur nous. Ils ont épuisé contre notre Œuvre, qu'ils appellent la *Ligue de Saint-Joseph*, leur vaste vocabulaire d'injures; ils ont écrit que notre entreprise était *diabolique, infernale !* enfin, ne gardant plus de mesure à cause des progrès de l'Œuvre, ils ont signalé nos associés à la haine publique en publiant leurs noms et leurs adresses. Cette illégale et odieuse publication, commencée le 9 juin, n'est pas encore terminée.

Les attaques privées ont été encore plus violentes. On est allé d'atelier en atelier, de magasin en magasin, on a enjoint à nos associés de se retirer de nos listes; on a employé tantôt la menace, tantôt la ruse, tantôt la moquerie, on a fait jouer tous les ressorts de l'intérêt de la clientèle perdue. Après de tels efforts, nos ennemis devaient compter sur un plein succès, mais cette victoire leur a été refusée; nos associés nous sont restés fidèles et ont bien prouvé que l'hypocrisie ne s'était pas glissée parmi nous puisqu'il leur eût été aisé de nous quitter lorsque le journal promettait de ne pas publier les noms de ceux qui feraient amende honorable. A peine une

---

[1] Si quis suorum et maxime domesticorum curam non habet fidem negavit et est infideli deterior. (*Tim.*, v, 8.)

[2] Le R. P. Dulong de Rosnay a écrit au T.-R. P. Ludovic ces lignes remarquables : « Votre principe est inattaquable : aimer d'un amour de préférence ceux qui sont nos frères dans la foi, rendre cet amour effectif par des services et en favorisant leurs intérêts.... Ah! mon père, il ne suffit pas d'aimer, il faut encore savoir aimer!... »

douzaine de timides ont-ils cru nécessaire de s'écarter; cinquante nouvelles adhésions ont aussitôt comblé ce vide. J'insiste sur ces détails parce qu'ils marquent le *point de départ de la réforme*. Traqués par les impies, nos associés ont dû rompre avec le respect humain et prendre une attitude résolue qui ne leur permettra plus de reculer. La femme d'un patron nous disait : « Cette guerre a fait le plus grand bien à mon mari. Il montre un zèle que je ne lui connaissais pas. »

Convenez, Messieurs, que sans réunions et avec nos seules listes, nous avons fait un bon chemin.

Nous pouvons dire maintenant que le plus difficile est fait ; nos ennemis opèrent par haine cette séparation du vice et de la vertu dont les bons chrétiens devaient par charité prendre l'initiative. Ce mélange corrupteur du bien et du mal que la Révolution veut introduire jusque dans les écoles, cette triste paix dans l'absence et l'oubli volontaire de Dieu vont prendre fin parmi nos travailleurs. Les chrétiens se rapprochent des chrétiens et fortifient leur foi dans l'union de la charité.

Voilà le bienfait que nous apporte la haine des rationalistes. La persécution s'attache aux œuvres de Dieu comme une marque de fabrique; nous avons reçu cette marque, elle est le gage assuré des bénédictions que nous attendons encore.

Nos institutions économiques achèveront la réforme commencée par la persécution. C'est par elles que nous maintiendrons autour de nous les patrons inscrits sur nos Annuaires. Nos bureaux de placement, notre caisse de famille, notre Société coopérative de crédit ou banque populaire, qui met le capital à bon compte au service du travail chrétien, et surtout notre Confrérie naissante de Notre-Dame de Nazareth, offriront à tous nos associés des avantages matériels et des soutiens spirituels qui les attacheront de plus en plus à notre Œuvre, aux pratiques chrétiennes de l'union, du sacrifice, du dévouement et les amèneront peu à peu, plus vite qu'on ne pense, à cette conviction que le salut social et leur intérêt positif exigent la réforme de leurs ateliers.

Faut-il maintenant vous le rappeler, Messieurs, nous sommes d'hier et notre Œuvre est immense ; c'est vous dire qu'il nous reste beaucoup à fonder et que nous n'avons pas même eu le temps de mettre en pleine activité les fondations déjà faites. Il nous reste surtout à les faire connaître et apprécier ; quelques-uns seulement de nos associés en ont compris l'importance et se sont hâtés d'accepter nos services, mais le découragement de la classe ouvrière est si complet que beaucoup ne croient plus à rien et se défient des meilleures choses et de leurs meilleurs amis. Nous avons donc le devoir d'expliquer patiemment à chacun de nos travailleurs chrétiens le bien que nous voulons lui faire. Les conseillers de Saint-Joseph, les zélatrices, des secrétaires habiles et dévoués iront frapper à la porte de nos associés, leur procureront des apprentis, des contre-maîtres, des ouvriers, les aideront dans leurs réformes, les soutiendront dans leurs difficultés. Nous donnerons des subventions mensuelles aux apprentis, des secours aux malades, des avances à ceux qui sont dignes d'être élus membres de la Société de crédit; enfin nous distribuerons la suave image de notre Confrérie, qui ne manquera pas de répandre sur tout l'atelier un sentiment de confiance et de vertu.

Vous voyez, Messieurs, que nous faisons le siége des ateliers portés sur notre Annuaire. Saint-Joseph avec les institutions économiques commence le mouvement tournant que termine Notre-Dame de Nazareth avec sa Confrérie.

Notre procédé nous permet de nous occuper à la fois de toute la classe ouvrière, même des femmes. C'est un point important qu'on ne saurait trop remarquer. Si, pour opérer la réforme, il faut unir les institutions économiques aux Œuvres religieuses, il faut à plus forte raison unir l'homme à la femme dans la protection que nous accordons au travail chrétien. Qu'il nous suffise d'observer que les quelques ouvriers restés chrétiens le doivent à leur mère et que le plus souvent c'est une épouse, une fille, une sœur qui ramènent les égarés. Si nous n'y prenions garde, le travail aurait bientôt perverti les femmes du peuple, condamnées en si grand nombre aux durs labeurs d'atelier. La statistique faite en 1867 nous donne le chiffre de 106,310 femmes travaillant dans les seuls ateliers de Paris, et ce chiffre est inférieur à la vérité. Quel vaste champ pour le zèle des dames chrétiennes! Elles se plaignent que dans les Œuvres ouvrières on ne leur donne que le rôle de quêteuses; quand on y ajoutera la protection du travail chrétien, les occupations ne leur manqueront plus.

La marche différente suivie par l'Œuvre des Patrons et la nôtre ne doit pas vous faire craindre que ces deux sœurs puissent se nuire; elles sont plutôt en mesure de se soutenir; cette observation a été faite au Congrès du Puy par MM. Vagner et le comte de Maumigny et sa justesse a été démontrée par l'association des patrons chrétiens de Toulouse. Notre honorable vice-président, M. le chanoine Tournamille, vous dira comment cette Société organise la protection du travail chrétien en adoptant nos procédés.

Réciproquement on pourrait se servir de notre OEuvre comme d'un degré pour s'élever à une association de patrons. Peut-être le tenterons-nous à Angers. Je laisse à notre Président le soin de vous dire sur ce point nos désirs et nos espérances, et je m'arrête en vous adressant une prière :

Aidez-nous, Messieurs, dans l'OEuvre que nous avons entreprise ; aidez-nous par vos sages conseils et surtout par vos essais. Ne craignez pas d'explorer la voie qui vous est ouverte en usant de la plus entière liberté de méthode. Les intérêts revêtent toujours un caractère personnel et local qui répugne à une réglementation trop uniforme, surtout quand on veut les protéger. Sans doute l'union nous est nécessaire ; mais nous aurons celle de la doctrine et les enseignements que donne l'étude du *Syllabus*. C'est à cette école qu'on apprend à détester de plus en plus l'hérésie funeste de la séparation. Qu'il s'agisse en effet de séparer le Pape de son pouvoir temporel, l'Église de l'État, la famille du sacrement de mariage, l'école de l'enseignement religieux, la raison de la foi, la création matérielle de son Créateur, la religion des intérêts matériels, partout c'est le même mensonge et partout la même erreur. Unis dans la doctrine, nous le serons aussi dans son application, malgré les divergences de détails. Pour cimenter cette union, il suffira que nous venions chaque année vous dire dans nos Congrès ce que nous aurons tenté. Si vous faites plus et mieux que nous, loin d'exciter notre envie, vous nous comblerez de joie. Notre bonheur sera parfait quand, en ceci comme en tout le reste, nous ne serons plus que vos fidèles imitateurs.

F.-J. HERVÉ-BAZIN,

Professeur d'Économie politique à l'Université
catholique d'Angers.

PROCÈS-VERBAUX DE LA DEUXIÈME COMMISSION

DEUXIÈME COMMISSION

Procès-verbal de la séance du mardi 10 septembre 1878

La séance, ouverte à deux heures, a été honorée de la présence de S. G. Mgr de Ségur. Le R. P. Ludovic, président de la Commission, assisté de M. le chanoine Tournamille et de M. le vicomte de Chaulnes, comme vice-présidents, a commencé, après la prière d'usage, par faire lire une note sur la *Société de Saint-Joseph*, afin de donner à tous les membres anciens et nouveaux un aperçu général de l'Œuvre importante qui doit occuper les travaux de la deuxième Commission. Cette Société, protectrice du travail chrétien, est l'œuvre du R. P. Ludovic; on nous a dit son but, ses moyens d'action, ses services. Mais il était bon de donner à une notice si abrégée quelques explications : c'est ce que notre vénéré Président a fait avec une chaleur, un intérêt, une hauteur de vues qui trahissaient vite en lui pour cette Œuvre le cœur du père pour son enfant.

Trois principes généraux ont présidé à la naissance de l'Œuvre. 1° Le christianisme n'est pas seulement une belle théorie et un sublime enseignement, mais un art, un métier qui exige la pratique, et qu'on n'apprend pas sans cela : il doit être la lumière, mais surtout la règle et la vie de l'individu, de la famille et de la société. 2° Pas de clients, pas de métiers. Comme art, le christianisme a besoin d'être patroné, et si quelque chrétien en suit la direction pour ses affaires et son commerce, c'est un devoir aux autres chrétiens de le soutenir en devenant ses clients, et de le préférer à ceux qui ne veulent pas l'être. 3° Enfin, tout objet, confectionné par des violateurs de la loi de Dieu, semble, aux yeux de la foi, un objet maudit, prêt à attirer sur nous les châtiments célestes; et nous le devons laisser chez son fabricant.

La mise en pratique de ces principes demande non-seulement qu'on instruise et secoure le travailleur chrétien, mais (et c'est là le caractère spécial de l'Œuvre de la *Société de Saint-Joseph*) qu'on s'applique à imposer partout autour de soi, dans le rayon de son influence, la grande loi et la sainte volonté de Dieu. En maints endroits, l'Écriture enseigne cette doctrine; et sa pratique est le remède direct à ce libéralisme funeste que le R. Père définit : l'erreur qui empêche d'exercer l'autorité ou la charité au nom de Dieu et par voie de contrainte. Sans doute, avant tout, faisons marcher devant nous la lumière de l'enseignement et les industries de la charité. Mais, puisque de nos jours, tout tend à la séparation de l'Église et de l'État, de la raison et de la foi, de Dieu et de l'homme, etc., puisque malheureusement cette séparation semble acceptée, de fait, par les catholiques et par les gouvernements, n'est-il pas à craindre que si nous la laissons régner aussi entre les intérêts matériels et spirituels qui, dans la pensée de Dieu, doivent garder une union nécessaire, ce ne soit la consommation de nos ruines religieuses et sociales? Aux catholiques donc de commencer, sur ce terrain des choses temporelles, la restauration de cette union, et d'aider la pratique de la loi divine concernant le travail en favorisant le travailleur. Ainsi poserons-nous les éléments certains d'une future régénération de la famille, des institutions, de la société. S'il y a une force publique que nous ne voulons ni ne pouvons employer, celle qui prive les individus de ce qu'ils possèdent actuellement, nous avons dans nos mains la force *privée* qui agit sur ce que les individus espèrent dans l'avenir, comme la fortune, les honneurs, etc. Il faut s'en servir pour abattre les puissances du mal, et frayer à Jésus-Christ sa place en tout et partout : « *Iter facit ei qui ascendit super occasum* ». — Voilà le devoir des catholiques; c'est pour en apprendre la pratique que nous sommes ici réunis.

Après ce discours très-applaudi du R. P. Ludovic, un des secrétaires lit un rapport sur la Confrérie de Notre-Dame de Nazareth, protectrice et modèle du travail chrétien. Dans nos Œuvres si difficiles, la grâce divine est nécessaire; et là, peut-on mieux obtenir que par Marie? Aussi, dans les statuts de la nouvelle Confrérie, chaque membre doit-il réciter chaque jour la prière suivante : « Notre-Dame de Nazareth, faites revivre la loi de Jésus-Christ votre Fils parmi les fidèles qui travaillent, et parmi ceux qui les font travailler ! » Un tableau, reproduit en photogravure, rappelle

à chaque associé les grandeurs et les lois du travail, en lui retra-
çant l'intérieur de la sainte Famille, Jésus-ouvrier travaillant sous
la direction de saint Joseph et sous les yeux de son auguste Mère.

Sur une question de Mgr de Ségur, qui se demande si cette Confrérie, confiée à une seule Congrégation, n'est point par là même trop
locale, le R. P. Ludovic répond que, pour s'y affilier, il suffit d'en
réciter la prière, d'être inscrit sur le registre, et d'en recevoir
l'image qu'on peut facilement envoyer partout et à tous. Chemin
faisant, il se défend de vouloir empiéter sur le terrain des autres
Œuvres, spécialement celle de *Notre-Dame de l'Usine*. Celle-ci a
surtout pour objet la sanctification des grandes agglomérations
d'ouvriers dans les usines; Notre-Dame de Nazareth est proposée
comme protectrice et modèle aux travailleurs des *petits métiers*.
Pour répondre mieux à toute inquiétude sur ce sujet, le R. Père
annonce l'apparition d'un nouveau champion de sa cause, et
M. Hervé-Bazin, professeur d'économie politique à l'Université
catholique d'Angers, vient lire un rapport sur la Réforme des
ateliers de la petite industrie par l'organisation du travail
chrétien.

Il est impossible d'être plus net, plus saisissant, plus pratique.
Si c'est la première fois que le jeune et sympathique professeur
prend ainsi la parole, félicitons nos Congrès d'acquérir en lui une
de leurs lumières et de leurs meilleures espérances. Ce rapport sera
imprimé, au moins dans le compte-rendu du Congrès; je ne fais
donc que l'esquisser brièvement. Après avoir prouvé qu'on ignore,
à Paris comme dans toute grande ville, le nombre des petits ateliers
à domicile, et que leur inspection est d'une difficulté presque
insurmontable; après avoir montré que nos philanthropes n'ont
aucun remède à apporter au mal qu'il faut guérir, il pose, en
catholique et pour les vrais catholiques, les principes sauveurs :
1° Tout patron a charge *d'âme*, et doit, dans la mesure du possible,
éloigner de ses ouvriers le mal, les vices, les meneurs, et favoriser le bien, choisir de dignes contre-maîtres, etc. 2° Charge
d'existence, et, dans une certaine limite, des besoins temporels de
l'ouvrier. Que de patrons mous, indifférents, égoïstes, abdiquent
ce devoir!... « On chasse nos chers Frères des écoles, ajoute le Rapporteur, pour confier nos enfants à des maîtres sans religion. Mais
n'en sommes-nous point une cause? Sommes-nous dignes de
posséder ces bons Frères? »

Pour résister efficacement au courant mauvais, il faut *s'associer* : c'est le moyen que fournit la Société de Saint-Joseph. Procédant de l'imparfait au parfait, elle stimule les hésitants, enrégimente les demi-bonnes volontés, les associe et en fait peu à peu des braves. Sans doute, on s'adresse d'abord aux patrons chrétiens, et la liste pour Angers est de quatre cents ; et on leur cherche la clientèle des catholiques. Loin d'en faire, comme on l'a redouté, des hypocrites, ils sont devenus des *persécutés*. Petits et grands journaux ont raillé et insulté l'Œuvre et la liste avec tous ses noms : le résultat a été l'accroissement des signataires, et leur affermissement dans les principes de l'Œuvre. Ainsi se présente cette Œuvre, avec sa marque de fabrique et de succès, la persécution ; allant à chacun des travailleurs, s'appliquant à fortifier le lien de la famille par une protection bien organisée, ne demandant qu'à s'étendre, sans confusion avec les autres Œuvres ouvrières, et laissant à chaque associé nouveau toute liberté pour l'approprier selon les exigences locales. La liberté dans l'union.

En terminant, Le R. P. Ludovic répond à une question posée par M. l'abbé Garnier, du diocèse de Bayeux, sur les conditions imposées aux signataires de ces listes, puis rappelle que l'Œuvre est une Œuvre de *correction* qui veut imposer le respect de Dieu et de sa loi par une contrainte légitime... Et la cloche nous avertit que nos deux heures de séance sont trop vite terminées.

L'abbé Dupuy,
Secrétaire, aumônier du Cercle catholique
d'ouvriers, à Alençon

Procès-verbal de la séance du mercredi 11 *septembre* 1878

La deuxième séance de la deuxième Commission du Congrès de Chartres est ouverte à deux heures sous la présidence du R. P. Ludovic, président de la Commission.

Le procès-verbal de la première séance est lu et adopté.

M. Justin Trémeau tient à remercier publiquement le R. P. Ludovic du bien qu'il lui a fait,

La lecture de ses rapports sur l'Œuvre de Saint-Joseph a décidé l'honorable membre de la Commission, négociant à Saint-Dizier, à s'assurer des principes religieux de ses fournisseurs et à ne plus s'adresser qu'à des fournisseurs catholiques. Il désirerait qu'on publiât un annuaire général de tous les commerçants catholiques de France.

Le R. P. Ludovic, après avoir célébré les avantages de la patience, rappelle que l'esprit de charité doit seul présider aux délibérations de nos Congrès. Il expose la situation dans laquelle l'Œuvre de Saint-Joseph se présente devant le Congrès. Elle favorise toutes les Œuvres, elle prend part à toutes et n'apporte qu'un élément nouveau : *la correction*. Théoriquement, il est incontestable que la correction est bonne. La discussion ne peut donc porter que sur la mise en pratique.

Le R. Père, abordant ce côté de la question, pense que l'Œuvre de Saint-Joseph doit être pratiquée par tous; mais organisée par les laïques seuls, parce que le clergé, chargé principalement de de l'enseignement et de la diffusion des bienfaits doit laisser l'emploi de la correction temporelle aux laïques.

M. l'abbé de Bogenet, vicaire général de Limoges, prend la parole. Il pose quelques principes : 1° Il ne pense pas qu'un objet soit maudit par cela seul qu'il a été confectionné par un ouvrier, peu ou même pas chrétien; 2° On n'est tenu à éviter des rapports qu'avec les excommuniés désignés nominativement; 3° L'Église ne s'est abstenue de l'emploi de la correction matérielle que pour les peines graves comme pour la peine capitale, et bien qu'elle réservât au bras séculier l'application de la peine de mort, elle avait ses tribunaux et ses prisons. Sauf ces réserves, M. le Vicaire général applaudit aux principes de l'Œuvre de la protection du travail chrétien; mais il pense que l'application ne peut pas être uniforme : ce qui se fait à Angers ne peut pas toujours se faire à Limoges.

M. Meignen demande l'impression à part du rapport si remarquable et si pratique de M. Hervé-Bazin.

Le R. P. Ludovic prie les personnes et les Œuvres désireuses de posséder ce rapport, de s'inscrire après la séance.

M. Meignen pense qu'il est pratique d'en voter l'impression en brochure avec les caractères du *Courrier d'Eure-et-Loire*.

Le R. P. Ludovic y voit des inconvénients.

M. Meignen se déclare converti à l'Œuvre de Saint-Joseph qu'il nomme *Œuvre de la Clientèle* et la qualifie d'urgente, d'indispensable. Il ose donc insister, parce qu'il croit que le rapport de M. Hervé Bazin fera aussi des conversions en montrant les résultats obtenus et la simplicité des moyens.

Après discussion, la Commission vote l'impression en brochure du rapport de M. Hervé-Bazin, en laissant à Mgr de Ségur et au Bureau Central le soin d'apprécier et de choisir le mode préférable pour cette publication.

M. Bessirard, ancien avoué, raconte les débuts de la Banque populaire d'Angers; il expose les garanties qu'elle offre, les conditions d'admission, les ressources dont elle est assurée; les services qu'elle a rendus et ceux bien plus considérables qu'elle est appelée à rendre.

Sur la demande de M. des Francs, le R. P. Ludovic explique que les fonds sont fournis par les déposants et que les bénéfices proviennent de la différence entre l'intérêt payé aux déposants et celui que payent les emprunteurs; et, répondant à M. l'abbé Delalande (de Rouen), qui craignait pour l'Œuvre une teinte d'usure, il cite les termes de l'approbation enthousiaste donné par M. l'abbé Morel (qui n'est pas suspect), à cette banque, car elle n'est qu'une *Société commerciale coopérative;* chacun étant à la fois emprunteur et prêteur.

M. Krafft (de Versailles), demande quel est le mode de versement des souscripteurs et quels sont ceux qui prennent part aux délibérations.

Le R. P. Ludovic dit qu'on doit souscrire au moins un dixième d'action, soit 50 francs, et que tout souscripteur de 50 francs peut se libérer en versant chaque semaine 1 franc. On peut d'ailleurs verser intégralement de suite le montant de son action. Tous les souscripteurs, ayant versé le dixième, prennent part aux assemblées générales.

M. de Lafarge indique un précédent analogue ayant donné les plus tristes résultats, à partir du moment où cette fondation a prospéré. Un caissier hypocrite a prêté des sommes supérieures aux sommes déposées. Un procès s'en est suivi, qui a fait le plus grand mal aux intérêts religieux. Il craint qu'un pareil échec ne soit presqu'impossible à éviter, à cause de l'impossibilité de surveiller par le détail les livres lorsque les opérations sont considérables.

Le R. P. Président cite les trois cent trente-neuf banques populaires existant en Allemagne avant 1863, dont à peine le dixième a fait des pertes.

M. de Lafarge ne croit impossibles que les banques uniquement et ostensiblement catholiques, parce que les catholiques sont trop confiants.

C'est précisément, répond le R. P. Ludovic, cette erreur, que les catholiques sont impropres aux affaires, que je veux combattre à outrance.

M. Bessirard dit que les dangers redoutés par M. de Lafarge ne viennent que du mauvais choix des caissiers, et il constate que les statuts de la Banque d'Angers écartent la responsabilité du Conseil d'administration.

M. Chantreau demande quelques renseignements et critique la nomination du directeur et du caissier par l'Assemblée générale.

M. l'abbé Fossin appuie les observations de M. de Lafarge en citant son expérience comme directeur d'une manufacture importante.

Le R. P. Ludovic rappelle que des laïques dirigent seuls la Banque d'Angers à la fondation de laquelle il n'a pris part qu'en étudiant et en faisant étudier les documents nécessaires.

La séance est levée à quatre heures après la prière d'usage.

Le Secrétaire,

Jean DE MOUSSAC,

à Montmorillon (Vienne.)

Procès-verbal de la séance du jeudi 12 *septembre* 1878

La séance est ouverte à deux heures et quart, et le procès-verbal de la précédente séance adopté.

Le R. P. Président, pressé par un membre de fournir quelques explications concernant la sécurité des banques populaires, répond que le temps presse, et que ce sujet n'aura sa lumière complète qu'au prochain Congrès. Ce n'est pas un rapport qu'il faudrait pour traiter une telle question, mais bien six, sur la nécessité, la sécurité, l'histoire, le fonctionnement, la légitimité au point de vue catholique, et les effets parmi les travailleurs d'une banque populaire. La parole est donc accordée aux deux rapporteurs encore désignés pour les travaux de la Commission.

M. Babeur, président du Comité de l'Œuvre du Bureau de Placement chrétien, à Paris, expose le but et l'organisation d'un Bureau. Par lui, on se propose de soustraire aux dangers si nombreux qui les environnent, ces pauvres gens qui s'en vont chercher partout du travail, puis de faciliter aux patrons et aux commerçants la recherche d'ouvriers, qu'ils ne connaîtraient pas sans le Bureau. Ouvriers et patrons y sont intéressés. Les Directeurs de ce Bureau lui donnent comme premier caractère la *gratuité*, le tenant par là en dehors de toute contrainte gouvernementale; puis ils s'appliquent à favoriser les besoins spirituels et temporels des employés, en les confiant à des patrons habiles et qui leur fournissent un juste salaire; enfin ils veillent à satisfaire les intérêts du patron, en lui confiant des ouvriers honnêtes, qu'ils connaissent et dont ils sont comme les mandataires. Dans ce but, chaque employé reçoit, pour se présenter, une feuille de recommandation.

Mais les seuls membres des Œuvres ouvrières catholiques, de Paris, sont placés par le Bureau, qui ne peut répondre sûrement que de ceux-là, et trouve ainsi un appât pour attirer à ces œuvres. S'occuper des ouvriers, envoyés de province, même avec lettres de recommandation de leur Curé, c'est d'abord favoriser l'immigration trop commune dans les villes, et ensuite exposer ces jeunes gens à rester sans ouvrage, car souvent les patrons refusent de s'intéresser à des ouvriers qu'ils ne voient et ne connaissent pas.

Quant aux moyens de faire connaître le Bureau, on envoie des circulaires aux commerçants, l'insertion dans les journaux, la visite aux Directeurs d'Œuvres, et surtout la visite des patrons et commerçants à domicile. C'est l'affaire plus spéciale du Directeur du Bureau, chargé des relations si nombreuses et si difficiles avec l'extérieur. Un conseil privé l'aide dans sa tâche; on se propose, à Paris, de lui adjoindre un comité de patrons. Enfin, le rapporteur pense que la prospérité de ce Bureau dépend beaucoup de la coexistence, dans la localité, d'une Œuvre voisine, telle, par exemple, que la Société de Saint-Joseph d'Angers. Et il termine en exprimant le vœu qu'on établisse d'autres Œuvres qui, dans les moments critiques et les défaillances possibles, soutiennent patrons et ouvriers dans l'accomplissement de leur devoir.

M. Capmas appuie les conclusions de ce remarquable rapport, et demande qu'on insère au catalogue des Œuvres patronnées par le Bureau, la Société de protection établie à Paris, en faveur des aliénés sortis de Bicêtre ou de la Salpêtrière.

Un congressiste de Chartres, objectant que le Bureau est sans but dans les petites villes, le R. P. Ludovic répond que là où se trouvent plusieurs Œuvres, il faut l'union et cite l'exemple d'une société protestante, établie en Amérique, qui, gratuitement et au nom de la fraternité, tient ouvert chaque jour, de huit heures à onze heures, et de deux à cinq heures des Bureaux de placement pour tous indifféremment, catholiques ou protestants. D'ailleurs, ajoute M. Babeur, sans ce Bureau, les commerçants, faute de temps, ne pourront trouver des ouvriers.

M. Tournamille, de Toulouse, expose qu'ayant prêché à l'Association des patrons de cette ville, leur devoir d'employer des ouvriers chrétiens, ses efforts n'ont abouti à rien pour leur placement, faute d'un Bureau qui centralise les renseignements. Il vient, aux applaudissements de tous, d'organiser ce Bureau provisoirement, et patrons et employés se rencontrent sur ses registres. — Enfin, M. Babeur fait remarquer que jamais le Directeur de ce Bureau ne fait lui-même les contrats d'apprentissage, mais en charge le Directeur du Patronage auquel appartient l'enfant; puis, que c'est par les visites à domicile que ce Directeur, qui doit avoir une autorité convenable, peut former une liste des patrons et commerçants intéressés à l'Œuvre.

Avec une verve bretonne, M. Charles Blancart, d'Angers, apprend ensuite, dans son rapport, comment ont été formées et distribuées, à Angers, les listes de l'*Annuaire* de Saint-Joseph. On a commencé par trouver un Conseil de Dames zélatrices, au nombre de deux cents; les pieuses ouvrières sont venues ensuite, puis les commerçants et patrons. Former la liste actuelle de quatre cent soixante-dix-huit adresses a été une difficulté de tous les jours, à cause de la crainte des uns, du zèle exagéré des autres, de l'inexpérience de tous. Enfin, aux adhérents à la liste, on a envoyé une clientèle catholique. L'*Annuaire* de Saint-Joseph est remis gratuitement à chaque associé de l'Œuvre; on le distribue aux riches, aux prêtres de paroisse, aux Communautés. Ces dernières surtout ont su s'en servir efficacement.

M. le chanoine Tournamille signale les difficultés qu'il a rencontrées à ce sujet. Quand il a proposé à l'Association des patrons de Toulouse, de signer la liste, la moitié d'entre eux a refusé. Leur président a cru inopportun d'expédier une circulaire à ce sujet, parce qu'il y est dit « que les catholiques n'ont pas le droit de porter de l'argent aux impies ». Il conclut qu'il faut marcher malgré tout, car les concessions ne gagneront jamais ces ennemis du catholicisme.

En terminant, le R. P. Ludovic recommande à tous l'union dans la charité; c'est à cause de cette union qui attire à Jésus-Christ, que Satan nous attaque et offre la guerre. Acceptons-la bravement, et comme les trois cents vaillants de Gédéon sachons marcher en avant, appuyés avant tout sur le secours divin, mais prêts à mourir pour le bien de nos frères et la restauration du règne social de Jésus-Christ.

La séance est levée à quatre heures après la prière d'usage.

L'abbé DUPUY,
Secrétaire.

TROISIÈME COMMISSION

PREMIER RAPPORT

LES SOCIÉTÉS DE PATRONS

Nous assistons à la ruine de la société. Chaque jour emporte quelque pierre de l'édifice, et le socialisme, tirant les dernières conséquences des erreurs modernes, achève la dissolution universelle.

Le socialisme repose sur trois négations : la négation de toute religion, l'athéisme; la négation de tout gouvernement, l'anarchie; la négation de toute propriété, le communisme ou la liquidation légale.

Et vraiment, si le peuple est souverain, pourquoi ne serait-il pas l'arbitre de la propriété? C'est une conséquence que n'avaient pas découverte nos bourgeois révolutionnaires, mais qu'ils apprendront à leurs dépens.

En vain les libéraux effrayés essaient de lutter pour conserver une apparence d'ordre et défendre la propriété, ils sont imbus des mêmes erreurs fondamentales, à savoir : la négation de l'autorité et de l'action de Dieu. Fatalement, la logique des passions sera plus forte que leur inconséquence intéressée.

L'Église catholique seule oppose les trois affirmations aux trois négations, et elle trouve dans le secours divin de son fondateur les moyens de pénétrer les consciences et de dominer les passions.

Or, tout le mal nous est venu par les classes supérieures. L'autorité, en se séparant volontairement de Dieu, s'est avilie aux yeux des peuples. La richesse, en devenant païenne, a cessé d'être une fonction pour devenir une puissance égoïste.

Toute tentative de régénération devra donc avoir pour premier but de rendre aux classes supérieures la notion de leur responsabilité et la pratique du devoir chrétien. Et comme, parmi les hommes qui ont de l'influence sur ceux qui les entourent, nul n'a de devoir plus étroit et de responsabilité plus grande que le patron, les Sociétés de Patrons seront un moyen puissant et nécessaire pour la restauration sociale. C'est l'œuvre la plus difficile, mais c'est aussi la plus importante et la plus féconde.

Nous devons y consacrer nos efforts, et afin de surmonter les obstacles, il sera utile d'étudier les conditions essentielles de l'organisation de ces sociétés, et les meilleurs moyens d'y entretenir la vie.

§ Ier. — ORGANISATION

Pour organiser une Société de Patrons, il est indispensable de poser le principe catholique dans toute son étendue et d'en assurer la féconde autorité.

Une association ne saurait s'élever au-dessus du but pour lequel elle a été fondée. Elle peut rester en deçà, elle n'ira pas au delà. D'un autre côté, la vérité diminuée entraîne un amoindrissement dans le devoir, et voilà pourquoi la vérité complète choque tant de natures molles et égoïstes : c'est parce qu'elle impose des devoirs dont on veut se débarrasser.

Or, notre but est de mettre en lumière des vérités méconnues pour en déduire des devoirs oubliés. Nous veillerons donc avec soin à ce que la Société des Patrons se propose tout d'abord le but le plus élevé, et, pour cela, nous tiendrons à ce qu'elle soit ouvertement catholique dans ses règlements, dans sa direction et dans ses membres.

Dans ses règlements. — Les règlements les plus courts sont les meilleurs dès qu'ils tendent à assurer le maintien de la société dans l'esprit qui doit présider à sa fondation, je veux dire : l'application des principes catholiques à la régénération du monde du travail [1].

---

[1] Nous recommandons le règlement de la Société de Patrons, de Versailles.

Dans sa direction. — Il est nécessaire de placer la direction entre des mains sûres. Dans l'Œuvre des Cercles catholiques d'ouvriers, le président de la Société de Patrons est nommé par le Comité dont il doit être membre. L'influence d'un prêtre zélé, au courant des questions sociales, sera une précieuse garantie; en effet, une réunion d'hommes, plus habitués aux préoccupations matérielles qu'à l'étude des vérités surnaturelles, est facilement exposée à méconnaître l'action toute-puissante de l'esprit sur la matière, et à tomber dans la philanthropie.

Dans ses membres. — Enfin, il faut commencer avec de vrais catholiques et assurer un bon recrutement.

Mais comment secouer l'apathie et l'indifférence universelles? Les prétextes ne manquent pas : le soin des affaires et de la famille, la concurrence effrénée, et tant d'autres motifs dont on s'exagère la valeur.

Ne pourrait-on, à l'occasion des Pâques, ou dans une autre circonstance favorable, organiser une suite de Conférences sur les devoirs spéciaux des patrons? On y inviterait tous les chefs d'ateliers d'une même ville; une parole ardente, apostolique, remuerait les cœurs et rappellerait aux auditeurs que s'ils oublient leurs devoirs, le souverain Juge ne les oublie pas. Si le mauvais riche a été condamné, l'Évangile ne dit pas qu'il ait pratiqué l'usure ou commis quelque crime : il avait oublié les devoirs de la paternité sociale, et s'était enfermé dans son égoïsme.

Combien d'honnêtes gens sont mauvais riches sans s'en douter, et quel réveil leur prépare leur indifférence apathique!

Écoutez l'apôtre saint Jacques :

« Et maintenant, riches, pleurez, poussant des hurlements à cause des malheurs qui viendront sur vous.

« Vous vous êtes thésaurisé la colère pour les derniers jours.

« Voilà que le salaire des ouvriers qui ont moissonné vos champs et dont vous les avez frustrés, crie, et leur clameur monte jusqu'aux oreilles du Seigneur des armées.

« Vous avez fait bonne chère sur la terre, et vous avez engraissé vos cœurs dans une abondance de luxe pour le jour du sacrifice. »

Or, peuvent-ils penser qu'ils ont donné le salaire convenable, les patrons qui, n'ayant rien fait pour lutter contre les miasmes mortels des ateliers, ont ainsi perdu les âmes rachetées par le sang de Jésus-Christ?

Il existe dans notre société une ignorance incommensurable entretenue par une presse frivole et sensuelle, une absence totale du sentiment du devoir social, un manque absolu de lumière sur la marche des événements et sur les enseignements de l'Église. C'est la plaie de notre siècle. Souvent cette ignorance est volontaire. On se croit dispensé des obligations dont on n'a pas voulu se rendre compte; on ferme les yeux à la lumière, on ne veut pas voir. Et puis cette lumière de la vérité fatigue nos yeux appesantis par l'habitude de l'indifférence et du bien-être.

Il faut bien l'avouer, ces devoirs ne sont plus enseignés. Peut-être les auditoires mélangés de nos paroisses rendent-ils cet enseigne- ment difficile. Les intéressés objectent l'irritation des pauvres, le danger de tout dire. En tout cas, nous constatons le fait, et nous devons en provoquer le remède.

Des Conférences spéciales faites chaque année feraient au moins entrevoir la vérité; plusieurs arriveraient à reconnaître qu'il y a quelque chose à faire, et que l'Église catholique possède les vrais remèdes aux maux dont nous souffrons. C'est assez pour les décider à se grouper afin d'aller plus loin.

Ne pourrait-on, dans les villes, organiser un lieu de réunions où se rencontreraient les catholiques? Une bonne conversation est souvent plus fructueuse que la plus belle conférence. Les rapports personnels et affectueux sont les plus puissants moyens de déter- miner à l'action.

On serait sûr de rencontrer là des hommes en union de cœur avec nous, parce qu'ils sont en union de foi. Chacun y serait chez soi. Au besoin, on y joindrait l'attrait des renseignements indus- triels et commerciaux, le repos après une journée de travail. Quand un des nôtres passerait dans la ville, il se ferait un devoir d'aller saluer nos amis. On s'entretiendrait des progrès que font les œuvres dans les différents pays, des meilleures méthodes, et ainsi on s'en- couragerait les uns les autres.

Pourquoi tant de chrétiens se tiennent-ils à l'écart? Parce qu'ils n'ont encore rien fait. Si l'on pouvait les attirer et les décider à commencer, bientôt on augmenterait le nombre des dévouements.

Quant la Société aura formé un groupe de patrons solidement

chrétiens, elle pourra s'élargir et admettre à titre d'invités des hommes moins avancés, mais qui désirent étudier et s'instruire.

§ II. — VIE DE LA SOCIÉTÉ

La vie de la Société sera entretenue par la prière commune, par l'enseignement, par les études pratiques et théoriques et par l'action.

Prière commune. — Nous sommes les enfants des Saints, et nous avons l'assurance de réussir dans les entreprises impossibles si Dieu les approuve et bénit nos efforts.

Nous nous placerons sous le patronage de *Notre-Dame de l'Usine*, titre si touchant que la Sainte-Vierge a voulu prendre dans ces derniers temps, afin de nous donner comme un présage de victoire! Née sous l'inspiration du successeur de saint Rémi, cette nouvelle Archiconfrérie a son siége dans la vieille église de l'Apôtre des Gaules, dans l'endroit même où Clovis a été baptisé, où la France est devenue chrétienne.

Formons partout des Confréries de Notre-Dame de l'Usine, invoquons-la, elle communiquera aux patrons la miséricorde de son cœur et l'intelligence de la paternité sociale.

L'enseignement spécialement utile aux maîtres d'ateliers doit porter sur la propriété, son origine et ses limites; sur le travail, son but et ses lois; sur la richesse, ses sources et son emploi; sur la paternité sociale, son principe et ses conséquences. On y trouvera les raisons indiscutables des devoirs imposés aux supérieurs par Dieu même.

Parmi ces devoirs si nombreux, prenons un seul exemple : s'agit-il de soutenir les Œuvres par des dons pécuniaires? Si les patrons savent que Dieu reste toujours le maître des richesses qu'il a données, et que tout droit de propriété lui est soumis, ils considéreront comme un devoir de justice à son égard, le don d'une partie de ce qu'ils ont reçu.

D'anciens fabricants nous ont raconté qu'autrefois les industriels et les commerçants avaient coutume de prélever volontairement, sur leurs bénéfices de chaque année, la part de Dieu. Ils donnaient dix pour cent aux pauvres ou aux bonnes œuvres. Ces hommes savaient que celui qui fait l'aumône rend à Dieu ce qui lui est dû.

Dans ces temps de foi, les fortunes étaient plus stables; serait-il téméraire de dire que souvent le souverain Maître se venge d'être frustré de ce qui lui revient en retirant à une famille ce qu'il lui avait libéralement donné?

On n'aurait pas de peine à démontrer combien l'accomplissement de ce devoir est le moyen le plus sûr de protéger ses intérêts.

Mais gardons-nous bien d'invoquer ce principe égoïste. Restons sur les hauteurs, l'horizon est moins borné, et il est plus facile d'éviter les écueils et d'arriver au but. Dans les bas-fonds de l'intérêt et du libéralisme, on ne rencontre que la philanthropie, c'est-à-dire le dévouement sans Dieu, c'est-à-dire le champ sans eau, la plante sans soleil, la terre sans chaleur, en un mot le désert. Il ne suffit pas de semer, il faut que la rosée du ciel descende et vienne féconder le germe déposé en terre.

Ainsi, donner ne suffit pas. Les institutions économiques les mieux combinées d'où Dieu est absent, ressemblent à de vieux monuments abandonnés. De loin, la vie paraît y habiter, mais quand on pénètre à l'intérieur, on ne trouve que poussière et débris.

C'est à Jésus qu'il appartient de créer la vie. C'est à ses disciples qu'il appartient de transformer la société; leurs institutions sont fécondes parce qu'elles sont engendrées par la bonne doctrine.

Or, il n'y a qu'une seule bonne doctrine, celle qui reconnaît la royauté de Jésus-Christ, et par conséquent de son Église dans le domaine économique aussi bien que dans le domaine religieux.

« Jésus-Christ a reçu de son Père l'investiture visible du pouvoir royal sur toutes les nations de la terre. Nous ayant tous rachetés au prix de son sang, nous sommes à lui; qu'il soit donc désormais notre seigneur.

« Il l'est, en effet, et il s'intitule le Roi des rois et le Seigneur des seigneurs. (Apoc., XIX, 10.) Les rois de la terre ne règnent légitimement que par lui, et non par la force, ou en vertu d'un prétendu pacte social dont la sanction ne serait que d'ici-bas. Les peuples ne s'appartiennent pas à eux-mêmes, ils sont à lui. Sa loi ne se discute pas; elle doit planer au-dessus de toutes les lois humaines comme leur règle et leur maîtresse. » (Dom Guéranger. *Année liturgique.*)

Les patrons ont peu de temps pour étudier ; ayons donc la sagesse de leur donner uniquement cet enseignement, le seul complet, le seul fécond.

L'école qui n'accepte pas la vérité complète peut aider des chercheurs égarés, elle peut rendre des services réels à la bonne cause en lui fournissant des armes spéciales, et en détruisant les préjugés. Mais elle ne nous suffit pas. La vérité incomplète est d'autant plus dangereuse qu'elle réclame moins d'efforts et de sacrifices, et que plus elle est diminuée, plus les devoirs sont amoindris.

Études pratiques et théoriques. — Après l'enseignement doctrinal viennent les études pratiques et théoriques.

Nous entendons par études *pratiques* celles qui touchent aux réformes à faire dans les ateliers : repos du dimanche, arrêt du samedi, séparation des sexes, jour de paie, choix des contre-maîtres, discipline chrétienne, etc.

Pour arriver à un résultat sérieux, il est nécessaire de grouper des patrons de la même profession.

Ainsi le programme le plus complet des réformes est celui de la Société de Tourcoing. Il entre dans des détails techniques excellents parce qu'il s'adresse seulement à des filateurs. Pour former ce règlement, il a suffi de recueillir auprès de chacun des adhérents les meilleures coutumes adoptées dans leurs usines. On ne peut trop louer l'esprit pratique qui a présidé à la rédaction de cette pièce [1].

Dans les Sociétés où un grand nombre de métiers sont représentés, on pourrait s'attacher à faire des groupes formés par les professions analogues pouvant supporter les mêmes règles, la même discipline chrétienne.

Mais les réformes exigent du temps et de la patience, et l'on ne peut toujours trouver dans ce travail un élément suffisant pour occuper toutes les séances.

Nous conseillons alors les études *théoriques*, et nous entendons par là, non les questions de pure spéculation, mais celles qui n'ont pas une application immédiate dans le milieu où elles sont étudiées.

[1] *Appel aux patrons chrétiens*, Tourcoing, chez M. l'abbé Fichaux.

L'Œuvre des Cercles catholiques d'ouvriers a créé depuis un an une *Commission consultative des industriels*, formée de tous les chefs d'usine résolus à procurer la réforme chrétienne du travail.

Le but de cette Commission est d'étudier avec l'esprit pratique que donne l'expérience des affaires, et la lumière de la foi chrétienne, les devoirs spéciaux que la charge de chef d'industrie impose à l'égard des ouvriers, et de rechercher en commun les meilleurs moyens, les méthodes les plus favorables pour accomplir ces devoirs.

La Commission a fixé ses réunions au premier mercredi du mois. Ceux des membres qui se trouvent à Paris y assistent; mais le travail a été organisé pour que, présents ou absents, tous y participent. En effet, le procès-verbal des séances est envoyé autographié; toutes les études sont faites par écrit et adressées avec le procès-verbal à chaque membre pour avoir son avis, de telle sorte que tous prenant part aux travaux, partagent la responsabilité des résolutions adoptées. Rien de plus intéressant que ces communications.

Pour ne parler que d'une question, celle du dimanche dans les usines de fer à feu continu, des hommes courageux se sont mis à l'œuvre pour trouver le moyen industriel d'avoir un chômage régulier. M. André, dans l'admirable rapport [1] où il résume les expériences faites, prouve d'une manière irrécusable qu'il n'y a nul sacrifice, pour le patron de forges-laminoirs, à rétablir dans ses usines le repos du dimanche. Il ne doute pas que dans les autres industries dites à feu continu, les essais intelligents faits par des patrons dévoués n'arrivent au même résultat.

Car Dieu est l'auteur de l'ordre économique. Quand il a proclamé la loi du dimanche, il connaissait les progrès accomplis de nos jours dans l'industrie, et il n'a pas fait d'exception ; donc l'exception est une erreur économique. Si nous nous heurtons à des difficultés qui paraissent insolubles, c'est que la science n'est pas à la hauteur des découvertes industrielles. Travaillons donc et nous trouverons.

Animés par ce noble exemple, plusieurs patrons d'usines à sucre s'occupent de recueillir les éléments nécessaires pour prouver que

---

[1] *Le Repos du dimanche dans les forges-laminoirs*, par M. H. André, maître de forges, Henri Briquet, St-Dizier.

le repos du dimanche dans les sucreries est d'accord avec l'intérêt économique bien entendu.

Chaque mois, une nouvelle pierre nous arrive pour compléter l'édifice, et ceux mêmes qui sont étrangers à cette industrie suivent ce travail avec un vif intérêt.

En dehors de ces questions spéciales, il y a les questions générales :

Le patron a-t-il charge d'existence? Dans quelles limites?

La corporation ouvrière peut-elle renaître sous une forme appropriée à notre temps? Quels en sont les principes essentiels?

Utilité des associations professionnelles;

Questions d'apprentissage;

Des grèves et de leurs remèdes.

Des travaux importants ont été faits sur tous ces points.

On se propose ensuite d'étudier la réglementation du travail des femmes et des enfants dans les usines, en comparant les lois françaises avec la loi suisse mise en vigueur au 1er janvier de cette année, la loi allemande sur l'industrie du 17 juillet 1878, et la loi anglaise du 27 mai 1878.

Il faut remarquer que c'est l'Angleterre, le pays même où les mœurs répugnent le plus à la réglementation administrative, qui nous donne l'exemple.

Comment nos législateurs n'ont-ils pas été frappés depuis longtemps de l'importance économique que les Anglais attachent au repos du dimanche assuré par l'arrêt d'une demi-journée le samedi?

Permettez-moi de vous citer à ce sujet les éloquentes paroles de Macaulay en 1846 :

« L'homme! l'homme! voilà le grand créateur de la richesse. La différence entre le sol de la Campanie et celui du Spitzberg est insignifiante à côté de la différence que présentent deux pays habités l'un par des hommes pleins de vigueur morale et physique, et l'autre par des êtres plongés dans la décrépitude des sens et de l'intelligence. Voilà pourquoi nous ne sommes pas appauvris, mais au contraire enrichis par ce septième jour que depuis tant d'années nous consacrons au repos. Ce jour n'est pas perdu. Pendant que la manufacture s'arrête, pendant que la charrue dort dans le sillon, pendant que la Bourse est silencieuse, pendant que la fumée cesse de s'échapper de la cheminée de la fabrique, la nation ne s'enrichit pas moins que dans les jours laborieux de la semaine.

L'homme, la machine des machines, celle auprès de laquelle toutes les inventions des Watt et des Awrhwright ne sont rien, se répare et se remonte, si bien qu'il retourne à son travail le lundi avec l'intelligence plus claire, plus de courage à l'œuvre, et une vigueur renouvelée. Jamais je ne croirai que ce qui rend une population plus forte, plus riche, plus sage, puisse finir par l'appauvrir. Vous essayez de nous effrayer en nous disant que, dans quelques manufactures allemandes, les enfants travaillent dix-sept heures sur vingt-quatre ; qu'ils s'épuisent tellement au travail que sur mille, il n'en est pas un qui atteigne la taille nécessaire pour entrer dans l'armée, et vous me demandez si, après que nous aurons voté la loi proposée, nous pourrons nous défendre contre une pareille concurrence ! Je ris à la pensée de cette concurrence. Si jamais nous devons perdre la place que nous occupons à la tête des nations industrielles, nous ne la céderons pas à une nation de nains dégénérés, mais à quelque peuple qui l'emportera sur nous par la vigueur de son intelligence et de ses bras [1]. »

Les différentes Sociétés trouveront un réel avantage aux communications échangées entre elles et avec la Commission consultative dont nous avons parlé.

Ce sera du reste leur intérêt. Avec l'insouciance et l'apathie qui existe chez les meilleurs chrétiens, il sera bien difficile aux réunions de patrons de puiser en elles-mêmes, pendant longtemps, les sujets d'étude nécessaires pour entretenir leur vie. Les questions posées par la Commission industrielle leur viendront singulièrement en aide, et leur bonne volonté qui pourrait s'arrêter en présence de l'initiative à prendre, sera certainement durable, lorsqu'il ne s'agira plus que de travailler sur des questions posées et déjà développées.

Action. — La Société de Patrons a pour ainsi dire trois étapes à franchir : dissiper les préjugés qui encombrent les intelligences et favorisent les mauvaises volontés, ce que nous faisons par les Conférences préparatoires ; connaître la vérité et montrer le chemin à suivre, nous atteignons ce but par l'enseignement doctrinal, par les études pratiques et théoriques ; et enfin arriver à l'action.

L'action, c'est la vie dont l'étude n'est que la préparation.

Les Sociétés trouvent dans les œuvres un élément constamment

[1] *L'Économiste français,* n° du 17 août 1878.

nouveau qui leur assure une jeunesse sans déclin. L'exercice du dévouement produit dans les âmes de nobles entraînements, et, les élevant au-dessus d'elles-mêmes, il les rend capables d'actes héroïques.

Décidez un patron à s'occuper de ses ouvriers : rapprochez son cœur de leurs cœurs, bientôt il y trouvera des joies indicibles, ce qu'il redoutait comme un fardeau lui paraîtra léger. Il s'apercevra avec étonnement que les obstacles n'étaient redoutables que de loin, et que tout s'aplanit au fur et à mesure qu'il avance.

Il faut donc engager prudemment, mais fermement, les Sociétés de Patrons dans l'action. Nous citerons quelques Œuvres qui ont été entreprises avec succès : les fêtes patronales de corps de métiers rétablies à Lille; les écoles d'adultes fondées à Lyon; la Caisse de prêts formée à Toulouse, laquelle a permis à plusieurs ouvriers du Cercle de devenir de petits patrons; dans beaucoup de villes, le placement des ouvriers, la protection des apprentis, la fondation des Associations ouvrières ou le soutien de celles qui existent, les écoles professionnelles, l'école catholique des arts et métiers, cette admirable fondation qui occupe nos amis de Lille, les Patronages, les Cercles catholiques d'ouvriers, la Corporation chrétienne et ses institutions économiques.

Dès qu'une Société cesse de faire des œuvres, elle se condamne elle-même à mort; telle est la vraie cause de l'état apathique où dorment plusieurs réunions de patrons. Nous ne saurions trop insister sur ce point. La vie matérielle est entretenue par un exercice régulier des forces physiques. Tout être organisé, maintenu dans l'inaction, languit, perd les forces et bientôt la vie. Ainsi en est-il d'un corps moral.

Pour réussir, deux conditions sont nécessaires :

D'abord le souffle de Dieu. Ce n'est point par des organisations purement humaines que nous arriverons à une transformation réelle. Les chambres syndicales n'ont pas amélioré le sort de l'ouvrier. La hiérarchie professionnelle, les examens, les institutions économiques les plus variées existent dans les grandes compagnies de chemins de fer, et cependant, y remarquons-nous les réformes morales que nous cherchons? Commençons par la Confrérie, par le Cercle professionnel; et sous l'égide du principe religieux, le reste arrivera comme naturellement sous la forme la plus appropriée.

La seconde condition, c'est de réveiller l'initiative des ouvriers et de leur accorder une part aussi large que possible dans le gouvernement intérieur. La défiance vis-à-vis du maître est un sentiment essentiellement humain. Or, nous devons détruire cette défiance qui est une entrave permanente au bien que nous voulons faire. Le meilleur moyen d'inspirer la confiance, c'est de donner aux ouvriers un rôle sérieusement actif. Il faut qu'ils touchent de leurs mains, et qu'ils voient de leurs yeux, afin d'éloigner tout soupçon et d'ouvrir les cœurs à la confiance.

Dès qu'on a franchi ce cap des tempêtes, tout devient facile. Le dévouement du maître se trouve centuplé par celui de l'ouvrier, les bonnes volontés courent au devant des désirs, et le patron n'a plus qu'un seul souci, celui de se dissimuler afin de ne pas entraver l'initiative ouvrière. Quant à son pouvoir, il se trouve fortifié, et, en quelque sorte inattaquable, parce qu'en régnant sur les cœurs, il a mis son autorité au-dessus de toutes les contestations.

En vérité, aucun temps n'a été aussi favorable que le nôtre à la conversion du peuple. Fatigués des nouveautés décevantes dont on les a bernés depuis quarante ans, les ouvriers ne savent plus où trouver le salut.

Chaque fois que nous avons sondé leurs cœurs, nous avons découvert un attrait secret, dont ils ne se rendent pas compte eux-mêmes, qui les entraîne vers l'Église catholique.

Notre expérience est confirmée par toutes les expériences : l'ouvrier ne demande qu'à être sauvé, et s'il se livre dans les bras de la Révolution haineuse, c'est que son cœur n'a point trouvé d'abri préparé par l'amour.

Jamais la responsabilité des patrons n'a été plus grande que de nos jours. Avec leur concours, la question sociale serait bientôt résolue.

Malheureusement, beaucoup s'imaginent que leurs devoirs de paternité sociale sont des devoirs de surérogation, et qu'ils n'ont rien à faire en dehors du salaire matériel.

Mais dans une armée, est-ce que les capitaines n'ont pas d'autres devoirs que les soldats? S'ils ont une paye plus forte, s'ils sont servis par leurs inférieurs, et obéis à la moindre parole, n'est-ce pas pour les aider à former leurs hommes, et quand le temps en sera venu, pour les conduire à la victoire?

Un capitaine ne se croit pas un héros parce que dans la bataille il affronte le danger à la tête de sa compagnie. Si au contraire, oubliant le but pour lequel son emploi a été créé, il ne s'occupe que de lui-même, évite la fatigue et le danger, manifestement il est coupable.

Mais, si sa négligence entraîne la perte de ses soldats, alors il est voué au mépris et puni comme un traître.

Ainsi, tout homme qui a reçu le pouvoir sur d'autres hommes, est tenu d'obligation rigoureuse, de remplir à leur égard les devoirs de paternité sociale.

Car Dieu est le père de tous les hommes et, s'il en favorise quelques-uns, c'est afin de leur faciliter les moyens d'aider leurs frères et de les conduire vers leur fin. Le souverain Maître a établi les choses ainsi afin de lier les hommes ensemble par des rapports de charité, de respect, d'amour réciproques, et de former ainsi une grande famille où les pères ont des devoirs particuliers, comme les enfants ont des obligations spéciales.

On raconte qu'à la nouvelle du massacre des légions romaines, amené par l'égoïsme cruel et l'imprudente conduite de Varus, Auguste déchira ses vêtements et s'écria hors de lui-même : « Varus, Varus, rends-moi mes légions! »

Des milliers d'âmes se perdent dans les usines parce que les patrons ne veulent pas s'en occuper.

Croyez-vous que Jésus-Christ, qui a racheté chacune de ces âmes au prix de son sang, ne s'écriera pas au jour du jugement, le visage plein de colère : O patron, rendez-moi mes enfants !

Ne nous dissimulons pas, Messieurs, les difficultés que nous aurons à former des sociétés de Patrons, mais commençons résolument. Dieu est avec nous, et il se servira de la Révolution elle-même pour ouvrir les yeux aux plus aveugles, et réveiller les plus endormis.

L'Église a trouvé l'ouvrier esclave; reconnaissant en lui le frère de Jésus-Christ, elle l'a pris par la main, l'a tiré de son abaissement, et elle a posé sur sa tête la couronne royale des enfants de Dieu. Elle l'a revêtu du chaud manteau de l'amour; autour de lui ont surgi les dévouements, et l'on s'est disputé l'honneur de l'aimer et de le servir. Enfin, elle l'a armé de la vérité, et le pauvre ouvrier, plus savant que les plus grands philosophes de l'antiquité, a marché d'un pied sûr et ferme, connaissant sa voie, capable de résister à ses ennemis intérieurs et extérieurs.

Aujourd'hui, voici la Révolution triomphante. Qu'a-t-elle fait de l'enfant privilégié de l'Église?

Elle l'a proclamé souverain, mais la couronne qu'elle lui a posée sur la tête est une couronne de fer qui blesse et fait couler le sang. On l'encense, on l'adule; mais quand le canon gronde au nom du peuple-roi, c'est pour porter la mort dans les rangs des pauvres égarés qui ont été séduits par les tribuns.

Au nom de l'égalité, on lui a enlevé toute protection; au nom de sa dignité, on lui a ordonné de repousser le dévouement qui s'offrait à lui. Le sceptre est dans ses mains, mais il cache mal les liens de fer qui les enchaînent. L'oppression des tyrans fameux n'est rien à côté de celle des meneurs. Malheur à l'ouvrier qui ne pense pas, ne parle pas suivant le mot d'ordre. Une pression d'autant plus redoutable qu'elle est occulte, impersonnelle, irresponsable, pèse comme un cauchemar sur les consciences, et la liberté a quitté les âmes pour se répandre sur les murailles de nos palais incendiés.

Il n'a même plus la liberté du travail. Si un comité occulte, au nom d'une prétendue solidarité, a décidé qu'on se mettrait en grève, malheur au téméraire assez audacieux pour refuser d'obéir!

Est-ce assez? Non, car il ne faut pas qu'il lui reste d'espérance. La Révolution l'a dépouillé de la vérité, elle l'a abreuvé de mensonges, et lui jetant sur la tête le voile épais de l'erreur, elle lui a montré l'Église comme son ennemie, elle l'a excité à porter une main parricide sur sa Mère bien-aimée.

Cependant Jésus veille sur nous. Il a regardé cette foule, et il a été saisi de pitié pour ces pauvres enfants : *Misereor super turbam*.

Oui, nous le sentons tous, les temps de la miséricorde approchent. Hélas! en présence des immenses besoins que notre cœur voudrait soulager, nous oserions offrir nos faibles efforts. Mai notre Maître qui nourrissait des foules avec quelques poissons, bénira notre travail, il multipliera les bonnes volontés, et nous verrons encore son peuple assis autour de son Église, et la paix sociale par le règne de Jésus-Christ.

RÉSOLUTIONS PROPOSÉES AU CONGRÈS.

1. — Les Directeurs d'Œuvres ouvrières, réunis à Chartres, confirmant les déclarations faites aux précédents Congrès, « se

déclarent unanimement convaincus par les enseignements catholiques et par les leçons de l'expérience, que l'influence surnaturelle du principe chrétien peut seule ramener les coutumes des ateliers prospères, et que la paix sociale ne sera jamais solidement rétablie si la foi, la justice et la charité de l'Église ne règlent toute la conduite des maîtres et des ouvriers [1]. »

2. — « Pour faire disparaître cet esprit d'antagonisme et aplanir les aspérités qui se sont souvent manifestées entre la classe ouvrière et la classe propriétaire, dont les intérêts sont cependant identiques, et dont la prospérité repose des deux côtés entièrement sur une coopération cordiale et harmonieuse [2], » il est nécessaire de rétablir le règne de la charité chrétienne, c'est-à-dire de l'amour du prochain, remplacée de nos jours par un égoïsme effréné caché sous les apparences de la justice.

3. — La paix ne pourra être rétablie dans le monde du travail sans la pratique du devoir de paternité sociale par les maîtres d'ateliers, et pour déterminer les volontés, les Sociétés de Patrons paraissent le moyen le plus efficace.

4. — Le Congrès de Chartres émet le vœu que tous ceux qui ont souci du salut de notre société travaillent à établir des Sociétés de Patrons. Il estime que ces Sociétés seront fécondes dans la mesure où elles seront soumises à l'enseignement de l'Église catholique, source de la vérité et de la vie. Sans négliger l'étude qui est nécessaire pour dissiper les préjugés et pour connaître la vérité, les directeurs de ces Sociétés se persuaderont que l'action est la source des dévouements, en même temps qu'elle est nécessaire pour entretenir la vie.

Le concours des ouvriers, en produisant l'union des bonnes volontés, amènera une confiance et une affection réciproques qui seront les meilleurs remèdes à l'antagonisme social.

SECONDE RÉSOLUTION

Considérant que dans beaucoup d'usines, dans les mines et dans les grandes exploitations agricoles, des jeunes gens sont acceptés

[1] Résolution du Congrès de Bordeaux, à la suite du rapport du R. P. Marquigny.
[2] Lettre de M. F. A. J. Bernard, commissaire général des États-Unis, près l'Exposition universelle de 1878.

pour la direction des services techniques ou pour la surveillance des ateliers;

Considérant que ces jeunes gens, n'ayant eu aucune notion des devoirs qui incombent à la classe supérieure dans ses rapports avec les ouvriers, commettent souvent des fautes, ou tout au moins omettent de remplir les devoirs essentiels qui contribueraient à rétablir l'harmonie dans le monde du travail;

Considérant que, si l'expérience personnelle, aidée par une bonne éducation chrétienne, arrive avec le temps à faire connaître ces devoirs à quelques-uns, il n'en est pas moins vrai qu'on éviterait beaucoup d'erreurs et de fautes si on signalait aux jeunes gens les obligations à remplir, et si on leur indiquait les résultats de l'expérience de leurs devanciers;

Émet le vœu que dans toutes les écoles où sont formés les jeunes gens appelés à devenir chefs d'usines, ou à diriger des ouvriers, on donne une place à l'enseignement des devoirs qui incombent à tous les patrons, et des meilleurs moyens d'assurer le bien-être moral et matériel des familles ouvrières [1].

Léon HARMEL.

DEUXIÈME RAPPORT

ARCHICONFRÉRIE DE NOTRE-DAME DE L'USINE

L'Archiconfrérie de Notre-Dame de l'Usine, née sous l'inspiration du successeur de saint Rémi au Congrès de Reims, a son siége dans la basilique élevée en l'honneur de l'Apôtre des Gaules, dans

---

[1] Ces écoles, dans l'état actuel, sont : les écoles des ponts-et-chaussées et des mines, l'école centrale, les écoles de mineurs, les écoles des arts-et-métiers et les écoles d'agriculture. Plus tard, ce seront les écoles professionnelles catholiques, et un jour, il faut l'espérer, ce seront les écoles militaires; car on ne doit pas oublier que les officiers ont eux aussi des devoirs de patronage à exercer vis-à-vis de leurs soldats.

l'endroit même où fut baptisé Clovis, où la France est devenue chrétienne.

Les Évêques ont fait la France; ils la referont de nouveau, et par des moyens appropriés aux temps modernes.

Nul moyen ne porte davantage la marque providentielle que cette Archiconfrérie. De nos jours, en effet, les ouvriers sont travaillés par les doctrines anti-catholiques; on s'efforce de les grouper en une vaste armée destinée à monter à l'assaut de la religion et de la société.

D'autre part, les patrons oubliant leurs devoirs de paternité sociale, ne sont plus absorbés que par le soin de leurs intérêts matériels.

A ces maux de l'ordre moral s'en ajoutent d'autres, dignes aussi d'attirer notre attention. Par suite de l'emploi considérable des machines, la vie de nos ouvriers est plus en danger qu'autrefois; d'un autre côté, l'état anormal où se meuvent notre commerce et notre industrie met bien souvent en péril la fortune des patrons.

Or, aux maux que nous constatons, l'Archiconfrérie de Notre-Dame de l'Usine remédie : 1° Par la prière destinée à obtenir la conversion des patrons et des ouvriers, en même temps que la protection de la Reine du ciel pour leurs santés et pour leurs affaires; 2° Par la réunion de toutes les corporations et corps d'état sous la bannière de Notre-Dame de l'Usine, leur patronne générale. Ainsi, le peuple du travail peut devenir une armée puissante au service de la religion et de la société menacées.

Voilà le but précis de l'Archiconfrérie et sa raison d'être.

Elle porte le nom de l'*Usine*, parce que l'usine est aujourd'hui le milieu où se concentre, en grande partie, la vie des classes ouvrières, et le foyer le plus actif de l'action anti-catholique et anti-sociale. On l'a dit avec raison : à l'âge féodal appartient le château; aux siècles de foi, les cathédrales; aux époques militaires, la caserne; à notre siècle industriel, l'usine.

§ Ier. — LA PRIÈRE.

La dévotion à Notre-Dame de l'Usine est déjà répandue sur tous les points de la France. A Reims et dans le diocèse, on compte les associés par milliers; l'Association s'est établie dans le Nord, à

Cambrai, à Maubeuge; elle existe également dans plusieurs départements voisins; dans quelques Grands Séminaires, la jeunesse qui se prépare au sacerdoce invoque Notre-Dame de l'Usine pour obtenir le zèle apostolique qui convertira le monde du travail. Plusieurs usines, au Val-des-Bois, à Vidalon-lez-Annonay, ont une chapelle de l'Archiconfrérie et de nombreux associés.

Au siége principal de l'Œuvre, dans la basilique de Saint-Rémi de Reims, on ne peut visiter le nouveau sanctuaire dédié à Notre-Dame de l'Usine sans y rencontrer quelque fidèle agenouillé, invoquant la Patronne du travail et des ouvriers.

Le premier dimanche de chaque mois, les exercices sont régulièrement suivis par une assistance nombreuse qui aime à chanter le cantique de Notre-Dame de l'Usine [1] et à célébrer les tendresses de la Mère des ouvriers.

Notre Saint-Père le Pape Pie IX et Mgr l'Archevêque de Reims ont enrichi l'Œuvre de nombreuses indulgences.

§ II. — Union des corporations ouvrières sous le patronage de Notre-Dame de l'Usine

Dès l'origine, Notre-Dame de l'Usine a groupé en une seule grande famille les diverses Corporations particulières.

A Reims, dans la chapelle qui lui est consacrée sont placées comme une auréole à la Reine du ciel les statues des Saints protecteurs des fileurs, tisseurs, teinturiers, dégraisseurs, apprêteurs, verriers, jardiniers et des sociétés musicales ouvrières. Aux fêtes particulières de corps d'état, on vient en procession saluer la Reine des ouvriers.

Au 8 septembre, jour de fête patronale, les Cercles catholiques et les Corporations ouvrières célèbrent ensemble la fête de leur commune Patronne. On se réunit dans la vieille basilique de Saint-Rémi. Les verriers arrivent processionnellement de leur usine située à un kilomètre, portant la statue de leur glorieux patron saint Laurent. Les autres Corporations arrivent aussi chacune de leur côté, puis les trois Cercles de Reims avec leurs bannières et les députations des villes voisines. La procession s'organise, et sous les sombres voûtes de la vieille basilique défile lentement le long cortége ouvrier. C'est au Cercle catholique que revient l'honneur de porter la statue de Notre-Dame de l'Usine. Les chefs-d'œuvre des métiers et les saints Patrons font cortége à l'auguste Vierge. Les maîtres d'ateliers, à la tête de chaque groupe, tiennent à honorer la grande Protectrice du travail. Le cantique de Notre-Dame de l'Usine alterne avec celui de l'Œuvre des Cercles, et du milieu de la nef, les jeunes filles et les mères ouvrières répondent au chant des hommes. Les témoins de cette grande manifestation se sentent remués d'une profonde émotion en voyant réunis dans cet immense vaisseau ces flots d'ouvriers et d'ouvrières que la Révolution semblait avoir arrachés à l'Église.

On ne peut s'empêcher de rêver à l'avenir réservé à la persévérance de nos efforts. Les anciennes corporations ont dû bâtir des cathédrales pour y trouver un abri; et nous, grâce à la protection de Notre-Dame de l'Usine, nous devrons reprendre nos grandes églises désertes pour y abriter nos corporations ouvrières ressuscitées.

La Commission vous propose la résolution suivante : Le Congrès de Chartres, reconnaissant que Marie est toute-puissante, qu'elle est comme une armée rangée en bataille, et qu'il n'est point d'obstacle qu'elle ne puisse vaincre, émet le vœu que : *Tous ceux qui s'occupent de la conversion des patrons ou des ouvriers, se placent sous le patronage de Notre-Dame de l'Usine, dont le nom seul sera pour eux un gage de victoire.*

Léon HARMEL.
Filateur au Val-des-Bois (Marne.)

TROISIÈME RAPPORT

MONOGRAPHIE DE L'USINE DE LAFARGE

MESSIEURS,

Avant de commencer la monographie de l'usine de Lafarge, il convient que nous vous disions un mot de la nature de cette usine et de sa situation, afin que vous puissiez juger des difficultés à surmonter et de ce qui peut être tenté dans une position semblable, et comme un très-grand nombre d'usines sont aux prises avec ces mêmes difficultés, il sera intéressant d'examiner ensemble les moyens qui ont été employés et ceux qui peuvent l'être dans un pareil cas.

L'usine de Lafarge produit des chaux hydrauliques et des ciments; elle couvre environ six hectares; placée sur les bords du Rhône et traversée par une route nationale, elle est ouverte à tous venants et les divers bâtiments dont elle se compose sont accessibles à tous. Son personnel est de cinq à six cents ouvriers dont deux cents environ, non mariés, sont logés et nourris dans une cantine; cent cinquante sont mariés et logés dans des maisons appartenant à l'usine; le reste vient des villages environnants ou est logé dans les cabarets voisins. Ce personnel n'est pas constamment stable, les ouvriers passant sur la grande route sont embauchés et un certain nombre ne reste même que peu de jours, remplacés par d'autres qui se présentent.

La nature du travail est des plus pénibles; extraction de roches, fours à chaux à conduire, extinction et blutage des chaux, etc. Tous ces divers mouvements produisent une poussière intense accompagnée, surtout en été, d'une très-grande chaleur. Vous le voyez, Messieurs, travail très-pénible et envahissement de l'usine par des éléments étrangers, toujours mauvais et souvent hostiles, bâtiments et hangars ouverts à tous; c'est en face de cette situation que nous nous sommes posés la question qui préoccupe tous les esprits désireux de voir enfin la paix sociale régner dans nos sociétés modernes; question ouvrière dans ses rapports avec le capital représenté par le patron. Il serait puéril de se le dissimuler, au fond de toutes les politiques et de toutes les formes de gouvernement se trouve cette question ouvrière; équilibre de la production avec la consommation, traités douaniers, théorie du libre échange, tarifs de chemin de fer, élévation toujours croissante du prix des aliments et des vêtements, inégalités dans les salaires, isolement des ouvriers sans liens entre eux... toutes ces difficultés que les gouvernements modernes s'efforcent d'aplanir ou de résoudre, résonnent souvent douloureusement au milieu de nos populations ouvrières; de là des malaises, des souffrances, des grèves dont savent habilement profiter nos faiseurs de révolutions pour égarer nos ouvriers, les précipiter dans le mal, afin d'en faire de dociles instruments, devant leur servir à s'élever aux emplois et aux honneurs. Je n'ai pas ici à faire le tableau complet d'une situation que nous ressentons tous si vivement et qui, de jour en jour, se dresse plus menaçante. Ce que nous avons cherché aux usines de Lafarge, ce que nous nous efforçons de trouver, c'est un remède au mal, ce sont les moyens de combattre les idées fausses qui envahissent nos usines : idées anti-religieuses, et, par suite, idées d'indépendance absolue, idées de jalousie, d'envie, de haine, au moyen desquelles ces pauvres ouvriers ne voient plus dans le patron qu'un exploiteur de leurs sueurs; le travail, pour eux, n'est plus le moyen d'élever leur famille et d'arriver à une honnête indépendance; ils frémissent sous la nécessité; ils ne reçoivent que la haine dans le cœur, le salaire de la semaine.

Je n'exagère rien, Messieurs, et ce tableau rapide est bien, hélas! la situation vraie de la plupart de nos usines et manufactures de France. Devions-nous, patrons catholiques, rester insensibles à tant de maux? Pouvions-nous assister impassibles et indifférents à la perte de tant d'âmes de nos frères, les ouvriers? Non, Messieurs, nous avons cru qu'il y avait, Dieu aidant, quelque chose à faire; malgré les difficultés sans nombre que nous crée la situation toute spéciale de nos usines, nous nous sommes mis à l'œuvre et voici ce qui a été fait.

LA CANTINE

Notre première préoccupation s'est portée sur la partie que j'appellerai volante de nos ouvriers qui, chaque soir, en quittant le travail, allait loger dans les cabarets des environs où ils étaient nourris; c'était la partie la plus déshéritée du troupeau, la plus hostile et, par suite, sur laquelle nous avions le moins d'influence.

Nous avons donc organisé un établissement alimentaire, pour loger et nourrir deux cent cinquante ouvriers environ. Voici l'organisation de cette partie de l'usine :

L'état-major de la cantine se compose d'un directeur, de garçons de salles et de dortoirs et du personnel de la cuisine. Chaque ouvrier, le lundi et jamais le samedi (on doit comprendre pourquoi), reçoit, comme à-compte sur la paie du mois, un certain nombre de jetons, sept, huit, neuf, dix pour sa semaine ; ces jetons en métal blanc représentent *un franc;* il change au guichet du directeur ces jetons et reçoit la monnaie en jetons de cuivre, variant de forme et représentant, l'un 1 kilog. de pain, l'autre un demi-litre de vin ou une portion de viande, de légumes, de café, de dessert, de chocolat, de tabac, etc.

Au moment des repas, dont le menu est écrit sur un tableau noir, exactement comme aux dîners parisiens, il demande la portion qu'il désire, en remettant au cuisinier le jeton en paiement; le cuisinier place tous ces jetons ainsi reçus dans une tirelire et les adresse au grand bureau, où, en fin de compte, on doit retrouver l'équivalent des jetons blancs distribués le lundi.

L'ouvrier, muni de son repas, se rend dans les salles à manger où sa place est marquée; ces salles sont chauffées en hiver; pendant la belle saison, et surtout le soir, ils mangent sur des tables placées au bord du Rhône, où ils se délassent des fatigues et sueurs de la journée.

Des employés disposent les bancs, les tables, les verres, balayent et tiennent propres les salles à manger. Chaque ouvrier à chaque repas ne peut prendre qu'un demi-litre de vin; il a le pain à discrétion, il fait la dépense qu'il veut; en voyant sur le tableau noir la nature des mets offerts et leurs prix, il règle sa dépense; il y a des ouvriers très-habiles dans ce choix; d'autres le sont moins, puis les appétits sont plus ou moins forts; mais la dépense moyenne par jour, en faisant *trois* repas l'été et *deux* repas l'hiver, est de 1 fr. 30 c. et de 1 fr. 40 c., en y comprenant le coucher.

A moins de maladie, ils font tous maigre le vendredi et acceptent cette règle sans murmurer. Nos relations avec les ports de Cette et de Marseille nous permettent, quand elle est à bon marché, de leur donner de la marée; nous tâchons de varier les mets le plus possible, et tout ce qui est acheté pour la cantine est de premier choix.

Voici les prix des portions, tels qu'ils sont établis pour 1878 :

Portion de viande, 150 grammes................... 20 c.
Portion de légumes............................ 10
Un potage gras, 60 centilitres.................... 10
Un dessert fruits.............................. 15
Un dessert fromage............................ 10
Une tasse chocolat........................ 05
Une tasse café noir sucré............. 05
Un kilog. de pain............................. 35

Un demi-litre de vin 20

Ces prix, très-bas, nous permettent seulement de joindre, comme l'on dit communément, *les deux bouts.*

Les dortoirs sont de plusieurs dimensions, afin de séparer les âges, notre expérience nous ayant appris les inconvénients graves qu'il y avait à mettre ensemble des âges trop différents. Chaque dortoir est éclairé pendant la nuit, un gardien couche dans une petite loge d'où il peut surveiller ce qui se passe dans le dortoir qui lui est confié.

Les lits sont faits chaque matin par les garçons de dortoirs, et ceux-ci balayés avec soin; le lit se compose d'une paillasse, matelas, traversin, draps et couverture. Au pied du lit se trouve une caisse fermant à clé, servant de chaise, et dans laquelle l'ouvrier peut renfermer ce qu'il a de précieux; le nom de celui-ci est écrit au dossier de chaque lit, où se trouve une sacoche destinée au linge sale. Le règlement interdit aux ouvriers l'entrée des dortoirs le jour, et aux heures des offices l'établissement de la cantine est fermé.

Vous le voyez, Messieurs, dans cet établissement l'ouvrier jouit d'une grande liberté; tout lui est permis, sauf le mal. Nous ne le forçons pas au bien; mais nous empêchons le mal autant que possible, et, Dieu merci, le but est atteint. Les murs blanchis à la chaux ne sont jamais salis de dessins et de mots qui déshonorent les murailles de nos lieux publics; jamais de disputes; la paix règne dans l'établissement; une jeune fille peut paraître seule au milieu de ces hommes, elle y sera respectée comme une sœur.

Les ouvriers de la cantine se font une joie et un bonheur, le jour de la Fête-Dieu, de construire pour la procession de l'usine, un reposoir au milieu de leur cour, reposoir bien modeste, orné de fleurs et de feuillage pris à la montagne voisine; les mains calleuses qui l'élèvent doivent plaire à Dieu, et tel parisien qui passait sur la route et qui a été embauché il y a un mois à peine, doit ne plus se reconnaître, se voyant travailler à une pareille besogne.

Nous vous l'avons dit, les ouvriers à la cantine sont pour la plupart embauchés sur la route; ils viennent de tous les coins du ciel; il y a là bon nombre de déclassés; nous y avons vu d'anciens notaires, des artistes dramatiques tombés dans l'oubli, des poètes, de pauvres abandonnés aussi misérables que possible. Pour vous en donner une idée, veuillez me permettre de vous fournir un détail : il y a dans l'établissement ce que nous appelons le vêtement dont on revêt le pauvre embauché, afin de nettoyer, laver ses vêtements et son linge, les lui rendre propres pour qu'il puisse paraître sans honte devant les camarades.

Un mot encore vous rendra la physionomie du personnel embauché à Lafarge ; pour la plupart, ils ont la haine du camarade et surtout du patron. Au bout de quelque temps, lorsque surtout ils sont mieux mis et qu'ils ont commencé à subir l'influence du milieu dans lequel ils se trouvent, ils aiment le camarade ; mais ils ne sourient au patron que plus tard, lorsqu'ils ont placé quelques économies à la caisse d'épargne.

Voilà, Messieurs, et à grands traits, ce qu'est l'établissement alimentaire que nous avons créé pour attirer, fixer et moraliser cette population nomade. Dès son installation, ils y sont arrivés en grand nombre, disant qu'on y était trop bien et que cela ne durerait pas. Dieu merci, il y a quinze ans que cela dure et le bien s'y fait.

MAGASINS GÉNÉRAUX DE VÊTEMENTS, DE PROVISIONS DE MÉNAGE BOULANGERIE. — BOUCHERIE

Nous avons établi à l'usine une boulangerie donnant le pain à 0 fr. 05 c. par kil. de moins qu'aux boulangeries voisines, une boucherie dans les mêmes conditions, des magasins où l'on vend *à prix coûtant* des denrées alimentaires, des vêtements de toute nature, chaussures, etc.

Deux jours chaque semaine, ces magasins sont ouverts et la mère de famille, munie de son carnet (que nous nommons carnet des ménages), vient acheter ce qui lui est nécessaire ; la nature, le poids et le prix des denrées sont marqués sur le carnet ; de telle façon qu'à la fin du mois et à la paie, chaque ménage, chaque ouvrier sait ce qu'il a pris de denrées. Sur un bon du chef de chantier, l'ouvrier se fait délivrer les vêtements qu'il désire. Avec ce même moyen des bons ou de jetons, il peut se procurer du pain, de la viande, du tabac...

Le compte de ses dépenses se trouve ainsi tout fait à la fin du mois ; il peut les contrôler et s'habituer à faire des économies. Premier résultat obtenu, alimentation à bon marché ; deuxième

résultat, contrôle des dépenses et sollicitation à faire des économies. Ceci nous conduit à parler de la caisse d'épargne.

La caisse d'épargne fonctionne depuis douze ans, elle donne
4 1/2 0/0 d'intérêt, elle reçoit jusqu'à 1 fr. par chaque versement,
et, sur la demande du déposant, les remboursements se font le
dimanche qui suit la demande. Dès que les sommes déposées atteignent 1,500 francs, nous les remboursons en ayant soin de nous
assurer autant que possible que la somme est utilement employée.
Actuellement les sommes déposées à la caisse s'élèvent au chiffre
de 65,000 francs. Le nombre des livrets est de quatre-vingt-dix.
Depuis sa fondation, la caisse a reçu 145,000 francs et a remboursé
80,000 francs. Cette institution est en prospérité.

CAISSE DE SECOURS

Il existe à l'usine une caisse de secours alimentée par une rete-
nue de 1 1/2 0/0 sur le montant des salaires et par le versement
fait par l'usine du cinquième de ces retenues. Cette caisse donne
aux ouvriers malades une indemnité qui varie de 1 franc à 75 centimes ou 50 centimes par jour, suivant les cas; elle donne les soins
gratuits d'un médecin, fournit les remèdes, non-seulement aux
ouvriers, mais aussi aux enfants et femmes des ouvriers, excepté
les soins pour les accouchements. Elle est administrée par un
conseil composé de dix ouvriers ou contre-maîtres, qui se renouvellent par tiers tous les trois mois, et dont font partie de droit
l'aumônier et le patron, qui préside les réunions; elle a son banquier chez lequel sont déposés les fonds. Actuellement elle a en
caisse 14,500 francs. Un des bons côtés de cette institution, c'est
la gérance par les ouvriers eux-mêmes, et les fonds déposés chez
le banquier de la caisse et non chez le patron. Je me rappelle
qu'un jour, présidant une réunion de la caisse, je faisais observer
que, ainsi que cela se pratique dans les autres caisses de secours,
il convenait de diminuer la somme journalière, allouée à mesure
que la maladie se prolongeait, que sans cela les trop longues maladies ruineraient la caisse. Il me fut répondu, avec le bon sens pratique qui caractérise l'ouvrier, quand il n'est pas dominé par de
mauvais instincts : « On voit, Monsieur, que vous n'avez jamais
été ouvrier et pauvre, car sans cela vous sauriez que plus la mala-

die se prolonge, et plus nous avons besoin de secours; au lieu de diminuer l'indemnité, si cela était possible, il faudrait l'augmenter. » Et ma proposition fut rejetée.

HOPITAL

L'usine possède un hôpital dirigé par les Dames Trinitaires, où sont soignés nos malades. En cas d'accident grave, événement qui arrive toujours trop souvent, une chambre est destinée aux opérations. L'établissement possède tous les appareils nouveaux et indispensables pour y placer les membres brisés ou fracturés. L'hôpital, que nos ouvriers n'ont voulu appeler que l'asile Saint-Jean, est pourvu d'une pharmacie, de lits en nombre suffisant; une petite chapelle, dans laquelle se dit au besoin la sainte messe, est attenante à l'établissement. C'est dans ces petites salles de l'asile Saint-Jean que le bon Dieu attend souvent nos pauvres ouvriers; tel malade, tel blessé qui entre à l'asile le cœur en révolte contre Dieu, en sort tout changé et doux comme un agneau; la bonté, la patience des Sœurs, les visites des patrons, de bonnes paroles changent ces natures rebelles et leur font envisager des horizons qu'elles ne soupçonnaient pas. Tous acceptent les secours religieux sans difficultés, quand c'est nécessaire.

CHAPELLE, AUMONIER, ÉCOLES

Nous venons de parcourir rapidement ce qui a été fait aux usines de Lafarge pour le bien-être matériel des ouvriers. Mais tous ces efforts, tous ces sacrifices resteraient sans but et sans influence, sans le retour à la pratique religieuse; et comment développer et entretenir la vie religieuse sans une église et un prêtre?

Nous avons donc fait construire une église à laquelle est attaché un aumônier logé à l'usine. Cette église se trouve au milieu des bâtiments de l'usine; la porte ouvre sur la grande route, elle est surmontée d'une statue de la Vierge Immaculée qui, du haut de sa tour, domine et protège l'usine; de tous les points où il travaille, l'ouvrier peut voir Marie, le secours du chrétien, la consolatrice des affligés. Et, à propos de cette statue, permettez-moi une réflexion : la nature du travail de l'usine expose nos ouvriers à de graves accidents; 150,000 mètres cubes de roches à extraire chaque année, sur un front de carrière qui dépasse de hauteur 110 mètres, la charge et le tirage de fours en feu, des machines, sont des causes perpétuelles d'accidents graves; eh bien! depuis trente-cinq ans d'un travail pareil, nous n'avons eu à déplorer que trois accidents graves suivis de mort. Pour nous, pour nos ouvriers, cette protection spéciale est une merveille constante que nous attribuons à la protection de Marie et par reconnaissance, chaque année, le 8 décembre, jour anniversaire de l'érection de la statue, la tour qui la supporte est splendidement illuminée, afin de rappeler aux ouvriers Celle qui a été établie la gardienne de l'usine.

Hormis les mariages, baptêmes et enterrements, tous les exercices religieux se font à l'église. Le dimanche, on y célèbre deux messes, l'une à 5 heures du matin pour les ouvriers obligés à travailler la matinée du dimanche, pour tirage des fours, réparations extraordinaires; et l'autre, à 10 heures pour le public. Les exercices du mois de Marie s'y font avec une certaine solennité, et, à tour de rôle, un contre-maître fait la lecture.

Le jour de la Fête-Dieu, trois reposoirs s'élèvent dans l'usine : le premier à l'asile Saint-Jean, le deuxième au milieu des logements, le troisième à la cantine. Ces reposoirs sont construits par les ouvriers et à leurs frais, et ceux-ci rivalisent de zèle à qui fera le mieux; mais ne pensez pas, Messieurs, que ces autels improvisés brillent par l'or et l'argent; rien de plus touchant, de plus poétique, que ces fleurs des champs, ces guirlandes de buis, ces feuillages empruntés à la montagne où se trouve l'immense carrière; ces braves gens ont toute espèce d'inventions; ils dérobent, par exemple, aux conduits de l'usine, un filet d'eau, au moyen duquel ils établissent un jet d'eau dans un bassin improvisé; enfin, quand vient le grand jour, à l'issue de la grand'messe, la pauvre et modeste procession sort de l'église et le Dieu de l'Eucharistie, abrité par un dais que portent successivement, les patrons d'abord, puis les principaux employés et contre-maîtres, à tour de rôle, parcourt la grande route qui traverse l'usine et va bénir par trois fois, d'abord les malades et les écoles, les logements d'ouvriers, et enfin la cantine, pour revenir triomphalement à l'église au chant du *Te Deum*. Cette année, la procession était suivie par trois cent cinquante hommes environ, deux cents femmes et les enfants des écoles des filles et garçons.

Ces écoles dirigées par les Dames Trinitaires sont fréquentées par trente garçons et quarantes filles. Nous n'y admettons que les enfants de nos ouvriers résidant à l'usine; elles seraient bien plus nombreuses, si nous y admettions les enfants des ouvriers extérieurs; nous comptons le faire plus tard et, dans ce cas, nous aurons des Frères pour les garçons.

Nous allons, cette année, faire placer dans l'église un orgue afin de rehausser les cérémonies du culte et surtout pour former des chanteurs, afin d'attirer à l'église et intéresser nos ouvriers. N'oubliez pas, Messieurs, à quelle population nous avons affaire, et songez que presque tous les ouvriers que nous embauchons sur 'a route ne savent pas même faire un signe de croix! Ceci me rappelle un fait passé il y a quatre ans. Lors du jubilé, nous fîmes venir un prédicateur pour donner une mission; la mission annoncée le dimanche précédent, s'ouvrit le mardi soir pour se terminer le dimanche matin; les prédications avaient lieu le soir après le travail, et y venait qui voulait. Ce fut vif et court; le premier jour, peu de monde; les jours suivants l'église était comble; avant de commencer les exercices, le prédicateur voulait faire dire à son auditoire un *Pater* et un *Ave*; hélas! la plupart ne savait pas faire le signe de la croix. Cependant on écoutait avec plaisir, on chantait des cantiques. Enfin, le samedi soir, veille de la clôture, personne encore ne s'était présenté à confesse. Le missionnaire se désolait : « Ne vous tourmentez pas, mon Père, lui dis-je; j'ai fait venir pour vous aider, ce soir, le curé de la paroisse; » et, en effet, le soir, tard, on voyait des ombres en grand nombre passer et se rendre à l'église, et le lendemain cent trente hommes environ, et de gros poissons, étaient tombés dans le filet et s'approchaient de la Table sainte. Le bon missionnaire, à la vue de ces retours si vrais, si sincères, à la vue de ces cœurs revenant à Dieu avec tant de simplicité, ne put retenir les larmes qui l'empêchèrent de parler après la communion, ainsi qu'il désirait le faire.

Le soir après vêpres, nous faisions la procession prescrite pour gagner le jubilé; cette procession fut suivie par tous les ouvriers de l'usine, les femmes, les voisins; il y avait au moins douze cents assistants. Je vous indique ces choses, Messieurs, afin de vous faire saisir notre but qui est de vaincre le respect humain; tous ces braves gens en procession sur une grande route, les femmes disant leur chapelet, les hommes chantant, se compromettaient mutuellement à leurs yeux et aux yeux du public. Hélas! c'était, il est vrai, le

petit nombre qui avait fait son jubilé; mais tous commettaient un
acte public de foi religieuse.

Pour nous résumer, les secours religieux se composent de l'église
et de l'aumônier, des Dames Trinitaires dirigent les écoles et l'hôpital; une congrégation de jeunes filles est fondée; nous allons
successivement, et avec tous les ménagements que demande la
situation particulière dans laquelle nous sommes, établir la confrérie des mères chrétiennes et un Cercle catholique d'ouvriers, sous
la direction de l'aumônier; pour donner un peu de vie au Cercle,
afin de retenir nos jeunes gens, nous allons fonder un orphéon et
une fanfare.

Voilà, Messieurs, ce qui a été fait pour les besoins matériels et
religieux; mais que c'est peu en face des merveilles opérées par
celui si bien nommé l'Apôtre de l'usine! et si, parfois, nous nous
prenons à nous décourager en face du peu de bien réalisé; si le
ciel devient noir, si la tempête nous enveloppant de toutes parts,
nous nous sentons faiblir, nous n'avons qu'à jeter les yeux sur ce
phare lumineux qui rassure et encourage; il nous indique la voie
à suivre, nous montre le devoir à accomplir. Voilà le modèle,
Messieurs, et en face de l'admirable organisation du Val-des-Bois,
que sont les efforts que nous avons tentés? Que sont les résultats
obtenus? Ce sera ce que la goutte d'eau est au pauvre; mais nous
savons, nous, chrétiens, que notre divin Maître bénit les plus modestes
efforts et, comme il nous est impossible de juger de la valeur réelle
d'un acte humain dans toutes ses conséquences d'avenir, nous ne
devons jamais cesser d'être humbles, ni nous décourager. Nous
devons résolûment marcher au but, en réalisant, dans le milieu où
la Providence nous a placés, tout le bien possible. Celui-ci fait
beaucoup, celui-là fait peu, mais tous deux en faisant ce qu'ils
peuvent font l'Œuvre de Dieu, et l'Auteur de tous biens saura faire
lever le grain de senevé et en faire un grand arbre.

Je vous ai dit, Messieurs, ce qu'étaient l'état matériel et moral
des usines de Lafarge, les efforts tentés pour améliorer l'un et
l'autre; vous devez attendre de moi que je vous dise dans quelle
mesure le but a été atteint; c'est ce qui me reste à vous exposer.

Comme amélioration matérielle, nous sommes arrivés à ceci :
qu'un ouvrier gagnant une journée moyenne de 3 fr. 75 à 4 francs,
et étant logé et nourri pour 40 francs peut, en conservant 10 francs,
pour son entretien, économiser 50 francs environ par mois, qu'il

peut mettre à la caisse d'épargne. En cas de maladie ou d'accident, il est soigné à l'hôpital de l'usine; ou il reçoit chez lui une indemnité de maladie par la caisse de secours. Les ménages logés à l'usine paient un loyer qui varie de 6 à 9 francs par mois; ils ont les vêtements, le pain, le vin, la viande, les denrées alimentaires, à bon marché, sont dans de très-bonnes conditions et peuvent faire des économies, surtout s'il y a un ou deux enfants qui travaillent.

Je vous citerai un exemple d'un des résultats obtenus. Un jeune homme, entré à la cantine, dénué de toutes ressources et, pour vous dire ce qu'il était, obligé de vêtir le fameux vêtement de pouilleux, a quitté l'établissement à trente-deux ans, avec une économie de 3,600 francs à la caisse d'épargne; il a épousé une jeune fille qui lui en a apporté à peu près autant; il a acheté une petite propriété et vit heureux. Si donc nous pouvions amener tous nos ouvriers et tous nos ménages à la pratique religieuse, sans aucun doute, la petite colonie de Lafarge jouirait d'une grande prospérité matérielle. C'est donc là le point capital : faire des ouvriers chrétiens, non-seulement pour faire leur bonheur à venir, mais aussi assurer leur bonheur en ce monde; et, à ce point de vue, quel progrès avons-nous réalisé? Le voici : Toutes les familles logées à l'usine remplissent leurs devoirs religieux, tous les contre-maîtres et employés remplissent leurs devoirs religieux. Aux premières Pâques faites dans l'église, le patron était à peu près seul; cette année, cent cinquante hommes et cent femmes environ l'accompagnaient à la Table sainte. La présence des religieuses produit un excellent effet; la congrégation des filles est appelée également à faire du bien; les prédications de l'aumônier, les cérémonies du culte, faites avec une certaine pompe, tout cela contribue à réconcilier avec l'Église cette population presque nomade.

Notre système d'amélioration est basé sur la liberté; nous ne voulons forcer personne, nous offrons la possibilité de faire le bien, nous ne cachons pas la joie que nous éprouvons d'un retour à Dieu; mais nous traitons également, avec la même justice, avec la même affection, celui qui pratique et celui qui ne pratique pas; nous voulons des retours vrais, et non éphémères, et notre plus grande peine serait de faire des hypocrites.

Les ouvriers le savent : aussi, rien de si intéressant pour nous que d'observer la marche de cette influence occulte sur le cœur de l'ouvrier; nous le voyons attentif d'abord, puis ébranlé, puis ému, et enfin il se rend.

Mais, Messieurs, c'est long, le vent de la grâce souffle où il veut et quand il veut; il faut s'armer de patience, quand on tient à faire le bien dans de tels milieux et surtout s'armer d'une grande tolérance et charité.

J'ai nommé la charité; un mot, Messieurs, en finissant sur le *seul*, l'*unique* moyen d'action qui soit réellement efficace sur les ouvriers; acquérir de l'influence, moraliser une population imbue de toutes sortes de préjugés, rendre ces natures sobres, chastes, aimantes, reconnaissantes, les donner à Dieu, ce n'est pas, soyez-en certains, au moyen de la vie à bon marché que vous leur procurez; ce n'est pas au moyen de sacrifices pécuniers, d'écoles, de soins donnés aux malades, de caisse de secours... ; je dirai même que ce n'est pas seulement en leur procurant des secours religieux. Vous avez beaucoup fait, en faisant tout cela; mais, pour réconcilier le patron avec l'ouvrier, pour résoudre la fameuse question ouvrière, vous n'avez, hélas! rien fait. Mais il y a plus, tous ces moyens se tournent contre vous; l'ouvrier, dans le fond de son âme, se dit : Sur ce vêtement, cette nourriture moins chère que chez le voisin, mon patron y gagne : pour toutes les autres institutions? il faut bien qu'il le fasse et, s'il ne le faisait pas, nous quitterions ses ateliers; et pour un travail aussi pénible, comment ferait-il? C'est son intérêt qui le guide, et, en définitive, il est riche, cela ne lui coûte pas grand'chose et il ne fait que remplir son devoir.

Il a presque raison, cet ouvrier, et pensez-vous qu'aux usines de Lafarge, s'il n'y avait que les institutions dont nous avons parlé, la paix sociale y régnerait, et que Dieu y serait aimé? Non, Messieurs, les âmes ne s'achètent pas avec de l'argent; elles ont un autre prix, et le rachat et la conquête d'une âme, vous ne l'obtenez qu'avec le don de vous-même. Donc, Messieurs, après avoir donné surabondamment à l'ouvrier tous les avantages dont nous avons parlé, nous n'avons rien donné si nous ne nous donnons nous-mêmes, et plus la distance est grande entre l'ouvrier et le patron; plus cet ouvrier est pauvre, délaissé, couvert de haillons, je dirai même vicieux, plus l'amour de son patron le touche et plus l'influence est grande : c'est donc en se donnant que les patrons chrétiens pourront exercer une salutaire influence et sauver les âmes de leurs ouvriers.

Aux usines de Lafarge, avons-nous eu le bonheur de réussir au moins en partie? Quelques traits et je termine, nous donneront la mesure de ce degré d'influence.

Un ouvrier, père de famille, a le pied pris dans un engrenage. On arrête à temps la machine, mais la blessure est horrible, les souffrances intolérables; deux médecins, appelés en toute hâte, déclarent qu'il faut ou couper la jambe, ou faire l'opération d'une partie du pied; sans cela le blessé est perdu. Cet ouvrier refuse obstinément de se laisser opérer; l'insistance de sa femme, de toute sa famille, rien n'y fait. Puis, se ravisant : « Je veux bien, dit-il, mais à une condition que toute ma famille s'éloigne, que mon patron seul reste, qu'il me tienne les mains et que les médecins fassent l'opération. » Eh bien! Messieurs, pendant tout le temps qu'a duré cette terrible opération, l'ouvrier, sa main dans celle de son patron, le regardant tout le temps, n'a pas versé une seule larme.

Un autre, père de famille aussi, boucher à l'usine, qu'il habitait depuis plusieurs années, est atteint d'une maladie de poitrine. C'était un brave homme, bon père de famille, mais malheureusement éloigné de la pratique religieuse. Il déclinait chaque jour, il n'avait plus que peu d'heures à vivre et ni sa femme, ni sa famille, ni même l'aumônier ne savaient comment lui parler de confession. Cependant le cas était pressant. Que fait le patron? Dans une de ses visites il dit à cet ouvrier : Mon ami, veux-tu me faire bien plaisir? — Je veux bien, tout ce que vous voudrez, dit notre malade, en réunissant toutes ses forces pour se soulever un peu. — Eh bien, répond le patron, il faut te confesser. — A l'instant, puisque cela vous fait plaisir; et ce brave ouvrier, revenu à Dieu pour l'amour de son patron, est mort le lendemain après avoir édifié toute l'usine par sa foi et sa résignation; il est mort comme un prédestiné.

Un père de famille, logé à l'usine et très-pauvre, perd un jeune enfant. Le patron, dans sa visite habituelle, tâche de consoler cette famille en pleurs, fait faire le petit cercueil, l'orne de fleurs et paie la dépense. Deux ans après, ce même patron a le malheur, lui aussi, de perdre un petit enfant et, le cœur brisé, se retire chez lui, ne voulant voir personne. Un homme se présente; il insiste pour voir le patron; on lui répond que c'est impossible. Il ne se décourage pas, et reste à la porte; enfin, au bout de plusieurs heures, le patron descend et demande à cet ouvrier ce qu'il veut : « Vous voir, répond-il, vous êtes dans la peine et je viens vous rendre ce que vous avez fait pour moi. » Le patron, ému jusqu'aux larmes, lui serre la main ; il avait oublié ce qu'il avait fait lui-même.

Un autre, un chauffeur, mort il y a un an, après être resté vingt ans à l'usine, a voulu en mourant avoir devant lui, attachés aux rideaux de son lit, l'image du Christ et la photographie du frère de celui qui a l'honneur de vous parler, mort il y avait un mois à peine.

J'ai fini, Messieurs, et vous jugerez si de pareils résultats peuvent s'obtenir avec quelques vêtements à bon marché ou des bons de pain au-dessous du cours?

Vous direz avec moi : Non, évidemment non.

DE PAVIN DE LAFARGE.

QUATRIÈME RAPPORT

MONOGRAPHIE DE L'OUVROIR DE TORTERON

Ayant à vous parler de l'ouvroir établi à Torteron, j'ai voulu étudier ce qui avait été dit sur des Œuvres semblables dans vos précédents Congrès. Grand a été mon étonnement de n'y rien trouver, ou presque rien, non-seulement sur les ouvroirs, mais même sur les Œuvres de jeunes filles ou de femmes. Et cependant ce sont les plus nécessaires et les plus fructueuses de toutes les œuvres : je le redis avec assurance après M. Harmel. « En vain travaillons-nous à la moralisation de la jeunesse, si les mères sont contre nous ! Nous userons toute notre énergie en efforts stériles. » Rien de plus vrai, Messieurs, et quand vous connaîtrez les résultats produits à Torteron par l'ouvroir qu'y a établi l'administration de l'usine, grâce à la caisse de dotation que M. le Curé y a adjointe, vous serez profondément convaincus qu'il n'y a pas d'œuvre qui puisse faire un bien plus assuré et plus durable.

Je diviserai ce travail en trois parties :

Fondation de l'Œuvre;

Ce qu'elle est aujourd'hui;

Les résultats qu'elle a produits.

Et je vous promets de ne pas dépasser le temps fixé par le règlement.

I

Torteron est une commune qui compte 2,200 et quelques habitants. Une usine métallurgique fait vivre toute la population. Il n'y a pas longtemps, le siége de la commune et de la paroisse était à un petit village distant de deux kilomètres.

Aussi, quand M. Tamisier, en 1858, y fut nommé curé, il trouvait à Torteron une population agglomérée autour d'une usine, sans église, sans presbytère, sans religion. Tout était à faire; il n'existait aucun élément sur lequel il pût s'appuyer.

Loin de se décourager, il se dit : j'y suis, j'y reste. Et il y est resté, et il y restera, dit-il, jusqu'au bout.

Entamer de tous les côtés à la fois cette terre inculte, ç'aurait été s'épuiser sans pouvoir réussir : il résolut de commencer par les jeunes filles, et fonda un catéchisme de persévérance. Vous jugerez de quels éléments il était composé, quand vous saurez qu'en sortant du catéchisme de persévérance les jeunes filles entraient à la salle de bal. C'était la coutume générale que les parents y conduisissent leurs enfants, même les plus jeunes : sans doute pour remplacer la messe et les vêpres dont on se souciait fort peu.

Grande fut la perplexité du Curé en apprenant cela : défendre le bal, c'était anéantir le catéchisme; supporter un tel scandale, n'était-ce pas l'encourager? M. le Curé préféra paraître l'ignorer, persuadé que, peu à peu, sous l'influence de la grâce divine, les jeunes filles reconnaîtraient l'incompatibilité des deux réunions; qu'un tri s'opérerait : les unes préférant le catéchisme, les autres le bal. C'est ce qui est arrivé : les jeunes filles fidèles demandèrent à M. le Curé de leur donner un règlement qui protégerait l'honneur de leurs réunions et dans lequel les faibles trouveraient un appui · nécessaire, et les fortes une plus grande sécurité.

Ni le catéchisme de persévérance, ni la congrégation des Enfants de Marie que M. Tamisier y avait adjointe pour les plus pieuses, ne lui paraissaient suffisants pour former des jeunes filles et des femmes sérieusement chrétiennes, comme il en désirait pour la régénération de sa paroisse.

Les administrateurs de l'usine avaient fondé un ouvroir, tenu par les Sœurs de Saint-Vincent de Paul. Comme beaucoup d'autres, il ne donnait pas les fruits qu'on pouvait en attendre. Cela venait surtout de l'inconstance des jeunes filles. Dès qu'elles avaient appris à travailler, elles ne voulaient plus supporter aucune observation et quittaient l'ouvroir sans que leur séjour leur eût été bien profitable. Les ouvrières restant peu de temps, le travail était mal fait, partant peu payé et peu rémunérateur. En somme l'ouvroir coûtait très-cher et ne donnait à peu près aucun résultat.

M. le Curé comprit que, pour en tirer tout le parti possible, il fallait y attirer les jeunes filles dès leur première communion et les y retenir jusqu'à leur établissement, afin que, pendant ce long espace de temps, elles pussent être formées aux vertus de la femme chrétienne, et acquérir des habitudes vraiment sérieuses.

Pour arriver à ce but il fonda une caisse de dotation dont je vous lirai les statuts. Pour commencer il fallait un petit capital : la première mise de fonds sortit de sa bourse, il l'augmenta par souscriptions.

Les jeunes filles qui sont admises au bénéfice de la caisse de dotation doivent prélever 20 francs par an, sur leur salaire; la caisse leur donne une prime annuelle de 30 francs; les 50 francs bonifiés d'un intérêt de 5 0/0 s'accumulent jusqu'au jour où la jeune fille s'établit; et les jeunes ouvrières reçoivent alors, en moyenne de 3 à 600 francs. Si une ouvrière quitte sans raison ou mérite d'être chassée, elle reçoit ses économies, mais elle perd tout droit à la prime.

II

Dès lors l'ouvroir prospéra et nous pouvons en admirer aujourd'hui le fonctionnement.

Il compte 90 ouvrières de quatorze à vingt-six ans, réparties en deux catégories : les jeunes filles qui appartiennent à des familles nécessiteuses sont employées à la couture des gants. Le travail se fait à la machine, demande peu de temps d'apprentissage et est très-rémunérateur.

Les jeunes filles plus aisées apprennent la confection; elles façonnent des trousseaux plus ou moins riches, elles en font de fort beaux, et jusqu'à des vêtements. Celles-ci doivent faire un apprentissage de quinze mois. Elles sont groupées par ateliers que dirige une première d'atelier et sont payées à la journée.

Avant l'établissement de la caisse de dotation, l'ouvroir faisait pour 8,000 francs d'affaires; aujourd'hui il en fait pour 30,000 francs. La caisse de dotation possède un capital assez considérable, inaliénable, dont la rente seule sert à payer les primes.

Les Sœurs directrices ont sur les ouvrières une autorité indiscutée, grâce à laquelle elles les forment, avec tact et douceur, mais aussi avec fermeté, et les préparent à être un jour des femmes vraiment chrétiennes. Les visiteurs sont charmés par la simplicité et la modestie de ces jeunes filles qui forment un contraste si frappant avec la légèreté et la liberté d'allures modernes.

Les bâtiments et les cours de l'ouvroir servent, chaque dimanche, de lieu de réunion et de récréation pour les jeunes filles du catéchisme de persévérance, actuellement au nombre de cent quarante.

Une fois mariées, les femmes font partie d'une association de mères chrétiennes, dont M. le Curé réunit les membres tous les mois. Là, il développe et il achève l'œuvre commencée depuis longtemps : il fait comprendre aux mères tous les devoirs de la maternité et leur indique où puiser le courage et la force de les remplir.

Ainsi, depuis le berceau, puisque les enfants sont reçus par les Sœurs dans un asile, pendant l'époque critique de la jeunesse, lors de leur mariage, durant toute leur vie, le prêtre a près d'elles une place marquée et prépondérante pour leur apprendre à connaître, à aimer Dieu et à pratiquer ses commandements.

III

Un tel état de choses ne pouvait subsister longtemps sans qu'il en résultât des fruits merveilleux.

Le village se trouve au milieu d'un pays peu religieux : sa population, composée d'ouvriers agglomérés dans une usine, devrait être pire que la population des campagnes environnantes. Grâce à vingt années de travail, M. Tamisier l'a transformée et cela par

l'influence de la jeune fille chrétienne, de la femme chrétienne,
de la mère chrétienne.

Que pensez-vous, Messieurs, que se dise un jeune homme qui
désire se marier avec une jeune fille de l'ouvroir, dont l'extérieur
calme, modeste, annonce la vertu et la force de caractère qui saura
la faire respecter. Pourra-t-il se flatter de se faire agréer, s'il se
conduit mal?

Osera-t-il se présenter à une ouvrière qui aura 500 francs d'économie, sans avoir le sou?

Il pourrait se rejeter sur les jeunes filles qui se sont soustraites à
l'influence de la religion; mais celles-ci sont aujourd'hui montrées
au doigt, comme l'étaient les premières fondatrices du catéchisme
de persévérance.

Il aura trop conscience de rencontrer, d'un côté, tout ce qu'il
faut pour assurer son bonheur, et de l'autre, de ne manquer de
rien de ce qui pourra le rendre le plus malheureux des hommes,
pour hésiter dans son choix.

Qu'arrivera-t-il donc?

Il se rangera pour ne pas se croire trop indigne de la jeune fille
dont il veut solliciter la main; il économisera pour n'avoir pas la
honte d'apporter moins qu'elle; et, au lieu de voir les ménages s'é-
tablir avec des dettes, on les voit se fonder sur des économies
auxquelles on ne touchera jamais.

Quels fruits merveilleux de retour aux saines idées a produits
l'influence douce et lente, mais continue de ces jeunes filles au
foyer de leur famille.

Les parents ne connaissaient que des jeunes filles légères,
exigeantes, dont l'avenir était pour eux une préoccupation incessante et pour lesquelles ils pensaient ne pouvoir rien faire. Et
voilà que, depuis qu'elles fréquentent l'ouvroir, elles sont devenues
douces, obligeantes, économes, et que, sans diminuer les ressources
de la famille, au contraire, tout en les augmentant d'une manière
notable, elles se préparent à elles-mêmes un avenir assuré.

Quand les habitants de Torteron virent arriver un prêtre et des
religieuses dans leur pays, ils s'écrièrent : En voilà encore qu'il
faudra que nous nourrissions; nous n'avons pas besoin de cela.
Aujourd'hui, ils se rendent compte que, grâce au zèle de leur Curé,
trente mille francs de salaires sont assurés chaque année à leurs
enfants. Et ils commencent à croire que, loin d'être dangereux, la

religion et ses ministres peuvent quelquefois être bons à quelque chose.

Un jour, M. le Curé de Torteron voit venir à lui un homme âgé, père de famille, qui lui demande à se confesser. Il lui avoue qu'il ne peut tarder davantage à se rendre aux sollicitations de sa conscience.

C'était à la suite d'un carême où le Curé s'était donné beaucoup de mal pour ramener ses paroissiens aux pratiques religieuses ; il voulut savoir si la conversion de cet homme était le fruit de ses prédications.

« Ce sont, sans doute, lui dit-il, les vérités de la foi qui font impression sur votre esprit et vous décident à vous mettre en règle avec le bon Dieu. — Oh, non, lui répondit simplement ce père de famille, mais depuis que ma fille fréquente l'ouvroir et pratique la religion, elle est devenue si douce, si obéissante, qu'il faut vraiment que ce soit une bien bonne chose ; et, je ne puis résister au cri de ma conscience qui me presse d'y revenir. Je sens que c'est pour moi un devoir et je veux le remplir. »

Un fabricien disait un jour au Curé : « Comment se fait-il que, la population diminuant chaque année, le produit de la location des chaises à l'église augmente au contraire dans des proportions énormes? — C'est tout simple, lui répondit M. Tamisier, cela vous indique que, si le nombre des habitants diminue, le nombre des chrétiens pratiquants augmente. »

Ceci, Messieurs, n'est pas un conte que je vous fais. Je vous dis ce qui est arrivé, ce qui devait arriver, ce qui arrivera partout où l'on voudra en prendre les moyens.

CAISSE DE DOTATION DE L'OUVROIR DE TORTERON

(AUTORISÉE PAR ARRÊTÉ DE M. LE PRÉFET DU CHER, DU 10 JANVIER 1873)

STATUTS

Article premier. — Dans le but d'encourager les jeunes filles de Torteron à l'assiduité au travail dans l'Ouvroir tenu par Mmes les

Sœurs de Saint-Vincent-de-Paul, de les habituer à l'épargne, et mettre ainsi le plus grand nombre possible en état de bien remplir leurs devoirs d'épouse, de mère de famille, il est établi une Société qui prend le nom de *Caisse de dotation des Jeunes Ouvrières de l'Ouvroir de Torteron.*

Art. 2. — Seront membres de la Société toutes les personnes qui voudront bien y contribuer par des souscriptions ou donations mobilières ou immobilières, effectuées en un ou plusieurs versements selon le bon plaisir des souscripteurs ou donateurs.

Toutefois ne seront admis à prendre part aux assemblées générales, dont il sera parlé ci-après, que les souscripteurs ou donateurs dont la souscription ou donation dépassera la somme de vingt francs.

Art. 3. — La Société est administrée par un Conseil composé comme suit :

Membres de droit :

M. le Curé de Torteron.

Mme la Supérieure des Sœurs de Saint-Vincent-de-Paul, directrice de l'Ouvroir.

MM. le Président du conseil de la Fabrique paroissiale de Torteron.

Le Trésorier de ladite Fabrique.

Le Directeur général des usines de la société Boigues et Rambourg.

Le Directeur de l'usine de Torteron.

Seront élus de plus pour cinq ans par l'assemblée générale quatre autres membres pris dans son sein.

Art. 4. — Le Conseil nommera pour cinq ans son président, son vice-président et son secrétaire. Le trésorier de la Fabrique sera trésorier de l'œuvre.

En cas de décès ou de démission pendant la période quinquennale, de l'un des membres élus du Conseil, il sera pourvu à son remplacement, pour le temps restant à courir, par l'assemblée générale, dans la première réunion qui suivra l'époque du décès ou de la démission.

Le Conseil d'administration se réunira toutes les fois qu'il sera utile et les convocations seront faites à la diligence du président ou du vice-président.

Les délibérations seront valables par la présence de la moitié plus un des membres qui le composent.

Il sera, par les soins du secrétaire, rédigé sur un registre *ad hoc,* procès-verbal de toutes les réunions soit du Conseil soit de l'assemblée générale.

Art. 5. — Les ressources de la Caisse de dotation seront employées par le Conseil d'administration à former des primes annuelles en faveur des jeunes filles de l'Ouvroir et à leur accorder, s'il y a lieu, un secours supplémentaire ou dotation quand elles sortiront de l'établissement pour se marier.

Art. 6. — Les jeunes filles qui voudront être admises à prendre part aux bienfaits de la Société, devront obligatoirement avoir épargné au moins vingt francs par chaque année de présence à l'Ouvroir.

Le montant des épargnes sera versé tous les mois en bloc par Mme la Supérieure à la caisse de l'usine Boigues Rambourg et Cie qui consent à le recevoir et à bonifier ce compte d'épargne d'un intérêt annuel de cinq pour cent.

Les épargnes demeureront constamment à la disposition des déposantes et leur seront remboursées par l'entremise de Mme la Supérieure.

Art. 7. — Des primes seront accordées chaque année par le Conseil d'administration suivant les ressources dont il disposera.

Elles seront distribuées par sommes égales entre toutes les ouvrières ayant satisfait à l'obligation d'épargne mentionnée dans l'article précédent.

Le compte des primes sera tenu par M. le Trésorier pour le montant en être distribué aux ayants-droit au moment de leur établissement à la sortie de l'Ouvroir et non autrement.

Art. 8. — Le Conseil déterminera à ce moment:

1° Ce que les ressources de l'œuvre permettront d'ajouter aux primes à titre de dotation à raison de la durée du temps passé à l'Ouvroir, de l'assiduité et de la bonne conduite de l'ouvrière, de l'importance de ses épargnes eu égard à la situation de la famille et des circonstances de son établissement.

2° L'emploi à faire de la somme accordée, soit en achat de mobilier ou de propriété foncière, soit en subvention pour aider à la construction d'une maison, soit de toute autre manière qui semblera la plus propre à favoriser et sauvegarder les intérêts de la personne dotée.

Art. 9. — Les jeunes ouvrières qui, pour une raison quelconque, auront cessé de faire partie de l'Ouvroir avant leur établissement, perdront tout droit aux primes dont il a été question à l'art. 7, à moins qu'à raison des circonstances, le Conseil ne juge à propos de leur accorder une partie quelconque des primes précédemment inscrites à leur nom.

Le montant des primes dont le Conseil aura prononcé la déchéance fera retour aux ressources générales de l'œuvre.

Art. 10. — Une assemblée générale de tous les donateurs ou souscripteurs qui auront donné ou souscrit une somme d'au moins vingt francs, sera convoquée chaque année à Torteron. Elle entendra les comptes de la Société qui lui seront présentés par le Conseil d'administration.

Art. 11. — L'assemblée générale, sur la proposition du Conseil d'administration, aura le droit d'introduire dans les statuts les modifications reconnues utiles; mais aucune modification ne pourra être votée valablement si elle n'a reuni au moins les deux tiers des voix des membres présents.

Art. 12. — Le Conseil fera les diligences nécessaires pour obtenir du Ministre de l'Intérieur que l'œuvre soit déclarée établissement d'utilité publique à l'effet d'être capable de recevoir des dons et legs.

Art. 13. — La Caisse de dotation venant à cesser d'exister soit par la suppression de l'Ouvroir, soit par l'insuffisance des ressources, soit de toute autre manière, la liquidation sera faite par les soins du Conseil d'administration qui sera tenu de disposer du reliquat en faveur d'une œuvre de bienfaisance.

L'assemblée générale du 12 septembre 1873 a décidé qu'il serait remis à chaque jeune fille associée un livret sur lequel serait établi son compte d'épargne, et que les statuts de l'Association seraient imprimés en tête du livret.

CINQUIÈME RAPPORT

CONGRÉGATION DES SŒURS DE SAINTE-PHILOMÈNE, POUR LA SURVEIL-
LANCE DES FEMMES ET DES JEUNES FILLES EMPLOYÉES DANS L'IN-
DUSTRIE.

MESSIEURS,

Le grand but de l'Union des Œuvres ouvrières, celui qui inspire
et dirige tous vos travaux, c'est la moralisation et la réhabilitation
des classes ouvrières par la religion.

Or, parmi ces classes, il en est une qui doit appeler votre attention et solliciter vos sympathies d'une manière toute spéciale, parce
qu'elle est la plus faible; je veux parler des ouvrières employées
dans les fabriques.

Elles sont réunies là par centaines et par milliers. Abandonnées
à elles-mêmes, exposées à des séductions de tous genres, privées
d'instruction, sans encouragement et sans conseils, environnées de
mauvais exemples, ces pauvres filles perdent bien vite le fruit de
l'éducation chrétienne qu'elles ont reçue dans leur famille, et
tombent, hélas! rapidement dans un état d'indifférence et de démoralisation véritablement affreux.

Comment prévenir ce mal ou y remédier? Messieurs, il faut donner à
ces ouvrières, à ces pauvres délaissées, des *mères* et des *sœurs*, qui,
au *sein même des ateliers*, leur viennent en aide, les aiment, les
instruisent, les encouragent, les relèvent et les fortifient; en un
mot, il faut placer *à côté* d'elles *des anges visibles* et *tutélaires*, des
anges gardiens. Des anges gardiens! Noble, mais délicate et difficile mission qui ne peut être remplie d'une manière vraiment
efficace sinon par les *épouses de Jésus-Christ*, par des religieuses.
Elles seules ont assez de pureté; elles seules ont assez d'amour.

Plusieurs Congrégations se prêtent à cette Œuvre avec un zèle
qu'on ne saurait trop louer. Nous sommes les premiers à leur rendre
hommage.

Mais, s'il est vrai qu'un but est d'autant plus sûrement et plus parfaitement atteint que ce but unique est poursuivi à l'exclusion de tout autre, ne semble-t-il pas qu'une Congrégation *spécialement* instituée pour la direction religieuse et morale des ouvrières dans les usines serait une création éminemment désirable! Telle a été la pensée, tel a été le désir exprimés dans vos précédents Congrès par les hommes les plus autorisés.

Or, Messieurs, cette Congrégation n'est pas à fonder: elle existe. Déjà elle peut offrir au Congrès une base solide d'opération. Elle répond pleinement à la Congrégation type et modèle, si vivement désirée par les chefs d'usines chrétiennes. Cette Congrégation est celle des *Sœurs de Sainte-Philomène*, dont la maison-mère et le noviciat sont à Saint-Marcellin, chef-lieu d'arrondissement du département de l'Isère.

Voici le rapport qu'adressait récemment à Mgr l'Évêque de Grenoble, le supérieur de cette Congrégation, M. l'abbé Mussel, vicaire général. Vous voudrez bien me permettre de vous en donner lecture; il est court, mais suffisant pour donner une idée de l'Institut :

« Monseigneur,

« Il y a une trentaine d'années que la Congrégation des Sœurs de Sainte-Philomène existe dans votre diocèse.

« Le projet de sa fondation fut formé à la Louvesc, près du tombeau de saint François Régis l'apôtre du Velay, par de vénérables Pères de la Compagnie de Jésus ; pressentant les besoins de notre époque et prévoyant en quelque sorte ce que des âmes généreuses entreprennent de nos jours pour l'organisation chrétienne de l'usine, ces hommes de Dieu se sentirent poussés à fonder une congrégation de religieuses qui eût pour première et principale fin la direction morale et chrétienne des ouvrières dans les fabriques.

« Les débuts de l'Institut furent très-modestes; mais avec l'approbation et sous la haute direction de vos vénérés prédécesseurs, il ne tarda pas de faire d'heureux et consolants progrès. Aujourd'hui, non-seulement il est solidement fondé, mais, grâce à la bénédiction divine et à votre bienveillante protection, il paraît appelé à un avenir fécond pour la gloire de Dieu, la consolation de l'Église et le bien de la société...

« Composée actuellement d'une centaine de Sœurs, la Congrégation dirige déjà plusieurs fabriques...

« Des demandes nouvelles lui sont adressées de divers côtés : mais elle se voit pour le moment dans l'impossibilité d'y satisfaire aussi complétement qu'on le voudrait et qu'elle le désirerait elle-même.

« C'est surtout pour répondre à ce besoin, Monseigneur, qu'elle demande humblement à Votre Grandeur de faire un appel aux âmes de bonne volonté.

« Fait sous vos auspices, elle en a la confiance, cet appel sera entendu.

« Puisse l'organisation chrétienne de l'usine s'étendre et se développer dans toute la France et devenir un remède efficace aux dangers de démoralisation que présente l'industrie, si la religion ne vient y prendre la place qui lui appartient!

« Ce vœu nous le savons, Monseigneur, est un des plus ardents de votre cœur, et la Congrégation de Sainte-Philomène sera heureuse de travailler, pour sa petite part et sous votre protection, à le réaliser, etc. »

Quelques jours après, Mgr l'Évêque répondait au rapport qui lui avait été présenté :

« Monsieur le vicaire général,

« J'ai lu avec une vive satisfaction le rapport que vous m'avez remis concernant la Congrégation des Sœurs de Sainte-Philomène qui se dévoue aux ouvrières de nos usines.

« Je demande à Dieu que cette institution se développe afin que le bien se multiplie par elle dans le peuple, en particulier. Je la bénis de grand cœur avec tous ses travaux.

« Le meilleur appel qu'on puisse faire en sa faveur, serait à mon avis, la publication de votre rapport. Faites-le donc imprimer et répandez-le partout... »

En publiant son rapport et la réponse si bienveillante de Monseigneur, M. l'abbé Mussel ajoutait :

« La haute approbation de Mgr l'Évêque de Grenoble nous autorise à espérer que toutes les personnes qui ont à cœur les intérêts moraux et religieux des ouvrières employées en si grand nombre dans les fabriques, voudront, surtout en favorisant et en aidant les vocations, contribuer au développement de la Congrégation des Sœurs de Sainte-Philomène.

« MM. les Ecclésiastiques, en particulier, toujours prêts à encourager les vocations généreuses et les dévouements utiles, lui prêteront, nous n'en doutons pas, un concours à la fois bienveillant et efficace.

« Les jeunes personnes elles-mêmes à qui Dieu inspire le désir de la vie religieuse et l'amour des œuvres de dévouement, se tourneront vers l'Institut qui leur fournira abondamment le moyen de satisfaire leur sainte et noble ambition.... etc., etc. »

Pour compléter ces renseignements nous ajouterons les détails suivants :

Saint-Marcellin, où est établie la maison-mère et le noviciat des Sœurs de Sainte-Philomène, est une jolie petite ville, assise dans un très-beau site, jouissant d'un climat tempéré et salubre. Bien que les Sœurs de Sainte-Philomène n'y soient que depuis peu d'années et que, dans le silence et la solitude, elles travaillent pour le moment beaucoup plus à leur formation religieuse qu'aux Œuvres extérieures, toute la population leur est fort sympathique.

La situation de la ville placée sur une station de chemin de fer, se reliant avec toutes les lignes, d'un côté par Lyon, puis par Chambéry et enfin par Gap, offre toutes les commodités désirables pour les communications de près ou de loin.

La maison-mère acquise d'une manière toute providentielle, se trouve dans les conditions les plus favorables pour réunir une grande communauté, soit par les vastes et beaux bâtiments dont elle se compose, soit par le magnifique clos dont elle est environnée. Aux avantages de la proximité de la ville et de la station du chemin de fer, elle joint ceux du silence et de la solitude la plus complète. Les religieuses et les novices sont parfaitement chez elles, avec un mur d'enceinte, des jardins, des promenades, des eaux aussi limpides qu'abondantes dont la source est dans le clos lui-même. En un mot, le local est admirablement approprié pour abriter une magnifique famille religieuse.

Les constitutions de la Congrégation approuvées successivement par Mgr Philibert de Bruillard, Mgr Ginoulhac, Mgr Paulinier qui se sont succédé sur le siége épiscopal de Grenoble, ont été appréciées et louées par plusieurs autres prélats éminents, entr'autres, par Mgr Guibert, maintenant cardinal-archevêque de Paris. Elles sont en effet remarquables par la sagesse, la prudence, la modération et l'esprit religieux qu'elles respirent. Elles sont éminemment propres à former des âmes fortes, généreuses, dévouées.

Aussi, les Sœurs de Sainte-Philomène se distinguent-elles par un caractère d'humilité, de simplicité, de modestie et de dévouement qui les fait aimer partout où elles se trouvent et qui attire d'une manière toute particulière les bénédictions de Dieu sur leurs œuvres. Elles exercent la charité souvent jusqu'à l'héroïsme, et cela sans avoir l'air de s'en apercevoir, pas même de s'en douter. Le chef d'une fabrique très-importante disait dernièrement : « Elles sont parmi nos ouvrières depuis quelques mois seulement et déjà une transformation merveilleuse s'est opérée. Vraiment elles ont une grâce d'état spéciale pour agir sur le cœur des ouvrières et le tourner à la vertu et à la piété. »

Entre elles, il n'y a pas de distinction de rang; toutes sont égales, portent le même costume, sont assujetties à la même règle, partagent les mêmes travaux, sont éligibles aux mêmes emplois. Une seule d'entre elles porte le nom de *Mère*, c'est la Supérieure générale : toutes les autres sont appelées simplement du nom de *Sœurs*; seulement, pour distinguer les Sœurs qui sont à la tête de chaque résidence, on les nomme *Sœurs directrices.*

Les Sœurs de Sainte-Philomène se chargent de la direction morale et religieuse des ouvrières, de la lingerie, de l'infirmerie, de la surveillance dans les différents offices.

Quoique la Congrégation ait fait dans ces dernières années des progrès très-consolants, elle ne compte encore qu'un nombre trop restreint de religieuses, et il ne lui serait pas possible actuellement de satisfaire à des demandes trop multipliées. Elle espère avec l'aide de Dieu, la bienveillance et les prières de l'Union, voir grandir de plus en plus le nombre de ses enfants. Très-pauvre, la Congrégation aime cette pauvreté bénie. Elle ouvre son sein à tous les sujets qui, doués d'ailleurs des qualités formant la base d'une vocation, se présentent à elle, même sans aucune dot sérieuse. Les petites Sœurs de la pauvre ouvrière savent se contenter d'un morceau de pain, et la Providence saura bien le leur donner toujours.

Maintenant, Messieurs, pour conclure ce modeste rapport, qu'il nous soit permis d'exprimer à l'Union des Œuvres ouvrières et au présent Congrès un double désir :

1° Que tous ceux qui travaillent si généreusement à la réforme chrétienne de l'Usine veuillent bien s'intéresser à la Congrégation des Sœurs de Sainte-Philomène et la faire connaître.

2° *Qu'un* ou *plusieurs* délégués voisins de la maison-mère, et qui s'intéresseraient à l'Institut, soient priés, après s'être entendus avec Mgr l'Évêque de Grenoble ou M. l'abbé Mussel, vicaire général, de visiter la communauté, de recueillir tous les renseignements désirables, et enfin de présenter un rapport au Congrès de 1879.

L'abbé DURAND,
Vicaire à la cathédrale de Grenoble.

SIXIÈME RAPPORT

FONDATION D'UNE ÉCOLE CATHOLIQUE DES ARTS ET MÉTIERS

En publiant ce rapport, nous croyons utile de le faire précéder de quelques renseignements sur l'origine et l'état actuel du projet de fondation d'une École catholique des Arts et Métiers.

Il y a près de deux ans déjà, une Commission s'est formée pour étudier les moyens d'organiser cette Œuvre si importante et elle a constitué une Société civile, au nom de laquelle ont été achetés et payés les terrains destinés à recevoir les bâtiments de la future École.

La question suivait donc rapidement une voie pratique, et c'est dans ces conditions heureuses qu'un membre de la Commission, M. G. Champeaux, put la présenter au Congrès des Comités catholiques de France tenu à Paris, au commencement de l'année 1877. L'approbation chaleureuse de l'assemblée montra l'intérêt unanime que l'on portait au projet; le concours des hommes les plus autorisés dans les Œuvres catholiques fut immédiatement acquis.

M. Baudon, président général de la Société de Saint-Vincent de Paul, souscrivit pour une bourse; M. Léon Harmel promit d'en fonder une, et d'autres dons furent recueillis. Depuis lors, il y eut une sorte de temps d'arrêt, comme il s'en produit souvent dans de pareilles entreprises. La divine Providence a voulu faire arriver lentement les choses à leur maturité. Elle éprouve ainsi la bonne volonté des hommes, et nous laisse voir que, si elle bénit nos conceptions et nos efforts, elle marque seule, en dehors de nos prévisions, l'heure féconde des résultats.

Cependant la Commission n'est pas restée tout à fait inactive. Elle a continué d'être en relation avec les Frères des Écoles chrétiennes qui avaient montré, dès le principe, toutes leurs sympathies pour l'institution projetée et avaient même laissé espérer qu'ils en accepteraient la direction. Cet espoir s'est de plus en plus affermi et nous sommes fondés à croire aujourd'hui que, si des circonstances graves n'y mettent point obstacle, nous pouvons compter sur leur collaboration.

Enfin une nouvelle occasion de mettre en lumière le projet de fondation d'une école catholique des Arts et Métiers fut offerte par l'Union des Associations ouvrières catholiques, qui l'inscrivit au programme de son Congrès de 1878. Un membre de la Commission de Lille, aussi compétent que modeste et dévoué, rédigea un rapport. Il ne put aller le présenter lui-même et M. Feron-Vrau voulut bien en donner lecture, après quelques explications préliminaires.

.Le Congrès de Chartres a donné une éclatante consécration aux efforts des catholiques de Lille.

Aussitôt que le Rapporteur eut cessé de parler, Mgr de Ségur, président du Bureau Central et directeur des travaux du Congrès, se leva et revendiqua pour l'Œuvre de Saint-François de Sales dont il est aussi le président, l'honneur et le bonheur de payer la pension du premier élève de l'École pendant les trois années que dureront les études.

Cette autre protection, venant se joindre à celle des deux éminents hommes d'œuvres dont nous signalions plus haut la précieuse sympathie, assure au projet toutes les garanties de succès désirables. D'ailleurs, des résolutions, qu'inspirait le zèle le plus énergique et le plus éclairé, ont été prises par les Associations représentées au Congrès pour exercer sans retard une action générale et décisive.

L'Œuvre des Cercles catholiques d'ouvriers, par l'organe de M. Raoul Ancel, a offert d'y travailler activement, et la Commission de cette Œuvre, qui s'occupe plus spécialement des questions industrielles, a promis, par son président, M. André, tout le concours de son dévouement et de son influence. Nous avons lieu de croire que le Bureau Central fera de pressantes recommandations aux Bureaux diocésains, dont les délégués ont, du reste, manifesté les bonnes dispositions.

Enfin, tous les membres de l'Assemblée générale de Chartres, soit par eux-mêmes, soit par les associations dont ils font partie, s'efforceront de contribuer à la réalisation du projet, en obtenant des fondations de bourses. C'est le but à poursuivre maintenant auprès des Œuvres de jeunesse, de patronage industriel et d'enseignement, auprès de toutes les personnes qui se préoccupent des besoins moraux de notre temps.

L'Œuvre qui répond à des nécessités générales ne peut être considérée comme locale.

Il faut faire appel aux ressources pécuniaires de toute la France pour mener à bonne fin une entreprise au succès de laquelle est intéressé l'avenir de tout le pays.

MESSIEURS,

L'action de l'enseignement catholique, dans l'œuvre de régénération qui s'impose à notre temps, ne sera entière qu'autant que ses bienfaits s'étendront à toutes les classes de la société, selon les besoins de chacune d'elles, et, à ce titre, l'esprit chrétien doit intervenir dans toute préparation professionnelle, dans toute carrière qui apporte une part d'impulsion au mouvement social.

Dans les centres manufacturiers, la prépondérance des classes dirigeantes est du côté des familles qui occupent les positions industrielles et commerciales. Or, la plupart des jeunes gens appelés à exercer une action puissante sur l'esprit des populations échapperont à l'influence chrétienne, emportés qu'ils sont au dehors par le besoin d'acquérir des connaissances spéciales, si on ne les retient en leur offrant un enseignement analogue à celui qu'ils vont chercher dans des écoles où manque ce que nous avons à cœur de leur donner.

Il ne suffit pas que l'enseignement catholique combatte le matérialisme et la libre-pensée, à l'entrée des carrières libérales; il doit, au même titre, écarter des professions industrielles et commerciales ces infirmités du cœur et de l'esprit, qui s'y introduisent, comme dans les autres, par l'orgueil du succès, et s'y fixent par la cupidité.

Le négociant, l'industriel, l'ingénieur forment la portion la plus agissante de notre société. Ce sont les puissances du jour, à une époque où le progrès apparaît principalement dans les conquêtes sur la matière, dans les triomphes du luxe et de la richesse.

Il importe donc de faire entrer dans l'organisation de l'Enseignement catholique, sous forme d'étude des sciences appliquées : 1° des Écoles du génie civil, telles qu'il en existe en Belgique, à l'Université de Louvain, par exemple, et dont le type nous est donné par l'École centrale des Arts et Manufactures; 2° des Écoles théoriques et pratiques telles que nos Écoles d'Arts et Métiers destinées à former des contre-maîtres; 3° enfin, des Écoles d'apprentissage donnant au jeune ouvrier l'initiative intelligente et le sauvant, à ses débuts, des influences détestables de l'atelier.

Il serait ici superflu, Messieurs, de s'étendre sur les raisons qui militent en faveur de ces diverses créations. Vous le savez tous : l'instruction sans l'éducation chrétienne est une arme mise aux mains d'une puissance redoutable ; elle est pire que l'ignorance. L'enseignement industriel, tel qu'il est défini et pratiqué, avec son caractère purement utilitaire, n'est qu'une aberration de l'industrialisme, quand ce n'est pas une entreprise de l'esprit mauvais montrant la prospérité matérielle comme la fin et l'idéal de toute application intellectuelle. La science de s'enrichir, acquise . au dehors et à l'exclusion formelle des principes modérateurs qui doivent présider aux entreprises de l'homme, fait surgir du sein de la société des milliers de lutteurs âpres à la besogne, acharnés au gain, ne connaissant des lois divines et humaines que celles qui gênent leur essor et s'appliquant à les éluder par le mépris ou par la ruse. Beaucoup sont arrivés à des positions importantes et pèsent d'un poids fatal sur les destinées du pays. Ceux qui ne peuvent s'élever au-dessus de la foule lui donnent le spectacle de leurs défauts mêlés d'une façon monstrueuse aux talents qui font leur prestige, l'agitent par leurs convoitises, la scandalisent par leurs doctrines insensées ou l'empoisonnement de leurs passions jalouses. L'orgueil de la science descend, par voie de contact et d'imitation, de l'ingénieur au contre-maître, du contre-maître à l'ouvrier ; le matérialisme savant traîne à sa suite l'abrutissement. Ignorance profonde des destinées de l'homme et dédain superbe ou mépris outrageant pour tout ce qui est en dehors du cercle étroit des connaissances spéciales : tel est le fruit de ce système d'enseignement industriel qui exclut toute notion supérieure.

Il faut donc soustraire le nombreux personnel manufacturier à des influences aussi funestes. Les Écoles du génie civil ont déjà leur place marquée à côté des Facultés des sciences de nos Universités, dont le personnel leur fournira des éléments précieux quant aux études théoriques. L'enseignement pratique y sera donné par les professeurs des Écoles d'Arts et Métiers. Elles recevront les futurs chefs d'industrie et formeront des ingénieurs.

Les Écoles d'Arts et Métiers doivent être, suivant nous, organisées d'après le type adopté pour celles de l'État, sauf les modifications réclamées par des besoins manifestes et propres à combler des lacunes généralement reconnues. Nous ne voulons pas faire moins ; nous voulons faire mieux, s'il est possible. Nos Écoles seront appropriées aux besoins moraux et matériels des centres où il conviendra de les fonder. La direction sera catholique; les programmes seront plus rationnels que ceux des Écoles de l'État. A l'étude des machines, objet à peu près exclusif de ces Écoles, nous ajouterons celle des arts chimiques qui ont pris une grande place dans l'industrie et offrent aux jeunes gens des carrières plus avantageuses. L'École dont l'organisation s'élabore à Lille y ajoutera l'étude des matières textiles et, sans doute, l'exploitation des mines.

La direction, la surveillance et l'enseignement seront confiés aux Frères des Écoles chrétiennes, assisté de professeurs spéciaux pour l'enseignement technique et pour les travaux manuels. Il y aura : travaux de construction des machines et des métiers, manipulations au laboratoire et exercices sur les métiers. Un conseil d'administration gèrera les intérêts de l'École. Un conseil de perfectionnement, composé de manufacturiers et de professeurs appartenant à la Faculté catholique des sciences et à l'École du génie civil, y introduira prudemment les additions ou modifications que comportera le progrès industriel, dressera les programmes et présidera aux examens périodiques.

Une Société civile a été fondée pour recueillir les souscriptions, émettre des actions, bâtir et installer le matériel scolaire.

Par les soins de cette Société, quatorze mille mètres de terrain ont été acquis dans le voisinage de l'Université de Lille, dont les amphithéâtres s'ouvriront quelquefois aux élèves des Arts et Métiers pour les démonstrations dont les appareils ne se trouvent que dans les grandes institutions scientifiques.

Six cent mille francs au moins sont nécessaires pour la construction des bâtiments et l'installation du matériel, lequel, nous en avons l'espoir fondé, s'enrichira de dons faits par les inventeurs et par les constructeurs qui tiendront à honneur d'y exposer des modèles de leur fabrication.

Les études dureront trois années. L'École comptera trois cents élèves se renouvelant par tiers chaque année. Ce chiffre ne paraîtra pas trop élevé. De telles Écoles ont besoin, pour subsister, d'un nombreux personnel, les frais d'installation et d'entretien étant considérables. D'ailleurs, comme il ne sera possible d'en établir de semblables, dans des conditions de succès identiques, que sur quelques points du territoire, chacune recevra ses élèves de toute une région composant le tiers ou le quart de la France.

Il n'est pas douteux que le contingent d'élèves nécessaire à la vie de l'École ne soit facilement formé. Toutefois l'avenir et le but de l'Œuvre veulent autre chose que le nombre. Pour maintenir le niveau des études à la hauteur de celui des écoles de l'État, des examens sérieux fermeront l'accès des cours aux sujets incapables de les suivre avec le succès voulu. Un règlement sévère en éliminera tous les éléments mauvais.

Il se peut ainsi que les débuts soient laborieux, qu'une trop lente éclosion nuise aux ressources de l'œuvre et, ce qui serait plus grave, à sa réputation. Nous faisons donc appel à tout le zèle des catholiques pour qu'ils veulent bien nous aider dans le recrutement des élèves et dans le moyen d'entretenir des boursiers en assez grand nombre, afin que nulle aptitude n'en soit détournée par insuffisance de ressources et ne s'en aille vers les établissements de l'État.

Le Nord et la région qui l'entoure pourvoiront aux dépenses d'installation et aux frais d'établissement de l'École de Lille. Cette École sera longtemps peut-être celle de la France entière. Il est donc naturel que nous fassions appel à tous les catholiques pour obtenir des secours et des encouragements sous toutes les formes et par tous les moyens possibles.

Nous espérons que les associations catholiques, les sociétés charitables, les personnes riches et bienfaisantes, les grands industriels, tous les hommes enfin qui ont à cœur le succès d'une telle œuvre ou y sont intéressés, entretiendront des bourses à l'École de Lille. Nous sollicitons les adhésions, les souscriptions et les engagements comme une ressource immédiate sur laquelle nous devons pouvoir compter et aussi comme argument en faveur de la cause que nous voulons défendre [1].

Les charges énormes que la région du Nord s'est imposées pour la fondation et l'entretien de l'Université catholique ont retardé l'établissement de l'École d'Arts et Métiers. Mais nous ne pouvons différer plus longtemps. Il y va de l'âme des enfants et du salut des populations industrielles.

Lorsque cette œuvre sera achevée, nous pourrons nous occuper de l'instruction technique des apprentis et des ouvriers, livrés trop jeunes aux corruptions multiples de l'atelier. Et ainsi se complètera, dans la sphère de l'enseignement, l'œuvre de réparation à laquelle nous travaillons tous et sur laquelle repose déjà, nous en avons le gage, la bénédiction divine.

Vœu. — Comme conclusion de ce rapport, on propose la formation, dans le Congrès de Chartres, d'une Commission destinée à promouvoir, en faisant appel à tous les catholiques de France, l'œuvre de la création d'une École catholique des Arts et Métiers à Lille.

X...

SEPTIÈME RAPPORT

MONOGRAPHIE D'UN ORPHELINAT DE JEUNES APPRENTIS, ÉTABLI DANS L'USINE DE CRISTALLERIE ET ÉMAILLERIE SAINT-JOSEPH, DU BOURGET (SEINE).

MESSIEURS,

Nos *Congrès des Œuvres ouvrières catholiques* ont pour objet la régénération de la société par le travail chrétien. Ils atteindraient

---

[1] Nous l'avons dit, il faudra se rapprocher de l'organisation des écoles de l'État pour les conditions de scolarité. Le prix de la pension devra donc être de 600 francs plus 200 francs pour les accessoires. Ces 200 francs, dans la plupart des cas, seront payés par les familles, soit avec leurs propres ressources, soit par celles qu'elles se procureront en s'adressant à leur entourage. Il faut beaucoup attendre des patrons dont les ouvriers auront des enfants admis dans l'école.

facilement leur but, si les principes qu'on y développe pouvaient entrer universellement dans les mœurs ouvrières.

Les essais tentés par nos industriels chrétiens ont aidé puissamment à faire passer la question du domaine théorique dans le domaine pratique, et leur succès tend heureusement à multiplier les imitateurs.

Le nom de M. Harmel retentit dans toutes nos assemblées catholiques, et son manuel est dans toutes les mains.

La grande entreprise du *Val-des-Bois* est comme un soleil qui illumine toutes les œuvres de ce genre. Mais, semblable à l'astronome qui laisse dans l'obscurité l'astre du jour pour étudier plus aisément les globes qui se meuvent dans son système, nous allons fixer un instant notre attention sur un satellite de ces grandes œuvres qui brille dans la région septentrionale de l'horizon de Paris, savoir, l'*Orphelinat Saint-Joseph*, fondé dans l'usine de cristallerie et émaillerie du Bourget.

Cet établissement n'est pas simplement une œuvre de charité. C'est encore une école d'apprentissage, et de cet apprentissage sérieux et moral qui fait des chrétiens et des hommes, et dont l'abandon si déplorable de nos jours aura, si l'on n'y prend garde, les conséquences les plus fâcheuses pour la société et pour l'industrie même.

Il ne faut pas oublier ce principe : Quelle que soit la profession à laquelle on se destine, que cette profession soit libérale ou industrielle, comme les connaissances pratiques ne sont point innées chez les individus, et qu'il faut les acquérir, une éducation plus ou moins prolongée constituant l'apprentissage est indispensable.

Or, pour qu'un ouvrier puisse offrir des garanties de probité et de talent, il faut, disons-le bien haut, que pendant son apprentissage, l'instruction chrétienne marche de pair avec l'instruction technique.

Tel est aussi le principe qui a servi de base au programme que s'est tracé M. Paris, fondateur de l'Orphelinat du Bourget.

Il ne sera pas sans intérêt de prendre à son début l'établissement en question.

Bercy, près Paris, en a été le berceau, c'était en 1861. Cinq apprentis, logés et nourris dans la maison, allaient chaque jour recevoir une heure d'instruction à l'école des Frères. De petites loteries, des dons que Mme Paris obtenait par son infatigable dévouement pourvoyaient en partie à l'entretien de ces enfants dont une femme d'ouvrier s'occupait alors. Mais, Messieurs, ce n'étaient pas là les soins maternels que M. Paris avait rêvés pour ses orphelins ; et quand nous parlons de soins maternels, nous n'entendons pas seulement ceux qui donnent au corps l'alimentation substantielle de chaque jour, nous entendons parler aussi et surtout de ceux qui font à la fois des hommes robustes et des hommes de devoir.

M. Paris, alors appuyé par M. de Baresville pour qui il a conservé un souvenir de profonde reconnaissance, s'adresse au Supérieur général des Sœurs de Saint-Vincent-de-Paul, pour venir en aide à son œuvre; et, en février 1868, alors que, émigrant de Bercy englobé dans la capitale, M. Paris avait transporté son usine au Bourget (bourg si tristement fameux depuis par les sanglants combats d'octobre 1870), deux Sœurs sont données à l'usine. Leur mission est restreinte d'abord. Bien des œuvres ont grandi qui ont ainsi commencé. Les Sœurs donnaient leurs soins aux apprentis, préparaient leur repas, leur faisaient la classe, mais ne résidaient pas à l'usine. Elles venaient chaque jour de leur maison du Bourget. Cette intermittence de bonnes impressions, dont la continuité est si nécessaire sur l'esprit des enfants dont le contact des ateliers de Paris détruit si vite les bons germes, fut un obstacle au résultat qu'on avait espéré. Les petits prodigues désertèrent un jour cette maison si paternelle pour eux. Ce fut une cruelle déception, Messieurs, pour un homme de bien. M. Paris ne se découragea cependant pas. Il garda les Sœurs pour ses ouvriers et leurs enfants. Une pharmacie fut montée dans l'usine, on délivra les médicaments gratuitement à ceux qui en avaient besoin, et, sûr de sa voie, l'heureux patron, recevant la récompense de son inébranlable persévérance, vit bientôt dix nouveaux orphelins remplacer les déserteurs.

Le nombre des bonnes Sœurs s'augmenta successivement. Elles sont cinq à se dévouer aujourd'hui, et elles occupent dans l'usine un corps de bâtiment qui leur est spécialement affecté et où se trouve une chapelle destinée aux exercices religieux de leurs enfants.

C'est une innovation particulière à l'orphelinat du Bourget, que cette éducation des apprentis confiés à des Sœurs, depuis l'âge de douze ans jusqu'à vingt ans révolus.

Nous avons bien l'an dernier, au Congrès du Puy, cité un exemple pareil dans l'Orphelinat de Saint-Aile, près Rebais, au diocèse de

Meaux; mais à la campagne une semblable entreprise est moins hasardeuse qu'à Paris.

Il faut dire aussi que Mme Paris, par son activité sans repos, sa vigilance chrétienne et son aptitude toute particulière, contribue puissamment de son côté à la prospérité de cette œuvre d'apprentis.

Nous pourrions, Messieurs, borner notre monographie à l'Orphelinat du Bourget.

Mais elle serait incomplète si nous ne vous parlions pas de ce qu'est l'usine. Le sort de l'orphelinat est lié intimement à la production de l'usine elle-même. Vous parler des progrès réalisés par M. Paris, c'est, après vous avoir parlé de sa persévérance, assurer non-seulement l'avenir de l'œuvre entreprise, mais pronostiquer son agrandissement et sa prospérité.

A cette prospérité vient de s'ajouter un élément nouveau aussi précieux que significatif. M. le vicomte de Goussancourt, conseiller général de l'Oise et membre de la commission de permanence de ce département, est devenu depuis peu l'associé de M. Paris. Le nouvel associé n'est pas étranger à ce beau département d'Eure-et-Loir. Son vénérable père, le général comte de Goussancourt, est, à Illiers, tout à la fois, la main et l'œil de la Providence.

La production de l'usine du Bourget est multiple.

Largement établi pour la production du verre et du cristal, récemment fournisseur de la marine, on doit à M. Paris, qui est un homme de véritable progrès, les globes en émail qui seuls ont jusqu'ici rendu possible l'application de la lumière électrique.

Innovateur encore, M. Paris a créé les isolateurs télégraphiques acceptés par l'État.

L'application des émaux sur la fonte de fer, sur le fer et autres métaux, a créé à l'usine une spécialité considérable. Les plaques indicatrices des rues de Paris sortent des usines du Bourget et les villes étrangères sont aujourd'hui, pour de semblables objets, les clients assurés de l'usine.

C'est M. Paris qui a fourni une grande partie des émaux mosaïques employés au Trocadéro, et huit cents mètres carrés de tôle émaillée, ornementée, décorent les arcs des quatre grands pavillons du Champ-de-Mars.

Enfin d'innombrables vases émaillés, ainsi qu'une fontaine monumentale aussi en émail, ornent les jardins de l'Exposition. Ce sont là des produits uniques dans l'Exposition *tout entière*.

Ce n'est pas tout encore, Messieurs. La mosaïque, cette splendide ornementation ancienne de nos monuments religieux, n'était pas acclimatée en France. Nos architectes demandaient à des étrangers la réalisation de leurs dessins. Fabricant les émaux, M. Paris a pensé qu'il devait à notre pays d'y fonder des ateliers de mosaïque. Il l'a fait, et déjà sont terminées bon nombres d'œuvres remarquables, entre autres les panneaux de l'autel du Sacré-Cœur dans l'église Saint-Augustin, à Paris.

Ces détails pourraient paraître étrangers au côté de la question que nous devons traiter.

Ils ne méritent pourtant pas que vous les frappiez du célèbre anathème du Parnasse latin : « *Non erat hic locus,* » car ils montrent à nos ennemis que rien de ce qui touche à l'industrie et au progrès n'est étranger à nos maîtres chrétiens. Les sujets religieux ont aussi leur place dans cette foule d'objets artistiques. On y admire en particulier, un chemin de croix que S. S. Pie IX, de douce et glorieuse mémoire, honora en 1874 d'un bref où le Saint-Père dit, s'adressant à M. Paris : « Nous avons admiré l'art avec lequel vous avez su imprimer sur une plaque de métal émaillé, avec un goût tout à fait artistique, le mystère de la passion de *Notre-Seigneur*. Nous vous félicitons de consacrer si ingénieusement votre talent et votre activité à entretenir ainsi la piété des fidèles. »

Revenons maintenant, Messieurs, à ce qui nous intéresse avant tout, c'est-à-dire au fonctionnement de l'œuvre de M. Paris, au point de vue chrétien.

S'il n'y avait en France que des établissements semblables, le législateur eût pu se dispenser de fabriquer des lois pour la protection des enfants dans les manufactures.

Voici, dans sa simplicité, le coutumier appliqué quotidiennement aux apprentis de l'orphelinat du Bourget.

La journée commence et finit par la prière faite en commun. Également chaque repas est précédé du *Benedicite* et suivi des *Grâces*.

La première équipe commence à six heures du matin, après un premier déjeûner composé de pain et de confitures, avec un demi-verre de vin.

A neuf heures et demie, une soupe et un demi-verre de vin.

A midi, les apprentis quittent le travail pour aller en classe jusqu'à une heure. Ensuite, a lieu le dîner, composé de soupe, viande, légumes et vin. Ce repas terminé, les enfants vont se coucher jusqu'à six heures.

Après ces heures de sommeil, ils font, avant de retourner à leur travail, un nouveau repas, composé de soupe, légumes chauds, plus un demi-verre de vin.

A neuf heures et demie, ils ont encore une petite réfection, composée de pain et de fromage, et à minuit ils vont se coucher pour recommencer leurs travaux, à six heures du matin.

La seconde équipe commence à midi et va jusqu'à six heures du soir. Même nourriture, même temps de repos, au bout de trois heures.

Ces apprentis ne travaillent donc jamais plus de trois heures consécutives. Ils ont neuf heures de sommeil, cinq repas et une heure de classe.

L'instruction que ces jeunes gens reçoivent en classe est sérieuse. Voici d'ailleurs ce que disait, dans un rapport trimestriel, un inspecteur cantonal, qui visita l'école le 9 avril 1873. La date est déjà un peu ancienne, mais la situation n'a fait que changer en mieux :

« Les jeunes apprentis ont répondu d'une manière satisfaisante aux diverses questions qui leur ont été adressées.

« J'y ai vu d'excellentes écritures et constaté tout particulièrement l'air enjoué de ces jeunes travailleurs, rentrant en classe, en sortant de leurs travaux.

« On voit qu'ils sont heureux sous la direction toute maternelle tant des Sœurs que de Mme Paris.

« *Signé Houdard, membre du Conseil général de la Seine, président de la Commission cantonale des écoles.* »

Il y a dans l'école une bibliothèque à l'usage des apprentis.

Malgré l'inconvénient et le préjudice de la suspension de travail dans une verrerie, *le travail cesse complétement chaque dimanche.*

Depuis deux ans, M. Dumont, prêtre de la Mission, vient généralement tous les mois, en qualité d'aumônier volontaire, passer un jour ou deux dans la compagnie de ses chers orphelins, qui le revoient toujours avec une grande joie. Il a donné deux retraites dans la chapelle de l'usine, et le succès a dépassé ses espérances. Sur une simple invitation verbale, presque tous les ouvriers et ouvrières ont assisté aux instructions de chaque jour qui étaient adressées aux apprentis.

La chapelle de l'établissement fut bénite, en 1874, par M. l'abbé Caron, vicaire général de Paris. Tous les ouvriers assistèrent à cette cérémonie, et, sur leur demande, M. le Vicaire général parcourut processionnellement tous les ateliers pour les bénir. A cette même époque, les ouvriers désirant avoir leur patron ouvrirent spontanément une souscription qui s'éleva au chiffre de cent et quelques francs, et bientôt la statue de saint Laurent devint un ornement de la chapelle Saint-Joseph.

Depuis une quinzaine d'années, la procession de la Fête-Dieu était tombée en désuétude dans la paroisse du Bourget. En 1873, les Sœurs, avec le concours des ouvriers, élevèrent un magnifique reposoir devant l'usine, et depuis lors, le Saint-Sacrement, entouré des apprentis, bannière en tête, sort solennellement du sanctuaire paroissial, le jour de la Fête-Dieu.

Le pieux et dévoué fondateur de l'établissement n'a plus qu'un désir, ce serait d'avoir la messe tous les dimanches dans la chapelle de l'usine. Il est en instance auprès du Cardinal-Archevêque de Paris, pour obtenir cette faveur. Sa demande est appuyée par Mgr l'Évêque de Limoges, et il espère bien, un jour ou l'autre, obtenir à cet égard un privilège qu'il ne sollicite que dans l'intérêt spirituel de ses ouvriers.

En attendant, les apprentis assistent tous les dimanches aux offices de la paroisse. Ils font ensuite une promenade dans les environs, au retour de laquelle ils se réunissent dans la chapelle, avec les personnes logées dans l'usine, pour chanter quelques cantiques et faire la prière du soir.

Les conditions d'admission à l'orphelinat du Bourget sont des plus simples.

1° L'enfant doit être âgé de douze ans et avoir fait sa première communion ;

2° Il doit être d'une bonne santé et d'une honnête famille ;

3° Il doit être muni d'un trousseau convenable.

Au lieu de trousseau, les parents ou bienfaiteurs peuvent verser une somme de cent francs une fois donnée, et l'établissement se charge de le fournir.

L'enfant passe deux mois à l'essai dans la maison avant la signature du contrat d'admission.

Chaque apprenti a un compte ouvert tenu par la Sœur supérieure. Tant que son travail ne suffit pas à couvrir ses frais, il doit à l'établissement, mais quand son gain vient à dépasser la dépense journalière, le surplus reste à son avoir. Mais l'apprenti n'est mis en possession de ce qui lui revient qu'à l'époque de sa majorité.

L'usine est pour ces enfants une véritable maison paternelle. Ils s'y plaisent. Depuis la création de l'orphelinat, trois seulement ont été rendus à leur famille pour inconduite.

Au moment de la guerre, quelques jours avant l'investissement de Paris, les enfants durent quitter l'usine, et ils s'en allèrent tout en pleurant. Plusieurs s'étaient réfugiés dans Paris, et leur plus grand bonheur était d'aller visiter les bonnes Sœurs qui, elles-mêmes, avaient dû rentrer dans la capitale.

Chose remarquable et digne de votre attention, quand, après dix mois de chômage, les ateliers purent être remis en activité, les orphelins arrivèrent tous, de leur propre mouvement, pour reprendre le travail d'autrefois. Aucun ne manqua à l'appel, et l'on put constater alors que leur soumission au règlement était plus grande et leur docilité plus parfaite.

Depuis la guerre, aucun n'a quitté de son plein gré la maison.

Quoique élevés par des Sœurs, les apprentis sont loin d'avoir une vie austère et monotone. Les bonnes religieuses leur servent de mères et les soignent comme leurs propres enfants. Ce sont elles qui les mènent en promenade, et lorsqu'ils sont tout à fait grands, un contre-maître est chargé de les accompagner.

Rarement ces enfants sont malades ; et quand ils sont indisposés, ils couchent à l'infirmerie ; si l'affection présente un peu de gravité, on les conduit à Paris.

Préservés des mauvais conseils et des funestes entraînements qui en sont la suite, ils ne portent point leurs lèvres à la coupe empoisonnée de ces grossières jouissances dont les conséquences sont inévitablement un avenir de misère, de honte, de privations, et trop souvent la prison ou l'hôpital.

De temps en temps, l'orphelin qui a bien travaillé reçoit, le dimanche, des mains du patron, un encouragement pécuniaire. La balance représente assez bien le jeu qui se fait alors entre sa conscience et sa bourse : celle-ci devient d'autant plus pesante que celle-là l'était moins.

L'usine renferme, en ce moment, un personnel ainsi composé :

cent vingt ouvriers, vingt-trois femmes, trente-trois enfants, quarante enfants de l'orphelinat et six employés. Total deux cent vingt-
deux personnes.

Les apprentis font partie, en outre, aussi bien que les ouvriers
et toutes les personnes employées dans l'usine, d'une société de
secours mutuels fondée dans l'établissement, et revêtue de l'approbation du préfet de police, en date du 29 décembre 1873.

Cette Société, qui a pour président-né le chef de l'établissement,
est soumise à des statuts écrits, et administrée par une commission
de huit membres, nommés chaque année, excepté le président, par
les sociétaires eux-mêmes.

Le sociétaire qui, pour cause de maladie, est obligé de cesser
son travail, reçoit gratuitement les soins du médecin de la Société
et les médicaments nécessaires. Il reçoit en outre une indemnité
égale au tiers de son salaire ordinaire, pendant les trois premiers
mois de la maladie, et au quart pendant les trois autres mois. L'indemnité n'est payée que pendant six mois de la même maladie.

Les frais de sépulture du sociétaire décédé sont également à la
charge de la Société, et sa veuve, s'il en laisse une, reçoit une
indemnité sur la caisse de secours mutuels.

Son titre de sociétaire est pour l'ouvrier une sauvegarde contre
le dérèglement des mœurs, et une garantie de probité et de moralité, puisqu'un méfait grave, l'excluant de la Société, le ferait bientôt sortir de l'établissement lui-même, et le priverait de tous ses
droits acquis sur la caisse de secours.

Les cas d'exclusion sont :

1° Une condamnation infamante ;

2° Un préjudice causé volontairement aux intérêts de la Société;

3° Une conduite notoirement scandaleuse ;

4° Tout acte contraire à l'honneur.

Les nombreuses sociétés de secours mutuels qui ont germé
comme une moisson, depuis une trentaine d'années, sur le sol de
la France, n'étant animées par aucun souffle religieux, sont impuis-
santes à unir les sociétaires entre eux par les liens d'une vraie
fraternité chrétienne, et à faire des ouvriers foncièrement honnêtes
et moraux. Dans nos usines catholiques, au contraire, les sociétés
de secours mutuels ne sont qu'un accessoire, et, pour ainsi dire,
un supplément d'organisation, subissant nécessairement l'influence
religieuse qui préside à tout le reste. Là, une telle société naît

toute chrétienne par le fait même de son origine; elle reçoit le baptême en naissant, et est investie par là-même de la mission toute puissante de faire de tous ses membres des chrétiens et des frères.

En résumé l'apprenti du Bourget peut, à une telle école, devenir tout à la fois un très-bon verrier, un habile émailleur et un solide chrétien.

L'usine chrétienne de M. Paris a reçu, d'ailleurs, chose assez rare de notre temps, les encouragements officiels de l'administration. En 1873, M. le docteur Marjolin, membre du conseil d'honneur de la Société de protection des enfants dans les manufactures, et dont le nom fait autorité, présenta à ladite Société un rapport des plus favorables sur l'orphelinat Saint-Joseph. A la suite de ce rapport, ladite Société alloua une somme de 100 francs pour la bibliothèque des apprentis et des ouvriers de l'usine, et signala ce précieux établissement à l'attention et à la bienveillance du Conseil général de la Seine.

L'importance des produits du Bourget qui figurent, cette année, à l'Exposition universelle, n'a pu échapper à l'attention du jury des récompenses, et nous aimons à nourrir l'espérance de voir bientôt cette haute cour de justice rémunérative couronner dans la personne de M. Paris un industriel chrétien.

L'abbé POUGEOIS,
Curé-doyen de Moret (Seine-et-Marne).

HUITIÈME RAPPORT

RÉPONSES A QUELQUES MOTS SUR LES GRÈVES ET LES COALITIONS

Je suis loin de partager l'appréciation de l'auteur de la note lorsqu'il dit :

« Nous pensons donc que notre Œuvre peut mettre au nombre

des principes régénérateurs dont nous poursuivons l'application dans le monde industriel les deux affirmations suivantes :

A. — « Il y a un *salaire nécessaire*, c'est la rétribution qui est nécessaire au travailleur pour subsister, pour entretenir et élever sa famille et aussi pour pouvoir, sur cette rétribution, épargner de quoi se donner un remplaçant (ou un secours) à sa mort, ou bien à l'âge de la vieillesse ou de l'impuissance. »

Il est probable que celui qui a écrit ces belles lignes n'est pas resté longtemps dans l'industrie.

S'il était resté dans l'industrie il aurait reconnu qu'il n'est pas toujours possible au chef de fournir un salaire nécessaire.

Le chef d'industrie s'il est chrétien, cherchera à avoir des revenus de son travail, et par cela même qu'il est chrétien il aura soin de donner non pas d'une manière absolue un salaire nécessaire, mais un salaire proportionné au travail de l'ouvrier.

Mais voici où commence la difficulté, si à un moment donné plusieurs usines se ferment, plusieurs familles ouvrières vont se trouver sans travail, et alors si le patron est chrétien il sera amené à donner du travail non pas seulement aux ouvriers qu'il occupe d'une manière continue, mais encore aux ouvriers des environs qui souffrent le plus.

Mais dès l'instant que le travail est partagé, chaque ouvrier n'aura plus le salaire nécessaire pour faire bien vivre sa famille.

On voit donc que les difficultés sont immenses et qu'elles ne peuvent pas être résolues par des lois fixes, ainsi que le propose l'auteur de la note sur les grèves.

B. — Il en résulte que le salaire nécessaire variant selon les besoins et les charges, *la rémunération doit être proportionnée, non seulement au travail, mais aussi aux besoins de la famille ouvrière.*

Il serait très-beau de pouvoir payer les ouvriers en proportion des besoins de la famille; mais dans la pratique c'est presque toujours impossible.

Si le patron est chrétien et s'il a un travail assuré il pourra entrer dans cette voie; mais si le travail lui manque ou s'il a de la peine à vivre il sera obligé de laisser de côté les meilleures théories pour ne prendre que les ouvriers qui coûteront le moins.

La grande question est donc celle-ci : chercher à avoir un travail aussi régulier que possible.

Si on examine ce qui a lieu chez les ouvriers de même que chez tous les hommes, on remarque ce fait.

Tous veulent non un travail payé à un prix très-élevé, mais un travail le plus régulier possible.

Ne voyons-nous pas tous les jours en France des masses de jeunes gens, et on peut dire que ce sont généralement les plus instruits, chercher à devenir des magistrats, des officiers, ou chercher à obtenir des places du gouvernement.

Très-peu tournent leurs regards vers l'industrie, vers l'agriculture, ou vers la marine.

Pourquoi cette tendance qui est fâcheuse, parce qu'elle est exagérée? C'est que les places du gouvernement donnent des revenus plus réguliers et que de plus ont est amené à avoir une retraite pour les vieux jours.

Dans l'industrie, au contraire, pour quelque-uns qui prospèrent, beaucoup se ruinent.

Il en est ainsi, parce que l'homme qui entre dans l'industrie se laisse souvent entraîner ou est porté à exagérer outre mesure son commerce quand il a pu le rendre prospère.

Mais le phénomène qui a lieu principalement dans l'industrie a eu lieu par imitation dans ces derniers temps dans l'agriculture.

Nous allons citer des faits qui s'appliquent surtout au midi de la France.

Dans ces dernières années, la vigne donnait de magnifiques résultats dans le midi, et presque tous les propriétaires, même ceux qui se croient chrétiens, s'empressaient de convertir en vignes tous leurs champs. Qu'est-il arrivé? C'est que la main-d'œuvre a atteint des prix excessifs. On aurait dû profiter de ces prix élevés pour faire des retenues aux ouvriers, et cela dans leur intérêt. Mais entrer dans cette voie était une chose pénible, et aujourd'hui que les cultivateurs sont punis de l'exagération qu'ils ont mise à cultiver la vigne sur une trop vaste échelle, les ouvriers sont malheureux et ils sont amenés à s'expatrier.

Il en est de même dans l'industrie : lorsque le chef se laisse induire en erreur par le succès, il exagère outre mesure sa production, son concurrent en fait de même, et, après une période plus ou longue, des crises terribles ont lieu.

En résumé, nous ne voyons de remède au mal que la modération dans les chefs d'industrie.

23.

Et un chef sera d'autant plus prudent qu'il aura près de lui ou pour mieux dire, qu'il aura logé dans son établissement les familles ouvrières.

C'est en se voyant de près qu'on apprend à se connaître, à s'aimer et à se soutenir de plus en plus.

Par conséquent, si une occasion se présente pour donner plus d'importance à son établissement, on la repoussera si on ne voit pas la possibilité de maintenir longtemps le même travail.

Aujourd'hui, avec la concurrence poussée à l'extrême, on ne craint pas d'attirer pour peu de temps des ouvriers près des usines pour les renvoyer aussitôt que le travail baisse.

C'est là un très-grand malheur pour les ouvriers.

Du reste, à l'appui de notre manière de voir, nous pouvons citer la manufacture de Villeneuvette (Hérault), qui depuis plus de deux cents ans existe sans avoir eu une grève.

La grève n'existe pas à Villeneuville parce que l'intérêt du maître est le même que celui de l'ouvrier.

Et il est de notre devoir de parler de cet établissement et de son organisation, parce qu'il n'est pas juste de vouloir donner pour point de départ à tous nos maux la Révolution de 1789.

Nous devrions nous rappeler que l'Angleterre et plusieurs autres pays n'ont pas eu la même révolution, et cependant les ouvriers sont souvent plus malheureux en Angleterre qu'en France.

Jules MAISTRE,

Manufacturier à Villeneuville, Membre correspondant de la Chambre de commerce de Montpellier.

NEUVIÈME RAPPORT

RÉFLEXIONS ÉCONOMIQUES A L'OCCASION DE L'INAUGURATION D'UNE
CHAPELLE OUVRIÈRE A VIDALON (DIOCÈSE DE VIVIERS.)

USINES CHRÉTIENNES

Point de vue général de la question :

*L'enseignement religieux n'est-il pas une force économique par
excellence?*
L'industrie n'a-t-elle pas intérêt à l'adopter?

La loi de l'offre et de la demande est depuis le commencement
de ce siècle la base fondamentale, la règle à peu près exclusive des
rapports d'intérêt entre patrons et ouvriers.

Abandonnée à ces seules forces, cette loi suffira-t-elle jamais à
établir et surtout à maintenir la paix sociale entre ces deux ordres
de travailleurs?

Son principe n'est-il pas en réalité une source de luttes et d'antagonisme?

Y aurait-il convenance à tempérer sa rigueur en l'harmonisant
avec la formule de l'économie politique chrétienne : « le patron
dévoué à l'ouvrier — l'ouvrier dévoué au patron? »

Telles étaient les graves et délicates questions qui s'agitaient
le 7 août dernier dans l'un des groupes de travailleurs de toutes
nuances, industriels, commerçants, bourgeois, propriétaires, ecclésiastiques.... qui se rendaient en foule à l'inauguration de la
chapelle ouvrière de Vidalon-lès-Annonay, centre des importantes
papeteries de MM. de Comson-Montgolfier.

Deux cardinaux, Mgr Donnet, archevêque de Bordeaux et
Mgr Guibert, archevêque de Paris, ainsi que quatre Évêques assis-

taient à la cérémonie et la présidaient. On comprend aisément tout
ce que la présence d'un si grand nombre de prélats devait apporter
de grandeur et de solennité à cette fête locale. Une manifestation
aussi imposante témoignait assurément de la haute considération
qui s'attache aux familles des chefs de l'usine, mais il faut se reporter à un point de vue d'intérêt plus général et plus élevé pour en
expliquer le caractère exceptionnel. Or, on le sait, la question des
rapports de la main-d'œuvre et du capital est la grande préoccupation de notre époque. Tous les esprits sérieux gouvernants et
gouvernés en recherchent ardemment la solution. Les princes de
l'Église auront donc vu dans l'inauguration de la chapelle ouvrière
de Vidalon, l'occasion naturelle de témoigner l'intérêt qu'ils
portent à ce redoutable problème et d'affirmer le concours empressé
qu'ils donnent volontiers aux hommes qui cherchent à le résoudre
dans un sens de conciliation équitable, de paix sociale et aussi de
progrès économique.

Dans l'ordre d'idées que l'Église a mission de défendre, il eût été
du reste difficile de choisir un meilleur exemple. Depuis près de
deux siècles que l'usine de Vidalon existe, elle n'a cessé d'augmenter sa population qui comptant, à peine cent âmes à son début,
s'élève aujourd'hui à douze cents. Chaque année lui apporte de
nouveaux éléments. Jamais elle n'a souffert de grève ou interruption
quelconque de travail. Un profond sentiment de reconnaissance l'a
toujours animée vis-à-vis de ses chefs. Mais aussi de combien
d'institutions morales et économiques ne se sont-ils pas fait un
devoir de la doter?

L'éducation de l'enfance assurée au moyen de salles d'asile et
d'écoles qu'on améliore de jour en jour.

L'intelligence de l'adulte cultivée à l'aide de bibliothèques ou de
cercles pour utiliser ses loisirs.

La vie à bon marché garantie par une caisse de prévoyance,
administrée par les ouvriers eux-mêmes et munie de fonds suffisants pour se procurer dans les meilleures conditions la nourriture
et le vêtement de la famille.

Des bâtiments spéciaux, salubres et économiques affectés à son
logement dans des conditions qu'elle trouverait difficilement ailleurs.

Des primes d'ancienneté affectées à l'ouvrier qui s'attache à
l'usine et augmentées à chaque période quinquennale.

D'ingénieuses combinaisons permettant aux ouvriers habiles d'augmenter leur bien-être par une participation aux économies de leur travail de chaque jour ou de chaque semaine.

Tel est l'ensemble déjà satisfaisant d'institutions humanitaires auxquelles MM. de Camson-Montgolfier viennent d'ajouter la fondation d'une église aussi grande et aussi belle que pourrait la souhaiter une ville de cinq à six mille âmes.

Le résultat final de cette coûteuse création sera-t-il uniquement moral et religieux ? Nous sommes loin de le croire. Tout porte à penser, au contraire, qu'un produit utilitaire des plus intéressants et des plus considérables viendra récompenser Messieurs les Sociétaires de Vidalon du sacrifice qu'ils ont cru devoir s'imposer.

Il n'est pas douteux, en effet, qu'en demandant à l'enseignement de l'Église son concours indispensable pour tout ce qui tend à fortifier, développer et élever l'âme des travailleurs, ces habiles industriels réussiront à faire avancer leur personnel dans une voie de progrès économique beaucoup trop négligée de nos jours : nous voulons parler de *la voie du dévouement et du sacrifice réciproque* du patron pour ses ouvriers et des ouvriers pour leur patron.

Qu'on le remarque, en effet, dans cette route chaleureusement recommandée tout à la fois par l'illustre auteur de la *Réforme sociale*, M. Le Play, et par le R. P. Félix dans ses remarquables conférences sur l'Économie chrétienne, toute velléité d'égoïsme individuel disparaît. Nous nous trouvons en plein dans l'application du principe de la solidarité : au marchandage absolu, source de lutte, d'antagonisme et de mécontentement à peu près inévitables, viennent se substituer la confiance et la satisfaction. Ce sont les conséquences naturelles de l'affection et du dévouement. De cette source découle chez l'ouvrier et le patron la conviction qu'ils se donnent réciproquement, non pas seulement tout ce qu'ils croient se devoir en raison du salaire payé ou du service rendu, mais tout ce qu'il peut y avoir en eux de valeur utilisable, pouvant s'appliquer d'une manière directe ou indirecte à la prospérité de l'œuvre qui assure et améliore l'existence de tous.

Qu'imaginerait-on de plus fort et de plus productif que le travailleur animé d'un pareil esprit ? N'est-il pas vrai que l'homme qui en fait sa règle de conduite économique craindra toujours de n'avoir pas assez donné en raison de ce qu'il reçoit et que mieux il aura fait, plus il s'ingéniera à faire mieux encore?

Qu'on mette à côté l'une de l'autre deux usines vivant de la même industrie et dans des conditions identiques de travail, mais fonctionnant l'une sous le *régime exclusif* de la loi de l'offre et de la demande, l'autre, au contraire, obéissant au principe intelligemment pratiqué du dévouement réciproque, et l'on verra bien vite de quel côté se trouvera la plus grande somme de valeur économique, de bien-être particulier, de satisfaction individuelle et de paix sociale.

Dans tous les temps et sous tous les régimes, le travail guidé par l'esprit de dévouement et de sacrifice vaudra mieux pour tous que celui résultant des données du marchandage.

Sur ce dernier terrain, la main-d'œuvre aussi bien que le capital craignent toujours d'avoir trop donné et cherchent tout naturellement à retenir le plus qu'ils peuvent pour chacun d'eux. On oublie l'intérêt général, sans la prospérité duquel tout croule. C'est exactement l'opposé de ce qui se passe avec le principe du dévouement réciproque. Aussi que voit-on, si ce n'est grandir le paupérisme et se constituer quelques immenses fortunes parmi les populations où s'est généralisée l'application stricte et absolue de la loi de l'offre et de la demande. On le comprend aisément si on réfléchit à l'esprit réel de cette loi. Son apparence est on ne peut plus simple et libérale : on dirait l'équité même. Mais en réalité ce n'est qu'un séduisant mirage. Vienne le jour de la lutte (et la conviction de l'intérêt lésé l'amène tôt ou tard), et l'on s'apercevra bien vite que la force de résistance du capital dominera celle de la main-d'œuvre.

De là dérive la nécessité évidente, selon nous, d'un adoucissement à la rigueur du principe de la loi économique de l'offre et de la demande. En trouvera-t-on un meilleur que celui de l'esprit de dévouement et de sacrifice, si fréquemment rappelé à tous par l'enseignement religieux? Pourra-t-il mieux répondre en tout cas aux doubles exigences de la nature humaine, cet étonnant composé de matière et d'esprit? D'où résulte l' ue nécessité pour l'homme de satisfaire à deux ordres de bes s différents : les uns moraux, les autres matériels.

MM. de Camson-Montgolfier ne l'ont pas pensé et nous devons dire qu'ils ne sont pas les seuls ni les premiers à marcher dans cette voie. Déjà, en effet, depuis de longues années et sur des erremants de perfection plus élevée encore, MM. *Harmel, du Val-des-Bois*, près de Reims, ont organisé leur usine dans le même sens. Or, tels ont été les résultats économiques que leurs ouvriers ayant dû se placer temporairement ailleurs, à la suite d'un violent incendie, ils reçurent de leurs nouveaux chefs ce témoignage significatif : qu'il ne leur avait pas été donné d'employer *jusque-là des travailleurs dont ils eussent reçu autant de satisfaction morale et des produits tout à la fois aussi parfaits et aussi économiques.*

Et maintenant, si le progrès religieux peut ainsi contribuer au progrès économique, n'y a-t-il pas grand intérêt à ce que la double tentative de MM. Harmel et de MM. de Camson-Montgolfier soit portée à la connaissance du public? elle ne peut manquer d'attirer l'attention de nombreux chefs d'industrie. Beaucoup y verront la preuve de ce qu'ils ne soupçonnaient peut-être pas : que le progrès moral et religieux de l'ouvrier n'est nullement en opposition avec le progrès industriel en général, que bien au contraire il peut le faciliter. Ils se sentiront dès lors mieux disposés à essayer une réforme destinée à produire des résultats d'autant plus satisfaisants qu'elle se généralisera davantage.

Non-seulement elle contribuerait puissamment au relèvement moral des populations, mais elle mettrait fin aux douloureuses dissensions du capital et de la main-d'œuvre. Loin de lutter entre elles et de s'épuiser en débats stériles, ruineux, trop souvent même sanglants, ces deux forces économiques s'harmoniseraient, se fortifieraient par leur alliance au lieu de s'affaiblir par leurs discordes.

Tout ce qui vit sur les produits de l'industrie et du commerce doit chercher à faciliter ce résultat, car tous sont obligés de se livrer à de nouveaux efforts s'ils veulent se soutenir sur le champ de la concurrence internationale qui les menace tous, ouvriers et patrons.

Personne n'ignore, en effet, qu'après quelques années de prospérité une crise aussi générale qu'intense est venue fondre sur ces deux grandes branches de l'activité sociale. Tous les pays en souffrent, et malheureusement on ne peut espérer que le mal soit passager. Il tient à des causes d'ensemble. L'économiste français l'attribue à la fin du grand mouvement de travaux qu'avait déterminé en Europe et en Amérique la création de nouveaux moyens de locomotion et la confection d'énorme matériel roulant qu'ils ont nécessité. Il faut se contenter aujourd'hui des bénéfices réduits de l'entretien.

A cette cause très-réelle de déperdition de travail, peut-être conviendrait-il d'en ajouter une autre. Nous voulons parler de la cessation du mouvement considérable d'affaires, et surtout des profits exceptionnels qu'avait procuré l'ouverture récente des relations internationales. L'exploitation de cet immense champ de travail avait procuré tout à la fois dans ses débuts des sources d'écoulement et des moyens d'approvisionnement à prix si avantageux que l'attrait de la nouveauté et l'absence de concurrence suffisante pouvaient seuls les expliquer.

Cet état de choses ne pouvait évidemment pas durer. Après avoir joui des avantages d'un système nouveau, il fallait s'attendre à ses inconvénients naturels. L'admission du principe du *commerce international* devait nécessairement déterminer la *concurrence internationale*. Elle se fait sentir maintenant. Chaque peuple, chaque industrie, chaque commerce cherche naturellement à tirer parti des avantages inhérents à sa position et à ses aptitudes. C'est pour tous le seul moyen pratique d'aborder avec quelques chances de succès un marché dont on ne peut plus se passer, dont l'importance est illimitée, mais qui, par ce fait même, est obligé de répondre aux exigences de la concurrence universelle.

De cette compétition générale et désormais inévitable (car revenir à l'isolement commercial ce serait la ruine complète) résulte évidemment pour la nation qui voudra en sortir à son honneur et à son avantage, l'impérieuse nécessité de rechercher avec ardeur et d'utiliser avec empressement les moyens les plus propres à augmenter sa valeur économique.

Dans cette lutte désespérée de toutes les industries entre elles, lutte qui ne s'arrêtera pas aux produits, mais qui atteindra certainement aussi la valeur de la main-d'œuvre elle-même, il n'y aura rien, disons-le hardiment, pour les peuples qui se laisseront dominer par la passion, l'indifférence ou les préjugés. La palme de la réussite nous paraît devoir être pour celui qui comprendra le premier et saura le mieux s'assimiler la force économique à retirer d'une entente complète, d'une harmonie sincère entre patrons et ouvriers sur le terrain de l'union de leurs intérêts.

C'est à ce point de vue que l'exemple donné par MM. Harmel, du Val-des-Bois, près Reims, et par MM. de Camson-Montgolfier, à Vidalon, près Annonay, nous paraît digne d'être médité par les industriels de tous les pays, et que nous comprenons les motifs qui ont porté les princes de l'Église à lui donner une aussi éclatante sanction.

Louis DESGRAND,
Président de la Société de géographie,
membre de la Société de l'éducation, à
Lyon.

PROCÈS-VERBAUX DE LA TROISIÈME COMMISSION

TROISIÈME COMMISSION

Procès-verbal de la séance du mardi 10 septembre 1878

La troisième Commission de la réforme chrétienne de l'usine s'est réunie à dix heures sous la présidence de M. Charles Périn, professeur à l'Université de Louvain. Mgr de Ségur assiste à la séance, MM. Léon Harmel et de Pavin de Lafarge prennent place à ses côtés comme vice-présidents. Après la prière d'usage, M. le Président donne la parole à M. Léon Harmel pour la lecture d'un rapport sur les associations de patrons chrétiens.

Après la lecture de ce travail fréquemment interrompu par les applaudissements les plus sympathiques, les vœux du rapport sont mis aux voix et adoptés à l'unanimité. Après ce vote, Mgr de Ségur provoque les observations sur la conclusion du rapport. M. Trémaut et M. de Pavin de Lafarge, s'appuyant sur l'ignorance où se trouve un certain nombre d'usiniers des documents publiés par le Congrès, demandent qu'une grande publicité soit donnée au rapport que l'on vient d'entendre. Un membre fait remarquer qu'il existe trois organes de publicité pour faciliter aux usiniers l'étude des questions économiques envisagées au point de vue chrétien, *le Bulletin de l'Union, le Bulletin des Cercles, la Revue « l'Association »*. Le R. P. Ludovic repousse ces trois moyens comme insuffisants et demande que les documents émanés de la Commission des *Études ouvrières* appartenant à l'Œuvre des Cercles catholiques d'ouvriers soient répandus. M. Raoul Ancel, au nom de l'Œuvre des Cercles, répond que cette Œuvre est toute disposée à faire droit à ce vœu, et alors il prie M. le Président de vouloir bien donner la parole à M. André, président de la *Commission des Études*. Ce dernier expose alors les travaux faits par cette Commission et les sujets qu'elle se propose de traiter, et à cette occasion, il fait part d'une combinaison avec un journal populaire qui activerait la propagande. A la suite de ces observations, M. Antonin Rondelet, professeur à l'Université catholique de Paris, fait remarquer que dans le travail de M. Harmel les devoirs des contre-maîtres ont été indiqués pour la première fois et demande que le rapporteur veuille bien les formuler plus largement dans son rapport. A la suite de ces observations, une discussion pleine d'intérêt s'engage sur l'opportunité ou la non-opportunité de rédiger un document s'adressant spécialement aux contre-maîtres, plusieurs personnes prennent part à cette discussion. Vu l'heure avancée, la discussion est renvoyée au lendemain. Est également renvoyé au lendemain un vote sur l'impression et le tirage à part du rapport de M. Harmel, d'après l'avis de M. le Président qui fait remarquer que l'article 4 du règlement du Congrès porte :

« L'impression spéciale d'un rapport ne devra pas être votée par le Congrès à la séance où il en aura été donné lecture. — Est renvoyé aussi au lendemain le vote sur l'opportunité ou la non-opportunité de publier un document sur les devoirs du contre-maître. L'heure fixée pour terminer la réunion étant arrivée, la séance est levée après la prière d'usage, faite par Mgr de Ségur.

Procès-verbal de la séance du mercredi 11 septembre 1878

La séance devait commencer à neuf heures; mais, faute d'avertissement suffisant, un grand nombre de membres sont absents, et M. le Président n'ouvre la séance qu'à dix heures.

Après la prière d'usage, il est donné lecture du procès-verbal de la séance du mardi, qui est adopté après une rectification de M. Rondelet.

La discussion est ouverte sur l'impression du rapport de M. Harmel et sur la question de savoir s'il ne serait pas opportun d'y ajouter quelques pages pour l'instruction spéciale des contre-maîtres.

M. de Lafarge, vice-président de la Commission, fait observer qu'un contre-maître n'est pas autre chose qu'un ouvrier plus intelligent, à qui le patron délègue une partie très-faible de son autorité. Le contre-maître n'est rien par lui-même : il sera nécessairement chrétien si le patron est bien persuadé qu'il est de son devoir de ne choisir pour contre-maîtres que des ouvriers qui soient tels. Aller directement au contre-maître, c'est nuire à l'autorité du patron.

Quant aux sous-ingénieurs, hommes spéciaux que les patrons même chrétiens sont souvent obligés de prendre, il n'y a pas à s'adresser directement à eux ; ce qu'on peut seulement espérer, c'est que l'exemple venant du chef d'industrie exercera sur eux une certaine influence.

Voilà ce qui se passe dans l'industrie; il y a d'autre part les entrepreneurs des grands travaux de l'État et des compagnies de chemins de fer, avec leur personnel presque toujours flottant et leurs contre-maîtres toujours détestables; mais c'est là une autre question.

M. Rondelet partage la manière de voir de M. de Lafarge; mais il pense qu'on pourrait peut-être montrer aux patrons quel est leur devoir dans le choix des contre-maîtres. Il demande enfin que la manière d'atteindre les ouvriers qui travaillent pour les entrepreneurs de l'État soit mise à l'étude pour l'année prochaine.

M. Harmel fait connaître qu'au *Val-des-Bois* on réunit de temps en temps les contre-maîtres pour leur enseigner les devoirs de paternité sociale. Quelques-uns de ces contre-maîtres, qui sont passés dans d'autres usines, ont réussi à opérer de véritables réformes. Plusieurs faits de ce genre, cités par M. Harmel, sont accueillis par les applaudissements de la réunion.

Personne ne demandant plus la parole, M. le Président annonce qu'il va mettre aux voix l'impression du rapport de M. Harmel, mais que, conformément au règlement, une souscription devra être ouverte pour couvrir les frais.

M. Harmel demande que les membres de la Commission s'inscrivent chacun pour un nombre déterminé d'exemplaires, qu'ils distribueront comme ils l'entendront.

M. Rondelet est d'avis au contraire de souscrire des sommes fixes, et de laisser le Bureau Central de l'Union faire la distribution.

M. le Président met d'abord aux voix l'impression du rapport, qui est votée à l'unanimité.

Sur la question de la souscription, M. André rappelle qu'à Reims on a déjà fait comme le propose M. Harmel.

La proposition de M. Harmel, mise aux voix, est adoptée.

La parole est à M. de Lafarge pour la lecture d'un rapport sur l'usine chrétienne de Lafarge (Ardèche). Les faits touchants qui sont relatés dans ce rapport, d'une si éloquente simplicité, provoquent une émotion profonde dans l'assistance. Des applaudissements répétés saluent M. de Lafarge après sa lecture, et redoublent lorsque M. Harmel, cédant aux sentiments dont son cœur déborde, vient donner à M. de Lafarge une accolade fraternelle.

M. Ernest Harmel demande l'impression du beau et touchant rapport de M. de Lafarge. Le vote, d'après le règlement, n'aura lieu que demain.

M. de Chaulnes et M. Dubreuil demandent l'autorisation de le faire reproduire par *l'Univers* et le *Courrier* d'Eure-et-Loir.

M. Babeur, membre du Bureau Central, demande si on ne pourrait pas utiliser la composition de ce dernier journal pour réduire les frais d'impression.

M. le Président soumettra ces deux compositions au Bureau du Congrès.

L'heure étant trop avancée pour qu'on puisse entamer une nouvelle question, M. Harmel, M. Féron (de Lille) et M. André prennent successivement la parole sur les moyen de recruter des adhérents à la Commission consultative des industriels.

La séance est levée à sept heures trois quarts après la prière d'usage.

Procès-verbal de la séance du jeudi 12 septembre 1878

La séance est ouverte à neuf heures par M. Ch. Périn, président, assisté de MM. Léon Harmel et de Pavin de Lafarge.

Après la prière et l'adoption du procès-verbal, l'impression du beau rapport de M. de Lafarge est votée à l'unanimité.

M. de Lafarge exprime le désir que chacun de nous, en partant de Chartres, puisse emporter la liste de tous les membres du Congrès. La Commission, à l'unanimité, s'associe à ce vœu.

La parole est à M. Pigelet, de Bourges, pour la lecture d'une intéressante monographie sur l'ouvroir de jeunes filles établi dans l'usine de Torteron. Grâce à cette utile institution, parfaitement dirigée par des Sœurs, M. le Curé a pu changer complétement l'esprit de sa paroisse.

M. l'abbé Pougeois, curé doyen de Moret, lit ensuite une monographie très-complète sur les Œuvres d'apprentis établies dans la cristallerie du Bourget. Pendant cette lecture, notre aimé et vénéré président, Mgr de Ségur, entre en séance, aux applaudissements de la réunion.

M. Féron donne lecture d'un rapport qui lui a été envoyé de Lille sur la fondation d'une école catholique d'arts et métiers dans cette ville. Ce document est écouté avec le plus vif intérêt. M. Féron conclut en demandant au Bureau Central de former une Commission destinée à promouvoir cette fondation si nécessaire. Une lettre qu'il vient de recevoir donne l'assurance que l'Œuvre a l'appui de S. Ém. le Cardinal Pitra, et par lui, du Supérieur général des Frères des Écoles chrétiennes, qui espère pouvoir fournir le personnel nécessaire. M. Féron ajoute que le prix de la pension annuelle sera de 600 francs, et exprime le désir qu'il soit fondé des bourses par toutes les grandes Œuvres de jeunesse au profit des jeunes ouvriers qui se distingueront, afin de donner à l'école de Lille un caractère général.

Mgr de Ségur, aux applaudissements de toute la Commission, réclame pour l'Œuvre de Saint-François de Sales la création de la première bourse.

MM. Ancel et André assurent l'école en fondation du concours de l'Œuvre des Cercles catholiques d'ouvriers et de la Commission des industriels.

Le R. P. Ludovic pense que cette dernière Commission pourrait se charger elle-même de la fondation de l'école.

M. André est d'avis qu'il vaut mieux une Commission spéciale pour s'occuper des détails.

Après un échange d'observations entre MM. Féron, Harmel, Babeur et Mgr de Ségur, la Commission, à l'unanimité, charge le Bureau Central d'organiser la Commission fondatrice de l'école catholique des arts et métiers de Lille.

M. Lavallée prend la parole au nom de l'Association pour le repos du dimanche. Après un historique rapide de cette Association, il expose les difficultés qu'elle rencontre, qu'il s'agisse de travaux publics, de transports par chemins de fer ou de la grande industrie.

En ce qui regarde cette dernière catégorie, pour arriver à démontrer que toutes les objections peuvent être écartées et pour créer un grand mouvement d'opinion publique, l'Association organise à Paris un Congrès qui réunira les hommes les plus compétents et les plus grands industriels de l'Europe. M. Lavallée fait un pressant appel au concours de tous les industriels chrétiens.

Les applaudissements de la Commission prouvent à M. Lavallée que l'Association pour le repos du dimanche peut compter sur le dévouement de tous.

M. Harmel fait observer que la question du repos du dimanche dans les gares de petite vitesse est déjà presque à moitié résolue. Actuellement, les gares sont fermées à neuf heures du matin; il n'y a qu'à presser un peu l'administration.

M. de Lafarge présente un projet de vœu relatif aux ouvriers des entrepreneurs de grands travaux publics. Il explique que les entrepreneurs en se transportant avec tout leur matériel et tout leur personnel d'une contrée dans l'autre, font un mal énorme aux régions qu'ils traversent. Il y a là une classe immense d'ouvriers qui échappe à toute œuvre et qui porte l'irréligion dans toute la France.

Le R. P. Ludovic rappelle que l'amélioration morale des ouvriers des manufactures de l'État a déjà été renvoyée au Bureau Central pour être mise à l'étude, et que M. le vicomte de Chaulnes avait été chargé de présenter un rapport sur la question.

M. de Chaulnes répond qu'il lui a été impossible de forcer les portes de plusieurs établissements de l'État, et que, à son grand regret, il a dû attendre d'autres temps pour compléter son enquête.

M. Combier fait d'ailleurs observer qu'il n'y a aucune ressemblanco entre les établissements de l'État et les entrepreneurs de travaux publics; Ces derniers ne sont que de simples particuliers, des patrons ordinaires.

Le vœu présenté par M. de Lafarge est alors mis aux voix et adopté à l'unanimité avec la rédaction suivante :

« Considérant que le développement des grands travaux publics a créé en France une classe nombreuse d'ouvriers essentiellement nomades ;

« Que ces malheureux ouvriers, envers qui personne, jusqu'à présent, n'exerce de patronage chrétien, échappent complétement à toutes les Œuvres aujourd'hui existantes ;

« Le Congrès émet le vœu que les moyens de ramener les ouvriers des entrepreneurs de travaux publics aux pratiques du christianisme soient mis à l'étude par le Bureau Central et portés à l'ordre du jour du prochain Congrès. »

La séance est levée après la prière d'usage.

Procès-verbal de la séance du vendredi **13 septembre 1878**

La séance est ouverte à neuf heures du matin sous la présidence de M. Charles Périn, assisté de MM. Léon Harmel et de Pavin de Lafarge.

Le procès-verbal de la dernière séance est adopté après une rectification de M. Féron.

M. le Président fait connaître qu'il a présenté au Bureau du Congrès le vœu de M. de Lafarge, auquel la Commission tout entière s'est associée dans la séance d'hier. Malheureusement, il a été jugé impossible de faire imprimer d'ici à la fin du Congrès la liste des membres, de façon que tous puissent l'emporter, mais on la trouvera dans le compte-rendu du Congrès, qui paraîtra plus tôt cette année.

M. le Président donne ensuite lecture d'un projet de vœu que

M. Lavallée a rédigé pour donner une conclusion à son rapport sur le Congrès du repos du dimanche, et qui tend à la formation d'une Commission pour propager l'idée de ce Congrès parmi les industriels chrétiens et rechercher les faits et les pratiques intéressants.

Après un échange d'observations entre M. l'abbé Fichaux, M. Lebreton, M. Raoul Ancel et M. de Lafarge, M. le Président prie M. l'abbé Fichaux, en l'absence de M. Lavallée, de vouloir bien présenter une nouvelle rédaction.

En attendant, la parole est à M. de Lafarge, pour lire, au nom de M. l'abbé Durand, une monographie sur la congrégation de Sainte-Philomène, composée de Sœurs qui se destinent à surveiller les ateliers de filles. Cette monographie se termine par le vœu suivant :

« Considérant que la Société des Religieuses de Sainte-Philomène répond à un besoin urgent signalé déjà au Congrès de Bordeaux et indiqué aussi au Congrès du Puy, savoir : la préservation des femmes et des jeunes filles travaillant dans les manufactures officielles et privées; »

Le Congrès de Chartres émet le vœu :

« Que un ou plusieurs des correspondants du Bureau de l'Union soient délégués pour visiter l'établissement de Saint-Marcellin, afin de préparer les éléments d'un rapport qui serait lu au Congrès de 1870. »

La discussion est ouverte.

M. Lebreton exprime le regret que cette monographie ne donne pas plus de détails sur l'état actuel de la Congrégation de Sainte-Philomène.

M. de Lafarge et M. Taillefer ajoutent quelques renseignements. En ce moment, les Sœurs de Sainte-Philomène sont occupées dans quatre usines du Midi, où se travaille la soie; elles ont deux internats mixtes et deux complets; elles ont d'abord servi de surveillantes placées entre les ouvrières et les contre-maîtres; aujourd'hui, elles sont assez au courant de la fabrication pour servir elles-mêmes de contre-maîtresses.

M. Féron-Vrau donne des renseignements sur ce qui se passe ou pourrait se passer dans la région du Nord. Là, la fabrication est différente ; la matière première n'a pas grande valeur ; il n'y a pas à craindre que l'ouvrière en emporte chez elle tous les soirs, des quantités, petites, il est vrai, mais qui, au bout du mois, représentent une vraie perte dans une industrie comme celle de la soie ; dès lors, le fabricant n'a aucune compensation aux sacrifices qu'il ferait pour établir des internats, et on ne peut pas lui demander de le faire. Or, pour tenir des externats, on peut s'adresser à plusieurs congrégations religieuses déjà existantes. A la connaissance de M. Féron, il y en a au moins trois qui ont des ouvroirs, et qui donnent en outre l'enseignement aux jeunes ouvrières.

M. de Lafarge et M. Combier font ressortir les avantages d'une congrégation comme celle de Sainte-Philomène, qui se recrute principalement chez les ouvrières, et qui fait de la réforme des ateliers son principal objet, et non un but secondaire, comme le font certainement les congrégations qui se destinent à l'enseignement. D'ailleurs, pour une œuvre aussi difficile, ce n'est pas trop d'un noviciat spécial. Il n'y aurait qu'à faire connaître partout la Congrégation de Sainte-Philomène, si elle pouvait fournir à toutes les demandes ; car le but est parfaitement atteint, sauf pour le nombre des sujets.

M. Ernest Harmel pense qu'en attendant le développement de cette belle et utile congrégation, il faudrait informer tous les ordres de femmes, aujourd'hui existants, du désir qu'ont les patrons chrétiens de voir des religieuses surveiller leurs ateliers de jeunes filles.

M. Maignen fait connaître les Servantes du Sacré-Cœur, dont la maison-mère est à Argenteuil, et qui ont des maisons en France, en Angleterre et en Autriche ; elles sont particulièrement dévouées aux Œuvres ouvrières et M. Maignen pense qu'on pourrait en avoir assez facilement.

Le vœu qui termine la monographie de M. l'abbé Durand est alors mis aux voix et adopté à l'unanimité.

M. le Président prie M. Ernest Harmel de rédiger un vœu relatif aux autres congrégations religieuses.

Il est ensuite décidé qu'on demandera au Bureau Central de parler des Servantes du Sacré-Cœur dans le *Bulletin* de l'Union.

M. l'abbé Fichaux donne lecture de la nouvelle rédaction qu'il propose pour le vœu relatif au Congrès du repos du Dimanche, et qui est conçue en ces termes :

« Le Congrès de Chartres ;

« Considérant combien il est important d'étudier, sous tous ses aspects et surtout au point de vue pratique, la question du repos dominical ;

« Accueille avec empressement le projet d'un Congrès spécial, qui lui est annoncé par l'Association du repos du dimanche, et qui se tiendrait à Paris, dans le courant du mois d'octobre prochain.

« Il émet le vœu :

« 1° Que l'Union s'y fasse représenter par une délégation ;

« 2° Que les membres du Congrès du Chartres travaillent au succès de cette réunion, en la recommandant vivement autour d'eux à tous ceux qui peuvent y participer utilement, et surtout en provoquant de la part d'hommes compétents des rapports qui établissent la possibilité du repos dominical dans des industries spéciales, où trop généralement on le juge impraticable. »

Ce vœu est adopté à l'unanimité.

La parole est donnée à M. Tailefer pour une communication verbale sur les billets de paie. La Commission écoute avec grand intérêt les détails de cette organisation, qui détruit une partie des inconvénients de la paie hebdomadaire en argent.

M. le Président, conformément au programme, demande les communications qui devaient être faites sur la question du repos du Dimanche dans les usines à feu continu. Quelques membres peuvent seulement citer des exemples isolés, notamment une verrerie, une usine à fer, une distillerie. M. le Président ajoute que dans les mines et usines de Denain et Anzin, les hauts-fourneaux marchent seuls le dimanche. L'essai, qui est assez récent, a été heureux et a donné tort à toutes les oppositions.

M. Hervé-Bazin et M. Dubreuil signalent à ce sujet l'inexécution de la loi de 1874 sur le travail des enfants, M. Dubreuil présente même à ce sujet le projet de vœu suivant, qui est adopté à l'unanimité :

« Le Congrès de Chartres ;

« Considérant que les lois inscrites dans nos Codes et non abrogées garantissent le repos du dimanche et la protection des enfants employés dans l'industrie ;

« Considérant que ces lois ne sauraient rester à l'état de lettre-morte ;

« Considérant que les catholiques ne sauraient se prêter au travail d'étouffement auquel se livre contre eux un libéralisme dont ils ne consentiront jamais à se faire les fauteurs ;

« Émet le vœu :

« Que partout, toujours et dans toutes circonstances, les catholiques réclament, et par toutes les voies légales, l'exécution des lois inscrites dans nos Codes et que l'autorité a le devoir d'appliquer et n'a pas le droit de laisser de côté. »

Les vœux présentés par M. Ernest Harmel sur les congrégations religieuses de femmes sont également adoptés à l'unanimité, sous la forme suivante :

« 1° Le Congrès de Chartres émet le vœu :

« Que MM. les Ecclésiastiques veuillent bien favoriser le recrutement des Religieuses de Sainte-Philomène en faisant connaître cette Congrégation aux jeunes filles que leur vocation appelle à se consacrer au salut des ouvrières ;

« 2° Considérant que la réforme de beaucoup d'ateliers ne peut se faire sans le concours de religieuses ;

« Que plusieurs industriels ont reconnu cette nécessité, mais n'ont pu mettre à exécution leurs excellentes intentions ;

« Le Congrès émet le vœu :

« Que des démarches soient faites auprès des divers supérieurs de congrégations de femmes afin d'attirer leur attention sur la grande utilité de procurer des religieuses aux industriels qui le désirent. »

M. Féron se fait l'interprète de la Commission en remerciant M. Charles Périn de la manière charmante et parfaite dont il a présidé ses travaux. Des applaudissements unanimes confirment les paroles de M. Féron, et la séance est levée à onze heures trois quarts, après la prière d'usage.

Le Secrétaire,
Jean DE MOUSSAC,
De Montmorillon (Vienne.)

QUATRIÈME COMMISSION

PREMIER RAPPORT

MONOGRAPHIE DES DIFFÉRENTES ŒUVRES OUVRIÈRES ÉTABLIES DANS LA VILLE DE CHARTRES

MESSIEURS,

Ce n'est pas sans une émotion bien naturelle que le Patronage Saint-Joseph de Chartres vient pour la première fois, aujourd'hui, prendre place dans cet imposant Congrès. A côté des tableaux de nos maîtres les copies les moins imparfaites sont bien pâles et ne méritent pas d'arrêter le regard. Certes, si nous n'eussions recherché qu'une vaine satisfaction d'amour-propre, il nous eût été sage de rester à l'écart et de garder un prudent silence. Mais, Messieurs, puisque vous avez fait, à notre vieille cité chartraine, l'honneur très apprécié de la choisir cette année pour le lieu de vos réunions, permettez que nous cherchions à profiter de cette bonne fortune en vous priant de vouloir bien jeter un coup d'œil sur notre chère petite œuvre et nous donner les conseils de votre expérience.

Je vous dirai simplement et avec une entière sincérité : 1° ce que notre Patronage a été autrefois; 2° les écueils contre lesquels il est venu se heurter ; et 3° enfin, sa situation depuis 1872 jusqu'à ce jour.

C'est l'honneur de la paroisse Saint-Pierre d'avoir été choisie de Dieu pour être le berceau où la plupart de nos œuvres ont pris naissance. C'est là, en effet, entre l'étable et l'atelier, que, sous l'impulsion de deux apôtres, au mois d'août de l'année 1842, se réunissaient pour la première fois les premiers membres de notre Conférence Saint-Vincent-de-Paul et que, quelques semaines après, ils fondaient, pour les écoliers, l'Œuvre du jeudi, et pour les apprentis, le Patronage Saint-François-Xavier, devenu plus tard le Patronage de Saint-Joseph.

Mais, Messieurs, ni la Conférence, ni ses œuvres de prédilection
ne pouvaient vivre longtemps renfermées dans les étroites limites
d'une paroisse. Aussi, les voyons-nous, à peine âgées de deux ans,
monter bravement des bas quartiers jusque dans la ville haute, et,
sous la protection de Notre-Dame, faire appel à tous les dévouements, et rayonner dans toutes les directions, sur la cité tout
entière.

Dès ce jour, l'organisation du Patronage est complète. Il possède
toutes les ressources nécessaires à son existence et à son développement. Il a son comité, son prêtre directeur, sa maison, ses instruments de jeu, plus de cent enfants et apprentis patronnés, et avec
cela le concours, l'appui du clergé, et les sympathies de toutes les
classes de la société chartraine. Désormais chaque jour, aux heures
de récréation, et le jeudi tout entier, les écoliers pourront échapper
aux dangers de la rue, et le dimanche, les apprentis trouveront le
moyen de passer saintement et agréablement cette journée d'ordinaire si fatale à l'ouvrier.

Vous le voyez, Messieurs, c'était un arbre admirablement bien
planté et j'aurais sans doute à vous offrir aujourd'hui un gracieux
bouquet de fleurs, une corbeille de fruits excellents, si, pendant les
dix premières années, ces Messieurs, prenant à la lettre le conseil
du divin maître, n'avaient trop scrupuleusement caché à leur main
gauche ce que faisait la droite. C'est à peine, en effet, si nous pouvons découvrir quelques traces trop rares du bien considérable qui
dut assurément récompenser tant d'efforts. En revanche, nous
entendons à chaque instant l'écho lointain de gémissements, de
plaintes qui, si nous les voulions écouter, nous feraient croire que la
réalité n'avait pas répondu aux espérances des premiers jours.
Euntes, ibant et flebant, mittentes semina sua.

Les obstacles, les déceptions, les épreuves ne manquent jamais
aux œuvres de Dieu, et nous pensons que la déplorable insouciance
des parents et des chefs d'ateliers; la légèreté et quelquefois le mauvais vouloir des enfants firent trop souvent échec au zèle de ceux
qui, déjà à cette époque, travaillaient dans cette partie de la vigne
du Seigneur.

Toutefois, en 1855, grâce à la patience et à la charité de
M. l'abbé Levassor, véritable serviteur de Dieu, qui a espéré contre
toute espérance et à qui je suis heureux de pouvoir offrir, avec
l'hommage de notre respectueuse admiration, l'expression de notre

reconnaissance; grâce aussi, il faut bien le reconnaître, à la redoutable énergie de celui qui le seconde, le Patronage semble enfin
prendre vie.

Plus de quarante ouvriers et une soixantaine d'apprentis sont
inscrits sur les registres de la Société. Tous ou à peu près, ils remplissent avec édification leurs devoirs religieux, sont assidus aux
réunions du dimanche.

Mais, vous le savez, comme la vie de l'homme ici-bas, la vie des
œuvres est remplie de misères sans nombre. Nous sommes à peine
en 1857, et voici qu'après quinze ans de fatigues, de dévouement, le
bon pasteur a dû dire adieu à son troupeau bien-aimé, pour aller
occuper la cure de Saint-Aignan. Son terrible ministre des armes se
retire à son tour avec une œuvre de secours mutuels qu'il a formée
à la sourdine, dans le vestibule du patronage, et la pauvre petite
abandonnée, après quelques jours d'agonie, expire enfin dans les
bras des bons frères, appelés trop tard pour la sauver.

Je me trompe, Messieurs, elle n'était pas morte; elle dormait
seulement, et quatre ans après, en 1861, à la voix d'un prêtre d'un
remarquable talent, elle se lève et, comme Lazare, sort du tombeau.

Jusqu'en 1866, sous la ferme et intelligente direction du cher
frère Achoul, elle marche à grands pas dans la voie du progrès et
obtient d'incontestables succès. Puis M. l'abbé Robé et le cher frère
ayant disparu, voici qu'aux jours de joie et de consolation succèdent
de nouveaux jours d'épreuves et de tristesse.

En ce temps-là, le patronage avait bien encore son nom parmi les
vivants, mais, en réalité, il était devenu pour tous la terre de l'oubli. Seuls, les deux vicaires de Saint-Pierre le visitent tour à tour.
Ils viennent là un instant faire une manière de catéchisme de persévérance, à des auditeurs bien souvent absents, toujours très distraits.
Mais ils restent d'ailleurs complètements étrangers à l'œuvre et à
ceux qui sont censés la composer. Il me fut donné de contempler ces
ruines, et jamais je n'oublierai le regard si plein de reconnaissance
du pauvre frère Amator, quand par hasard un apprenti daignait le
visiter dans sa solitude et lui faire l'aumône de sa présence.

Telles sont les phases très diverses par lesquelles le patronage a
passé pendant 30 années. Telle était sa situation en 1872 quand,
à la tête d'une troupe d'élite, ayant pour lieutenant un religieux que
l'Europe nous envierait si elle le connaissait, M. de Boissieu, président de la conférence, entreprit le difficile travail de notre réorga-

nisation. Homme vraiment supérieur, aussi prudent dans le conseil qu'il avait été brave sur les champs de bataille de Mentana, il crut devoir rechercher et fut assez heureux pour découvrir les causes qui avaient entravé la marche et souvent même compromis l'existence du patronage. Permettez-moi, Messieurs, de vous les indiquer en quelques mots.

Pour assurer le succès de nos œuvres, le zèle des apôtres ne suffit pas. Il y a trois choses qui me semblent absolument nécessaires : Des jeunes gens ayant un peu de foi et beaucoup de bonne volonté, un programme, un but bien clair, bien défini, accepté par tous, sans arrière-pensée ; et enfin une autorité forte qui sache commander le respect et exiger l'obéissance. Or, ces conditions essentielles de succès paraissent avoir fait défaut au patronage.

Dès l'origine, la conférence avait cru devoir consacrer le principal effort de son zèle aux enfants des familles assistées. Elle les avait sous la main : leurs misères étaient profondes, leurs besoins immenses, et l'on espérait qu'après avoir sollicité l'assistance matérielle, ils accepteraient volontiers les avantages moraux, les secours spirituels qu'on leur offrait par surcroît. C'était une erreur, Messieurs, et bientôt il fut évident qu'au lieu d'être, aux yeux des apprentis, un bienfait, le patronage n'était autre chose qu'un joug imposé par la force à leur indigence, et les exercices religieux une condition onéreuse dont ils n'auraient pas voulu, qu'il leur fallait bien subir, pour conserver le bon de pain hebdomadaire, mais contre laquelle ils protestaient en toute circonstance et par tous les moyens possibles. Malheureusement on crut qu'il était d'une bonne politique de se montrer faciles, de fermer les yeux, d'exiger peu, très peu de chose, de faire de larges concessions. Hélas! on en fit tant que le règlement ne fut plus qu'une lettre morte, la discipline, un vain mot, et l'autorité une ombre sans action ni prestige.

> Laissez-leur prendre un pied chez vous
> Ils en auront bien : pris quatre.

Là où l'autorité n'est pas toute puissante et sacrée, le bien est impossible, Messieurs, nous en avons fait la douloureuse expérience, et là où le bien ne se fait plus, c'est le mal qui fait la loi. Aussi la réputation de l'œuvre eut elle à souffrir beaucoup de cet état de choses déplorable, et un certain nombre de pères de famille honnêtes qui eussent été heureux de faire profiter leurs enfants des avantages d'un patronage bien composé, répugnaient-ils à les enrôler sous la bannière des pauvres dans la compagnie de jeunes gens dont la conduite était loin d'être exemplaire.

Il était donc de la dernière importance, au moment où nous commencions notre travail de restauration, de proscrire d'abord impitoyablement le bon de pain, et ceux qu'il traînait après lui; d'établir l'autorité en des positions inexpugnables et surtout de faire bien comprendre à tous que nous n'avions qu'une seule pensée, un seul but : faire des chrétiens, sauver des âmes.

Comme toujours la divine Providence nous vint en aide. Elle nous envoie d'abord le bon frère Mermoli, qui administre au malade le purgatif nécessaire, et, sa mission toute spéciale remplie, s'en va bien vite, laissant la place au cher frère Georges qui, par son tact, son flair incomparable, son inflexible fermeté, a donné à l'œuvre sa forme, son cachet, sa vie.

Je ne connais pas son secret, mais j'affirme que, depuis six ans qu'il est avec nous, il n'a cédé ni un pouce de son terrain, ni une pierre de sa forteresse. Pour lui, l'autorité c'est l'arche sainte à laquelle nul ne touche impunément. Ne lui parlez pas de président de conseil, de dignitaires. Toujours d'accord avec l'aumônier, ne voyant que Dieu, ne cherchant que sa gloire, il rend ses comptes au Comité du Patronage, lui soumet les mesures qu'il croit utiles, puis s'en va tranquillement tout droit devant lui, errant comme un aveugle, frappant comme un sourd (permettez-moi cette figure), se faisant obéir par tous, quels que soient l'âge et la position. C'est un curieux spectacle de voir de grands jeunes gens de 20, de 21 ans, venir d'eux-mêmes se faire gronder en particulier pour éviter les réprimandes publiques. Car le bon frère aime trop ses chers apprentis pour ne pas les châtier dans une juste mesure.

Mais, me demanderez-vous peut-être, où trouver aujourd'hui des tempéraments assez robustes pour supporter un pareil régime. Grâce à Dieu il n'en manque pas, Messieurs, et la preuve c'est que le frère Georges ne commande plus seulement une petite compagnie de petits bonshommes de 12 à 15 ans, comme au premier jour. Il a avec lui une trentaine de vieilles barbes de 17 à 21 ans, et il est devenu centurion. Il aurait même droit à un grade supérieur, si on voulait mettre à son actif ceux qui, en raison des besoins de la famille, du manque d'ouvrage ou dans le désir de se perfectionner, sont partis en détachement. D'ailleurs la petite œuvre du jeudi, qui compte de cent à cent vingt écoliers, et dont le règlement est à peu près celui du patronage, nous a déjà fourni, depuis trois ans qu'elle fonctionne, et nous fournira encore, je l'espère, de nombreuses et excellentes recrues qui augmenteront notre effectif.

Chez nous pas de compagnies hors rang. Quand on a été admis au Patronage, il faut que chaque dimanche, à moins d'empêchement et de permission expresse, on soit présent aux différents appels.

Le premier a lieu à 10 heures et demie pour la messe paroissiale de Saint-Pierre. Le second à 2 heures, dans la maison de l'Œuvre, pour les Vêpres, l'instruction, précédée de cantiques et toujours très courte, la gymnastique et l'exercice militaire qui se prolonge jusqu'à 5 ou 6 heures, selon la saison. Enfin, après l'heure accordée au repas dans la famille, le troisième et dernier appel se fait à 7 heures, pour la réunion du soir que terminent, vers 9 heures un quart, la lecture des notes hebdomadaires, les avis donnés par le président, le secrétaire ou l'aumônier, et enfin la prière en commun.

Grâce à la libéralité de la conférence, qui ne compte jamais avec nous, grâce aussi à quelques bienfaiteurs dévoués, nous pouvons mettre à la disposition de nos jeunes gens une grande variété d'instruments de jeu, quelques journaux non politiques, et plus de trois cents volumes choisis.

Tous les trois mois, nous faisons une vente d'objets utiles qu'ils achètent avec les cachets mérités par leur assiduité et leur bonne conduite. Deux ou trois fois l'an nous organisons, soit un pèlerinage, soit une promenade en wagon, en voiture ou à pied selon les circonstances.

Notre distribution des prix a lieu vers la mi-novembre. Elle consiste en diplômes d'honneur, outils, et livrets de caisse d'épargne de 10, 15, 20 et 25 francs, lesquels sont offerts par les bienfaiteurs de l'œuvre dont les souscriptions ont atteint l'année dernière le chiffre relativement très beau de 1500. C'est ainsi que nous cherchons à inspirer à nos jeunes gens des idées d'ordre et d'économie. Nous avons des rentiers disposant d'un capital de 100, 200 et même 800 francs.

Ce jour-là, l'aumônier fait son rapport annuel sur la situation de l'œuvre. Notre spirituel secrétaire, M. Dubreuil, nous donne la primeur de ses charmantes comédies; les invités, aussi nombreux que choisis, applaudissent avec entrain l'auteur, déjà deux fois couronné par l'Union, et la troupe qu'il a formée, et chacun s'en va chez soi, content et toujours disposé à mieux faire. Ajoutez à tout cela si vous le voulez, quelques petites gâteries la nuit de Noël, le jour des Rois, et le Mardi-gras ; un bon et copieux dîner, le jour de notre fête patronale, et vous aurez la somme des avantages que nous pouvons offrir à nos jeunes ouvriers.

Il en est d'autres, Messieurs, bien plus précieux assurément et d'un ordre plus élevé dont je veux vous parler, en vous exposant notre situation religieuse.

Je ne vous dirai pas, Messieurs, que nos jeunes gens sont des saints, car j'offenserais la vérité. Mais si vous voulez bien considérer à quelles railleries, à quelles persécutions cruelles ils sont en butte, à toute heure et partout, vous conviendrez que, pour persévérer et rester avec nous, il faut qu'ils aient au cœur de la foi et un certain désir de sauver leur âme. Ce qui le prouve d'ailleurs, ce sont les efforts qu'ils font pour, en dépit de tant d'obstacles, ne jamais manquer ni à la messe, ni aux vêpres, suivre les deux retraites préparatoires aux fêtes de Noël et de Pâques, assister aux saints exercices du mois de Marie et du mois de Saint-Joseph, et surtout pour prendre part aux communions générales, qui se font environ tous les deux mois. Daigne le bon Dieu nous accorder bientôt le bonheur de les voir s'approcher plus fréquemment de la sainte Table ! Notre saint et vénérable évêque, qui ne manque aucune occasion de nous témoigner son intérêt tout paternel, s'est réservé de leur distribuer lui-même dans sa chapelle la communion pascale. Il leur donne en même temps des conseils, des encouragements qui contribuent puissamment à les affermir dans la voie du bien.

Je ne sais pas ce que deviendront un jour tous ces jeunes ouvriers, mais ce que je sais bien, c'est qu'ils n'oublieront jamais les joies saintes et pures qu'ils goûtent actuellement au Patronage, les amitiés solides qu'ils y ont formées et l'affection sincère, profonde qu'ils trouvent dans ces Messieurs de la Conférence, dans le religieux qui les dirige et dans celui qui est le père de leurs âmes. J'affirme que jamais, non, jamais, ils ne pourront haïr ceux qu'ils aiment tant aujourd'hui car nous pouvons le proclamer hautement, ils nous aiment.

Un mot, maintenant, si vous voulez bien me le permettre, de la petite œuvre des écoliers, et j'aurai terminé ma tâche. Tous les jeudis de l'année, Messieurs, nous réunissons à la maison du Patronage, sous la direction du cher frère Georges, les enfants de la ville qui se préparent à faire ou à renouveler leur première communion.

Persuadés que, si de nos jours Notre-Seigneur Jésus-Christ n'est pas aimé, c'est principalement parce qu'il n'est pas connu, nous lui amenons les petits enfants dont la pureté du regard n'a point encore été terni par le souffle des passions, afin qu'ils le voient, qu'ils l'entendent, qu'ils le goûtent et l'aiment enfin. *Domine, fac ut videant.*

Tandis que le prêtre est là, à l'autel du patronage, sous leurs yeux, nous leur expliquons, le plus simplement et le plus clairement possible, et le sens mystérieux des cérémonies qui s'accomplissent, et les prières sublimes qu'on récite, et les fins pour lesquelles on offre l'auguste sacrifice. Nous nous sommes faits les huissiers de Jésus : nous l'annonçons à plusieurs reprises, et le plus solennellement possible, quand il vient et descend sur l'autel : *Ecce Agnus Dei.* Nous voudrions entrer dans ces âmes naturellement chrétiennes pour les pénétrer de notre foi, de notre respect, de notre amour pour Jésus. On veut bien nous dire que nous n'avons pas perdu notre temps, que ces enfants se distinguent et se font remarquer par leur bonne tenue à l'église, à la messe, et surtout, le jour de la première communion. Ce que nous pouvons dire, nous, c'est que parmi eux une quinzaine environ sont entrés, soit au noviciat des bons frères, soit à la maîtrise, soit au petit séminaire. Comme au patronage des apprentis, nous chantons les vêpres et quelques cantiques. Nous racontons quelques histoires, nous faisons quelques ventes, des promenades en chemin de fer et à pied, une distribution de magnifiques volumes, et nous marchons ainsi, à la grâce de Dieu, pleins de confiance en lui et en la protection de Marie, notre bonne Mère, et de saint Joseph, saint Vincent de Paul et saint François Xavier, nos bien-aimés patrons.

Je ne veux pas finir sans vous demander, Messieurs, de vouloir bien penser quelquefois à nous devant Dieu. La prière est notre force, le secret de nos victoires, et nous sommes assurés que, si vous voulez bien nous faire cette aumône, nous obtiendrons, plus vite et dans de meilleures conditions, ce que nous cherchons uniquement, la gloire de Dieu et le salut des âmes.

L'abbé GENET, de Chartres.

DEUXIÈME RAPPORT

Monographie d'un Cercle Catholique d'Ouvriers.

Messieurs,

Chargé de vous faire la monographie d'un cercle, je vous demanderai la permission de n'insister que très peu sur ce qui constitue sa vie au jour le jour, et, puisque j'appartiens à l'Œuvre des cercles catholiques d'ouvriers, vous comprendrez que je préfère m'étendre sur le point de vue auquel cette œuvre s'est placée. Au surplus les détails de la direction feront l'objet des conversations, qui vont être échangées dans les séances de cette commission, et notre Œuvre sur ce point n'a eu qu'à suivre les renseignements qu'elle a puisés au milieu de vous.

Je vous ferai donc la monographie d'une *fondation* de l'Œuvre des cercles catholiques d'ouvriers dans une ville, insistant surtout sur ce qui différencie cette œuvre de celles qui semblent se confondre avec elle.

Et tout d'abord il importe de faire remarquer que son nom, dont nous devons remercier la Providence, puisqu'il a contribué à lui assurer un succès rapide, ne la définit que très imparfaitement et que même il pourrait être de nature à prêter à de graves confusions, en détournant de son véritable but les esprits qui ne se livreraient qu'à une étude superficielle, pour attirer leur attention sur ce qui n'est que sa forme actuelle.

En effet le cercle n'est que la forme de l'œuvre et c'est le but qu'il est nécessaire de bien comprendre. Or ce but est la restauration du règne social de Notre-Seigneur Jésus-Christ et la régénération de la société par l'application des doctrines de l'Église et vous pouvez dès lors comprendre pourquoi nous disons que l'Œuvre des cercles catholiques d'ouvriers ne doit pas être appelée une *œuvre ouvrière*, mais qu'elle est une *œuvre sociale* s'adressant à toutes les classes de la société. L'ennemi auquel elle s'attaque directement c'est l'hérésie moderne, l'esprit révolutionnaire.

Pour atteindre son but et combattre efficacement son adversaire, elle a adopté les principes et l'organisation que je vais avoir l'honneur d'exposer devant vous. L'esprit révolutionnaire, en exaltant l'homme et en considérant la société civile comme une agglomération d'individus sans hiérarchie naturelle, a détruit l'observation des devoirs supérieurs, qui découlaient des inégalités sociales. La charité et le dévouement ont fait place à l'antagonisme et à l'égoïsme; les inégalités ont changé de forme, mais la notion des devoirs qui les tempéraient a disparu.

Nous, au contraire, nous proclamons, suivant les enseignements de l'Église, que tout homme qui a reçu de Dieu une supériorité quelconque, n'est que le dépositaire de cette faveur et qu'il a le devoir strict de la faire concourir au but social qui est le salut de ses frères. Voilà notre point de départ.

Mais comme l'oubli des devoirs sociaux a engendré dans les classes supérieures, l'égoïsme chez les uns, la nonchalance chez les autres, il faut aujourd'hui réagir contre la mollesse générale. Que d'hommes en effet qui connaissent à peu près leurs devoirs et qui cependant s'abstiennent! Ils s'abritent derrière des prétextes de toute nature, que leur fournit facilement le libéralisme révolutionnaire, dont toute la société a été pénétrée.

Pour lutter avantageusement contre cette défaillance universelle, il ne suffisait pas de proclamer la vérité, il fallait constituer une œuvre nouvelle, qui put grouper les hommes de bonne volonté.

Et enfin, Messieurs, vous avez trop l'expérience des hommes pour ignorer qu'il ne suffit pas d'avoir voulu un jour, mais qu'il faut un travail assidu pour persévérer. Et dès lors, il était nécessaire nonseulement de proclamer le devoir social des classes supérieures et de grouper des hommes, mais encore de chercher dans l'organisation du travail un appui contre notre faiblesse.

Proclamer, *obtenir* et *maintenir* par l'organisation, le dévouement des classes dirigeantes aux classes ouvrières, tel est le *but* de l'Œuvre des Cercles catholiques d'ouvriers, but dont l'intelligence échappera totalement à ceux, qui chercheront dans le Cercle autre chose qu'une conséquence.

Ce point bien établi, étudions les moyens employés pour atteindre le but proposé.

Le moyen général c'est l'*Association*. Nous avons dit plus haut que l'esprit révolutionnaire avait engendré l'individualisme et comme conséquence directe l'égoïsme. Restant fidèles aux principes que nous venons d'exposer, nous protestons contre ces faits et nous nous formons en associations. L'association, Messieurs, est d'ailleurs le grand moyen que l'Église a toujours mis en œuvre, non-seulement quand elle a formé les sociétés modernes au xi° siècle, mais encore quand elle a groupé les fidèles autour des divers échelons de sa hiérarchie.

L'Œuvre se compose donc de diverses associations, et, puisqu'elle s'adresse à toutes les classes de la société, ces associations sont nécessairement de deux sortes : les associations qui se forment dans la classe élevée et les associations qui sont créées dans la classe ouvrière. Les premières prennent le nom de Comités et les secondes la forme de Cercles.

Ces associations, bien que fondées, protégées et dirigées les unes par les autres, c'est-à-dire, les Cercles par leurs Comités, n'en restent pas moins distinctes et ont chacune leur vie propre. C'est vous dire, Messieurs, qu'il ne faut pas, comme on le fait trop souvent, considérer le Comité comme un simple conseil d'administration du Cercle. Non, dans notre pensée, le Comité est une association dont la mission est bien de fonder et de diriger des Cercles, mais dont le but principal est d'obtenir le dévouement des classes élevées aux classes ouvrières et qui, par conséquent, doit porter son action principale sur les classes dites classes dirigeantes.

Je n'insisterai pas sur la manière de fonder un Comité, ni sur les difficultés de détail qui peuvent l'assaillir dès le début, car l'expérience prouve que de toutes les difficultés une seule est vraiment sérieuse c'est d'obtenir la persévérance dans le travail.

Nous l'avons dit, l'esprit révolutionnaire n'a pas seulement faussé les intelligences, et il a encore et comme conséquence, affaibli les volontés, et la paresse naturelle de chacun est encouragée par la défaillance générale. Sans doute, nous devons compter sur la grâce de Dieu, mais cette grâce nous devons la mériter. « Aide-toi, le ciel t'aidera. » Et laissez-moi vous le dire, Messieurs, nous ne faisons pas les œuvres comme nous faisons nos affaires temporelles. Assurément un grand nombre des hommes qui s'adonnent aux œuvres chrétiennes, y consacrent presque toute leur vie et leurs intérêts n'occupent qu'une faible partie de leur temps; j'aurais mauvaise grâce à ne pas le reconnaître ici, quand je me trouve au milieu de ceux qui ont, par leurs exemples, appris et fait aimer le dévouement à la génération à laquelle j'appartiens. Quelques laïques même sur ce point sont à mettre au même rang que les ecclésiastiques. Mais il est certain que, si le plus grand nombre sait se dévouer, on peut dire qu'on n'apporte pas toujours, avec le dévouement, la prudence et les soins, qui assurent la vitalité des œuvres, et ainsi s'explique ce fait, que des institutions, qui ont quelquefois jeté un grand éclat extérieur, ont disparu, sans laisser des traces suffisantes de leur passage. Et cependant les œuvres chrétiennes ne sont pas absolument soustraites aux règles de l'ordre naturel.

C'est pour répondre à ces préoccupations, d'une part obtenir la persévérance dans le travail, et d'autre part, suivre dans notre action les règles de tout labeur fait en commun, que nous avons proposé aux comités une organisation, que nous appelons la *division du travail* ou plutôt la *division des responsabilités*. Le Comité, être collectif, est plutôt apte à prendre des décisions, qu'à exécuter le travail nécessaire à leur application ; une responsabilité partagée n'est presque plus une responsabilité. Chacun, dans l'exécution, a tendance à se décharger sur son voisin, et il arrive ou qu'il n'y a rien de fait, ou que le travail n'est fait que par un seul. Bien vite on se désintéresse d'une association ainsi comprise. C'est pourquoi, à côté de chaque comité, est institué un organe d'exécution, composé des mêmes membres que lui et que nous appelons le *Secrétariat*.

En comité sont prises les décisions importantes, et, comme la décision suppose la délibération, il a paru bon de laisser en cette matière la responsabilité collective.

En secrétariat, les choses se passent autrement, et, puisque l'exécution est un fait personnel, les responsabilités sont personnelles, et dès lors divisées et hiérarchisées.

Le secrétariat se divise en quatre sections, pourvues chacune d'un secrétaire responsable des travaux qui incombent à la section. Ces sections n'ont point été déterminées arbitrairement, mais elles répondent aux divers besoins non-seulement de notre œuvre, mais en général de toute association.

La première pourvoit à la nécessité qu'a toute œuvre d'étendre son action extérieure, et elle comprend les services de la propagande, de la publicité et des relations.

La seconde s'occupe des fondations : elle prépare la création des cercles et veille à leur bonne direction.

La troisième est chargée de la recherche des ressources et de leur administration.

La quatrième a, dans ses attributions, l'enseignement.

Cette méthode présente l'avantage de donner à chacun une part du travail et la nécessité où se trouvent les chefs de service, de présenter à chaque séance du Comité un rapport sur les travaux exécutés pendant l'intervalle, les tient en haleine et les empêche de rester longtemps dans l'inaction. En effet, toute responsabilité a pour conséquence une reddition de comptes, et ce principe trouve son application dans les rapports présentés en séances.

Dans les villes où le travail est considérable et où les membres du Comité sont nombreux, chaque section se subdivise en un certain nombre de services parfaitement distincts et ainsi de suite, de manière à donner à chacun une part, si petite soit-elle, de la responsabilité, et par ce moyen, à l'attacher à l'Œuvre. Car, vous le savez bien, c'est par le travail personnel que les hommes se forment, et nous devons, pour atteindre notre but, être une *école d'hommes*.

Les limites qui me sont imposées, ne me permettent pas de m'étendre davantage sur le Comité ; mais je crois en avoir assez dit pour que vous ayez de sa nécessité, de son but et de son fonctionnement une conception nette et exempte d'erreur.

L'association ouvrière se présente dans ses grandes lignes avec une physionomie à peu près semblable. Elle est comme le Comité, une *école d'hommes*, et par conséquent, comme le Comité, elle s'efforce de développer l'idée de la responsabilité.

Le Cercle n'est pas une simple réunion, il est une association et en conséquence, il doit arriver à trouver en lui-même les éléments de sa vitalité et, jusqu'à un certain point de son gouvernement.

A cet effet, les membres du Cercle sont compris sous trois catégories : ils sont candidats, sociétaires ou conseillers.

Les candidats sont ceux qui sont admis à suivre les exercices du cercle, sans être encore membres de l'Œuvre. Ils font un stage minimum de trois mois.

Les sociétaires sont ceux qui ont été jugés dignes de faire définitivement partie du cercle et sont en cette qualité, reçus membres de l'Œuvre.

Les conseillers sont ceux qui ayant, comme sociétaires, donné des preuves certaines de leur vertu et de leur persévérance, reçoivent ce titre d'une manière définitive, sur la proposition du directeur et du Comité, et avec la confirmation de leurs camarades.

C'est sur ce point seul que je vous demande la permission d'attirer votre attention, car le rôle de conseiller et son mode de nomination sont la vraie caractéristique du cercle, et je pourrai ainsi faire disparaître un préjugé, malheureusement trop répandu.

Le Cercle s'adresse à toute la classe ouvrière et offre à tous ceux qui en sont dignes, le titre de sociétaire. Mais puisqu'il est une école d'hommes, il ne doit pas se contenter d'obtenir le minimum de vertu nécessaire au salut. Or, si tous les hommes n'arrivent pas à exercer une direction sur les autres et à pratiquer l'apostolat dans toute la force du terme, il est certain que quelques-uns au moins sont susceptibles d'entrer dans cette voie. C'est à ceux-là, après une longue et décisive épreuve, que nous conférons la dignité de conseiller. Remarquez bien que je dis dignité et non fonction, car il faut que vous compreniez que ce titre de conseiller constitue dans l'œuvre une position supérieure, à laquelle tous peuvent prétendre, une dignité indélébile, à laquelle on ne doit pas déroger, qu'en un mot le conseiller est nommé à vie.

Vous sentez bien qu'un directeur expérimenté n'a pas besoin d'être doublé d'un conseil ouvrier. Aussi le conseil n'a-t-il pas été institué pour cela, mais il est une conséquence de la dignité de conseiller. Ce n'est pas parce qu'il faut un conseil qu'on crée des conseillers, c'est quand on a des conseillers, et pour achever de les former, qu'on institue le conseil.

De ce que nous venons de dire il faut conclure :

D'abord qu'un Cercle ne doit être pourvu d'un conseil que quand il est pleinement constitué et qu'il a acquis l'esprit de corps et d'association, et pour cela il faut un temps assez long;

Ensuite que les conseillers ne doivent pas être nommés par promotion, mais un à un, et seulement quand il y a des hommes absolument dignes de recevoir ce titre;

Enfin que la dignité de conseiller doit être au-dessus de la discussion et que dès lors elle doit être conférée non-seulement par le directeur, mais aussi par la presque unanimité des suffrages des sociétaires. Il n'y a dans cette investiture rien qui ressemble à ce qu'on appelle aujourd'hui le suffrage universel, il y aurait plutôt l'application d'une vieille maxime de droit : *Lex fit consensu populi et constitutione regis.* En conséquence il n'y a pas de scrutin de balottage : il y a proposition de la part du directeur et acceptation par les deux tiers au moins des sociétaires. Si cette majorité ne se rencontre pas, le sociétaire n'est pas nommé, mais il peut être représenté plus tard.

Il y a d'ailleurs beaucoup de précautions de détail, que vous trouverez exposées dans le règlement, dans l'instruction sur l'Œuvre et dans les coutumiers, et sur lesquels je ne puis m'étendre ici.

Le conseiller ainsi nommé est proclamé au pied de l'autel, dans une cérémonie particulière, qui a pour but de faire comprendre la hauteur du rang où il est élevé et la grandeur de sa mission.

Mais le temps me presse, Messieurs, et il faut cependant que je dise encore un mot du cercle. Car si bonne que soit sa direction, si étudiée que soit sa constitution, il n'y a rien de fait s'il n'est pas une institution non-seulement catholique mais pieuse. Aussi l'expression de cercle, que l'on a dû emprunter au langage moderne, est-elle tout-à-fait insuffisante. Pour nous le cercle est une *association autour d'une chapelle*. Pesez tous les mots de cette défi-nition et acceptez toutes les conséquences qu'elle comporte : c'est ainsi seulement que vous comprendrez ce que doit être cette insti-tution et dans quel sens elle demande à être dirigée.

Et maintenant, Messieurs, que je vous ai exposé le but de l'œuvre et l'organisation qu'elle a dû prendre pour l'atteindre, ai-je besoin de m'étendre longuement sur l'esprit qui l'anime? Tout ce qui a été dit dans ce rapport ne le fait-il pas assez comprendre?

Nous avons dit que notre but était de lutter contre l'esprit révo-lutionnaire, que nous avons appelé une hérésie; n'était-ce pas dire que notre esprit était un esprit de foi et de soumission à tous les enseignements de l'Église?

Nous avons parlé de régénérer la société, en nous efforçant de ramener le règne social de Notre-Seigneur Jésus-Christ, n'était-ce pas dire que notre esprit était un esprit de soumission absolue à l'autorité ecclésiastique et à sa hiérarchie?

Vous dirai-je encore qu'un lien religieux unit les membres de l'œuvre, que nos comités doivent être des associations pieuses et que, tout aussi bien que nos cercles, ils devraient avo   un aumônier et des exercices religieux réguliers, au moins la messe mensuelle spé-ciale et la retraite annuelle? Et, en effet, Messieurs, sans cela nous ne pourrons jamais espérer obtenir le moindre résultat dans la lutte gigantesque que nous avons entrepris, et qu'avec la grâce de Dieu nous voulons soutenir pour l'honneur de l'Église et le relèvement de notre patrie.

GEORGES MARTIN.

TROISIÈME RAPPORT

ESSAI DE CORPORATION CHRÉTIENNE A ARMENTIÈRES

MESSIEURS,

Entre la ville d'Armentières et la commune d'Houplines, il s'est formé depuis vingt ans, une agglomération ouvrière qui grossit de jour en jour, et qui, à l'heure présente, ne compte guère moins de cinq mille âmes. Éloignés des églises du bourg et de la cité, entourés de cabarets et de bals, bon nombre des ouvriers qui la composent négligent depuis longtemps leurs devoirs religieux; beaucoup même s'adonnent à l'ivrognerie et à l'immoralité. La route est mal famée et les personnes honnêtes n'osent guère s'y aventurer le soir.

Or, en 1876, à la suite de quelques conférences prêchées à dessein sur les grandes questions sociales, un industriel de ce quartier vint me trouver. Depuis longtemps on se sentait pressé d'essayer de quelques œuvres en faveur de ces ouvriers; touché par la grâce, il croyait le moment opportun et il cherchait des religieuses disposées à le seconder. Il n'était point seul, ajoutait-il. D'autres industriels, ses voisins, voulaient entrer dans le mouvement et s'associaient à ses desseins.

J'admirais ces chrétiens généreux qui comprenaient si bien leurs devoirs de patrons, et qui pour les accomplir, ne reculaient pas devant le sacrifice.

A mon tour j'exposai à leur digne interprète, ce qui m'avait amené à Armentières dix-huit mois auparavant : je ne m'y étais fixé qu'on vue des œuvres, et dès mon arrivée, je m'étais assuré l'approbation de l'auguste prélat qui fait la gloire du diocèse, l'assentiment du vénéré doyen qui dirige la paroisse avec tant de zèle. — J'accueillais donc avec bonheur les ouvertures qui m'étaient faites, et je priais nos honorables patrons de me laisser prendre, avec leur concours, la direction de l'entreprise. Déjà, sans être parfaitement arrêté sur notre œuvre, je rêvais quelque chose comme cette admirable corporation que j'avais appris à connaître aux Congrès de Lyon et de Reims et dont le Val-des-Bois nous offre un si beau type. A l'exemple de M. Léon Harmel, l'apôtre de l'usine, nous allions demander au Sacré-Cœur inspiration et secours.

Pour arriver à nos fins, messieurs, nous avions besoin d'abord de religieuses, et pour installer ces religieuses, il fallait au moins une habitation provisoire ; d'autre part, en vue de l'avenir, il était bon d'acquérir immédiatement un vaste terrain au cœur même du quartier que nous voulions évangéliser.

Nous nous mîmes à l'œuvre et après huit mois de recherches laborieuses douze mille mètres de terrain étaient achetés au centre même de l'agglomération ouvrière, deux maisons pourvues d'une cour étaient louées non loin de là, enfin six religieuses de N.-D. des Missions nous étaient envoyées du sanctuaire ou du moins de la colline de Fourvières.

C'était à la fin du mois de décembre 1876. Un autel fut dressé en toute hâte dans le futur établissement des sœurs ; un calice et d'humbles ornements nous furent prêtés par la paroisse et, la nuit même de Noël, tandis que les anges promettaient la paix aux hommes de bonne volonté, Jésus-Ouvrier prenait mystérieusement naissance dans cette habitation si misérable et si ignorée. A part les rebuts que le divin Sauveur n'avait pas éprouvés, c'étaient vraiment Bethléem avec son dénûment et ses souffrances, mais aussi avec ses lumières, ses joies, et ses promesses.

Quand les religieuses de N.-D. des Missions furent à peu près installées dans leur monastère des Saints-Anges, elles ouvrirent des classes et un patronage pour les petites filles de nos fabriques. Quelles difficultés, quels ennuis dans les commencements ! La plupart de ces jeunes filles ne savaient point ou ne savaient plus ce que c'était que la discipline, dans ce patronage surtout. Elles étaient grossières et insoumises ; elles grimpaient et couraient sur les

tables ; pendant les récréations et à la sortie de l'établissement elles
jetaient des cris qui scandalisaient le voisinage et qui rappelaient
à la T. R. Mère générale ceux qu'elle entendait six mois auparavant
chez les Tongiennes de l'Océanie. Nos enfants lui paraissaient de
véritables sauvages; elle ajoutait même parfois, mais tout bas,
qu'elles étaient pires et nous nous demandions si jamais nous en
aurions raison. — Une condition essentielle pour le patronage était
d'obtenir la stabilité sans laquelle rien n'est possible. Mais nos
enfants quittaient l'œuvre ou parce qu'elles cédaient à leur inconstance naturelle ou parce que, sortant de nos ateliers, elles n'avaient
plus l'entrée de l'école dominicale : telle était la règle en ce temps-
là. Depuis nous avons été forcés de fléchir sur ce point et le patronage s'en est heureusement trouvé ; mais quand les œuvres seront
parfaitement assises, il y aura peut-être lieu dans l'intérêt général
de revenir prudemment à cette première sévérité.

Quelques mois après avoir ouvert les classes d'apprenties et
l'école dominicale, les sœurs établirent une maison de famille en
faveur des jeunes filles qui viennent de l'extérieur travailler dans
nos fabriques : elles voulaient les arracher aux auberges malsaines
où elles perdent souvent leur innocence et leur honneur. A celles qui
retournent chaque soir dans leurs foyers elles offraient à bon compte
une table bien servie; à celles qui sont obligées de se fixer en ville
elles proposaient à la fois le vivre et le couvert. — Le croiriez-vous,
Messieurs? Presque personne ne voulut de longtemps profiter de
si précieux avantages. Quelques jeunes filles osèrent à peine se
risquer d'abord et tout aussitôt elles devinrent dans les ateliers
l'objet de préventions, de moqueries et même de persécutions. Les
pauvres enfants tenaient bon quelque temps, puis les unes après
les autres elles nous quittaient parfois très-grossièrement et même
elles travaillaient à entraîner leurs compagnes. C'était toujours à
recommencer.

Les sœurs avaient cru être plus heureuses en créant une école
pour les petites filles dont les parents appartenaient à nos fabriques.
Comme un certain nombre de ces enfants ne pouvaient être admises
dans les écoles communales, insuffisantes jusqu'à ce jour, elles se per-
suadaient que les parents accueilleraient leurs offres avec faveur.
— Elles se trompaient, Messieurs. Elles comptaient immédiatement
et nous comptions nous-mêmes sur une centaine de petites filles; c'est
à peine s'il se présenta six ou sept enfants et encore, malgré cer-

taines promesses que nous estimions séduisantes, on ne les envoyait qu'avec une extrême défiance. Les religieuses toutefois ne se rebutèrent point; après les fêtes de Pâques, elles commencèrent la classe en faveur de ces quelques enfants, elles les entourèrent de toutes sortes de tendresses et de soins.

A quelque temps de là, tandis qu'il soutenait leur courage, le bon Dieu leur accordait dans une autre œuvre une immense consolation. Une excellente chrétienne qui exerce dans le quartier un modeste commerce vint trouver les sœurs, poursuivie par une pensée qu'elle voulait au moins leur communiquer. Témoin, disait-elle, du dévouement de leur aumônier auprès des pauvres et des malades elle éprouvait le besoin de lui venir en aide et elle était toute prête à recevoir à cet égard direction et conseils. — Averti par la R. M. Prieure, je me rendis auprès de cette personne et lui demandai quel genre de concours elle pourrait me prêter. De cette entrevue sortit la pensée d'une œuvre analogue à celle des conférences de Saint-Vincent de Paul. Douze à quinze femmes du quartier, recommandables sinon par la fortune du moins par la foi, le zèle, l'esprit chrétien, entrèrent comme membres actifs dans l'œuvre d'Anna, Maria. Quatre-vingts dames de la ville s'unirent comme membres honoraires à ces humbles servantes des pauvres et, par une cotisation annuelle de dix francs, elles assurèrent à l'œuvre les ressources dont elle avait besoin. Les membres actifs s'engageaient à visiter les indigents et les malades, à leur donner des secours et des consolations, à passer la nuit auprès des moribonds, à soulager toutes les misères, à suivre les morts eux-mêmes de leur sollicitude et de leurs prières. Jusqu'ici ces femmes héroïques ont été saintement fidèles à leur mission.

Tant de dévouement de la part des Consœurs d'Anna-Maria et surtout de la part des religieuses, commençait à attirer toutes les bénédictions du ciel. L'école des Saints-Anges ouverte à Pâques avec sept enfants en comptait trente à la fin de l'année scolaire et les parents s'étonnaient des résultats obtenus en si peu de temps; à la reprise des classes elle avait soixante élèves; elle en eût réuni cent si l'école avait reçu, même avec une rétribution, d'autres enfants que ceux de nos ouvriers. — Le patronage s'organisait; il constituait ses catégories d'aspirantes et d'agrégées, ses dignitaires et son conseil. Une association des Saints-Anges, une ébauche de Congrégation d'enfants de Marie, une section d'œuvre de charité annexée à l'œuvre d'Anna-Maria y faisaient pénétrer doucement la piété et la miséricorde chrétienne. — La maison de famille languissait; mais elle ne nous semblait pas absolument indispensable et nous comptions encore sur le temps et sur de nouvelles expériences pour modifier les préventions dont elle était l'objet.

Toute un année s'était écoulée à préparer les premières assises de la corporation; il nous parut que nous pouvions désormais édifier sur une autre point.

En effet, Messieurs, une corporation ne se compose pas seulement d'œuvres de jeunes filles et de femmes; les petits garçons et les hommes doivent également en recueillir les bienfaits.

Le provisoire nous avait réussi dans nos premières entreprises; nous ne voulûmes pas attendre une installation définitive sur le terrain acquis à l'œuvre. On loua quelques maisons près desquelles une cour assez spacieuse avait été ménagée et le jour de Saint-Joseph n'ayant trouvé pour m'assister aucun religieux ni aucun prêtre, je rassemblai moi-même les jeunes garçons de nos fabriques et je commençai à leur faire la classe.

Le dimanche suivant, tandis que l'Église célébrait les premières vêpres de l'Annonciation de la T. S. Vierge et de l'Incarnation du Fils de Dieu, nous inaugurions sans bruit dans le même local un patronage d'apprentis: l'Œuvre de Jésus-Ouvrier. Nous n'avions point cherché ces heureuses coïncidences; elles nous paraissaient le gage des plus précieuses bénédictions.

L'Œuvre de Jésus-Ouvrier, nous l'abordions, semb'e-t-il, dans les meilleures conditions. Depuis cinq mois environ je réunissais tous les quinze jours dix jeunes gens des meilleures familles d'Armentières, j'excitais et j'entretenais leur zèle, je les préparais par une étude sérieuse à la direction du futur patronage, en attendant que je pusse les former à la pratique d'œuvres plus importantes: celle des conscrits par exemple et celle des cercles catholiques d'ouvriers. Plus soucieux du salut des âmes que des plaisirs proposés à leur âge, ces admirables jeunes gens s'étaient distribué le service du patronage et ils promettaient de montrer un grand dévouement dans la conduite de nos enfants.

Depuis lors, Messieurs (pour vous entretenir d'une dernière œuvre), sous les auspices du Sacré-Cœur et sous la présidence de M. Dutilleul, le zélé patron à qui revient en grande partie l'honneur de toutes ces entreprises, nous avons constitué le premier vendredi do juin un Comité des cercles catholiques. Son action bienfaisante doit s'étendre à toute la Ville ; mais la route d'Houplines et notre corporation chrétienne profiteront les premières, cette année même, il faut l'espérer, de ses sages institutions. Le Comité a déterminé ses cadres et réparti son travail ; il a recruté autour de lui un grand nombre d'hommes sérieux et dévoués ; il prépare activement la prochaine création d'un cercle d'ouvriers. — Une maison s'élève actuellement sur notre vaste terrain. Cette maison est destinée à la communauté de religieux ou de prêtres séculiers qui se consacrera quelque jour à nos œuvres ; mais elle sera tout d'abord, en partie du moins, affectée à cette association. — Une église spacieuse et très-convenable qui servait provisoirement aux fidèles d'une paroisse voisine a été acquise le mois dernier ; elle sera transportée prochainement, non pas toutefois comme la sainte maison de Nazareth, auprès du cercle catholique ; elle en sera la chapelle ou plutôt elle sera la chapelle de la corporation tout entière.

Résumons, Messieurs, ce qui a été fait jusqu'à ce jour en vue de cette corporation ; nous verrons ensuite rapidement ce qu'il nous reste à faire.

D'une part les Religieuses de Notre-Dame des Missions ont sous leur direction si sage et si dévouée :

1° Une classe de petites filles dont les parents sont attachés à quelqu'une de nos fabriques. La confrérie de Sainte-Philomène initie ces enfants à la pratique des associations.

2° Une œuvre de jeunesse où viennent s'épanouir deux autres congrégations : celle des Saints-Anges et celle des enfants de Marie. Une caisse d'épargne et une modeste bibliothèque ont été établies en faveur de nos jeunes filles ; de leur propre initiative elles ont institué parmi elles la Sainte-Enfance et la propagation de la Foi ; elles se font un bonheur de communier souvent.

3° Une maison de famille qui a pris difficilement, mais qui, depuis plusieurs mois, semble parfaitement assurée. Il y règne le meilleur esprit.

4° Enfin l'œuvre admirable d'Anna-Maria en faveur des pauvres et des malades.

D'autre part en vue des jeunes gens et des hommes, il s'est établi :

1° Une classe d'apprentis uniquement accessible aux garçons de nos ateliers. J'y ai formé les jeunes gens à la discipline et au travail ; je ne les ai pas encore amenés à la piété.

2° Une œuvre de jeunesse. Elle est encore dans la période de l'enfance et n'a point donné tous les fruits qu'elle nous promet.

3° Un comité des Cercles catholiques d'ouvriers. Il travaille avec la plus grande énergie.

Pour compléter la corporation, voici, messieurs, ce que nous songeons encore à créer :

1° Une crèche. — Nous nous en préoccupons depuis cinq à six mois, et nous l'ouvrirons au plus tard dans quelques semaines. D'autres patrons de la route d'Houplines avaient songé à en établir une au profit de leurs propres ouvriers. Depuis, l'honorable industriel qui avait commencé cette généreuse entreprise, est venu se rallier à nous, et, sans entrer immédiatement dans nos autres œuvres, il nous a priés d'accepter son concours pour la crèche que nous-mêmes avions en vue. Ses dignes collègues ont maintenu l'adhésion qu'ils lui avaient donné primitivement, en sorte que nous préparons désormais cette crèche à frais communs.

2° Nous installerons également dans un avenir prochain, un asile qui reliera la crèche à l'école des petites filles et à la future école destinée aux petits garçons.

3° Aussitôt que la Providence le voudra, nous créerons un orphelinat principalement pour les petites filles de nos ouvriers. Après la première communion, ces enfants travailleront dans nos établissements; mais nous prendrons des dispositions pour qu'elles partagent la journée, au moins jusqu'à l'âge de quinze ans, entre l'atelier, la classe et l'ouvroir. Nous n'avons pas seulement la prétention de préparer d'excellentes ouvrières, nous avons l'ambition de former des femmes de ménage et surtout de ferventes chrétiennes.

4° Nous proposons d'ouvrir une sorte de refuge où seraient accueillies durant quelques mois, celles de nos grandes filles qui ont laissé passer le temps de la première communion, et qui voudraient enfin se préparer à ce grand acte. Les bonnes religieuses, les dames d'Anna-Maria, les compagnes de ces jeunes personnes, les ont disposées jusqu'à ce jour avec un zèle étonnant; mais une institution spéciale, semblable à celle de M. l'abbé Roussel, amènerait des résultats plus sérieux et plus durables. — Nous verrons plus tard s'il y a lieu de constituer en faveur des garçons, un refuge et un orphelinat analogues à ceux que nous avons décrits.

5° Nous avons hâte d'établir, pour nos ouvrières, une association do mères chrétiennes; nous pourrons sans doute y songer efficacement quand nous jouirons de notre église provisoire.

Du côté des garçons et des hommes, il nous faudrait encore, messieurs :

1º Une école pour donner à nos enfants toute l'instruction et toute l'éducation dont ils sont susceptibles. Nous appliquerions volontiers à cette école les judicieux principes exposés par M. Timon-David dans la méthode de direction des œuvres de jeunesse.

2º Après la première communion, ceux de nos enfants qui auraient témoigné d'aptitudes particulières, passeraient dans un cours supérieur qui les préparerait par des études plus ou moins longues, soit à l'école catholique d'arts-et-métiers qui doit s'ouvrir à Lille, soit même au séminaire ou aux divers noviciats des ordres religieux. Il est de plus en plus nécessaire que nous ayons des contre-maîtres non-seulement habiles, mais chrétiens, mais façonnés en vue des œuvres. Il est de plus en plus nécessaire que nous recrutions des sujets ou pour l'état ecclésiastique, ou pour l'état religieux.

3º Une maison de famille serait établie à l'instar de celle des jeunes filles.

4º Au moment où les jeunes gens sont appelés sous les drapeaux, nous voudrions les réunir et les initier durant quelques mois, au noble métier des armes. Dans l'œuvre des conscrits, nous trouverions peut-être un moyen d'arracher quelques infortunés à la tyrannie des passions et des mauvaises habitudes. L'œuvre du départ qui fonctionne depuis trois ans avec tant de succès, nous donne à cet égard les plus légitimes espérances.

5º Le Cercle catholique que nous préparons pour le commencement de l'hiver et que nous nous efforcerons de doter des institutions économiques auxquelles il se prête si bien, achèverait le cycle des œuvres ouvrières.

Au dessus, Messieurs, et comme couronnement de ce magnifique faisceau s'épanouirait une association chrétienne de patrons et c'est par là surtout que notre corporation se distinguerait de la corporation du Val-des-Bois ou de ce groupe admirable d'œuvres que présentent, dans la catholique cité de Lille, les établissements de MM. Thirier frères ou de MM. Vrau et Féron-Vrau. A Lille comme au Val-des-Bois les patrons d'une seule et même usine ont formé des associations chrétiennes et des institutions économiques en vue de leurs propres ouvriers. A Armentières ce seraient les patrons d'un même quartier sans doute, mais d'usines diverses, d'industries différentes ou rivales qui uniraient leurs efforts pour travailler généreusement au salut et au bien-être des ouvriers leurs frères.

A l'heure qu'il est cette association chrétienne n'est pas absolument formée ; mais elle est en principe, d'abord dans cette réunion d'industriels qui, sans s'imposer de constitution ni de règle, s'est groupée primitivement pour concourir aux œuvres que nous avons exposées. Elle est encore en germe, mais à l'état rudimentaire, dans ce rapprochement de patrons qui s'est effectué tout récemment afin de contribuer aux charges de la crèche.

Qui sait ? Un jour peut-être tous ces patrons, encouragés par les premiers essais, s'uniront plus étroitement et plus régulièrement pour soutenir toutes les œuvres de la corporation. Non contents d'assurer des ressources au représentant de Dieu, ils descendront avec lui jusqu'au plus humble ouvrier pour lui tendre la main et lui ouvrir leur cœur

C'est alors surtout, Messieurs, que deviendra facile cette réforme intérieure de l'usine à laquelle les patrons et nous aspirons de tous nos vœux. Après avoir relevé la religion dans le sanctuaire de son âme et au foyer domestique, l'ouvrier voudra lui faire également dans l'atelier une place d'honneur. Loin de là désormais l'irréligion, le blasphème et l'impiété ! Dans ces nobles et laborieux chantiers qu'il arrose chaque jour de ses sueurs et que protégeront alors l'image et le souvenir de Jésus-Ouvrier, il demandera qu'on laisse entrer l'esprit du Christ et les pratiques de la foi.

En ce temps-là, Messieurs, il ne sera plus question de réconcilier le capital et le travail. En reprenant ses droits sur le patron et l'artisan, la religion aura refait l'union entre les deux : à l'un elle aura inspiré la charité ; à l'autre, la résignation.

A. COULOMB,
Aumônier à Armentières, (Nord).

QUATRIÈME RAPPORT .

MONOGRAPHIE DU CERCLE CATHOLIQUE DES MAÇONS ÉTABLI A PARIS

MONSEIGNEUR,
MESSIEURS

En 1867, un pieux évêque (1), enlevé trop tôt à nos respects et à notre affection, gouvernait l'Église de Limoges. Témoin attristé des ravages qu'exerçait l'émigration dans une partie notable de son vaste diocèse, il chercha longtemps, non pas à arrêter, sentant bien que cela était impossible, mais à ralentir le courant qui entraînait ses ouailles vers les grands centres de population. Que faire alors?

Ne pouvant retenir ses ouailles, il les suivra en quelque sorte, imitant ainsi les vaillants missionnaires qui s'attachent à la destinée de leurs chrétientés nomades. La capitale, à elle seule, attire dans son sein, chaque année, environ vingt mille maçons et tailleurs de pierre. C'est donc par Paris qu'il faut commencer. Établir à Paris une mission permanente à l'instar de celle des Allemands alors en pleine prospérité, voilà où tendirent d'abord tous ses efforts.

Ce premier projet n'ayant pas réussi, Sa Grandeur alla demander aide et assistance au Provincial de la compagnie de Jésus. Le R. P. de Ponlevoy, toujours secourable, lorsqu'il s'agissait de la gloire de Dieu et du salut des âmes, lui proposa un religieux de la maison Sainte-Geneviève qui, sans abandonner les fonctions qu'il remplissait au collège, pourrait donner à cette œuvre nouvelle le trop plein de son temps. Il était impossible de mieux choisir, et le R. P. Montazeau le prouva bientôt par son dévouement et son activité, par son intelligence et par le tact parfait dont il fait preuve tous les jours; Monseigneur accepta et l'œuvre commença.

Après de courts préliminaires le plan du cercle arrêté, on convoqua les maçons à une modeste fête dans la chapelle des caté-

1 Monseigneur Félix Fruchaud, décédé archevêque de Tours.

chismes de Saint-Étienne du Mont. On jeta un peu à tous les vents les circulaires-programmes qui allèrent s'abattre un peu partout, portant la bonne semence tantôt dans un garni, tantôt dans un chantier, quelquefois dans un cabaret, voire même dans les bureaux de journaux avancés, ceux-ci ne manquèrent pas de leur faire bonne fête. Leurs diatribes fit connaître l'œuvre dès son début, on ne voulait pas autre chose.

Aussi la première réunion présidée par M. Rataud, maire du V° arrondissement, assisté de M. l'abbé Borie, curé de Saint-Étienne du Mont fut-elle fort nombreuse et toute *maçonne*. Rendez-vous fut pris pour le dimanche suivant, rue des Fossés Saint-Jacques n° 11, dans un local gracieusement prêté par le maire du Panthéon, avec l'autorisation préfectorale. Un certain nombre des auditeurs du premier jour s'y rendirent et dès ce jour le cercle fut fondé.

Les statuts furent rédigés et soumis aux autorités compétentes qui, après mûres réflexions, voulurent bien les approuver provisoirement en 1868. A vrai dire, les uns trouvaient l'idée d'un cercle d'ouvriers un peu hardie, à cette époque déjà bien agitée par la politique ; d'autres la jugeaient tout simplement irréalisable.

Nos meilleurs amis eux-mêmes haussaient les épaules et branlaient la tête, en signe d'incrédulité.

Cependant, après une année d'efforts où le R. P. Montazeau prouva une fois de plus que la ferme volonté de faire le bien rencontre toujours l'appui du Seigneur, lorsque Mgr Fruchaud, accompagné de sénateurs, de députés et d'autres personnages considérables, vint présider la première distribution des récompenses, la confiance commença à se faire jour et les hésitations cessèrent, au moins en grande partie.

Dès 1869 l'œuvre était déjà assez forte pour créer une succursale au Gros-Caillou, rue Andrieu, avec le généreux concours de M. le comte de Lambel et du R. P. Gravoueille, recteur du collège de Vaugirard.

Les deux cercles réunis comptaient de 3 à 400 membres et tout annonçait un avenir prospère, lorsque la guerre éclata. On eut besoin de notre local pour organiser la garde nationale du quartier, ce fut avec empressement qu'il fut livré pour la défense de Paris. Puis notre bien-aimé directeur lui-même fut fait prisonnier à Châtillon, par les Prussiens, le 19 septembre, et ce n'est qu'après l'armistice qu'il put venir reprendre ses fonctions ; mais alors la Commune vint piller le modeste mobilier du Cercle, recueilli rue Lhomond, 18, et brûler les registres, etc.

L'ordre était à peine rétabli que le R. P. Montazeau reprenait, non sans peine, possession de l'ancien local et que les réunions recommencèrent, moins nombreuses sans doute, car l'ouvrage était devenu plus rare à Paris. Mais peu à peu les usines se relèvent et, grâce à l'ardeur généreuse de nos braves maçons, nous marchions à grands pas lorsque l'ordre nous fut signifié d'avoir à quitter notre berceau !

Au préalable, on nous avait retranché la modeste subvention que la ville de Paris nous allouait annuellement ; il était naturel qu'on allât jusqu'au bout.

Pendant ce temps-là notre infatigable directeur poursuivait notre reconnaissance légale, et le 20 mars 1876, nous apprenions avec joie que M. Ricard, ministre de l'intérieur, avait contre-signé le décret qui reconnaît le cercle des maçons et des tailleurs de pierre, d'utilité publique. Nous n'avions plus à hésiter, et il fut décidé que nous ferions immédiatement bâtir notre résidence actuelle, rue des Chantiers, n° 7.

Mon éminent confrère, M. Millet, en fut l'architecte, et nous devons ici lui témoigner notre reconnaissance et nos félicitations, sans oublier M. Mozet qui en fut l'entrepreneur et qui a droit aussi à notre gratitude.

Voilà Messieurs, quelle est notre histoire, permettez-moi maintenant de vous dire quelle est notre organisation.

Notre organisation est à peu près celle de toutes les œuvres fondées avant ou après nous :

1° Un comité supérieur composé, autant que possible, du personnel notable du bâtiment (patronage naturel de nos ouvriers), Architectes, Entrepreneurs, Propriétaires, etc.

La mission de ce comité est tout extérieure, comme vous pourrez vous en rendre compte par la lecture des Statuts. Il traite, par son bureau, avec les pouvoirs civils, il gère les finances et ses membres sont tous souscripteurs à des titres différents : bienfaiteurs, membres honoraires, membres actifs, payant une cotisation qui varie de 25 à 100 francs et plus. Le nombre, qui est illimité, est en ce moment de 120.

Le deuxième comité, dit particulier, est composé à peu près exclusivement d'ouvriers sociétaires, à l'exception du Directeur et d'un membre du Comité général qui en font partie de droit. Il comprend, comme le bureau du comité général : un président, deux vice-présidents, un secrétaire, un trésorier et 12 conseillers. La Présidence est annuelle et les Conseillers renouvelables par tiers. Il s'occupe uniquement des affaires intérieures du Cercle : réceptions, renvois, discipline, réglement, etc.

Outre ces deux Conseils, nous avons un Comité d'enseignement, composé d'Architectes, d'Entrepreneurs et de notre personnel enseignant ; ce comité est chargé de diriger l'enseignement, d'en préparer les méthodes et d'en surveiller l'application, d'inspecter les classes, d'établir les concours, et de faire passer les examens ; puis, à la fin de l'année, de distribuer les diplômes et les autres récompenses, etc.

Enfin un comité de Dames de Charité est chargé de l'organisation et du soin de l'infirmerie, des secours à donner aux malades à domicile, comme aussi de la chapelle, des quêtes, des loteries, etc. C'est encore ce comité qui s'occupe de l'éducation des orphelins de père ou de mère, ayant un lien avec notre Cercle.

Voilà, Messieurs, tout notre personnel administratif, et la place qu'il occupe dans le mouvement général de l'œuvre, placée du reste, comme vous le savez, sous le haut patronage de Son Eminence Mgr le Cardinal Archevêque de Paris et de Nos Seigneurs les Evêques de Limoges, de Poitiers et de Bayeux.

Maintenant je dois vous dire quel est notre but et les moyens que nous employons pour l'atteindre.

L'œuvre du cercle des maçons est une œuvre éminemment sociale et toute d'apostolat chrétien.

Quelle est en effet la pensée qui a inspiré Mgr Fruchaud, et qu'a-t-il demandé au début de l'œuvre ?

D'empêcher de braves ouvriers, venus bons et sages de leur pays natal, de se corrompre au contact des ouvriers de la capitale ; d'en soustraire le plus grand nombre possible à l'action de ce foyer pestilentiel, afin de les rendre à leurs familles sans danger pour la société, d'apprendre aux uns et aux autres à connaître, à aimer et à servir Dieu ; en un mot d'en faire de bons chrétiens.

Voilà, dans toute sa simplicité, le but que nous poursuivons.

Nécessairement les fondateurs du cercle ont dû s'inspirer de cette situation, moins spéciale qu'il ne semble peut-être à première vue.

Et d'abord, comment les faire venir et leur parler ? Car s'ils ne nous entendent pas, il n'y a pas de foi possible, *Fides ex auditu* ; et sans foi, point de religion, point de morale, partant point d'amélioration à espérer. Des églises, des chapelles, nous n'en manquions pas, mais y seraient-ils venus ? c'est plus que douteux.

Le cercle était pour, eux il y a dix ans, une grande nouveauté ; il n'en existait pas pour cette catégorie d'ouvriers assez timides de leur naturel et qui fraient peu avec les autres. Le cercle réussit donc à souhait. Une fois en face de nous, de quoi les entretenir ? Les catéchiser purement et simplement, c'eût été les faire fuir, et quant aux grandes questions religieuses elles dépassent généralement leur portée. Puis aurions-nous ainsi rempli toute notre mission ? Ne devions-nous pas chercher à donner à nos adeptes l'instruction primaire, combattant ainsi l'ignorance, cet ennemi de la religion et par conséquent de la morale, et l'instruction professionnelle qui permet à l'ouvrier de trouver une juste satisfaction dans son travail quotidien, tout en augmentant son bien-être matériel. Les classes d'instruction primaire furent les premières imaginées. Il vint ensuite quelques élèves plus instruits, les classes professionnelles suivirent.

Puis nous avons cherché à combattre le chômage, cette plaie de l'émigrant qui ne s'établit temporairement à Paris que pour travailler, gagner quelqu'argent et s'en retourner au pays où femme, enfants et souvent même grands parents l'attendent. Pour cela nous avons recommandé nos ouvriers aux entrepreneurs faisant partie de l'Œuvre et avec une quinzaine d'entre eux nous avons cherché à établir une sorte de bureau de placement, une grève, selon l'expression consacrée, au siège même de l'Œuvre où chaque dimanche, les maîtres de chantier et les appareilleurs viendraient embaucher les ouvriers dont ils auraient besoin pour la semaine.

Ce projet a rencontré des difficultés que l'heure présente ne nous a pas permis de surmonter, mais qui le seront à un moment donné.

En attendant nous prions nos entrepreneurs de nous avertir lorsqu'ils ouvrent un chantier, et de ne pas laisser congédier nos hommes pour le seul fait de s'être reposé le dimanche. Enfin quand un sociétaire manque d'ouvrage il est recommandé à ses camarades à la réunion. Il est rare s'il est bon ouvrier qu'il reste sans ouvrage.

Du reste, dans les moments de gêne, notre bon Directeur leur vient en aide soit pécuniairement, soit en les rapatriant.

Un autre fléau contre lequel le meilleur ouvrier est impuissant c'est la maladie. Les accidents sont nombreux dans le bâtiment. Le cercle a pourvu efficacement aux besoins des malades et des blessés.

Dès le début, les visites de médecins du quartier et les médicaments nécessaires ont été promis gratuitement. Aujourd'hui nous avons une infirmerie bien installée avec 12 lits, mis gratuitement à la disposition des sociétaires malades; médecins, chirurgien, garde malades, rien ne manque. Le médecin ordinaire donne des consultations deux fois par semaine au cercle, non seulement à nos ouvriers mais encore aux pauvres du quartier.

Enfin il est un troisième ennemi pour l'ouvrier, celui-là bien plus terrible que les deux autres, car il engendre et le chômage et la maladie et abaisse l'homme au niveau de la brute, c'est le cabaret puisqu'il faut le nommer. Nous disons qu'il engendre le chômage mais il est pis encore puisque non-seulement il prend le temps qui pourrait être employé à l'étude ou au travail mais encore l'ouvrier y dépense l'argent péniblement gagné; quant aux maladies les hôpitaux et les asiles d'aliénés le prouvent surabondamment.

Afin de combattre efficacement cet ennemi acharné nous réunissons tous nos efforts et tout notre savoir-faire; le grand point est de les attirer au cercle.

Ce jour-là, jeux de quilles, billlard, jeux divers, journaux, rafraîchissements, rien n'est négligé, et encore, il faut bien l'avouer, la victoire n'est pas toujours de notre côté. Inutile d'ajouter que le moyen des moyens est l'enseignement religieux, dont nous ne faisons pas montre, mais qui est donné régulièrement, avec la fréquentation des sacrements, et même les pratiques de piété en usage dans les paroisses de campagne. Notre but, en agissant ainsi, est de conserver dans le cœur de nos ouvriers le souvenir du village où ils doivent aller passer trois mois de l'année; aussi, tâchons-nous, à tout propos et à propos de tout, de leur rappeler ce souvenir. Voilà pourquoi nous tenons singulièrement à ne rien changer à leurs habitudes d'enfance, et à les maintenir dans les usages du pays.

Telle est donc notre méthode, tels sont nos moyens d'action les plus usuels. Nos sociétaires viennent donc au cercle.

Docendi, precaturi, curandi.

Mais les résultats, me demanderez-vous, quels sont-ils?

A cela je réponds: nous avons vécu dix ans au milieu de difficultés inouïes, qui durent encore, surtout dans les chantiers où on appelle nos braves ouvriers : Jésuites encerclés, Montazeau, etc. ; où parfois même on les pend en effigie, d'où on les chasse, lorsqu'ils sont reconnus comme sociétaires, et cela le plus souvent contre la volonté des patrons. Vivre dix ans dans de pareilles conditions, c'est un premier résultat. Nous sommes chez nous, ayant pignon sur rue, ne devant rien ou presque rien à personne. Nous sommes reconnus d'utilité publique, autre résultat bien appréciable par le temps qui court. Nos classes, malgré le mauvais vent qui souffle, ont été fréquentées cet hiver par trois ou quatre cents élèves, ainsi que le constate le compte rendu de M. Ch. Lucas. Nos *concours* ont été appréciés en Belgique, l'an dernier, et nous ont mérité une médaille d'argent. Nous espérons que nos travaux de l'année, exposés à la classe 66, *génie civil,* seront également récompensés par le Jury français.

Depuis dix ans, plus de deux mille ouvriers ont passé dans nos rangs par série de deux à trois cents (il ne faut pas oublier qu'ils sont nomades).

Nous aimons à croire que ce ne sera pas en vain. Ceux qui ont, plus ou moins longtemps, séjourné chez nous, ont certainement profité des leçons qu'ils ont reçues, puisque nous comptons déjà parmi eux des entrepreneurs, des maîtres de chantiers, des appareilleurs. C'est sur nos élèves que se fonde l'espoir d'avoir un jour droit de chantier dans la cité. Inutile de dire que c'est parmi eux que nous recrutons nos meilleurs sociétaires.

A ces résultats, ajouterai-je que nous avons élevé quelques enfants de nos ouvriers et que l'un d'eux est parvenu jusqu'au grand séminaire ; que nous avons soigné bien des malades, etc., je pense qu'il est inutile d'insister.

Enfin, messieurs, vous dirai-je nos espérances ! La première de toutes, est de nous propager.

Vous remarquez que dans nos statuts, nous avons le droit de former autant de Cercles que nous voudrons.

Nos clients sont nomades, ils sont obligés de changer de chantier ; ils suivent leur ouvrage et se déplacent à tout instant ; il nous faut donc à Paris, quatre ou cinq stations aux points extrêmes de la grande cité. Aussitôt que nos ressources le permettront, nous nous installerons à Batignolles, puis à la Villette, enfin nous espérons revenir au Gros-Caillou. Ces stations, moins importantes comme

installation que celle de la rue des Chantiers, raccourciront forcément le chemin de nos clients disséminés dans Paris, et permettront
à un plus grand nombre de venir à nous.

Tels sont nos projets, qui se réaliseront en leur temps, si Dieu
le permet.

Mais comment trouver des ressources?

Ah! c'est bien là le plus sérieux obstacle à une marche rapide, et
nous passons plus de temps à nous procurer des ressources qu'à faire
l'œuvre proprement dite.

Cependant ne nous plaignons pas si nous n'avons plus rien en
caisse, au moins nous n'avons pas de dettes.

Cela tient à l'emploi de deux moyens en honneur chez nous.

Le premier c'est d'économiser, tout en faisant les choses convenablement.

Jusqu'à présent nos dépenses annuelles n'ont jamais dépassé 4 à
5000 francs. Le second moyen consiste à ne jamais faire une dépense, grande ou petite, sans avoir en caisse de quoi y faire face. C'est
peut-être de la prudence humaine; mais avec cela on ne tente pas la
Providence, et on ne se compromet pas; ce qui ne nous empêche pas
d'avoir, en la charité publique, une immense confiance qui n'a jamais
été déçue. Combien d'œuvres seraient plus prospères, si elles
avaient été fidèles à cette méthode.

Voici donc, messieurs, ce qu'est le Cercle des maçons et quelles
sont ses espérances; mais cela n'est pas tout ce que nous désirons,
tout ce qui, suivant moi, doit être fait dans l'intérêt des ouvriers et
de la société. Ce n'est là qu'un bien petit groupe dans la grande
famille du travail si violemment désorganisée en 1791, par la suppression des corporations.

Supprimer, détruire, est-ce donc là tout le devoir d'une société
vis-à-vis des travailleurs? Certes non, et, si à la fin du siècle dernier, après avoir tout renouvelé, après avoir codifié nos lois, organisé la magistrature, créé une nouvelle armée, institué un enseignement, etc., etc.; on n'a rien mis à la place des corporations qu'il
fallait réformer et non détruire, c'est que la pensée dominante de
cette époque était impuissante à cet égard. En laissant ainsi les
travailleurs se débattre seuls en face de la libre concurrence qu'on
venait de décréter, on a commis un crime. Aussi les souffrances
ont-elles grandies chaque jour depuis cette époque. De terribles
secousses en révèlent parfois la profondeur et l'étendue, sans jamais

donner aucun profit à l'ouvrier, bien au contraire, en fin de compte, c'est toujours lui qui supporte la plus lourde part du malaise social.

Il nous faut donc aujourd'hui faire ce qui aurait dû être fait il y a bientôt un siècle. Mais notre tâche sera bien autrement difficile qu'elle ne l'eût été alors; car il faut détruire cet individualisme, cet isolement du travailleur, cet antagonisme qui grandit nécessairement entre lui et son patron, toutes choses qui n'existaient pas alors. Il faut que l'ouvrier reprenne la place honorable qui lui appartient dans la société et que Notre-Seigneur Jésus-Christ lui avait assignée parmi ses frères : il faut qu'il regagne ce qu'il a perdu moralement et matériellement, et que ses amis et ses historiographes ne puissent plus écrire l'*Assommoir*, ce livre d'une déshonorante exactitude, du moins pour quelques-uns d'entre eux.

Il n'y a, suivant moi, ainsi que je l'ai déjà dit, qu'une seule voie ouverte devant nous pour atteindre ce but; c'est non pas le rétablissement des corporations, mais l'établissement de corporations nouvelles, répondant aux besoins actuels, et conformes aux nouvelles conditions du travail.

Je suis de ceux qui pensent que l'école des économistes du dernier siècle a été funeste à l'humanité; je crois que la liberté illimitée dans le commerce engendre tôt ou tard le monopole, en permettant aux grands capitalistes de ruiner les petits producteurs et les petits marchands; par conséquent, en retirant à l'ouvrier ou au commis l'espoir de devenir un jour patron lui-même. Il est incontestable aussi que la libre concurrence a engendré la division du travail, qui réduit le plus souvent l'ouvrier à l'état de machine, et qui l'empêche ainsi de trouver une satisfaction bien légitime dans l'œuvre qu'il a créée.

Mais que faire? de même qu'on ne peut forcer un fleuve à remonter vers sa source, il nous faut accepter ce mal, puisque Dieu l'a permis, et il nous faut rechercher le moyen de le rendre moins dangereux pour la société et moins lourd à supporter pour les travailleurs.

Prenons donc pour modèle les anciennes corporations, aujourd'hui regrettées de tous ou de presque tous, et cherchons quelles modifications il est urgent d'y apporter pour établir, aussi bien dans les grandes industries que dans les petites, aussi bien dans la fabrication que dans le négoce, cette union, cette solidarité, cette sincérité et cette probité qui nous font de plus en plus défaut.

27

Je propose donc que chaque patron et chaque ouvrier qui accepte nos idées prenne comme base le règlement de l'ancienne corporation de l'art ou du métier qu'il professe ou qu'il pratique, et qu'il rédige un projet d'organisation.

Je propose aussi que dès à présent une commission soit désignée par cette assemblée, à l'effet de centraliser ces travaux, de les coordonner et d'en rendre compte au prochain congrès.

A l'œuvre donc, Messieurs, il est temps ; nos frères les travailleurs souffrent, la société tout entière souffre également ; l'idée de l'établissement de corporations ne rencontrait, il y a trente ans, lorsque je commençais à m'en occuper, que sourires et pitié ; depuis ce temps cette idée a gagné bien du terrain ; tout le monde en parle aujourd'hui, et ceux qui la combattent le font avec une telle vivacité que nous pouvons être certains qu'ils sentent que le courant se forme et qu'il les entraînera bientôt.

D'autres acceptent les corporations, mais ils les rêvent athées. Ceux-là, Messieurs, ne feront jamais rien ; c'est avec une croyance que l'on peut fonder, que l'on peut créer quelque chose ; avec les négations on ne peut que détruire.

Il faut donc se souvenir, en rédigeant nos projets de règlements corporatifs, que la Religion doit en être la base, qu'elle défend le mensonge et la fraude. Or, il n'y a de véritable force qu'avec la vérité ; qu'Elle règle l'inégalité en donnant à chacun suivant ses œuvres (et n'est-il pas contestable qu'il n'y a d'émulation et de progrès réel que si le mérite est justement récompensé), qu'Elle nous enseigne la charité qui nous ordonne de secourir nos frères moins heureux que nous ; qu'enfin Elle nous console dans les épreuves que chacun de nous doit supporter ici-bas, en nous enseignant la résignation et en nous disant ce mot suprême, sans lequel la vie serait bien cruelle et bien vide : Espère !

X...

CINQUIÈME RAPPORT

MONOGRAPHIE DES PATRONAGES RURAUX DU DIOCÈSE DE CHARTRES

MESSIEURS,

Le bureau central avait demandé la monographie d'un petit Patronage établi dans l'une de nos paroisses de la campagne. M. le Président du bureau diocésain, supérieur du grand Séminaire, après y avoir mûrement réfléchi, a pensé que, pour déterminer les irrésolus à entreprendre, pour leur prouver que les difficultés ne sont ni torrents à remonter, ni montagnes à franchir, et que les succès ne sont ni si vagues, ni si lointains, il serait plus utile de présenter ici, sur tous les Patronages ruraux établis dans le diocèse de Chartres, comme un compte-rendu de leur établissement, de leur fonctionnement et des résultats qu'ils ont déjà produits. C'est de ce travail, Messieurs, que je vais vous donner lecture.

Ces points, je l'avoue, ont été déjà traités devant vous à diverses reprises, mais comme ils sont essentiels et nouveaux pour un bon nombre de prêtres, vous comprenez l'utilité d'y revenir et de les examiner à l'aide de la lumière que l'expérience ne cesse d'apporter.

Assistant, il y a deux ans, au Congrès de Bordeaux, j'étais heureux et fier de recueillir d'un rapport de M. du Roure, ces gracieuses paroles : « A peine né, le bureau de Chartres nous envoie un bouquet de douze œuvres nouvelles. Aujourd'hui, ce nombre si restreint est un peu plus que doublé. Il y a bien dans le diocèse une trentaine d'Œuvres. »

Mais quel fut le motif déterminant de leur existence même à l'état de simple projet? Ce fut chez leurs fondateurs cette conviction que, pour préserver la jeunesse d'une incrédulité et d'une démoralisation presque universelles, il faut recourir à d'autres moyens qu'aux moyens ordinaires, et que, partout utile, un Patronage est, dans une foule de paroisses, un moyen strictement nécessaire pour le salut des âmes. A vrai dire, ce n'est tout d'abord qu'un grain de sénevé, mais, s'il vient à croître, il peut devenir et deviendra un bel arbre dont les branches offriront asile et protection. Oui, Messieurs, cette petite Œuvre, si elle était bien réussie, serait la préparation et la base de toutes les autres et formerait en nos paroisses comme une petite corporation pleine de sève et d'espérances.

Qu'en effet les enfants continuent à nous échapper dès le lendemain de leur première communion ; que les jeunes gens continuent à être pour nous comme insaisissables, que pourrons-nous jamais tenter ? Si, au contraire, nous devenions assez habiles pour en retenir quelques-uns, puis, un plus grand nombre, l'expérience est venue l'attester, toutes les voies au bien seraient vite aplanies, nous ne serions plus dans l'isolement, nous aurions des auxiliaires, bien frêles encore sans doute, mais qu'un peu de persévérance viendrait fortifier.

Je ne veux pas cependant me bercer d'illusions. — Je le sais, Messieurs, le monde ayant à notre égard ses moments de tolérance ou de défiance, de justice ou d'injustice, nos populations de la Beauce et du Perche de plus en plus indifférentes ou matérialisées ; l'enfance et l'adolescence délaissées, souvent perverties par des parents ou des maîtres, les choses étant en un si triste état, nous avons de grandes difficultés à vaincre, quand Dieu nous met au cœur de nous industrier davantage et d'entreprendre une de ces Œuvres par le moyen desquelles nous espérons réaliser un peu de bien, après toute la nuit d'une longue vie attristée d'insuccès.

Mais, après tout, des difficultés, si grandes soient-elles, sont-elles donc pour nous des impossibilités ? — Non, certes ; et partagent mon avis tous ceux qui, placés en face de ces difficultés, ont su les vaincre en se mettant à l'œuvre.

Eh bien donc, convaincus et déterminés, ils ont voulu vouloir ; ils ont voulu et fortement ; ils ont vu qu'ils pourraient réussir. Mais, fuyant toute présomption, ils sont allés devant le Seigneur, ils l'ont invoqué ; la grâce est venu aider leurs premiers efforts. « J'avais pour but, » dit l'un d'eux « de réaliser ces paroles de saint « Paul : Mes petits enfants que j'enfante de nouveau jusqu'à ce « que Jésus-Christ soit formé en vous ; comment dès lors ne me se- « rais-je pas adressé à Notre-Dame de Chartres, *Virgini paritu-* « *ræ,* à la Vierge immaculée qui doit enfanter à la grâce et à la « gloire tous les élus de Dieu ? »

'Après la prière, vint le moment décisif de se mettre à l'œuvre. Ici commencèrent les difficultés mais non l'épouvante. Quand le cœur est une fois bien largement ouvert, le courage et l'habileté se présentent ; on sait donner de son temps, donner de son repos, donner quelque peu, parfois beaucoup de sa bourse, et l'on sent qu'alors on a comme le droit de tendre la main, car il faut bien être un peu secouru. C'est ce qui permit à presque tous nos dévoués confrères de frapper bien doucement à la porte de l'Association de saint François de Sales ou de Notre-Dame de Salut, ou de quelques personnes charitables et d'y être gracieusement accueillis.

Avec ces premiers secours on se mit donc à acquérir les premiers objets nécessaires. Vous le pensez bien, ce n'est pas du luxe qu'il nous faut. Des tables de bois blanc, de bonnes chaises de paille et des bancs rustiques, voilà ce qu'il nous faut. Nos chers enfants n'en demandent pas davantage. Avec ce commencement d'installation dans telle ou telle pièce du presbytère, nos petits patronnés sentent qu'ils ont acquis le droit de place au feu et à la chandelle ; mais voilà que bientôt ils sont comme gênés ; Ils se trouvent un peu trop à l'étroit, ils ne sont pas assez chez eux ; il leur faudrait un local tout spécial. C'est alors que se présentent à nos bons directeurs ces réflexions : Est-ce que ou bien cette grange qui ne reçoit plus de dîmes, ou bien cette écurie toujours inoccupée, ou bien encore ce bûcher beaucoup trop vaste ne pourraient être appropriés, transformés en lieu de réunions ? Sans retard, la question est étudiée, elle est bientôt résolue, le local est conquis. S'il le faut, et souvent il le faut, de nouveaux secours sont demandés et obtenus, car, vous le savez, on donne très volontiers à celui qui déjà possède.

Telle est, Messieurs, la marche généralement suivie pour la fondation de nos petits patronages. Je voulais vous parler des difficultés qui y sont inhérentes, mais maintenant je me demande où elles sont; je veux bien toutefois les chercher et les examiner avec vous.

Il en est une, je l'avoue, qui, pour n'être pas matérielle, n'est pas moins souvent un gros obstacle à leur établissement. Voici : dans notre pays surtout on veut paraître convaincu que les patronages ruraux ne peuvent pas réussir. C'est ce que prétendent ceux qui veulent un prétexte pour ne commencer jamais. Aussi, quand une œuvre apparaît on lui sourit de pitié ; on va répétant partout : Mais cette œuvre ne fera rien, ne réussira pas. C'est alors, Messieurs, qu'il faut, chez le fondateur, ce courage intrépide qui sait mettre de côté toute considération humaine et compter pour rien la probabilité de quelques premiers insuccès.

L'irrésolution, pour s'excuser, met encore en avant notre impuissance, causée surtout par l'isolement et aussi par le manque absolu de toutes ces forces intelligentes qui rendent le bien relativement facile au sein des villes. — Notre impuissance par l'isolement ! Je ne le nie pas. Mais d'où vient-il ? de ce que nous avons perdu notre ascendant sur nos populations. Pour le reconquérir, il y a un moyen infaillible : c'est de nous attacher aux enfants d'abord, puis aux jeunes gens ; c'est de nous sacrifier, c'est de n'avoir qu'une conviction dans l'âme : l'amour. C'est nous et nous seuls qui possédons le monopole, le privilège et les droits de l'amour. Il ne tient qu'à nous de triompher de cet isolement ; qu'au lieu de nous renfermer tristement pour gémir dans notre solitude nous sachions aimer plus que jamais, prier, agir, prêcher par nos œuvres de zèle plus encore que par nos paroles, et nous reprenons notre ascendant ; notre impuissance et notre isolement disparaissent pour faire place à des auxiliaires que seuls nous pouvons nous donner et former.

On objecte aussi notre impuissance par le manque absolu de toutes ces forces intelligentes, ressources des grandes villes. Mais ces forces qui sont : l'appui, l'encouragement, l'exemple et ce qui ne nuit jamais, l'argent, ces forces viendront à nous, quand nous aurons donné quelques premiers signes de résurrection, de vie, de vrai vouloir, d'action incessante et concertée. Croyez-moi, il n'y a pas à vos difficultés d'autre solution que celle-là. La victoire ne sera jamais que la récompense d'un courage invincible. — De nos petits patronages on peut dire : Dieu les veut, et puisqu'il les veut, il saura bien les bénir.

Nos œuvres rurales étant à leurs débuts, leur fonctionnement n'est pas encore partout très-régulier. Ici ou là, des obstacles assez sérieux s'y opposent. Dans le Perche notamment, de nombreux hameaux sont trop éloignés du bourg, et les réunions en souffrent plus d'une fois ; encore est-il juste de dire que même en cette contrée il y a des patronages pleins de vie. Vous allez en juger.

J'avais pour mon patronage, nous dit un directeur, un aide excellent. J'obligeais les enfants appelés à la première communion à se réunir le dimanche entre les offices à la chambre que j'avais louée et munie de tables de jeux. Mon auxiliaire avait beaucoup d'entrain ;

j'Mais quelque peu devenu prestidigitateur, voire même, a-t-on dit, un brin sorcier ; bref, nos enfants s'amusaient sous une surveillance qui, partagée entre deux, était de tous les instants. Mon aide avait trouvé un ingénieux moyen de faire un petit bout de morale à nos enfants. Quelques instants avant les vêpres il faisait cesser les jeux, sous prétexte d'indiquer l'office et profitait de ce moment pour donner quelques bons avis. Presque tous les dimanches, dans la belle saison, les vêpres étaient suivies d'une promenade, sans oublier de prendre avec soi les jeux les plus portatifs. Certains jours, et notamment lorsqu'on pouvait craindre que des divertissements trop profanes n'attirassent nos enfants au détriment de leur édification, on les retenait par une grande séance, dont le droit d'entrée se payait par de bonnes notes obtenues en classe pendant les semaines précédentes. La séance était terminée par une tombola dont les lots apparaissaient soudain sous le coup de la baguette magique, etc., etc.

Vous le voyez, Messieurs, en ce Patronage, tout allait bien, tout irait très bien encore si le local avait pu être conservé et si l'auxiliaire n'avait dû quitter la paroisse. Le Directeur attend de meilleures circonstances et demande surtout des prières pour la résurrection de son Œuvre.

Sur d'autres points du diocèse, nous trouvons des directeurs, qui, sans avoir d'auxiliaires, sont la tête et l'âme de leur patronage. Ils y déploient toute leur activité ; ils y donnent constamment des preuves de leur patience, de leur fermeté, de leur amour pour les petits, de leur désintéressement. Ils veulent que leur petite Œuvre, dont l'expérience a lentement rédigé le règlement, fonctione bien, sans défaillance, sans lacune regrettable, et pour cela s'ils ont bien su préparer le matériel de l'Œuvre, s'ils se sont présentés armés de jeux, de revues, de journaux comme le Bulletin de l'Union, le Pèlerin, le Clocher etc...., s'ils se sont surtout pénétrés de ces quelques paroles du Sauveur: « Laissez venir à moi les petits enfants ;... ne les repoussez pas ;... qui les accueille volontiers m'accueille moi-même ; » et de ces autres de saint Paul : *Libentissimè impendam et superimpendar ipse pro animabus vestris.*

Voici ce que l'on sut organiser dans une paroisse de moins de quatre cents âmes, en pleine Beauce.

Pour soutenir, nous dit le directeur, l'intérêt de nos soirées qui commençaient par un exercice de plein-chant, et où je comptais une vingtaine de jeunes gens quelquefois accompagnés de leurs

pères, je me mis à la recherche des jeux les plus intéressants. L'un
de ceux qui furent le plus goûtés fut le jeu des Billets proposant
des demandes et donnant des réponses sur une foule de questions.
Ces réponses, tirées au hasard pour chaque question, prêtaient aux
rires le plus francs à cause de leur singularité, et de leur peu
d'à-propos. Les réprésentations des faits historiques avec habits
et décorations avaient beaucup de succès; les parents invités
étaient ravis de voir leurs enfants faire les princes et parler comme
des orateurs.

Dans un bourg de plus de mille âmes où l'Œuvre existe depuis
deux ans on n'admmet que les enfants qui ayant fait leur première communion, sont exacts aux saints offices, et qui s'engagent à
ne jamais entrer dans les cabarets, à avoir en horreur tout
blasphème, toute parole injurieuse; dans ce bourg, où le patonage,
composé d'une vingtaine de membres se maintient, on est arrivé,
l'année dernière, à jouer une petite pièce qui a réuni au moins
cinq cents habitants.

Un tout jeune prêtre, placé dans une paroisse comptant à peine
trois cents âmes, en une contrée peu fervente, prépare et établit
son patronage. Quelques enfants le comprennent et s'attachent à
lui. Avec la belle saison les grands travaux arrivent et les infidé-
lités se produisent. « C'était, dit-il ce à quoi je m'attendais. Trois
m'abandonnèrent qui, grâce à Dieu, furent bientôt remplacés par
trois autres montrant d'excellentes dispositions. Cinq, tel est le
chiffre des enfants patronnés ; ce n'est pas beaucoup, mais heureux
encore si je puis les prémunir contre une foule de dangers et me les
conserver chrétiens. Quoi qu'il en soit, Dieu me soutenant, je ne
perdrai pas courage. »

Enfin, dans une petite paroisse, voisine de Chartres, un prêtre
zélé a la douleur de ne pas voir un seul jeune homme remplir ses
devoirs religieux. Après un martyre de deux ans, il veut tenter ce
qu'il appelle un sauvetage. Il se contente de réunir cinq enfants de
11 à 14 ans. Quelques oppositions se présentent. Un bon paroissien,
intime ami de M. le curé, sous prétexte que l'Œuvre était impossible,
voulait retirer son enfant, justement celui des cinq le meilleur et,
pour ainsi dire, l'indispensable. La prière renverse l'obstacle et l'op-
posant devient de l'Œuvre le défenseur et du directeur l'auxiliaire.
Aujourd'hui l'on compte dix membres en ce patronage dont deux
de 18 ans, trois de 15, les autres sont plus jeunes. Tous ces enfants

sont heureux de leurs réunions dominicales où ils trouvent jeux, lectures, entretiens spirituels et parfois une petite collation dont les frais sont couverts par l'obole perdue au jeu.

Indépendamment des patronages d'enfants ou de jeunes gens, quelques directeurs ont voulu préparer des réunions d'hommes.

« Ne sachant, nous dit l'un d'eux, comment m'insinuer auprès des hommes, j'ai pris la voie des bons journaux ; la mauvaise presse ici fait tant de ravages ! Sur ce point, l'année a été peu consolante. Je n'ai pu en répandre qu'une centaine contre deux ou trois fois plus les années précédentes. La situation exceptionnelle de ma localité au point de vue des travaux, l'agglomération des ouvriers étrangers qui viennent s'y installer chaque année, leur affiliation certaine aux sociétés secrètes, enfin le courant d'opinions anti-religieuses qui s'affirme de plus en plus dans ces jours agités sont autant de cas de force majeure contre lesquels il a fallu déployer un luxe plus grand de prudence et de sage réserve, sans oublier que de meilleures espérances me viendront du temps et surtout du Bon Dieu.

Me permettrez-vous d'ajouter, Messieurs, qu'un certain nombre de prêtres, se sentant redevables à toutes leurs ouailles, n'ont pas voulu laisser leurs jeunes filles sans patronage. De cette œuvre de préservation, dont ils ont senti toute l'importance et la délicatesse, ils se contentent d'être les fondateurs et les protecteurs dévoués, en en laissant à des personnes de piété, sœurs ou institutrices, la direction immédiate.

Mais enfin de toutes ces œuvres quels ont été et quels peuvent être les résultats?

Presque tous les directeurs s'accordent à remarquer dans leurs chers patronnés plus d'ouverture et de convenance avec le prêtre, une assistance plus régulière aux Offices, plus de modestie, meilleur caractère, en un mot, des dispositions pour le bien. S'il en est pour qui les résultats soient moins apparents, il en est d'autres qui profitent de ces réunions d'une manière très consolante. — Pour les plus jeunes nous avons là un moyen de les mieux façonner et préparer à leur première communion. Plus l'enfant est avec le prêtre, plus il l'aime et le respecte. — Puis les premiers Noëls, les premières Pâques, la confirmation, la réception des sacrements à d'autres grandes solennités se ressentent des avis, des conseils, des entretiens tout particuliers du Directeur avec ces jeunes cœurs qui écoutent et goûtent ce qui leur est si amicalement préparé ou proposé.

Voici d'un petit Patronage les résultats magnifiques pour les temps où nous vivons. C'est d'abord le respect humain foulé aux pieds. Serrés les uns contre les autres, ces enfants sont devenus plus fermes dans leur foi. Dernièrement, un des plus âgés (18 ans) faisait cette verte réponse à un ex-camarade qui le raillait sur la confession : « Et toi, tu n'y vas pas, tu en aurais pourtant grand besoin. » Puis c'est l'exemption totale du cabaret, c'est la fréquentation des sacrements à toutes les grandes fête ; c'est, telle est leur piété ! l'assistance régulière au chapelet ; sur les dix, aucun n'y manque.

Il est donc incontestable qu'il y a déjà quelques consolations pour le présent, et si nous sommes persévérants, de grandes espérances pour l'avenir.

Après cet exposé de nos œuvres de jeunesse en nos campagnes, je demande la permission d'exprimer un vœu :

C'est que nos œuvres soient de plus en plus encouragées, soutenues, vivifiées, secourues.

Il est certain qu'en une foule de circonstances il y a hésitation, incertitude, obscurité, quelquefois inhabileté, découragement naissant, occasion du bien non saisie, — de là nécessité d'étudier les meilleures méthodes à suivre et, vous le savez, pour connaître ces méthodes, les documents généraux ne suffisent pas toujours.

Que faire donc pour donner à nos œuvres l'encouragement et la vie qu'elles réclament? Pour nous éclairer, nous soutenir, pour nous apprendre à réussir moins imparfaitement, je pense qu'il serait bon de réunir assez fréquemment, sous la présidence de personnages expérimentés les prêtres directeurs et peut-être aussi les laïcs auxiliaires de ces œuvres.

Et ces réunions ou conférences, diocésaines ou même simplement cantonales n'eussent-elles lieu qu'une fois par an, produiraient j'ose le croire, d'excellents résultats. Ce serait dans l'esprit le plus simple et le plus charitable comme une miniature de Congrès auquel s'intéresserait d'abord un très petit nombre, mais bientôt par l'heureuse contagion du bon exemple, la plus grande partie des prêtres, qui doivent avoir à cœur d'arracher à la tyrannie du respect humain et à la corruption du cabaret, ces nombreux jeunes gens que, sans exception aucune, nous baptisons, nous instruisons, nous admettons aux sacrements les plus augustes, et que, par la même raison, nous devons à tout prix, essayer de conserver chrétiens pour les sauver.

Que faire enfin Messieurs pour donner à nos Œuvres, secours et soutien? Ce serait de supplier le Bureau diocésain de fonder à Chartres et dans le diocèse un Comité de Dames patronnesses à qui l'on ferait connaître nos pauvres Œuvres rurales qui s'y dévouerait tout spécalement et nous procurerait, Dieu les bénissant d'indispensables secours.

L'Abbé G. BESNARD,
Curé de Jouy (Eure-et-Loir.)

SIXIÈME RAPPORT

MONOGRAPHIE DE L'ŒUVRE DE L'INSTRUCTION ET DE LA PERSÉVÉRANCE DES PETITS RAMONEURS ET DES JEUNES FUMISTES

La charité chrétienne s'est posé depuis longtemps le problème de subvenir aux besoins spirituels et matériels des petits ramoneurs et des ouvriers nomades de nos grandes villes. A différentes époques, des membres du clergé de France et de pieux laïques ont travaillé à le résoudre. Les uns ont préparé et commencé la solution par des efforts isolés, comme Bénigne Joly, Claude Hélyot, Claude Le Pelletier de Sousi, dans la seconde moitié du XVIIe siècle. Les autres l'ont achevée par une action collective, régulière et permanente : ce sont, au XVIIIe siècle, les abbés de Pontbriand, de Fénelon et leurs collaborateurs du clergé de Paris; au XIXe, les abbés Legris-Duval, Dupuch, Borderies, Desjardins... et les laïques zélés qui s'associèrent à leur apostolat.

D'autres enfin ont dû entreprendre à nouveau cette tâche laborieuse et recommencer l'œuvre presque entièrement détruite par la révolution de 1830, et mutilée encore par celle de 1848.

Deux œuvres émules, mais non rivales, bien distinctes par leurs buts respectifs et par leurs moyens d'action, se partagent à Paris le soin des petits ramoneurs :

1° *L'Œuvre de la première communion des ramoneurs,* la plus ancienne et l'héritière directe de l'œuvre restaurée en 1816 par l'abbé Legris-Duval, remplit depuis vingt-quatre ans l'importante mission de préparer à la première Communion les pauvres enfants de la Savoie et de l'Auvergne.

2° *L'Œuvre de l'Instruction et de la Persévérance des petits ramoneurs,* fondée en 1860, s'efforce de faire revivre les autres traditions de l'Œuvre ancienne des Savoyards.

Nous n'avons qualité de rapporteur que pour parler de cette œuvre nouvelle. Mais pour faire comprendre sa raison d'être, les travaux accomplis par elle et l'extension dont elle est encore susceptible, il est nécessaire de répondre rapidement aux questions suivantes :

1° Quelle succession d'œuvres charitables ou plutôt de souvenirs nous ont léguée ceux qui furent les apôtres des ouvriers des rues de Paris, au xviii° siècle et au commencement du xix° ?

2° Quelle partie de cette succession les protecteurs des ramoneurs ont-ils recueillie à Paris ?

3° Que leur resterait-il à faire pour égaler leurs devanciers et pour satisfaire aux besoins spéciaux des travailleurs nomades à notre époque ?

Première Question.

§ 1er. — La charité chrétienne et les ouvriers des rues de Paris au xviii° siècle. —L'abbé de Pontbriand. — L'abbé de Fénelon.

Un prêtre breton, l'abbé du Breuil de Pontbriand, passe à bon droit pour le fondateur de l'Œuvre des Savoyards. Il y consacra sa personne et ses biens, l'établit et l'organisa d'une manière régulière et durable, et la dirigea de 1732 jusqu'à 1767, année probable de sa mort.

« Un Savoyard déjà avancé en âge, nous raconte-t-il lui-même, étant occupé dans la rue à lui rendre son petit service ordinaire, il eut la curiosité de l'interroger et il trouva qu'il ignorait jusqu'aux premiers principes de la religion. Pénétré de douleur à cette vue, il jugea que les autres n'étaient guère mieux instruits, et dès ce moment, il prit la résolution de travailler à cette instruction. Cependant, pour ne rien faire avec précipitation, il crut devoir communiquer son dessein à d'autres ecclésiastiques remplis de piété : ils l'approuvèrent, et s'offrirent avec zèle à partager avec lui les peines de l'exécution. »

Ce n'étaient pas seulement les Savoyards qui avaient trouvé un apôtre et des catéchistes ; c'étaient, avec eux, tous les ouvriers des rues de Paris. Le bon pasteur alla chercher ces nouvelles brebis disséminées sur les différents points de la grande ville. Pour les atteindre, pour étudier les mœurs, les habitudes, les besoins d'un troupeau si mobile, il transporta successivement son domicile dans tous les quartiers de Paris. Aussi connut-il, au bout de quelques années, toutes les stations où les ouvriers des diverses provinces et des diverses professions se tenaient pendant le jour, et les habitations où ils se retiraient le soir. Le résultat de ses recherches est consigné dans un tableau divisé en cinq parties, et cette statistique est un chef-d'œuvre de patience et de sagacité.

L'abbé de Pontbriand publia, de 1735 à 1743, quatre notices dont les titres seuls suffisent à nous faire concevoir une idée exacte de l'extension qu'il donna à son œuvre dans ce court espace de temps.

1° *Projet d'un établissement déjà commencé* (il existait dans quatre paroisses) *pour élever dans la piété les Savoyards qui sont à Paris,* 1735.

2° *Progrès du projet*.......1737.

3° *Suite du progrès de l'établissement pour l'instruction* DE TOUS LES ENFANTS ET DE TOUS LES OUVRIERS DES RUES DE PARIS, 1739.

4° PERFECTION *de l'établissement.* 1743.

Catéchismes faits deux fois par semaine dans six églises de Paris, écoles ouvertes aux travailleurs aux premières heures du jour et aux dernières de la soirée, patronage et assistance des Savoyards, solennités de première communion et de confirmation, retraites spirituelles données dans cinq paroisses à plusieurs milliers d'ouvriers nomades, à la Toussaint et à Pâques ; tels furent, pendant soixante ans, les fruits du zèle de l'abbé de Pontbriand, et après lui, de l'abbé de Fénelon. Ce dernier fut, on le sait, une des plus illustres victimes de la Révolution, et sa mort (7 juillet 1794) laissa sans pasteur son troupeau qui avait fait pour le sauver de touchants mais inutiles efforts.

§ 2. — La charité chrétienne et les ouvriers des rues de Paris au xix⁰ siècle. — L'abbé Legris-Duval. — Les abbés Dupuch, Desjardins. — M. Bordier.

En 1816, l'abbé Legris-Duval parvient à reconstituer la belle œuvre des catéchismes dans les paroises des Missions étrangères, de Saint-Sulpice, de Saint-Germain des Prés et de Saint-Roch. Il donne pour catéchistes aux Savoyards et aux enfants des rues de Paris des ecclésiastiques déjà remplis de l'esprit apostolique et de jeunes laïques remarquables par leur piété, par leur naissance et par leur talents. Grâce aux efforts de la charité provoqués par son éloquence et par son zèle, les distributions de secours sont rétablies ; un atelier est fondé pour les enfants les plus délaissés ; une école est ouverte : un vœu cher au cœur de l'abbé de Pontbriand est enfin réalisé : Des réunions se tiennent le dimanche pour la messe et pour l'office du soir dans quatre paroisses en hiver, dans deux en été, et les ouvriers adultes s'y rendent en grand nombre. Les principales solennités chrétiennes et la fête de Saint-François de Sales sont célébrées par des réunions générales. La splendeur de l'œuvre ancienne est égalée, peut-être même surpassée.

La Révolution de 1830 vient encore détruire cette admirable organisation, enlever à l'œuvre restaurée ses ressources, ses principaux membres et notamment M. Bordier, le plus actif et le plus dévoué de tous ; oblige ceux que l'orage n'a pas dispersés à restituer à l'administration des hospices la maison qui sert de siège à l'œuvre.

Deuxième Question.

Quelle portion de la succession charitable des abbés de Pontbriand, de Fénelon, Legris-Duval, a pu être recueillie ?

§ 1. — Ce que devient l'œuvre de 1830 à 1848 et de 1848 à 1851. — Le catéchisme de 1re communion. — Le catéchisme de persévérance. — M. l'abbé Barran des Missions étrangères.

Sous la haute protection de Monseigneur de Quélen, le troupeau amoindri est recueilli à Saint-Germain des Prés. Les pieux laïques qui restent à Paris continuent de faire le catéchisme de première communion. M. l'abbé Barran, supérieur du séminaire des Missions étrangères se charge d'évangéliser les grands Savoyards et continue auprès d'eux cet apostolat jusqu'en 1848.

La Révolution de Février mutile encore cette œuvre déjà si réduite. Elle éloigne de Paris un grand nombre de Savoyards. Le catéchisme de persévérance qui en 1845 réunissait quatre cents adultes est supprimé. M. Barran et M. le comte de Lambel continuent de diriger le catéchisme de première communion. Ils sont aidés par quelques jeunes gens, dont plusieurs font partie de la nouvelle Conférence de Saint-Vincent de Paul, fondée aux Carmes sous le titre de Conférence Saint-Dominique.

§ 2. — L'œuvre de la première communion de 1854 à 1860. — Nouveaux efforts. — Monseigneur de Ségur, M. Fiot, M. Keller.

Le 14 novembre 1854, M. le comte de Lambel et M. Barran confient définitivement les ramoneurs à leurs jeunes collaborateurs. L'œuvre prend alors une nouvelle vigueur. Monseigneur de Ségur en a la direction spirituelle ; M. Auguste Fiot la présidence ; l'honorable M. Keller en est le principal bienfaiteur. Grâce à de si illustres patronages, aux sympathies qu'excitent les ramoneurs, au zèle de leurs jeunes apôtres, on peut croire un instant que l'œuvre va se compléter, avoir un local qui lui appartienne en propre, et suivre ses jeunes protégés au-delà des limites de l'adolescence, dans leur nouvelle condition d'apprentis et d'ouvriers fumistes. Mais les efforts de la charité viennent échouer contre un double écueil : le travail du dimanche et l'éloignement du lieu de réunion (1). L'œuvre *de la première communion des ramoneurs* n'en continue pas moins sa marche, et elle la poursuit encore aujourd'hui avec la même persévérance et le même fruit, sous la présidence de M. Auguste Fiot.

§ 3. — Fondation et progrès de *l'Œuvre de l'Instruction et de la Persévérance des ramoneurs, 1860.*

La Providence suscite alors un humble et fervent religieux de l'Institut du vénérable abbé de la Salle pour être l'ange visible des ramoneurs. En 1860, le cher frère Hortulan réunit autour de lui, avec l'agrément de ses supérieurs, une douzaine de ramoneurs dont la plupart viennent de faire leur première communion, et se constitue leur professeur et leur catéchiste. Sans se douter qu'il fait revivre une ancienne tradition de l'Œuvre des Savoyards, il choisit ainsi, avec un admirable sens pratique, le moyen le plus propre à attirer, à retenir les enfants, à exercer sur eux une ac-

1. Il était situé au-delà de l'ancienne barrière des Fourneaux.

tion salutaire et durable. Installée au prix de mille efforts, bénie par M. de Borie, curé de Saint-Etienne du Mont, patronnée par M. Rataud, maire du V° arrondissement, par Mme la comtesse Léon Potocka, et par quelques autres personnes charitables, son humble école du soir de la rue Neuve-Saint-Etienne (aujourd'hui rue Rollin) devient le berceau d'une œuvre nouvelle. Cette œuvre grandit, au milieu même des obstacles, et elle compte le nombre de ses années par celui des progrès importants qu'elle a pu réaliser.

Pourvue d'un directeur spirituel en octobre 1861, elle joint alors aux classes de la semaine de nouvelles réunions établies pour faciliter aux enfants la sanctification du dimanche, au moins par quelques exercices de piété auxquels on les applique vers la fin du jour, et pour leur offrir des délassements sans danger. Cette année même les fêtes de Pâques et de Noël sont célébrées avec piété.

Des séances semestrielles commencent à mettre les ramoneurs en présence de leurs bienfaiteurs.

Elles sont d'abord présidées par MM. les Curés de Saint-Etienne, par M. le Maire du V° arrondissement ; bientôt par des prélats, des Députés, des Sénateurs catholiques. En 1865, Monseigneur Darboy vient *surprendre* et bénir les petits ramoneurs au milieu d'une séance de prestidigitation. S. G. le Nonce apostolique, S. E. le Cardinal-Archevêque de Paris et son digne coadjuteur leur ont tour à tour donné cette marque bien significative de leur intérêt, de la haute approbation dont ils honorent l'Œuvre. Ces réunions augmentent la bienveillance des protecteurs, la reconnaissance, la bonne volonté des protégés et sont de véritables fêtes de famille. Elles deviennent encore plus intéressantes depuis que nos enfants et nos jeunes gens interprètent eux-mêmes les morceaux du programme musical et littéraire qui permet dans ces séances de réaliser l'ancienne devise : *Miscuit utile dulci.*

En 1863, un comité de jeunes gens chrétiens se forme : ses membres s'occupent de l'administration de l'Œuvre. Ils veulent bien se charger de la partie instructive et amusante des réunions du dimanche, et plus tard (1868) de la visite des familles.

En 1867, s'opère le progrès le plus important et le plus difficile : l'établissement d'une messe commune. De deux tentatives faites en 1863 et en 1865, la première avait échoué, la seconde avait donné quelques résultats satisfaisants mais trop peu durables. Au mois de mai 1867, le R. P. Ducoudray veut bien ouvrir aux ramoneurs la tribune de l'école Sainte-Geneviève pendant la messe qui s'y célèbre à midi pour de jeunes ouvriers sédentaires. Les ramoneurs viennent d'abord en bien petit nombre. Mais le petit noyau grossit peu à peu.

Les moyennes annuelles des présences sont représentées par les nombres suivants :

1867,	1868,	1869,	1870,	1871, (1),	1872,	1873,	1874,	1875,	1876,	1877.
20,	25,	28,	32,	18,	32,	55,	76,	82,	108,	140.

Ce dernier nombre 140, multiplié par 56, nombre des jours de dimanche ou de fête d'obligation, donne, pour 1877, le résultat consolant de 7880 présences à la messe, dans cette chapelle de la rue Lhomond, 18.

Mais quelles difficultés nos pauvres travailleurs n'ont-ils pas à surmonter ? Le tableau graphique nous en donne quelque idée. Si la ligne des moyennes annuelles va toujours en montant (excepté pour 1871), la ligne des moyennes mensuelles avec ses nombreux accidents représente une ascension pénible à travers une chaîne de montagnes. Des maxima se produisent au printemps, des minima en automne, au mois d'octobre, époque où les ramoneurs reviennent à Paris, mais sont encore très occupés.

En 1877, ce minimum d'octobre a été cependant remplacé par une élévation de quatre unités, grâce à un redoublement de bonne volonté de la part des travailleurs dont plusieurs assistent à la messe de cinq heures, à la même chapelle.

ÉVÉNEMENTS DE 1870-71.

Les événements de 1870-71 sont, comme toutes les révolutions, une rude épreuve pour l'Œuvre. Le nombre de ses protégés diminue d'abord au moment où Paris va être investi. Les réunions du dimanche sont suspendues, mais les classes du soir s'ouvrent au mois d'octobre pour une vingtaine d'enfants. Le R. P. Ducoudray, de mémoire si vénérée, veille sur les pauvres familles et les fait visiter et assister jusqu'au jour de son arrestation. Ces braves gens se montrèrent dignes de sa sollicitude par leur résignation, leur charité mutuelle, leur reconnaissance envers leurs bienfaiteurs. Mais dès le

1. Deux derniers mois.

commencement d'avril, le petit troupeau est encore privé de son pasteur. Le R. P. Ducoudray est arrêté comme otage, ainsi que deux autres protecteurs des ramoneurs, Mgr Darboy et le R. P. Alexis Clerc, confesseur des premiers élèves du frère Hortulan en 1861, et directeur de l'Œuvre en 1865-1866. Ces trois bienfaiteurs sont fusillés ensemble le 24 mai, par ordre de la Commune. Mais l'Œuvre ne périt pas avec eux. Aux jours de la tourmente, leurs prières et leurs souffrances étaient déjà une source de bénédictions pour leurs protégés. Au foyer même de l'émeute, presque tous nos jeunes gens et nos pères de famille se montraient dévoués à la cause de l'ordre et s'exposaient aux plus grands dangers pour n'être pas enrôlés dans l'armée de l'insurrection. Le sang des martyrs fut pour l'Œuvre qu'ils avaient aimée et soutenue un principe de résurrection et de vie.

Dix semaines après les massacres de la Roquette, les exercices religieux du dimanche soir réunissaient vingt-deux de nos anciens protégés. Les classes étaient ouvertes le 2 octobre, et la messe commune rétablie le 1er novembre. Au soir de cette fête de la Toussaint, 14 pères de famille, 12 grands jeunes gens, 42 petits ramoneurs priaient ensemble dans l'étroite enceinte de la classe de la rue Rollin, unique local dont nous puissions disposer pour nos réunions religieuses de la fin du jour. Peu à peu, nos hirondelles d'hiver retrouvaient leur nid, et nous amenaient de nouvelles bandes. Les vides faits dans les rangs du Conseil se remplissaient aussi, et l'année 1872 donna aux ramoneurs une dizaine d'excellents amis qui leur sont restés fidèles.

BÉNÉDICTION DE PIE IX.

Le 26 juillet 1873, Pie IX daignait approuver l'Œuvre, accorder à ses membres et à ses principaux bienfaiteurs la bénédiction apostolique et une indulgence plénière, et écrire au bas d'une photographie représentant un petit ramoneur, cette touchante et gracieuse expression des vœux de son cœur paternel : *Quamvis non mundi in vultu, Deus faciat vos semper mundos in corde et vos benedicat.*

La bénédiction du Pontife, renouvelée par Sa Sainteté Léon XIII, a porté et porte encore ses fruits. Le nombre des protégés de l'Œuvre, qui atteignait déjà en 1870 le chiffre de 150, s'est constammont accru. A partir do 1872, il a été successivement do 170, 200, 220, 240, 280, 330.

Pendant l'année 1877, 120 jeunes enfants, 90 apprentis, 35 jeunes ouvriers, 85 pères de famille, ont reçu dans l'Œuvre des soins religieux appropriés à leur âge et à leurs besoins. Chaque semaine, 82 jeunes enfants en moyenne ont assisté aux petits catéchismes du jeudi ; 44 jeunes gens au catéchisme de persévérance : 172 associés de tout âge ont profité chaque dimanche des réunions religieuses.

L'action de l'Œuvre s'est étendue non-seulement aux individus, mais à celles de leurs familles qui sont fixées à Paris, au moins temporairement, et elle s'est fait sentir jusqu'en Auvergne où les pasteurs ont vu, avec autant de satisfaction que de surprise, des émigrants restés constamment fidèles à leurs devoirs de chrétiens.

L'Œuvre exerce à Paris son influence sur les familles par les visites que font à domicile les membres du Conseil et par les messes mensuelles d'association, auxquelles les femmes elles-mêmes sont admises. Ces réunions, qui remontent à plus de deux ans, présentent l'aspect d'une véritable *sainte famille*. Nous y avons compté plusieurs fois plus de deux cents assistants. Aussi, malgré les nouvelles places que le R. P. du Lac a bien voulu nous ménager, la chapelle extérieure de l'école Sainte-Geneviève est-elle devenue tout à fait insuffisante. La nuit de Noël, il faut célébrer la messe de minuit dans la chapelle de la crypte du Panthéon : aux fêtes de la Pentecôte et de la Toussaint, M. le Doyen veut bien mettre à notre disposition une vaste chapelle de sa basilique. La Communion pascale se fait à la chapelle des catéchismes de Saint-Etienne-du-Mont. A l'Assomption, nous profitons des vacances des élèves de l'école Sainte-Geneviève pour occuper leur chapelle. La présence et l'exemple des membres du Conseil et un nombre très consolant de communions rendent très édifiantes même les réunions des fêtes moins principales. L'établissement d'une congrégation de la Sainte-Vierge contribue au développement de la piété (15 août 1877).

SECOURS MATÉRIELS.

En 1877, 125 pauvres familles ont été assistées. Trente-six d'entre elles ont été visitées chaque semaine par les membres du Conseil ; neuf autres, ce sont les plus nécessiteuses, par les membres des deux premières congrégations de l'école Sainte-Geneviève, qui

veulent bien les prendre à leur charge et leur procurer des secours
plus abondants. Les visiteurs se trouvant encore en trop petit
nombre, 80 familles ont reçu des bons de pain et de viande par l'intermédiaire des enfants qui fréquentent les catéchismes.

La valeur des secours ainsi distribués cette année s'élève à près
de 0,800 fr. Les dépenses de la classe ont été de 1,570 fr. La charité
a fait tous les frais de tous ces secours matériels et intellectuels.
L'éventualité de ces ressources oblige les membres du Conseil de
direction à se préoccuper sans cesse des moyens de subvenir aux besoins de leurs protégés. Mais ils ne peuvent que bénir la Providence
toujours attentive à envoyer à ses enfants le pain de chaque jour.
C'est à elle qu'ils demandent et c'est d'elle qu'ils attendent ce qui
manque encore à l'Œuvre : un personnel dirigeant plus nombreux,
un local convenable et surtout une chapelle.

RÉSUMÉ DES RÉSULTATS OBTENUS DE 1860 A 1870

En résumé, l'Œuvre de l'Instruction et de la Persévérance des
petits ramoneurs s'est efforcée depuis dix-huit ans de faire revivre
des traditions de charité que le malheur des temps et surtout les
révolutions avaient interrompues.

Elle a réalisé en faveur de quelques centaines d'enfants et d'ouvriers nomades, le programme que lui avaient légué les premiers
apôtres des Savoyards :

1° Faciliter à ces pauvres travailleurs l'accomplissement de leurs
devoirs religieux ;

2° Leur procurer les bienfaits de l'instruction élémentaire;

3° Subvenir à leurs besoins matériels.

3ᵉ QUESTION. — *Que resterait-il à faire?*

Mais les résultats obtenus, quelque consolants qu'ils paraissent,
sont bien peu de chose en comparaison du bien qu'il y aurait à faire
aux ouvriers des rues de Paris.

Nos 336 protégés de 1877 sont en bien faible minorité dans le
nombre considérable d'apprentis et d'ouvriers qu'emploient à Paris
trois cent soixante entrepreneurs de fumisterie.

Que sont-ils en comparaison de ces milliers de travailleurs nomades évangélisés et assistés par les soins des abbés de Pontbriand, de Fénelon et Legris-Duval?

Et même pour ce petit nombre de protégés, que d'entraves apportées à l'accomplissement des devoirs religieux par le travail du dimanche; à l'instruction des enfants par les exigences des patrons, par l'incurie et trop souvent par la pauvreté des parents?

La loi du 19 mai 1874 sur le travail des enfants a reçu dans les grands ateliers un commencement d'exécution. Elle est encore une lettre morte pour beaucoup de petits patrons et d'ouvriers principaux.

D'autres industriels qui la connaissent, parviennent à se soustraire à son action tutélaire en n'employant que des apprentis ou des ouvriers âgés de plus de 16 ans.

Dans la plupart des ateliers soumis déjà à l'inspection, les patrons exigent bien de leurs jeunes apprentis qu'ils soient assidus aux classes du soir et qu'ils apportent, chaque samedi, le livret de notes bien en règle. Mais ils ne se font nul scrupule de les envoyer travailler le dimanche, soit dans Paris, soit dans les environs.

Que d'efforts sont encore nécessaires de la part des catholiques influents pour obtenir des patrons, d'une part; de l'autre, des administrations et des particuliers qui les emploient, le respect de la loi du dimanche, seule sauvegarde des intérêts religieux des ouvriers?

Enfin, il est nécessaire de fonder sur d'autres points des œuvres semblables. La Montagne Sainte-Geneviève n'est pas le seul quartier de Paris où les fumistes habitent en grand nombre. Celui de *Plaisance*, au XIVe arrondissement, est aussi un centre important que nous signalons à l'attention de la conférence de Saint-Pierre et de Saint-Paul. La rive droite de la Seine, pourvue de foyers d'action religieuse pour les Alsaciens-Lorrains et pour les Bretons... attend encore des établissements analogues pour les fumistes qui habitent de ce côté de Paris. Ne serait-il pas possible de faire revivre les anciennes réunions de Saint-Merry, de Saint-Roch, et d'en créer de nouvelles dans les quartiers neufs?

Les ramoneurs et les fumistes de Paris, rayonnant à une assez grande distance autour de la grande ville, les conférences de Saint-Vincent de Paul établies dans cette zone trouveraient matière à leur zèle dans la protection religieuse des enfants et des jeunes ouvriers de cette profession.

Plusieurs conférences de province, entre autres celles de Nantes, s'occupent des petits ramoneurs ; mais dans beaucoup de villes, on n'a rien fondé encore pour eux et pour les ouvriers nomades.

Peu d'années après la fondation de l'œuvre de l'abbé de Pont-briand, les apôtres des ouvriers des rues de Paris, trouvaient des imitateurs à Versailles et jusqu'à Angers.

Dès 1818, les collaborateurs de l'abbé Legris-Duval, ayant à leur tête M. l'abbé Dupuch, depuis évêque d'Alger, fondaient à Bordeaux une œuvre des ramoneurs patronnée par des enfants. L'histoire des premières années de cette œuvre atteint les proportions d'un volume.

D'autres membres de l'Œuvre restaurée en 1810 établirent aussi une Œuvre à Orléans. M. de la Matholière, aïeul de M. des Francs, fut un des fondateurs, et il en resta président jusqu'à sa mort.

L'Œuvre actuelle de la *première communion des ramoneurs* a donné il y a peu de temps naissance à l'Œuvre des ramoneurs de Dijon.

Que cette sainte fécondité de la charité s'accroisse encore pour la gloire de Dieu et pour le salut d'un grand nombre d'âmes !

CONCLUSION.

J'ai essayé, Messieurs, de vous faire assister aux laborieux com-mencements de cette œuvre. Ses fondateurs vous ont sans doute rap-pelé les mélancoliques semeurs dont parle le psalmiste : *Euntes ibant et flebant, mittentes semina sua.* Aujourd'hui le Seigneur a béni la semence, les épis s'élèvent de toutes parts sur ce champ qui a été arrosé, par le sang des martyrs. Eh bien ! maintenant c'est à la joyeuse fête des moissons que nous vous convions : *Venientes autem venient cum exultatione, portantes manipulos suos.*

Vous ne craindrez pas, Messieurs, d'arriver comme les ouvriers de la onzième heure ; vous savez que les derniers venus ne reçoivent pas une moindre récompense que ceux qui ont supporté tout le poids du jour et de la chaleur. D'ailleurs, il y a bien de l'ouvrage encore. Nous avons dans notre œuvre de quoi utiliser tous les dévouements. Chacun peut y choisir selon son attrait. Avez-vous le don particulier de l'enseignement ? Voilà nos catéchismes et nos écoles. Sont-ce les malades qui vous attirent ? Nous en avons toujours, par suite du rude travail de nos gens, et des mauvais logements qu'ils habitent. Votre charité revêt-elle une forme plus riante ? Nos ramoneurs ont aussi besoin de se délasser, et dans nos réunions du dimanche, vous pouvez encore nous rendre des services. Ne soyez pas trop modestes, Messieurs, et ne nous cachez pas vos talents. Avez-vous celui de la parole? Venez parler à nos gens. Il vous comprendront, ils vous applaudiront. Est-ce l'art charmant de la musique qui vous a jusqu'ici captivés? Prenez place dans nos chœurs. Êtes-vous plus habiles à manier le pinceau et le crayon? Sans pouvoir affirmer que vous trouverez parmi nos petits montagnards de la Savoie et de l'Auvergne beaucoup de *Giottos*, je vous assure qu'il y en aura qui sauront vous comprendre. Dans tous les cas, au plus grand nombre quelques notions de dessin seraient fort utiles dans leur état. Vous comptez-vous parmi les ouvriers de la plume? Écrivez pour nos hommes. Jamais nous n'avons senti plus que maintenant la disette des bons livres et des bons journaux pour les ouvriers. Enfin, si vous ne vous sentez ni la vocation d'apôtre, ni celle d'instituteur, ni celle d'infirmier; si vous n'êtes ni orateur, ni musicien, ni peintre, ni écrivain; vous pouvez toujours aimer. Soyez donc l'ami du pauvre. Montrez-vous dans nos réunions. Serrez ces mains calleuses, mais qui sont capables d'une si loyale, d'une si chaude étreinte. Venez prier avec nos ouvriers. Vous n'en prierez que mieux, et eux aussi. Venez seulement, et, quelles que soient vos forces, nous ne vous laisserons pas oisifs. On a besoin de vous, car la moisson est abondante, mais les ouvriers sont en petit nombre. *Messis quiden multa, operarei autem pauci.*

Nous bénirons mille fois le maître de la moisson, s'il daigne susciter parmi vous de nouveaux travailleurs.

Le Vicomte Denis Affre de Saint-Rome.

SEPTIÈME RAPPORT

MONOGRAPHIE DES ŒUVRES OUVRIÈRES ÉTABLIES DANS LA VILLE DU HAVRE.

MESSIEURS,

Un des grands bienfaits de nos œuvres ouvrières est de grouper les forces catholiques d'une ville ou d'une campagne, de les faire se reconnaître et, en les appliquant à un but précis, d'empêcher qu'elles ne se dispersent. Ce bienfait s'est rapidement fait sentir au Hâvre, ville impressionnable, inconstante, mais généreuse. Dès leur apparition, nos œuvres sont devenues des points de ralliement et pour la classe ouvrière et pour la classe élevée ; elles ont conservé ce caractère, malheureusement elles ne l'ont pas assez accentué et surtout le mouvement n'est pas allé en progressant.

Messieurs, nous nous devons les uns aux autres la vérité : il faut dans les œuvres un peu d'optimisme ou, pour parler un langage chrétien, une espérance invincible en Dieu, soutien de notre faiblesse ; toutefois les illusions sont dangereuses ; elles excitent le rire des adversaires, conduisent aux déceptions, puis au découragement.

Disons-le donc franchement, si nos œuvres n'ont pas donné chez nous ce que nous étions en droit d'attendre d'elles, c'est, entre autres raisons, que la classe élevée s'est arrêté en route. Nous sommes exigeants pour les catholiques de la classe élevée, j'en conviens, Messieurs, et s'il est vrai qu'on ne prête qu'aux riches, il est encore plus vrai qu'on ne demande qu'aux riches. La vertu est la richesse par excellence ; nous n'irions certes pas frapper à la porte de nos chers collaborateurs laïques, si nous n'étions pas sûrs de la rencontrer. Que ceux d'entre eux qui m'écoutent ne se méprennent donc pas sur ma pensée ; j'ai pour eux une haute estime, voilà pourquoi je me permets de leur dire ce que je crois être la vérité. Je regrette même qu'ils ne soient pas plus nombreux dans notre congrès; je voudrais, à côté des vétérans de nos œuvres, les jeunes recrues qui sont notre joie et notre espérance.

Pour bien comprendre, Messieurs, ces pages tracées à la hâte : quand on est dans les œuvres on n'a pas le temps de soigner son style ; — veuillez ne pas perdre de vue que nous sommes dans une grande ville ; que les laïques catholiques travaillent de concert avec les prêtres, dans les cercles ouvriers, c'est évident pour vous, après les rapports très substantiels qui ont été lus ; et non-seulement dans les cercles mais dans le patronage, où, laissé à ses propres forces, l'ouvrier serait insuffisant.

Nous avons au Hâvre un patronage et trois cercles catholiques d'ouvriers ; en tout quatre places fortes pour les catholiques de la famille ouvrière. — Ils accourent aux jours de fête, ils aiment ces asiles, ils s'y sentent chez eux.

Au Patronage, entre une comédie et un morceau de musique exécuté par l'Harmonie, suivant la recommandation faite dans un de nos congrès, l'aumônier se lève et adresse la parole à un millier d'hommes et de femmes qui l'écoutent avec respect et sympathie. — Nos prêtres, nos religieux, revêtus du froc antique, parlant à une foule d'ouvriers venus pour se divertir, c'est là un genre de prédication dont l'honneur revient à nos œuvres. — Le secret du succès est bien simple, il a été indiqué ces jours-ci par nos collègues ; vous aimez les enfants du peuple, vous vous donnez à eux sans réserve ; les parents le savent et, sans essayer de résistance, ils se livrent à vous. Qu'il s'agisse de l'enfant du pauvre ou de l'enfant du riche, le concours et la confiance des parents doivent être acquis à l'éducateur.

Parmi les fêtes religieuses, il en est une, Messieurs, à laquelle nous donnons tout le lustre possible, à cause de la circonstance que voici : Sous prétexte qu'il y a au Hâvre quatre ou cinq mille protestants, sur une population de plus de quatre-vingt mille âmes, les catholiques se voient privés des processions de la Fête-Dieu, si éminemment populaires. Bon nombre des protestants, disons-le à leur honneur, ont protesté contre l'abus qu'on fait de leur nom et de leur présence : l'arrêt n'en reçoit pas moins son exécution. — Eh bien nos œuvres conservent comme dans une arche sainte la tradition des processions ; on accourt aux cercles ; il y a ce jour-là dans l'immense cour du patronage, des milliers de personnes. Le cortège se compose de députations des écoles, de jeunes filles en blanc recrutées de partout, de notre patronage et de nos cercles avec leurs bannières, des conférences de Saint-Vincent de Paul, etc., etc.

Un de Messieurs les curés porte le Très-Saint Sacrement, autour duquel les pasteurs des autres paroisses, les vicaires précédés de leurs enfants de chœur, les religieux et frères des écoles forment une garde d'honneur. — Notre patronage compte dans son sein les enfants de toutes les paroisses de la ville; il convient que toutes soient représentées et que, à tour de rôle, chacun de Messieurs les curés préside la fête.

Pénétrons quelque peu maintenant dans l'intime du patronage (1).

Au début, nos enfants, qui pour la plupart sont en fait de religion d'une ignorance profonde, étaient plus nombreux à l'office du soir qu'à celui du matin; ils dormaient, lambinaient en s'habillant jusqu'à midi, et manquaient la sainte messe sans aucun scrupule; maintenant ils sont un peu moins nombreux à vêpres, mais la messe, malgré la plaie du travail du dimanche, est toujours entendue par 100 à 200 enfants et jeunes gens. Sur ce nombre, combien, sans le patronage, iraient à la messe de paroisse? un quart à peine, j'en suis plus que convaincu (2), messieurs, quand nous n'obtiendrions que ce seul résultat, je me tiendrais pour satisfait.

Rendons-nous à l'évidence des faits. Dans nos grandes villes le clergé paroissial, surtout s'il se contente de la forme ordinaire, s'il ne crée pas d'œuvres, est complètement incapable de suffire à la besogne.

Et puis, pesez ceci, je vous prie. Depuis cinq ans que je suis au Hâvre, j'ai vu en moyenne dans chaque paroisse, deux et même trois vicaires, quitter leur poste pour devenir curés. Je les félicite, mais je plains les familles ouvrières dont ils avaient la confiance; la plupart sont désorientées, et pour longtemps.

Le prêtre d'une œuvre de jeunesse, qui se passionne pour ses nobles et chères occupations, arrive avec le temps, à conquérir sur

1. Pour ne pas m'étendre sur l'organisation du Patronage, qui d'une part, ressemble à ce que l'on voit ailleurs, de l'autre, offre quelques particularités commandées par le milieu dans lequel vivent nos enfants, ou dictées par les conditions spéciales qui ont entouré le berceau de l'Œuvre, je me permettrai de renvoyer ceux de ces messieurs qui ont des patronages à peu près semblables au nôtre, à l'opuscule intitulé: *Le Patronage Saint-Thomas d'Aquin, sa physionomie, son règlement.* Ils y trouveront, condensés en quelques pages, expression fidèle de la vérité, les traits caractéristiques de l'Œuvre.

2. Un détail dont l'importance n'échappera pas aux directeurs d'œuvres; *la répétition de musique instrumentale a lieu à l'issue de la messe.*

bon nombre de familles du peuple, une influence que messieurs les
vicaires n'ont pas le temps de connaître. Il est adoré, comme le disait
si bien hier l'homme du métier, passez-moi l'expression, qui nous
préside. Oui, messieurs, ce prêtre, cet homme d'œuvres, est une
idole pour ce petit et même pour ce grand monde, mais une idole
qui n'aspire qu'à servir de piédestal à Jésus-Christ, son adorable
maître. Qu'il reste, qu'il reste longtemps au milieu de sa chère
famille! quand la barque est bien gouvernée, quand l'expérience
s'est ajoutée au dévouement et à la capacité, j'estime qu'il vaut
mieux ne pas changer le pilote.

La piété s'implante et se consolide dans le Patronage au moyen
de la confrérie. Parmi les fidèles, toutes les âmes ne sont pas appelées au même degré de sainteté; ainsi, pour nos jeunes gens, il serait téméraire de demander à tous le même degré de piété; vous en
rebuteriez un grand nombre et vous feriez quelques hypocrites. Sur
300 à 320 enfants et jeunes gens qui fréquentent l'Œuvre habituellement, sinon régulièrement, la confrérie pieuse ne compte que 30 à
35 membres: A eux revient l'honneur de servir à l'autel; je veux
les voir dans tous les services de l'Œuvre; aux cours du soir, à la
musique, dans les salles de jeux; ils doivent partout donner le bon
exemple. Les membres de l'Association pieuse, divisée en confrères
et aspirants, ont deux réunions par semaine; le dimanche, on récite
le saint Évangile, on répond (ou on ne répond pas) à des questions
de catéchisme; le jeudi, à 7 heures 1/2 du soir, après la psalmodie
des vêpres du petit office de la Très Sainte Vierge, la lecture par le
Secrétaire du procès-verbal de la dernière séance. Le Père Directeur adresse à ses chers enfants une exhortation de quelques minutes. A 8 heures tous se retirent contents. Aucun membre de la
confrérie ne doit passer un mois sans communier, quelques-uns
s'approchent plus souvent de la Table-Sainte.

Enfin, Messieurs, deux enfants ont déjà passé de la confrérie au
petit Séminaire diocésain; à la rentrée, ils seront quatre. Le jour où
j'aurai le bonheur d'assister au saint autel un de mes chers enfants y
montant pour la première fois, sera un des plus beaux de ma vie!
Ah! Messieurs, les fils de famille, il faut bien le constater avec douleur, n'encombrent guère, à cette heure, les marches du sanctuaire;
les parents, même chrétiens, de la classe élevée, font l'impossible
pour arracher une vocation naissante du cœur de leurs enfants.
Parce qu'elle n'a plus pour parure les joyaux terrestres, c'est-à-

dire les prébendes, les riches bénéfices, l'Église n'est-elle donc pas toujours la belle et sainte Epouse de Jésus-Christ, digne de charmer le regard du jeune homme appelé de Dieu, digne de susciter chez lui des dévouements sans limite.

Tirons de nos œuvres des prêtres, et de bons prêtres, et plus tard, ils serviront avec amour la Mère qui, aux jours de leur jeunesse, les aura nourris du plus pur de son lait !

Notre patronage, Messieurs, a fait école, en ce sens que deux ou trois paroisses ont fondé de petites œuvres pour les enfants qui fréquentent encore les classes ; ici, c'est un vicaire aidé des frères qui prodiguent leurs soins à ces enfants ; là, ce sont de jeunes gens des conférences de Saint-Vincent-de-Paul qui les réunissent et leur font le catéchisme ; quelques-uns de nos grands garçons du patronage qui ont aussi leurs conférences, se sont joints à eux.

Tout cela nous réjouit fort, Messieurs. Il y a tant d'enfants dans une ville de 80,000 âmes ; bénis soient les ouvriers qui descendent dans la vigne ! peu importe qu'ils travaillent dans tel ou tel carré, c'est toujours la propriété du même père de famille.

Nous avons quelques enfants sous les drapeaux ; ils persévèrent dans le bien, nous le savons : jusqu'ici, à leur arrivée au régiment, ils vont tout naturellement au prêtre dont nous leur avons appris à ne pas avoir peur; espérons que nous serons toujours aussi heureux.

Messieurs, si notre patronage donne des résultats, en somme assez satisfaisants, s'il y a plus de fixité parmi nos jeunes clients, nous le devons en grande partie au patronage des sections, c'est-à-dire à cette organisation qui consiste à confier à un jeune patron un groupe d'enfants dont il est le protecteur et l'ami. Ces jeunes patrons, tirés de la classe dirigeante, rendront l'œuvre tout-à-fait prospère quand ils seront plus nombreux et qu'ils se passionneront pour leurs nobles fonctions ; je ne parle pas des avantages incontestables qu'ils en retireront pour eux-mêmes. Prêchons dans nos petits séminaires, prêchons dans nos collèges catholiques surtout ce dévouement du jeune homme de famille aisée à la classe populaire ; qu'un jour ils fassent mieux que leurs pères qui se désintéressent de tout, se retranchent dans un isolement qui ne leur est que trop fatal. Au Hâvre, Messieurs, nous n'avons pas d'associations de patrons ; les catholiques n'ont aucune influence sur les affaires locales, ils ne sont comptés pour rien. Pourtant la tâche qu'ils devront remplir bon gré mal gré va chaque jour grandissant; qu'ils se souviennent donc enfin qu'ils sont les tuteurs nés de la classe populaire, que s'occuper des intérêts du peuple, ainsi que nous le faisons dans nos œuvres, n'est pas une pure affaire de luxe, mais s'impose comme un impérieux devoir.

Pour le comprendre ce devoir, et surtout pour le remplir, il leur faut le secours d'en haut : et ce secours, l'exact accomplissement de la loi de Dieu et la fréquentation des sacrements le leur donneront infailliblement.

H. DELORME,
des frères prêcheurs

HUITIÈME RAPPORT

RAPPORT ADRESSÉ A MESSIEURS LES MEMBRES DU CONGRÈS DE CHARTRES SUR LES ŒUVRES MILITAIRES

MESSIEURS,

Un autre que moi devait prendre la parole devant votre commission : M. l'abbé Baron, aumônier de l'École militaire, à Paris.

Son nom était inscrit au *Bulletin* de l'Union des œuvres; mais absorbé par la multiplicité des questions qui se présentent à la commission de l'aumônerie, M. l'abbé Baron m'a légué un honneur qui me paraît périlleux, parce que j'ai le sentiment de mon insuffisance.

Toutefois j'ai demandé à Dieu, et j'attends de votre bienveillance que la question elle-même ne souffre pas de cette substitution forcée.

Sans autre préambule, car le temps presse, permettez-moi, Messieurs, de poser la question sur laquelle je me suis proposé de fixer l'attention de vos esprits.

Je désire vous faire saisir trois pensées :

1° L'importance de plus en plus capitale des œuvres militaires;

2° La situation actuelle des mêmes œuvres?

3° Enfin, ce qu'il y aurait à faire par les catholiques pour compléter ce qui existe actuellement.

Inutile de vous faire remarquer, Messieurs, que je regarderais comme impossible de remplir ma tâche, dans le peu d'instants qui me sont accordés, si je n'avais l'assurance de me trouver en face d'un auditoire qui pourra facilement suppléer aux développements que je dois nécessairement omettre.

Le but des œuvres catholiques, si je ne me trompe, peut se résumer ainsi : arracher notre chère patrie à l'impiété séculaire qui l'a pervertie; refaire une France chrétienne et la restituer à Jésus-Christ, son maître et son roi.

Mais, Messieurs, où trouver la France aujourd'hui, sinon spécialement dans les rangs de l'armée?

Par vos asiles, vos patronages, vos cercles catholiques, vous préservez de la contagion les jeunes générations, qui, cultivées par votre labeur fécond, s'ouvriront facilement aux influences chrétiennes.

Toutes ces œuvres de votre zèle me jettent dans l'enthousiasme et l'admiration en contemplant le réveil de la foi que vous préparez, je me prends à espérer; que dis-je, j'ai la certitude que Dieu ne voudra pas abandonner un peuple au sein duquel se remarque une telle vitalité. L'enfance, l'adolescence et la première jeunesse; l'âge mûr et la vieillesse sont tour à tour les objets de vos multiples sollicitudes.

Toutefois, après ce que je nomme la première jeunesse, je constate une large lacune dans nos œuvres catholiques.

Quand leurs vingt ans viennent à sonner, de nombreux jeunes gens sortent de vos cercles, de vos maisons d'éducation, de vos universités. Il vont se séparer de tous. A ce moment de la séparation, ils ont le cœur serré, et vous, Messieurs, vous avez l'âme anxieuse.

Pourquoi, chez eux ce serrement de cœur; pourquoi chez vous cette anxiété?

Ah! c'est qu'ils savent — et vous le savez mieux qu'eux — ils savent qu'ils vont à la caserne.

Mais encore, pourquoi ce malaise indéfinissable qui s'empare des âmes chrétiennes à l'apparition de la caserne?

Pourquoi, sinon parce qu'un secret pressentiment nous avertit que la caserne peut devenir le tombeau de l'éducation de la famille, le tombeau de toutes les œuvres entreprises pour sauvegarder l'âme du jeune homme.

Hélas! Messieurs, ce pressentiment n'est que trop justifié par les faits! Dans notre pays, si la religion se présente à la caserne, elle est reçue comme une étrangère à laquelle on fait comprendre qu'elle doit abréger sa visite. On ne l'invite pas à s'asseoir; parfois même elle peut entendre certaines clameurs qui lui indiquent clairement qu'on a le plus grand désir de lui interdire la porte.

Et l'irréligion a chez nous tellement bouleversé les idées, qu'on ne voit pas toujours tout ce que cette attitude a d'odieux pour la religion elle-même, tout ce qu'elle a de cruel pour les âmes, tout ce qu'elle a de malavisé pour les intérêts de la discipline, du respect et de la moralité de l'armée. Durant les quelques mois où j'ai vécu en Allemagne, près de nos prisonniers captifs, j'ai eu plus d'une fois l'occasion d'assister à la messe militaire, dans plusieurs garnisons. Partout j'ai vu une assistance nombreuse et recueillie; chefs et soldats avaient leurs livres, priaient, prenaient part aux chants de la liturgie. J'ai interrogé à ce sujet plusieurs aumôniers militaires allemands, et voici ce que j'ai appris.

« Nos soldats, m'ont-t-ils dit, remplissent leurs devoirs de religion, et le respect humain est inconnu chez nous, aussi bien à la caserne qu'au village. D'ailleurs la messe est *un service obligatoire* pour le soldat, et fait partie des choses qui lui *sont commandées*. L'autorité militaire n'admet pas qu'un soldat n'ait pas de religion, ou, ce qui revient au même, n'en remplisse pas les obligations extérieures. Il est protestant ou catholique; en conséquence il est, *par ordre*, conduit au temple ou à l'église. »

Je ne vous demande pas, Messieurs, d'entrer en campagne pour faire décréter la messe obligatoire le dimanche dans notre armée.

En évoquant devant vous ce souvenir qui n'est pas sans tristesse, j'ai voulu seulement vous conjurer d'unir tous vos efforts, afin de protéger la foi et les mœurs de vos fils et de vos frères qui sont appelés à franchir le seuil de nos casernes, à y demeurer cinq ans ou même une seule année. Que de destructions hélas! peuvent se faire dans une âme qui n'est pas préservée!....

Vous m'avez compris, Messieurs, bien que je n'aie pu donner à ma pensée les développements suffisants, l'importance des œuvres militaires ne vous échappera pas.

II

Et maintenant je suis forcé de vous expliquer plus brièvement encore ma seconde pensée : Quelle est actuellement en France la situation des œuvres militaires ?

Vous savez, Messieurs, combien difficilement la loi de l'aumônerie militaire a été votée; — je ne dis pas acceptée, encore moins appliquée — combien facilement elle a été abrogée et finalement détruite, au moins en pratique.

Outre les aumôniers d'hôpitaux militaires, nous avons actuellement en France neuf aumôniers; et, en comptant l'Afrique, quinze aumôniers titulaires pour toute l'armée française. Il y a bien Messieurs les aumôniers volontaires. La plupart sont vicaires. Absorbés par le ministère des paroisses, ils ne peuvent donner aux œuvres militaires qu'un temps et des soins relativement insuffisants.

D'ailleurs, Messieurs, ces aumôniers fussent-ils titulaires, ils manqueraient encore des ressources nécessaires pour établir et faire vivre des œuvres qui demandent des sacrifices d'argent trop lourds pour un prêtre abandonné à lui-même. En effet, à peine un prêtre est-il désigné par son évêque pour prendre le soin religieux d'une garnison, qu'il se trouve en face d'une tâche immense.

Il sent bien que son ministère ne peut se borner à célébrer une messe, le dimanche, devant une assistance fort problématique. Pour sauver ces âmes des mille séductions qui les sollicitent, il faut à l'aumônier un cercle, une bibliothèque, des jeux qui intéressent le soldat, etc., etc.. Je le sais, Messieurs, quelques villes de France ont donné de grands et nobles exemples : les cœurs catholiques unis dans un effort commun ont trouvé des ressources, grâce auxquelles l'aumônier peut alimenter ses œuvres et se donner lui-même tout entier à son rude, mais fécond apostolat. Quand il en sera partout ainsi, Messieurs, les œuvres militaires seront fondées, parce qu'elles seront assurées d'un lendemain. Mais hélas ! nous sommes encore bien loin de ce résultat.

Je connais des prêtres d'un grand cœur et d'un absolu dévouement qui se sentent pris d'un profond découragement, parce qu'ils ne sont pas aidés. Et, s'ils ne sont pas aidés, il le faut bien dire, c'est que l'importance. et l'impérieuse nécesité des œuvres militaires ne sont pas encore comprises à l'heure qu'il est par toutes les âmes catholiques.

L'aumônier militaire a parfois reçu des réponses comme celles-ci :

« Nous avons nos œuvres locales....

« Vos jeunes gens sont sans doute très intéressants, mais en définitiveils sont pour nous des étrangers.... »

Des œuvres locales...! Des étrangers...!

Ah! Messieurs, un tel langage n'est ni catholique ni français.

Élargissons notre horizon, voyons l'Église à la tendresse de laquelle le soldat a un droit spécial, parce qu'il est plus délaissé: voyons la France. Les soldats ne sont-ils pas ses fils les plus dévoués? Pour elle, ils consument les plus belles années de leur existence; pour elle, ils se sèvrent des douces et pures joies de la famille; pour elle, demain peut-être, ils vont répandre leur sang et donner leur vie?

Vous le savez, Messieurs, dans notre société profondément troublée, il se rencontre des hommes qui n'aiment pas le soldat, dont le courage et le dévouement sont pour eux un reproche ou une menace.

Eh bien, Messieurs, présentons au soldat la compensation qui lui est due. Aimons-le d'un amour efficace; protégeons son âme et gardons la pour Dieu; protégeons son cœur contre les séductions qui le gâteraient, afin que ce soldat qui veille à notre sécurité ne soit point perdu lui-même pour la famille, pour la société, pour l'Église et aussi pour vos œuvres qui le recevront à son retour.

III

Permettez-moi, Messieurs, de prévenir une question que vous avez le droit de m'adresser en ce moment.

Que faire pratiquement pour le soldat?

Eh bien, Messieurs, il me semble que vous n'avez qu'à développer, à généraliser des œuvres dont nous voyons déjà poindre le germe.

Pour assurer l'existence régulière de l'aumônerie et lui créer les ressources nécessaires, vous avez l'œuvre de Notre-Dame des Soldats.

Adoptée déjà dans quelques diocèses, et fonctionnant avec succès sous la protection de Nos Seigneurs les Évêques, cette œuvre est

29

calquéo sur l'œuvre de la propagation de la foi dont elle poursuit le but, à l'intérieur.

Son fonctionnement est simple, autant que fécond. Dans chaque paroisse, il est facile de trouver une ou plusieurs zélatrices, un ou plusieurs zélateurs qui se chargeront de recruter des membres et de les organiser en dizaines. Chacun des membres s'engagera à réciter chaque jour un *Pater* et un *Ave*, avec l'invocation : Notre-Dame des Soldats, priez pour l'armée. Chaque membre s'engagera en outre à verser un sou par semaine pour les besoins des œuvres militaires. Les fonds recueillis par les chefs de dizaines seront centralisés à l'Évêché, qui fera la répartition aux aumôniers des diverses garnisons.

Vous le voyez, Messieurs, en développant l'œuvre de Notre-Dame des Soldats, en l'établissant dans tous les diocèses de France, en la faisant pénétrer dans les plus humbles villages, vous allez créer à l'aumônerie militaire les ressources dont elle a un impérieux besoin.

Vous allez faire plus et mieux : par le sou versé chaque semaine, par la prière récitée chaque jour, va s'aviver dans les âmes le souci des intérêts religieux de l'armée. Cette œuvre servira d'abord la piété ; mais elle aura encore pour résultat de développer le sentiment patriotique, en nous rappelant chaque jour ce que nous devons à l'armée.

Je vous demanderais donc, Messieurs, d'établir l'œuvre de Notre-Dame des Soldats au sein de toutes les œuvres dont vous avez la sollicitude : Conférences de Saint-Vincent de Paul, cercles etc. etc.

Que des dizaines soient formées, et qu'aux invocations qui terminent les prières habituelles, au commencement et à la fin des réunions, on veuille bien ajouter : « Notre-Dame des Soldats, priez pour notre armée. »

Cette prière préparera à l'avance vos jeunes gens à s'occuper des œuvres militaires, à s'en bien pénétrer ; et le jour où ils entreront dans l'armée, il leur paraîtra qu'ils ne sortent pas de chez eux. En quittant vos cercles, le conscrit saura qu'il va retrouver dans la garnison qui lui est désignée une œuvre déjà connue, sœur des œuvres qui lui sont chères et auxquelles il doit sa préservation jusqu'à ce jour.

2° Il est une autre œuvre ébauchée dans quelques villes, mais qu'il importe de répandre partout et d'organiser d'une façon véritablement pratique : je veux parler de l'œuvre du départ.

Au soldat qui part, on remet une lettre à l'adresse de Monsieur
l'aumônier de la garnison; soyez assurés, Messieurs, que le plus
souvent cette lettre demeure dans la poche du soldat. Il néglige de
la remettre dès l'arrivée; ...... Quelques jours plus tard, il est trop
tard : le conscrit a trébuché contre quelques bouteilles de vins ......
et ne se soucie plus de rencontrer l'aumônier.

D'autrefois, on écrit directement à Monsieur l'aumônier, mais
on oublie de lui dire dans quel régiment se trouve le protégé que l'on
recommande à ses bons soins. Comment voulez-vous, Messieurs,
que l'aumônier puisse découvrir dans tout un régiment et même
quelquefois dans plusieurs le jeune homme qui lui est confié ?

Voici ce qui me paraît pratique. Que Messieurs les curés ou Messieurs les directeurs d'œuvres, remettent, s'ils le veulent, une lettre
au conscrit, tout en se souvenant que le sort de cette lettre est très-
incertain.

En tout cas, qu'on recommande au soldat d'écrire à sa famille,
dès son arrivée au corps, en donnant exactement son adresse, avec
l'indication de son régiment, bataillon, escadron ou compagnie.

Ces renseignements transmis à Messieurs les aumôniers, ceux-ci
pourront, sans risquer de s'égarer, courir après les brebis qui auront été signalées.

Enfin, Messieurs, vos jeunes gens devenus soldats ont besoin que
vous ne vous désintéressiez pas de leur sort.

Les familles chrétiennes ou les comités d'œuvres ne pourraient-ils
pas organiser dans les différentes villes de garnison des correspondants qui veilleraient sur les intérêts moraux et religieux des soldats ?

Pourquoi la charité catholique ne pourrait-elle réaliser dans l'intérêt des âmes ce que le commerce ou la finance ont pu créer dans
l'intérêt des affaires !

Je n'ai pu, Messieurs, que vous indiquer des pensées qui appelle-
raient de bien autres développements ; mais j'avais pour limites le
temps et aussi votre patience.

Je m'arrête, Messieurs, et me résume :

1° Il importe de compter parmi les œuvres que vous faites vôtres,
les œuvres militaires.

2° Il est urgent, pour la vie de l'aumônerie militaire en France,
d'organiser partout l'œuvre de Notre-Dame des Soldats.

3° Enfin, il faut employer tous les moyens en notre pouvoir pour que le soldat, durant le temps de son congé, sente près de lui la bienfaisante influence des œuvres catholiques.

VIMARD,
Aumônier de l'hôpital militaire
du Gros-Caillou, à Paris.

NEUVIÈME RAPPORT

L'ŒUVRE DU BON JOURNALISME POPULAIRE

MESSEIGNEURS,
MESSIEURS,

Je viens vous entretenir d'une Œuvre qui est la réalisation d'un vœu exprimé au dernier congrès du Puy, l'œuvre du bon journalisme populaire.

Nous assistons à notre époque à un bien douloureux spectacle. Nous rencontrons de tous côtés des jeunes gens de vingt ans qui s'écrient : Je n'ai plus la foi; et ils le disent avec sincérité, et on les compte par centaines de mille, et ce qui est le plus triste, ce n'est pas le nombre des incrédules, c'est l'immensité de la catastrophe. Autrefois, un jeune homme sous l'empire de ses passions, pouvait souffrir quelques atteintes dans sa foi, mais les vérités fondamentales de la foi; la confiance en Dieu, en Jésus, étaient pour lui l'ancre du salut. Aujourd'hui il est païen, et quand un enfant de vingt ans, de seize ans vient vous dire : je n'ai pas la foi; le naufrage est complet, il ne reste plus rien; c'est le vide, c'est une table rase; il n'y a plus de conscience; il n'y a plus rien dans le cœur et dans l'intelligence; je me trompe; il y a des convoitises effroyables et une volonté ardente de les satisfaire à tout prix en brisant tous les obstacles.

Il y a quarante ans, un publiciste éminent disait à la chambre des

Députés dans des circonstances moins critiques qu'aujourd'hui, Royer-Collard disait : « Il y a aujourd'hui à notre époque une école d'immoralité qui finira par corrompre le monde; on ne respecte plus rien, pas même les choses les plus saintes; » c'est trop fort, et l'humanité succombera. Et s'il en est ainsi comment la jeunesse résistera-t-elle, elle qui n'a pour se préserver que la faiblesse de ses sens, l'intelligence de ses sens. Monseigneur Darboy réunissant dans son palais épiscopal de Paris, les hommes d'œuvres a dit: « On a eu l'imprudence de laisser venir à Paris un grand nombre d'ouvriers pour des travaux gigantesques, et l'on n'a pas eu soin de leur moralisation, et chez ces hommes il y a des sentiments d'orgueil profond, d'envie monstrueuse, ils refusent nos secours que nous donnons au nom de la charité, ils ne les veulent qu'à titre de justice; » et il ajoutait : « Il y a là un problème social qui se résoudra plus tard dans la rue à coups de canon. »

Et depuis ce temps, la guerre est devenue plus redoutable; ces choses dissolvantes, il y a quarante ans, ont pris un essor prodigieux, et ces deux dissolvants sont ceux d'une société dégénérée et d'une presse impie. Je n'insiste pas sur le premier; nous voulons produire au sein des masses le courant salutaire, régénérateur des Œuvres ouvrières par le Patronage de gens pleins de zèle et par la fondation de bureaux diocésains. Quand ils seront institués et vivifiés par la bénédiction des évêques, ils formeront une immense association de charité et de foi qui sera un contrepoids aux doctrines funestes qui sont infiltrées dans les âmes par des sociétés ténébreuses. (*Applaudissements.*)

Mais, Messieurs, le second dissolvant, je ne crains pas de le dire, est bien plus redoutable que le premier; c'est la presse impie. Depuis six ans elle a pris une extension prodigieuse, elle a produit des ravages incalculables. Ah ! la presse est une grande œuvre, c'est un grand instrument, c'est un levier d'une puissance immense. Quand elle a paru à son origine, elle était pour ainsi dire sacrée dans son baptême ; sa première œuvre, ce fut la parole de Dieu dans la sainte Bible ; et je suis heureux de le dire, dernièrement on a voulu tenter de correspondre par le télégraphe, par le câble sous-marin avec l'Amérique. Le premier télégramme expédié en Amérique est une annonce de la Rédemption, *Gloria in excelsis Deo ;* puisse le télégraphe transatlantique répandre dans le nouveau monde la religion, la civilisation, la justice et la liberté. Saluez cette arme de la

presse, elle est bonne par elle-même, et lorsqu'elle est l'organe
fidèle de la vérité.

Mais il est triste de le dire ; depuis deux années principalement,
elle sème la perversion et la ruine dans les âmes, surtout par le
journal populaire. Personne n'est à l'abri d'un journal, même le
plus sage ; mais dans la classe populaire qui accepte volontiers tout
ce que l'on dit, et tout ce qui est imprimé, il est facile de la tromper ;
et je l'avoue, les impies par ce moyen agissent savamment, à leur
point de vue, ils font l'histoire de la religion, et ils en viennent à
anéantir les croyances religieuses. Dans les populations qui ont la
foi, ils procèdent autrement, ils n'attaquent pas la religion, mais
ils jettent de la déconsidération sur les miracles, sur les choses du
culte, ils font perdre l'estime, la vénération qu'on a pour le clergé
et voilà le triste spectacle dont nous étions témoins cet hiver dans
la Savoie, autrefois la Terre des Saints. Dans ces pays où les montagnes sont des forteresses qui tiennent leurs habitants bloqués par
les neiges, il semble qu'elles devraient les préserver de la mauvaise
presse, mais la propagande impie pénètre partout. Ces habitants
sachant qu'ils vont être bloqués par les neiges, se munissent de ces
mauvais journaux de la presse, et les lisent du matin au soir ; le
poison du journal s'infuse dans leur âme et y opère un travail de
dégradation et de mort. Eh bien ! je vous le demande, que devient
la société sous ce dissolvant. Ah ! ne peut-on pas craindre qu'un
jour la foi ne déserte nos rivages et que nous ayons sous nos yeux
un spectacle auquel l'antiquité païenne n'aurait pas voulu croire, un
peuple sans Dieu. A la vue de telles ruines, de telle désolation on
se demande de plus en plus où est le remède.

Messieurs, le souverain Pontife Pie IX, qui avait le cœur de
l'Église, qui en avait la lumière, puisque l'Église c'est l'amour de
la société entière, le souverain Pontife a dit : la presse est une
œuvre d'utilité souveraine, et Léon XIII, empruntant la parole de
son prédécesseur, l'a encore accentuée ; il a dit : la presse catholique
est d'utilité souveraine, elle est plus encore, elle est de toute nécessité. Eh bien ! Messieurs, ce qui est dit de la presse en général n'est-
il pas plus vrai encore de cette presse destinée à atteindre les populations ouvrières, à pénétrer dans les classes populaires.

Eh bien ! il faut le dire, le journalisme populaire est par excellence l'œuvre du jour. C'est par là que nous infuserons la vérité
dans les populations qui ne sont pas si hostiles qu'on le suppose,

les dons de la foi ne sont pas détruits en elles comme on pourrait le croire ; c'est cette presse populaire qui, se faisant toute à
tous, fera pénétrer la vérité, dissipera les préjugés, confondra la
calomnie, réfutera le mensonge, produira la lumière, et saura maintenir les privilèges du catholicisme. Il y a cinquante ans, quand la
vie spirituelle d'une nation voisine, l'Irlande, était en péril, c'est
par l'arme de la presse qu'elle a conquis les libertés auxquelles
elle avait tant de droits. Nous savons ce qu'a fait en Belgique la
presse catholique populaire, j'en ai été témoin moi-même en assistant à l'Union des œuvres ouvrières ; elle a conservé son gouvernement catholique.

Depuis deux ans le travail opposé se fait sentir. Ici dans cette
salle nous avons un vénérable chanoine qui milite en Suisse dans le
canton de Fribourg ; il a réussi à opérer une œuvre de régénération
catholique. Voilà l'effet de la presse ; ce serait une erreur de s'imaginer que la bonne presse ne produit pas d'effet, et voilà l'objection
de la plupart des hommes : cette pensée est très-bonne, elle est généreuse ; mais elle est impraticable. Et pourquoi donc ? Je puis citer comme réponse et comme exemple une feuille qui paraît depuis
six mois et qui se tire à 50,000 exemplaires, c'est *le Pèlerin* parce
qu'il excite un vif intérêt, il amuse et instruit, il a la forme qui convient aux lecteurs.

On dira encore : des essais ont été tentés, ils n'ont pas réussi, on
ne réussira pas davantage. Mais comment ont-ils été tentés, dans
quelles conditions ? Est-ce dans des conditions vives, fortes, larges,
puissantes ! Non, telles n'ont pas été les bases sur lesquelles on a
créé un seul de nos journaux, auxquels on ait consacré un capital
de cinq cent mille francs, et qu'est-ce que cela pour la France ?
pour les intérêts si élevés de notre patrie, pour sa foi, est-ce que
nous regarderions à ces bagatelles ?

On dit que par la presse populaire, on ferait tomber les journaux
de province ; c'est une erreur; ce journalisme populaire prendrait
sous son patronage la presse qui professerait les mêmes sentiments,
elle les secourrait de ses abonnements qu'elle enverrait à des personnes qui pourraient les propager autour d'eux; on serait sûr d'en
trouver l'écoulement. Voilà le service que rendrait la presse populaire. Je ne me dissimule pas qu'on a fait de grands et nobles efforts
dignes de notre reconnaissance. La Société bibliographique a fait
des prodiges de zèle, témoin ce qu'elle a fait à l'occasion du cente-

naire de Voltaire, qu'hommage lui soit rendu! (*Applaudissements.*)

Il y a encore l'œuvre de Saint-Paul couverte de la bénédiction du Saint-Père, et nous avons ici le chanoine Schorderet; il a eu une pieuse pensée qui venait de Dieu, c'était de former un noyau de jeunes ouvrières qui, armées de la foi et renonçant à tout avantage terrestre, ne recevant rien, aucune rétribution se consacrent à la propagation de la foi et du bien : trois maisons sont fondées et une quatrième va s'établir. Mais toutes ces œuvres si dignes d'intérêt dont nous nous occupons pour le bonheur de la société et des classes ouvrières doivent tenir en première ligne cette œuvre du bon journalisme populaire à un sou; c'est le grand besoin de l'époque, c'est le grand, le puissant levier du jour; c'est aujourd'hui l'œuvre par excellence. Ah! sans doute c'est une belle œuvre que celle de la construction et de l'ornementation des églises, mais si le peuple qui s'en est éloigné n'y vient pas, le résultat est modeste; et si elles viennent à être détruites, quel sera le fruit de tant d'efforts? Ces œuvres sont saintes, mais si par la propagation des doctrines impies on vient profaner le sanctuaire des consciences, ces œuvres seront-elles durables? Vous le voyez, la Presse est le grand levier pour remuer les masses, et propager un mouvement considérable au milieu des populations ouvrières, pour y maintenir et conserver la foi. Voilà pourquoi je viens vous faire connaître le programme de l'œuvre qui vient se fonder : le bon journalisme populaire qui se propose de donner à toutes vos Œuvres un concours très-large.

L'orateur termine en invitant les membres du Congrès à s'adresser à M. le chanoine Schorderet, fondateur de l'Œuvre de Saint-Paul, pour avoir tous les renseignements qui pourraient leur être utiles; c'est aussi dans ces intentions que M. de Château-Thierry lit le Programme de l'œuvre.

LE CHANOINE DU FOUGERAIS

DIXIÈME RAPPORT

LE JOURNAL POPULAIRE

On convient généralement de la nécessité de la bonne presse. Non-seulement elle peut servir à sauver de l'erreur quelques âmes restées fidèles ; mais le domaine sur lequel elle combat, qui est celui de la conscience, constitue aujourd'hui peut-être le dernier rempart de la société, atteinte déjà dans son honneur, et menacée dans son existence elle-même, par la propagande dissolvante des doctrines révolutionnaires. Aux calomnies de nos adversaires, à leurs allégations mensongères sur les doctrines de l'Église, nous éditons des réponses imprimées dans des brochures populaires qui n'atteignent même pas le nombre des vrais fidèles, tandis qu'il est un journal à Paris dont les enseignements parviennent chaque jour à plus de 500,000 prosélytes. Pourquoi donc tant de personnes, d'ailleurs bien pensantes paraissent-elles blasées sur l'effet de la presse catholique, ou au moins lui apportent-elles un concours très-limité, sinon tout-à-fait nul, laissant ouvert à nos adversaires le champ du triomphe et de la calomnie, sans même profiter de leurs sottises?

A côté de nous, il est un camp où l'on ne dort pas. Les ennemis de l'Église et de la Société travaillent bien plus qu'on ne pense. D'une part, les rédacteurs d'un journal détestable, *le Père-Duchesne,* dans un procès célèbre, nous font connaître, qu'ils ont reçu pour sa fondation, des subsides d'un prince allemand. Puis, c'est Louis Veuillot qui, six mois plus tôt, nous donne, dans *l'Univers,* les noms de deux juifs allemands qui remettent des fonds à un journal habitué à manger du prêtre, comme on dit, en défiant le rédacteur, Edmond About, de prouver le contraire. Et que dire de ce projet gigantesque, par lequel les Juifs s'ingénient à ravir du cœur de l'Europe l'amour de Jésus-Christ. Maîtres des sociétés secrètes, dont ils sont les chefs, à la tête par eux-mêmes ou souvent par l'or qu'ils font briller aux écrivains, d'une partie considérable de la presse française, ils sont devenus trop souvent tout-puissants par suite de la crédulité où sont tombées nos populations qui les croit sans con-

trôle. Or, je demande dans ces sociétés secrètes, devenues les ar-
bitres du pays, et peut-être de l'Europe (1), si c'est le peuple qui est
le maître, ou plutôt s'il n'est pas le jouet de machinations qu'il eût
été utile de dénoncer. On a fait au peuple des promesses qu'on ne
réalisera certainement pas ; et, comme l'Eglise avait dans son Code
et dans son histoire la réalisation de l'idéal proposé, on a décrié le
premier et faussé l'autre. L'attaque est partie d'une main habile.

Eh bien ! pour répondre à nos adversaires, quelles sont les forces
dont nous pouvons disposer dans cette lutte de l'enseignement donné
aux âmes, avec la rapidité de la vapeur, lutte qui semble de bonne
foi au grand nombre, et qui le serait peut-être si nous avions autant
d'organes de publicité, autant de verve chez nos rédacteurs, le même
désir de nous faire lire et imprimer, qui dévore nos adversaires ?
Sur 1,850,000 feuilles politiques qui s'impriment à Paris, un million
et demi sont révolutionnaires (plus ou moins déclarées) ou obscènes.
Il y a quelques journaux de nuance douteuse et enfin un nombre de
journaux catholiques porté par le Comité catholique de Paris, dans
un rapport de l'année dernière, au chiffre mesquin de 50,000, soit
2 1/2 pour cent.

Pourquoi cette infériorité de la presse catholique dans le centre
de la science et du pouvoir ? dans un centre qui fait une propagande
inouïe, puisque, comme je l'ai prouvé ailleurs, il atteint presque
par le tirage d'un seul de ses journaux, le chiffre total du tirage des
journaux de province ?

Pourquoi ? Il y a d'abord le sommeil des catholiques. On aime à
s'endormir sur des lauriers faciles à conquérir ; on voit avec plaisir
un résultat qui ne nous a rien coûté, et on saisit avec bonheur,
quand il s'agit de la presse, tous les prétextes que l'esprit de
l'homme naturellement porté au repos peut suggérer.

Pendant ce temps, l'ennemi entre dans la place, prend possession
de tous les moyens de défense, en encourageant bien volontiers une
inaction qui lui rend l'ouvrage facile.

Et puis, ce sont des préjugés inouïs : Un journal ne nuira-t-il
pas à un autre ? La lutte est impossible. On ne veut pas de nos
journaux. Le mieux est la suppression de la presse en masse.

1. D'après une brochure de M. de Mousseaux, dont un extrait a été présenté aux Membres du Comité catholique de Paris l'an dernier par le chanoine
Schorderet.

Mais un journal nuira moins qu'on ne croit à un autre journal pour cette bonne raison qu'en le fondant, on vise généralement un public nouveau. Ainsi, un journal indispensable, le petit journal catholique *vraiment populaire* à Paris, journal prenant toutes les questions de bonne foi, et tâchant de conquérir les masses à la confiance et à la reconnaissance envers l'Église, journal parlant le langage populaire, intéressant, amusant même, ayant tous les renseignements utiles et colporté partout, n'existe pas à Paris. Voilà un journal qui ne ferait double emploi avec aucun. Mais si on l'envoie en province comme les autres journaux de Paris d'une autre nuance, ne fera-t-on pas tort aux journaux catholiques de ces localités? Peut-être, mais la statistique dont j'ai parlé tout-à-l'heure, prouvant que la faveur est aux journaux de Paris, est-il vraiment catholique de mettre ce journal en parallèle avec deux ou trois journaux, à qui ce journal ferait tort, et qui ne pourraient pas braver l'émulation.

La lutte est-elle possible? Oui, puisque certains journaux ont réussi. Par exemple, la *Liberté*, de Fribourg, organe de l'œuvre de Saint-Paul, fondé pour l'apostolat par la presse, a imposé silence aux feuilles radicales, répandu partout les doctrines bienfaisantes de l'Église, justifié l'histoire des calomnies que l'on y avait semées à prix d'argent, aussi bien que les journaux des travailleurs en Belgique ont influé sur l'esprit des populations, et les élections sont restées catholiques aussi longtemps qu'ils ont subsisté.

On ne veut pas, dit-on, de nos journaux. La faute en est bien souvent à une rédaction peu soignée, des nouvelles tardives et des articles trop peu payés. C'est ainsi que le *Figaro*, mieux inspiré sur ce point, fait trois millions de bénéfices, en consacre un pour les frais de renseignements et d'articles, et en conserve deux pour lui. Voilà des choses que nous ne savons pas faire. Comme le reproche s'adresse aux journaux populaires, je crois devoir citer cette parole de l'apôtre de l'usine, Monsieur Harmel : « Nous sommes dans le premier siècle où les pauvres soient contre l'Église. » En cherchant à améliorer leur sort, au lieu de leur imposer un *statu quo*, je crois qu'on aurait plus avancé la question depuis longtemps.

Quant à ceux qui veulent supprimer la presse en masse, je serais heureux de savoir comment ils comptent y arriver, car l'Église elle-même ne l'a pas condamnée. Léon X, à qui l'on venait porter plainte contre la presse, à l'origine de l'imprimerie, à cause des pamphlets

semés par les protestants, dit qu'il y voyait un moyen admirable
pour faire connaître les vertus des saints et les enseignements de
l'Église, et, malgré ses abus, il accueillit favorablement cette invention nouvelle. Si, plus tard, la liberté de la presse a été condamnée, croyez que la condamnation ne s'adressait qu'à la mauvaise
presse, car Pie IX a proclamé l'œuvre de la bonne presse une œuvre
pie d'une utilité souveraine, et Léon XIII l'a déclarée nécessaire.

Aussi, voyons-nous un grand évêque de Genève, saint François
de Sales, avec le conseil et les subsides du souverain pontife Clé-
ment VIII et des cardinaux Baronius et Borghèse, fonder à Thonon
une imprimerie catholique pour lutter contre les infâmes écrits répandus par les protestants parmi les catholiques, voulant, écrivait-
il, paralyser les effets avant qu'ils aient eu le temps de se produire ;
et cette fondation a rendu, à la cause de la religion, disait dernièrement la *Semaine catholique*, de Lyon, « des services incalculables. »

Je manquerais à mon devoir de rapporteur, si je ne parlais pas
ici de l'œuvre de Saint-Paul. L'œuvre de Saint-Paul, fondée pour
l'apostolat par la presse, par M. le chanoine Schorderet (1) a réuni
les encouragements de 9 archevêques, 50 évêques, et a reçu des
brefs admirables de Pie IX. Il ne lui manque que de l'argent. Et
comment douter maintenant que l'Église même en notre siècle n'approuve et ne désire la bonne presse, absolument comme la parole que
Dieu a donnée à l'homme, dans la bouche d'un homme apostolique,
peut transporter les foules et les élever à Dieu.

Malheureusement, nous ne mettons pas dans la rédaction de nos
journaux toutes les délicatesses nécessaires. Ainsi, nous évitons
difficilement l'écueil où tombent la plupart des savants, qui, après
avoir étudié longuement une question avant de la saisir sous toutes
ses faces et d'arriver à la vérité, veulent lancer le lecteur ignorant
d'un seul bond au milieu d'un résultat qu'ils ont conquis, en se
fâchant de ce qu'il ne veut pas l'accepter. Est-ce là la vénération et
l'amour avec lequel nous devons aborder les pauvres, comme le recommande Bourdaloue dans son fameux sermon sur l'aumône ?
D'ailleurs, l'homme qui a peu appris n'est-il pas comme l'enfant à
qui nous voudrions donner la viande, et dont l'estomac supporte à

1. Qui a un ordre de religieuses pour l'impression et un tiers-ordre pour la
composition des journaux.

peine la bouillie. Questions sociales, historiques, il faut les lui présenter tout en les mettant à sa portée. Il faut bien payer nos articles ;
nous le retrouverons toujours : tout le monde s'accorde à dire que
les journaux radicaux sont mieux faits que les nôtres. Il faut plaire,
être bons enfants, rieurs, poser des faits : le peuple conclura. Il n'est
pas si mauvais qu'on le pense. Il suffit de passer par dessus les
ambitions pour arriver jusqu'à lui, et alors il nous reconnaîtra.

Ouvrons nos portes largement. Qu'on se sente à l'aise avec nous.
C'est le *compelle intrare* de l'Evangile. Donnons quelques bonnes
anecdotes, rappelons quelques bons souvenirs qui vaudront toujours
mieux que ces longs articles de fond, où l'on dogmatise beaucoup,
et où l'on demande au lecteur d'accepter une opinion sans l'avoir
réfléchie, et parce que tout s'enchevêtre assez bien dans l'article
qui l'exprime.

L'histoire se prouve par les anciens livres. Nous y verrons le rôle
bienfaisant des monastères au moyen âge, qui a amené la civilisation
actuelle. Nous verrons aussi qu'on a eu tort d'attribuer la Saint-
Barthélemy à l'Église, et que la prétendue histoire de Galilée n'est
qu'un roman comme tant d'autres histoires du même genre forgées
après coup.

Dans le domaine de l'économie politique, nous rappellerons que
le communisme essayé dans l'île de Virginie a piteusement échoué
au bout de peu de temps. Nous le distinguerons soigneusement de
la situation créée par l'Église, et où les biens furent partagés par
l'abandon volontaire des riches ; toutefois, l'idéal qu'il renferme
fut une des gloires de l'Église, un triomphe de la charité. Et
puisque la théologie impose, considérée sous ce simple point de vue
des devoirs, des devoirs matériels et moraux, dont les patrons se
désintéressent trop à notre époque, nous aurons soin de les rappeler.

C'est ainsi qu'en donnant les vérités à petite dose, pour faire
peu à peu l'éducation du lecteur, et en ayant foi dans notre œuvre,
nous arriverons vite au tirage nécessaire pour faire vivre le journal, peut-être même aux bénéfices. Mais il faut une sage administration, des connaissances variées, un style populaire, des plumes
compétentes. J'ajoute qu'une rédaction semblable n'a pas la
désapprobation du pape actuel, qui a dit à M. Baudon, président
de la société de Saint-Vincent de Paul, que si un journal intéressant, récréatif et moral était fondé, dans lequel l'idée catholique ne

serait pas trop mise en avant pour ramener peu à peu les indifférents et les tièdes, il ne désapprouverait pas.

Courage donc! Soutenons, encourageons notre presse; soyons ses propagateurs et ses apôtres. Envoyons nos offrandes à l'association du Denier de la presse religieuse votée l'année dernière au congrès du Puy, et qui existe aujourd'hui. Avec cela on soutiendra la presse existante; on fondera les journaux reconnus nécessaires, et si des vocations suffisantes se déclarent, si des journaux sont organisés avec la sagacité de nos adversaires, la France peut encore être arrachée aux mains de ses plus cruels ennemis.

Sinon, car l'attaque est faite surtout contre l'Église, toutes nos institutions congréganistes sont menacées, nos œuvres seront dissoutes, nos églises brûlées, nos prêtres et nos évêques dénoncés comme la cause des maux de la société. Qui sait où le flot s'arrêtera? 93 est là pour nous l'apprendre.

Je ne puis terminer sans dénoncer deux opinions acceptées sans contrôle par beaucoup de catholiques, et qui nous mènent tout droit à l'abîme, à savoir : 1° Que les prêtres ne doivent pas s'occuper de politique; 2° que les laïques ne doivent pas s'occuper de questions religieuses. Donc, quand l'Église est attaquée par la politique, personne ne doit répondre. Avec de semblables opinions, la France redeviendra païenne.

Vœu :

Que l'Union des œuvres ouvrières se préoccupe de plus en plus de la fondation de journaux populaires et de leur diffusion, afin de ramener les masses, qu'on a enlevées à l'Église et à Dieu et de préserver tous ceux que les mauvaises doctrines n'ont pas encore pervertis.

Jules SÈVERIN.

ONZIÈME RAPPORT

Nous avons donné saint Paul pour patron à notre œuvre, afin de montrer que, dans notre pensée, la presse catholique doit être une œuvre de dévouement, de labeur incessant et un véritable apostolat. Le grand Apôtre des nations a mis au service de la religion du Christ toutes les ressources matérielles et intellectuelles que lui fournissait la civilisation de son temps. Notre civilisation a des ressources que les âges précédents n'avaient point connues.

Croit-on que, si saint Paul revenait sur la terre, il craindrait de se servir de ces puissants moyens d'action? Notre Œuvre a pour but de faire, dans la mesure de notre faiblesse et de notre humilité, une partie de ce qu'aurait fait l'Apôtre des Gentils, s'il eût vécu de nos jours. Les arts typographiques, les progrès industriels, la rapidité des communications, l'instantanéité des informations télégraphiques, le tribut payé par les annonces à la presse : il faut que tout cela serve la cause de Dieu et de son Église, par l'œuvre de Saint-Paul, pour la restauration du règne de J.-C. dans les sociétés.

Oui, saint Paul, le Prédicateur de la vérité dans le monde, le Docteur des nations, est bien le protecteur, l'inspirateur de l'apostolat par la presse. La foi de l'Apôtre, à toute épreuve, en Jésus-Christ : *Scio cui credidi* son invincible espérance en Jésus-Christ : *Omnia possum in Eo quime confortat;* son inextinguible amour de Jésus-Christ : *Quis me separabit a charitate Christi :* sa soif du salut des âmes : *Volo anathema esse pro pratibus meis;* sa conscience dans la force de la parole de Dieu : « Car la parole de Dieu est vivante et efficace, et plus pénétrante qu'aucun glaive à deux tranchants : elle entre et attoint jusqu'à la division de l'âme et de l'esprit, jusque dans les jointures et dans les moelles, et elle discerne les pensées et les intentions du cœur (ch. IV. v. 12.); son indomptable ardeur pour la restauration du règne de Jésus-Christ : *instaurare omnia in Christo;* ses divines épîtres pleines du mystère de Jésus-Christ et de l'église; sa vie, son martyre : tout nous le désignait pour être notre père. Il fallait donner, entre tous les saints, à l'apôtre des nations, au prédicateur de la vérité dans le monde entier, la première place dans une œuvre qui n'aura qu'une pensée, Jésus-Christ; qu'une espérance, Jésus-Christ; qu'un amour Jésus-Christ; qu'une passion : Affirmer dans le monde entier cette royauté de Jésus-Christ.

Les cadres de cette association sont vastes, et peuvent s'adapter à la diversité des situations et des circonstances.

A

Nous proposons d'abord une association entre les hommes de talent et de dévouement qui consacrent leur temps et leur plume à la défense de la vérité catholique et des intérêts de l'Église. Cette association a pour lien la prière et la soumission sans réserve à tous les enseignements du concile du Vatican et de la Chaire de Pierre, et plus spécialement à ceux de ses enseignements qui, comme l'encyclique de 1864, le Syllabus et les constitutions dogmatiques du dernier Concile, ont trait aux questions politiques et sociales, et démasquent le naturalisme en définissant les rapports entre l'ordre naturel et l'ordre surnaturel.

B

Nous proposons en second lieu une association entre les catholiques, qui, sans se vouer à la carrière du journalisme, sont disposés à favoriser les feuilles religieuses par les bonnes œuvres, par les abonnements, par les subsides et par la propagation. Cette seconde catégorie d'associés de Saint-Paul, a aussi pour arme principale la prière, et repose sur l'intelligence des besoins de notre époque et sur une saine appréciation des services qu'une presse fortement organisée, et procédant avec entente, peut rendre à la cause de la religion et au bien de la patrie.

C

En troisième lieu, nous avons fait appel au dévouement de la femme chrétienne, afin que, par ses prières, par son travail, par son amour de Jésus-Christ et des âmes, elle aide ainsi à créer cette nouvelle forme de l'apostolat par la presse, continuant ainsi la grande mission des moines copistes du moyen-âge.

Nous nous sommes demandé si la femme, en effet, n'avait pas sa raison d'être dans les ateliers d'une imprimerie catholique, cet hôpital des âmes, si ce travail n'était pas avant tout un travail de femme, si son dévouement pour l'Église ne pourrait pas recevoir cette application nouvelle, et si l'œuvre de Saint-Paul ne serait pas un vase nouveau capable de recevoir la grâce et un canal pour la communiquer au monde et pour sanctifier la presse, la plus grande force de nos temps.

Nous nous sommes demandé si des âmes enflammées de l'ardeur du Carmel, inspirées de l'amour de Jésus-Christ, comme la bienheureuse Marguerite-Marie, la fille de la Visitation, et dévorées de la soif de la pénitence et du silence de la Trappe, ne comprendraient pas la beauté de cette vie apostolique et ne se grouperaient pas dans un atelier de typographie, sous le regard de Jésus-Christ, sous la protection de saint Paul et de la bienheureuse Marguerite-Marie, sans autres liens que ceux de l'amour du crucifix et du tabernacle, sans autre costume que celui de la blouse, sans autre vœu que celui de leur libre persévérance renouvelée chaque jour, sans autre espoir que celui de vivre de prières, de silence, sous le bénéfice du droit commun, pour la restauration du règne de Jésus-Christ, ressuscitant ainsi le dévouement de sainte Véronique et des filles d'Israël sur la route du Calvaire, ou des femmes apostoliques qui servaient les apôtres. Ces chrétiennes ouvrières ne seront-elles pas un rayonnement nouveau des vertus catholiques répondant aux besoins de nos temps?

Eh bien, cette question si grave, après avoir été étudiée pendant de longues années dans la prière et le silence, est aujourd'hui résolue. Il y a quatre ans, sept jeunes filles éclairées sur la portée de la presse et sur sa mission apostolique, répondirent à l'appel qui leur fut fait et essayèrent de cette forme nouvelle du dévouement apostolique, libre et spontané; elles prirent la blouse et le crucifix, et entrèrent dans les ateliers d'une imprimerie. Aujourd'hui, les sept premières sont devenues quatre-vingts et l'expérience faite a dépassé toute attente.

On dirait que saint François de Sales avait pressenti cette forme du dévouement catholique de la femme du XIXᵉ et du XXᵉ siècle.

Voici ce qu'il écrivait : « Que je serais consolé, si je pouvais voir en l'Église de Dieu une société de filles ou de femmes, où l'on ne portât d'autre dot qu'une bonne volonté et l'industrie de gagner sa vie du travail de ses mains, et qui, pour cela, n'eût point d'autre chœur que la salle du travail, où toutes ensemble participassent à la félicité dont parle le prophète : « Vous serez bienheureuses si vous mangez le fruit du travail de vos mains. »

L'Œuvre de Saint-Paul entrevoit dans son développement bien d'autres Œuvres. — Que Dieu la bénisse et la fasse prospérer !

VŒUX CONCERNANT LA PRESSE

I

La Commission de la Presse choisit MM. les chanoines du Fougerais, Schorderet avec le R. P. Bailly, M. de la Farge et M. de Beaucourt pour représenter *l'Union des Œuvres ouvrières* près du *Comité catholique de Paris*, chargé de s'occuper de toutes les questions relatives à la presse.

II

Les délégués du Congrès de l'Union désignés pour se mettre en rapport avec le Comité de la presse de Paris étudieront les voies et moyens à prendre pour arriver à une fédération des journaux catholiques. Ils s'entendront à cet effet avec le Comité de Paris et rendront compte de leurs travaux au Congrès de l'Union des Œuvres l'année prochaine.

III

La fondation d'une agence de publicité catholique, au service de l'Eglise et de la Vérité, dans toutes les sphères de l'activité humaine, est *une Œuvre* d'une utilité souveraine et tous les Membres de l'Union doivent y travailler par la prière, par des sacrifices pécuniaires et par le dévouement personnel.

Ensuite du rapport fait par M. le chanoine Schorderet, directeur central de l'Œuvre de Saint-Paul, dont le but est d'assurer à la presse catholique :

    a) la sécurité,
    b) le bon marché,
    c) la sanctification,

et d'en faire ainsi une des formes nouvelles de l'apostolat, le Congrès de *l'Union des Œuvres* recommande aux catholiques de France de *ne rien négliger* pour assurer et développer en France *l'Œuvre de Saint-Paul*, que Pie IX et Léon XIII et plus de 50 Evêques ont encouragée et bénie dans plusieurs Congrès.

DOUZIÈME RAPPORT

ARCHICONFRÉRIE DES BLASPHÈMES ET DE LA PROFANATION DU DIMANCHE.

Monseigneur,
Messieurs,

Le Dieu qui a choisi de pauvres pêcheurs de Galilée, pour annoncer l'Évangile aux nations, jeta les yeux sur deux jeunes pâtres ignorants, pour en faire les apôtres de sa Mère Notre-Dame de la Salette.

Permettez-moi, de vous dire un mot de Maximin Giraud, l'un des témoins de l'apparition. Son père exerçait la profession de charron à Corps, l'un des chefs-lieux de canton du département de l'Isère. A onze ans, cet enfant était d'une grande ignorance, c'est à peine si son père avait réussi à lui apprendre le *Pater* et l'*Ave Maria*, qu'il lui avait cependant fait répéter pendant trois années. Maximin n'était pas, néanmoins, dépourvu d'intelligence ni de mémoire; mais sa légèreté et son inconstance le rendaient incapable de toute attention soutenue.

N'est-ce pas là l'histoire de l'ouvrier, ce pauvre enfant de l'ignorance actuelle en matière de Religion?

Maximin ne rêvait qu'amusements; et lorsqu'on le conduisait le dimanche à l'église, il s'échappait pour aller jouer sur la place publique. »

On était au 10 septembre 1846, depuis six jours seulement, cet enfant avait quitté son père pour rendre service au propriétaire d'un hameau dépendant de la Salette; il s'agissait de garder son troupeau sur la montagne; il se trouvait à côté d'une jeune fille plus âgée que lui et remplissant le même service. A l'heure des vêpres une lumière merveilleuse remplit le ravin et semble faire pâlir celle du soleil qui brille cependant du plus vif éclat. La belle dame paraît...

Vous connaissez tous, Messieurs, l'histoire de l'apparition de Notre-Dame de la Salette, mais veuillez vous rappeler les paroles de la Très Sainte Vierge, la veille du jour que l'Église a choisi pour célébrer une de ses fêtes: Notre-Dame des Sept Douleurs: « Vous aurez beau prier, dit Notre-Dame, vous aurez beau faire, jamais vous ne pourrez récompenser la peine que j'ai prise pour vous autres : je vous ai donné six jours pour travailler, je me suis réservé le septième, et on ne veut pas me l'accorder... Ceux qui conduisent les charrettes ne savent pas jurer sans y mettre le nom de mon fils. Ce sont là deux choses qui appesantissent tant le bras de mon fils...» Puis la mère de Dieu poursuit son discours en annonçant des malheurs, qui ne se sont que trop réalisés.

Quand on vint dire au charron Giraud, père de Maximin que son fils avait vu la Sainte Vierge, cet homme qui vivait dans une grande indifférence religieuse, se prit à s'en moquer et à éclate .o rire. Toutefois il eut hâte de faire raconter à son fils ce qui s'était passé. Celui-ci répéta fidèlement tout ce que lui avait dit la Belle Dame. Giraud fut fort surpris de voir ce même enfant, auquel il avait eu tant de peine à apprendre une courte prière, réciter facilement un si long discours.... Il crut donc à l'apparition dont il se riait d'abord, et même, il s'empressa de remplir ses devoirs de chrétien, depuis longtemps négligés.

Qu'il serait facile, Messieurs, de s'arrêter ici et de commenter cette histoire en faveur de nos chers ouvriers; car ils ressemblent pour la plupart à Maximin ou à son père, comme eux, ne sont-ils pas ignorants ou railleurs? Et cependant la bonne parole de la Reine du ciel a rendu le charron et son fils attentifs et dociles. Ah ! c'est qu'en effet les plaintes de la Mère de Dieu s'arrêtaient surtout sur deux crimes que nous ne pouvons assez déplorer: Le Blasphème et la Profanation du Dimanche.

Messieurs, chaque jour nous disons à Dieu, dans nos prières: « Que votre nom soit sanctifié, que votre règne arrive. » Eh bien ! comment faut-il l'entendre? Ce n'est pas un pauvre inconnu serviteur indigne, comme moi, qui ferait la réponse. Ecoutez la parole d'un éminent prélat, Monseigneur Parisis:

Le premier commandement par lequel Dieu nous ordonne de l'adorer, et de n'adorer que lui, est suivi de deux autres, qui n'en sont que le développement substantiel et pratique, l'un nous fait connaître ce que l'adoration réprouve: c'est surtout le blasphème contre le nom du Seigneur; l'autre nous indique ce que l'adoration exige spécialement par ordre de Dieu: c'est la sanctification d'un jour sur sept, par la cessation des travaux matériels et par la pratique des œuvres de Religion.

Ces deux commandements dont l'inobservation attaque dans sa substance même, l'adoration due à Dieu, ne sont-ils pas hardiment, ouvertement, continuellement méconnus et violés ?

Rien n'est-il plus commun aujourd'hui, dans les discours et dans les écrits d'un grand nombre, que les paroles contre les œuvres ou contre les perfections de Dieu, contre son Évangile et son Église, contre son culte et ses ministres, contre sa Providence et sa vérité, contre ses menaces et ses promesses éternelles, c'est-à-dire toujours directement ou indirectement, contre son nom trois fois saint?

Et rien est-il plus rare, au contraire, surtout dans certaines contrées, que la vraie sanctification du dimanche? Au lieu d'un repos silencieux et saint, tel que le veut le jour du Seigneur, ne sont-ce pas trop souvent des travaux publics et bruyants, inutiles et profanes, scandaleux et continuels? Au lieu de l'assistance aux divins offices, et de l ᵃrticipation aux chants sacrés, n'est-ce pas trop souvent la dés ation de la solitude dans le lieu saint, et les joies insensées de la ᵉbauche ?

Ah! Messieurs, il n'est pas un de vous qui ne puisse diminuer ces désordres par son influence et surtout qui ne puisse les réparer devant Dieu par ses prières. Mais pour que cette influence d'édification soit plus puissante sur la société chrétienne, il faut que l'action en soit unanime et simultanée; pour que ces prières de réparation soient plus efficaces sur le cœur de Dieu, il faut qu'elles soient réunies dans un même concert, sous l'autorité de l'Église, épouse mystique de celui que le père exauce toujours. Voilà donc les motifs de l'association Réparatrice des Blasphèmes et de la Profanation du Dimanche.

Maintenant voici son histoire. Quelques mois après l'apparition de la Sainte-Vierge, M. l'abbé Pierre Marche, curé de Saint-Martin de Lanoue, à Saint-Dizier, diocèse de Langres établissait dans sa paroisse une association répondant au vœu de Notre-Dame de la Salette. Monseigneur Parisis, évêque de Langres approuvait, le 28 Juin 1847, cette pieuse société; le 27 Juillet suivant, le Saint-Siège la dotait des plus insignes faveurs et par un nouveau bref, le 30 du même mois, la décorait du titre d'Archiconfrérie. Le 20 novembre de la même année, Sa Sainteté Pie IX donnait à la Réparation une nouvelle marque de sa souveraine bienveillance, dont vainement, on chercherait un exemple dans l'histoire, en faisant inscrire son auguste nom sur le registre des Associés. Dès les premiers mois, soixante-dix diocèses de la France, auxquels d'autres diocèses de l'étranger vinrent s'adjoindre furent dotés canoniquement de cette grande et salutaire œuvre.

Telles sont, Messieurs, les origines glorieuses de l'Archiconfrérie Réparatrice des Blasphèmes et de la Profanation du Dimanche.

Après 1848, l'œuvre grandit d'une manière remarquable, plus de 1000 paroisses, séminaires et communautés religieuses s'agrégèrent, et le chiffre des associés s'éleva à près de deux millions en France; aussi ces consolants progrès réjouirent le cœur de Pie IX qui en témoigna sa joie au fondateur et ne craignait pas de dire que *l'Archiconfrérie Réparatrice est une œuvre divine destinée à sauver la Société.*

Une pieuse carmélite de Tours, morte en odeur de sainteté, avait déjà dit qu'elle regardait l'œuvre de Langres comme l'œuvre de Dieu et lorsqu'on lui parlait de tentatives infructueuses faites pour établir des associations particulières imitant la Réparation : *cela est bien remarquable, partout où l'on veut agir en se séparant de Langres on ne peut réussir.*

En 1855, le 17 août, un nouveau bref du Saint-Père accordait de nombreuses indulgences à ceux qui coopéreraient aux pieux désirs de son bien-aimé fils, M. Pierre Marche, fondateur de la sainte œuvre.

En 1874, un pèlerinage à la Salette, organisé à Saint-Dizier, siège de l'archiconfrérie, béni et encouragé par NN. SS. les Évêques de Langres et de Grenoble, reçut encore un témoignage de la bonté de l'Illustre Pie IX, et le 19 août les pèlerins arrivèrent au sanctuaire de Notre-Dame, pour y ouvrir un mois de prières proposé aux associés de la Réparation.

Dès le début de l'œuvre, en 1847-1848, les encouragements que reçut M. l'abbé Marche, ne firent qu'enflammer son zèle, comprenant la nécessité d'opposer une continuelle réparation aux continuels scandales des Blasphèmes et de la Profanation du Dimanche; il consacra tous les efforts de son cœur d'apôtre à l'établissement d'une communauté de religieuses réparatrices, dont toute la vie, vie d'immolation et de sacrifice serait entièrement consacrée à offrir à Dieu une réparation aussi grande que possible pour les outrages faits à son nom trois fois saint et les prévarications contre les jours qu'il s'est réservé.

M. Marche réussit malgré les plus grands obstacles et les plus grandes difficultés. Cet admirable institut fut fondé le 30 novembre 1840. Il obtint le précieux privilège d'avoir le Saint-Sacrement exposé tous les jours pour réparer avec Jésus et par Jésus les deux plus grands crimes des temps modernes.

Si d'après la parole de Notre-Seigneur Jésus-Christ à la bienheureuse Marguerite-Marie, une âme juste peut faire contre poids à mille pécheurs, que ne doit-on pas espérer des imitatrices de sainte Véronique, des bonnes Religieuses de la Réparation et de la Profanation du Dimanche?

Combien de fois le jour ou la nuit, près de l'image de la sainte Face et devant le saint Tabernacle, une Réparatrice la corde au cou, les bras en croix n'a-t-elle pas contribué à arrêter votre colère, ô mon Dieu!... qui sait si la ville de Saint-Dizier, menacée d'être brûlée pendant la guerre n'a pas dû sa conservation aux prières des Réparatrices? Leur maison est peut-être la seule qui ait été respectée, l'ennemi n'a pas osé y entrer.

Que ne puis-je, messieurs, vous faire assister demain et tous les jours au salut qui se fait à quatre heures au couvent de la Réparation.

Vous seriez touché de l'amende honorable, vous ne pourriez entendre sans émotion ces paroles que les religieuses répètent après le prêtre : Que le nom suradorable du Seigneur soit glorifié dans tous les siècles ! Ainsi soit-il... Que le saint jour du Seigneur soit sanctifié par tous les hommes ! Ainsi soit-il... Puis les invocations aux trois patrons de l'Archiconfrérie : saint Michel Archange le céleste vainqueur des anges rebelles, saint Martin, l'apôtre de la France qui a établi le culte du vrai Dieu sur les ruines des idoles, saint Louis le plus saint de tous nos rois, qui punissait si sévèrement le crime des blasphémateurs...

Mais il est temps de suspendre ces détails, puissent-ils être suffisants pour vous faire connaître et aimer la Réparation.

En 1863, M. Pierre Marche rendit sa belle âme à Dieu; il avait vu s'élever à plusieurs millions le nombre des associés de l'Archiconfrérie.

Aujourd'hui il y a plus de 1,600 paroisses d'affiliées.

Plusieurs ouvrages ont parlé de l'œuvre réparatrice, deux manuels ont été publiés, puis : *La Seule Planche de Salut* ou le *Respect du Dimanche*, excellente petite brochure, quoique tirée à 6,000 exemplaires, est à sa troisième édition, l'œuvre de Saint-François de Sales en a propagé 3,000. M. Lescuyer, l'aimable et savant naturaliste de Saint-Dizier a fait paraître sous le titre : *Recherches sur le Dimanche*, l'étude la plus complète qui ait été faite à ce sujet ; M. André, le président du comité du cercle catholique des ouvriers de Saint-Dizier, a écrit une sérieuse étude sur la possibilité d'arrêter le Dimanche les usines à feu continu; enfin depuis plus d'un an, votre correspondant, M. Carnandet, avec l'aumônier du Cercle, fait paraître tous les mois les *Annales de l'Archiconfrérie Réparatrice* que Sa Sainteté Léon XIII a bénies et qui ont été approuvées par plusieurs cardinaux, archevêques et évêques de France.

Vous indiquer brièvement ces choses pour vous amener à favoriser la Réparation des Blasphèmes parmi les ouvriers, c'est répondre au vœu qu'à émis à plusieurs reprises l'assemblée des comités catholiques de France sur les propositions de M. de la Villeboisnet et de M. d'Aquin.

Jamais il n'y a eu autant de blasphèmes qu'à présent, et nous les avons favorisés, hélas ! on lisant indifféremment les bons et les mauvais écrits, l'aliment qui nourrit et le poison qui tue ; ce qu'il y a de plus triste c'est que nous ne faisons rien ou presque rien pour les empêcher de pénétrer dans les ateliers et dans les meilleures familles de nos amis.

Quelle insouciance générale aussi pour les jours réservés au culte du Seigneur. Cependant le travail du Dimanche qui devait nous donner la vie à bon marché a entraîné la baisse du salaire des ouvriers et la ruine des patrons. Tous les maîtres mariniers d'une ville de nos contrées entreprenaient, le dimanche, leurs transports par eau ; pas un seul n'a réussi. L'industrie a voulu produire sans limite, sans arrêt, sans respect surtout pour le jour du Seigneur. Aujourd'hui le nombre des heures de travail a diminué, ou bien l'ouvrier ne travaille plus que trois ou quatre jours sur sept. « J'ai pour 300,000 francs de fer dans ma cour, disait dernièrement un maître de forges chrétien, et je n'en vends pas pour un sou... » Malgré cela il continue de travailler le dimanche, hélas !

Que l'homme le veuille ou non, dit Monseigneur Donet, il doit à de certaines époques, déterminées par la mesure de ses forces, suspendre ses travaux et se reposer... S'il ne se repose pas le dimanche à l'église, il se reposera le lundi au cabaret. S'il ne cherche pas le repos de son âme et de son corps dans l'accomplissement du devoir Dominical, il trouvera l'abrutissement de l'une et l'épuisement de l'autre dans les orgies des mauvais lieux ; et dans ce cas que devient la famille, que devient la Société ? »

« L'Archiconfrérie réparatrice des Blasphèmes et de la Profanationdu dimanche établie dans l'église paroissiale de Saint-Martin de Lanoue à Saint-Dizier, nous écrit Monseigneur l'évêque de Langres, est, il est vrai, pour tous les fidèles, mais elle a pour fin spéciale la sanctification des classes ouvrières exposées aujourd'hui plus que jamais à oublier le grand devoir de la sanctification du Dimanche et le respect dû au saint nom de Dieu; elle recueillera je n'en doute point, les fruits les plus précieux des délibérations qui seront prises dans la sainte réunion de Chartres. »

Ah ! Messieurs, ne vous séparez pas sans prendre une grande et courageuse résolution à ce sujet. Par là vous assurerez le succès de vos travaux et des milliers d'ouvriers vous béniront dans cette vie et dans l'autre...

Justin TREMAUX.

TREIZIÈME RAPPORT

ANNA-MARIA TAÏGI PROPOSÉE PAR LE SOUVERAIN PONTIFE PIE IX
COMME MODÈLE DES FEMMES CHRÉTIENNES

MESSIEURS,

Tandis que vous vous occupez avec tant de sollicitude de l'amélioration du sort des ouvriers, sous le double point de vue physique et moral, voilà que les femmes de ces ouvriers réclament, nous a-t-on assuré, pour elles-mêmes, une participation aux soins que vous donnez à leurs maris. Elles ont conscience assurément de la grande part qu'elles peuvent avoir au bonheur ou aux infortunes de ceux auxquels est liée leur existence ici-bas. Elles ne se trompent point, et l'on peut dire que tout essai d'amélioration dans la position de l'ouvrier ne peut avoir pour lui qu'un bien faible résultat, si l'on ne parvient, tout d'abord, à lui procurer au foyer domestique le bien ineffable de la paix, par la conduite sérieusement chrétienne de sa compagne. Vous ne l'ignorez pas, Messieurs, certaines femmes inquiètes et querelleuses, ne sachant se contenter de rien, remplissent d'amertume les courts instants que leurs maris viennent passer au sein de la famille, après une journée de pénible labeur. Bien souvent une bonne parole, un sourire de bienveillance auraient suffi pour les retenir au foyer commun, et les empêcher d'aller se reposer et s'égayer ailleurs, mais ils n'ont trouvé chez eux, le soir en y rentrant, que des visages tristes et froids, des récriminations toujours imprudentes, lors même qu'elles seraient fondées, et, dès lors, cédant facilement aux excitations de leurs compagnons de travail, ils vont consumer avec eux, en parties de plaisir, puis en débauches, leurs gains, qui devaient soutenir et alimenter la famille. A qui la faute? A la femme principalement. Nécessité donc pour vous, Messieurs, de vous occuper activement de la moralisation de la femme de l'ouvrier, dans l'intérêt même de celui-ci, et pour lui procurer la plus grande somme possible de bonheur réel. Mais sera-ce par des exhortations orales, des conférences, des sermons, que l'on pourra at teindre ce but de moraliser la femme de l'ouvrier? Nous ne le croyons pas. Ces moyens sont réalisables pour des personnes d'un rang plus élevé, qui ont à leur disposition assez de temps pour fréquenter assidûment l'église et les réunions pieuses. Pour leurs compagnes moins fortunées, mieux vaut, sans contredit, le petit livre, les courtes lectures, l'exemple bien choisi, dont le souvenir se perpétue au milieu des occupations les plus diverses. Il faut en un mot, à la femme du peuple un modèle de vertu, pris dans ses rangs, et accessible, par tous les côtés, à son imitation. Or, il nous semble que nul modèle ne peut, dans les temps actuels, être plus profitable aux personnes dont nous parlons que la vie de la vénérable Anna-Maria Taïgi. Plusieurs de vous, Messieurs, connaissent sans doute déjà sa vie et ses vertus. Nous nous permettrons, néanmoins, de résumer ici très-brièvement les titres qui la recommandent plus spécialement à l'attention et à l'imitation des femmes de nos jours, surtout de celles qui sont vouées à un travail quotidien. *D'abord, elle est presque leur contemporaine,* puisque sa mort ne date que d'une quarantaine d'années. Elle a donc connu, par sa propre expérience, toutes les difficultés que rencontre aujourd'hui, dans la vie, dans les temps agités que nous traversons, toute bonne chrétienne qui veut se conserver pure devant Dieu.

La régularité de sa conduite, pendant les années de son adolescence et de sa jeunesse, semblait l'avoir préparée à la pratique de la vie religieuse. Il n'en fut rien, néanmoins. Dieu lui fit connaître qu'elle devait suivre la voie commune et entrer dans le mariage, et la Très Sainte Vierge elle-même daigna donner à l'humble Anna-Maria la raison de ce choix divin. « Il faut, lui disait-elle, que chacun puisse se convaincre, en considérant de près ta conduite, qu'il est possible de servir Dieu dans tous les états de la vie, pourvu qu'on lutte vigoureusement contre ses passions et que l'on se conforme en tout à la sainte volonté de Dieu. » N'allez pas croire, cependant, qu'il n'en eût rien coûté à Anna-Maria pour prendre et suivre toujours la bonne voie. Elle a dû lutter pour réduire à la douceur et à l'humilité un naturel ardent et porté à la colère. Elle a subi, pendant quelque temps, la fascination de la vanité, mais sa fidélité à la grâce et la fermeté de ses résolutions lui ont mérité de glorieux triomphes sur ses penchants naturels.

Elle eut un mari bon chrétien, sans doute, mais rustre et grossier, qui exerça pendant de longues années la patience de la servante de

Dieu. *Elle eut sept enfants*, car loin de redouter comme tant d'autres le fardeau d'une nombreuse famille, elle se sentit toujours au cœur assez de force et de confiance en Dieu, pour l'accepter comme une bénédiction. *Elle vécut constamment dans la pauvreté* et dut se livrer tous les jours à un rude travail pour nourrir et élever ses enfants; néanmoins, elle ne se dispensait nullement du devoir de l'aumône, et bien souvent on la vit emmener chez elle, pour les secourir plus abondamment, les pauvres nécessiteux qu'elle rencontrait dans la rue. Des protecteurs généreux auraient voulu la tirer de son dénuement.

Elle refusa constamment leurs offres, par amour de la pauvreté. Ils auraient voulu, au moins faire sortir les enfants de la vénérable de leur humble position. Elle se garda bien d'y consentir, car elle n'approuvait point le sytème de notre siècle, où tout le monde dirige l'éducation des enfants en vue des emplois civils. Elle tint à ce que les siens apprissent des métiers manuels afin qu'ils devinssent utiles à la société au lieu de lui être à charge, comme tant d'autres.

Elle exerça d'ailleurs toujours sur eux la plus active surveillance, alors même qu'ils furent parvenus à se frayer un chemin dans la vie. Enfin, elle a réalisé, croyons-nous, mieux que tout autre de nos jours ce type de la femme forte, dont il est tracé un si beau portrait dans les saintes écritures, et cela, au milieu de tous ces embarras du ménage, qui sont pour tant d'autres une raison, ou du moins un prétexte pour laisser en oubli leurs devoirs les plus essentiels de chrétien; aussi ne sommes-nous point surpris d'apprendre que l'immortel Pontife Pie IX, recevant au Vatican une députation de femmes romaines, au mois de mars 1874, leur ait assigné comme un modèle de toutes les vertus que doivent pratiquer les personnes du sexe, quels que soient, d'ailleurs, leur âge et leur condition sociale, la vénérable Anna-Maria Taïgi.

Peut-être nous objectera-t-on que cette vertueuse femme, ayant poussé jusqu'à l'héroïsme la pratique des vertus chrétiennes, et reçu de Dieu des dons surnaturels, qui jettent sur son existence tout entière un incomparable éclat, semble moins propre, par cela même, à être proposée pour modèle à de simples femmes du peuple, qui sont destinées à vivre dans l'ombre et l'obscurité. Nous croyons, nous, au contraire, que ce sera précisément ce côté lumineux de la vie de notre vénérable qui lui attirera plus facilement l'amour et la vénération des humbles et des petits.

On sait bien que les gens du peuple, moins raisonneurs que les prétendus savants, se laissent plus facilement attirer et dominer par le surnaturel. D'ailleurs, ces gens-là, si simples qu'on les suppose ont aussi leur petit amour-propre, leur point d'honneur, et il ne leur déplaira point de savoir que celle qui leur est donnée pour modèle et pour patronne a été favorisée par Dieu des plus hautes connaissances, des dons les plus exquis; qu'elle possède le don de guérir, et qu'elle en usait de préférence en faveur des pauvres, et ils penseront avec raison que l'honneur qui en revient à notre vénérable rejaillira d'autant plus sur eux qu'ils se seront plus intimement identifiés avec leur modèle, par la pratique de ses vertus; et si comme nous osons l'espérer, notre Anna-Maria vient à être placée sur les autels ne serait-ce point en même temps la glorification, l'apothéose du travail et de la pauvreté? ainsi donc, ce qui dans la vie de la servante de Dieu excite le plus vivement l'admiration sera un moyen de plus pour pousser les fidèles à marcher sur ses traces dans la voie du bien.

Au reste, la parole de l'auguste Pie IX est là pour nous le persuader. En la donnant en exemple aux femmes de Rome, et dans leurs personnes, aux femmes et aux fidèles du monde entier, le Saint Père n'a point voulu taire ce qu'il y a de merveilleux dans la vie de notre héroïne. Voici ses propres expressions. « Elle se consumait aux travaux domestiques et à la prière. Dieu lui avait accordé des faveurs extraordinaires et en particulier la connaissance de faits à venir, qui se sont vérifiés et que l'obéissance l'a obligée à révéler, mais sans qu'elle ait jamais perdu cet esprit d'humilité, de simplicité, qui est la condamnation de notre siècle, où prédominent la matière, le mensonge et l'orgueil. Que ces exemples, concluait le saint Pontife, soient toujours pour vous, mes chères filles, un encouragement à suivre Jésus-Christ avec une nouvelle ardeur. »

Voilà donc en quelques mots quelle a été cette existence d'élite que nous voudrions voir connue, appréciée et copiée partout; mais surtout par ces humbles ménagères dont la moralisation doit accompagner nécessairement, et même précéder, celle de leurs conjoints. Au reste permettez-moi d'ajouter que l'essai que je vous propose de faire, en mettant entre les mains des femmes des ouvriers la vie de la vénérable, et en la leur proposant comme modèle, a déjà été fait au Val des Bois, par M. Léon Harmel, et il nous a donné l'assurance que cette mesure a produit dans son usine, d'excellents effets. Je dois vous dire néanmoins, que l'opuscule mis par M. Harmel, sur notre invitation, entre les mains de ses ouvriers et de leurs femmes, n'avait été rédigé que pour les jeunes filles des pensionnats, mais si la commission acceptait la proposition que nous avons l'honneur de lui faire, nous pourrions nous charger de fournir bientôt un autre opuscule rédigé spécialement en vue des épouses et mères de famille de la classe ouvrière, lequel, contenant en un petit format, un résumé des vertus pratiquées par notre vénérable, au sein de sa famille, et de plus, les prières du matin et du soir, celles de la messe, etc., deviendraient comme le *Vade mecum* de la femme de l'ouvrier et de toute sa famille. Vous avez entendu, Messieurs, et applaudi le récit qui vous a été fait des œuvres de zèle réalisées à Armentières par M. l'abbé Coulomb, mais peut-être n'avez-vous pas suffisamment remarqué que parmi ces œuvres figure une association de femmes du peuple, sous le patronage de la vénérable Anna-Maria Taïgi. On leur a souvent parlé de son héroïque charité; on leur en a cité des traits signalés, elles en ont pris connaissance par la lecture de l'opuscule dont je vous parlais, et elles se sentent portées tout naturellement à s'en inspirer pour leur propre conduite. On pourrait faire ailleurs de pareilles associations sous le même vocable, et l'on arriverait ainsi peu à peu à réaliser ce souhait du saint pontife Pie IX, de voir les personnes du sexe, surtout les moins fortunées, prendre pour modèle et pour patronne notre vénérable Anna-Maria Taïgi. Elles auraient leurs réunions mensuelles comme à Armentières, et à l'instar de ce qui a été fait pour les dames sous le nom de mères chrétiennes, et tandis que celles-ci invoquent déjà publiquement sainte Monique, sainte Chantal et d'autres saintes femmes, nos ouvrières, plus humbles, s'adresseront du fond du cœur à notre vénérable, en attendant, ce qui ne peut tarder, de l'invoquer aussi au pied des autels. Par là, enfin, on donnerait satisfaction aux plaintes et aux murmures des femmes du peuple qui ont été jusqu'ici trop souvent délaissées.

Permettez-moi encore une courte réflexion. La bataille de Mentana avait lieu le 23 octobre 1867. Peu de jours après, on vit circuler dans Rome des photographies de diverses grandeurs qui représentaient au bas, sur un prie-Dieu à double face, d'un côté, Sa Sainteté Pie IX, et de l'autre, la vénérable Anna-Maria, élevant tous deux leurs mains vers le ciel en signe de reconnaissance, pour lo triompho signalé que leurs ardentes supplications venaient d'obtenir à la cause de l'ordre. Nous ne sommes pas moins menacés en ce moment par les ennemis de tout bien, adressons-nous avec conflance à ces deux protecteurs, surtout imitons leurs vertus, prenons-les pour modèles et nous ne manquerons pas d'éprouver bientôt combien sont puissants auprés de Dieu la vénérable Anna-Maria et l'immortel Pie IX.

QUATRIÈME COMMISSION

Procès-verbal de la séance du Mardi matin
10 septembre 1878.

Président : M. Le Boucher. — *Vice-président :* M. Lud. Des Francs.

Après la prière d'usage, M. le Président ouvre la séance en donnant quelques avis pratiques sur l'objet des questions qui doivent être traitées dans la commission et qui se résument à ceci : s'occuper de toutes les œuvres qui ont pour but de faire du bien. M. Le Boucher recommande la simplicité dans les discussions, il demande aussi que l'on ne craigne pas de faire des questions, mais que l'on ait soin de se nommer en demandant la parole, et de ne pas interrompre la lecture d'un rapport.

M. le Président donne la parole à M. l'abbé Genet, pour la lecture de la première monographie sur les œuvres de la ville de Chartres. Les points les plus importants de ce rapport sont accueillis par les applaudissements de l'assemblée. On remarque avec intérêt les péripéties de l'œuvre de Saint-Joseph, éprouvée tantôt par la perte de son fondateur, tantôt par la funeste conséquence du principe des concessions : elle réussit enfin entre les mains d'un frère à la fois dévoué et persévérant, offrant ainsi le spectacle d'une œuvre bénie de Dieu. M. le Rapporteur explique à M. le curé de Monférand les raisons qui le portent à faire chanter les vêpres au local de l'œuvre : les enfants ayant édifié la paroisse le matin en assistant publiquement à la sainte messe, sont encouragés à venir fidèlement à l'œuvre le soir pour prendre part, après les vêpres, à des exercices miltiaires fort goûtés. M. Gabollier, séminariste de Saint-Sulpice, demande quelques explications sur la fréquentation des Sacrements.

La parole est ensuite donnée à M. l'abbé Coulomb, pour lire son rapport sur la corporation chrétienne établie à Armentières (Nord). L'unanimité des applaudissements témoigne de l'intérêt général avec lequel on a entendu cette lecture. M. le curé de Saint-Pierre de Chartres demande le chiffre de la population où l'on trouve le moyen d'établir tant d'œuvres, et où un si grand nombre d'autres sont en voie d'organisation. M. le Rapporteur répond que cette population est d'environ 20,000 âmes travaillant dans 25 ou 30 usines. Il ressort du rapport que l'Œuvre, tout en commençant à s'occuper des jeunes filles, n'a trouvé son complément que dans les œuvres de tout âge. M. Lebreton, d'Angers, demande si les patrons d'industries rivales s'entendent pour seconder les œuvres qui s'occupent indistinctement des enfants appartenant à diverses usines : M. le Rapporteur fait remarquer à cette occasion que l'association est seulement en germe par la protection que les patrons accordent déjà individuellement à l'œuvre si importante des crèches.

La séance est terminée par la prière.

M. A.

Mercredi matin 11 septembre, deuxième séance.

Président, M. Le Boucher. — *Vice Président :* { M. P. Decaux.
 M. L. Dec francs.

Monsieur le Président invite l'assemblée à se joindre à lui pour manifester par ses applaudissements la vive satisfaction qu'éprouvent les membres de la Commission d'être honorés de la présence de Mgr de Ségur qui veut bien assister à la séance.

Après la prière d'usage et la lecture du procès-verbal, la parole est à M. l'aumônier militaire Vimard qui donne lecture d'un intéressant rapport sur l'œuvre militaire. Monsieur le Rapporteur retrace les principaux motifs de l'importance de cette œuvre. Tout le monde doit aujourd'hui passer par la caserne ; nos œuvres qui ont pour but de faire persévérer la jeunesse, doivent donc nécessairement être continuées par la sollicitude de l'aumônier militaire. Si l'on ne peut espérer voir l'accomplissement des devoirs religieux devenir obligatoires pour nos soldats, comme en Allemagne, il faut au moins faciliter de notre mieux les efforts de l'aumônier militaire qui s'ingénie pour soutenir le soldat dans la lutte contre la mauvaise influence de la caserne, en mettant à sa portée les moyens de remplir ses devoirs de chrétien. Trop souvent on refuse de seconder son zèle en considérant le soldat comme un étranger au sort duquel on ne porte aucun intérêt, oubliant que demain peut-être il versera son sang pour nous défendre, et qu'il sacrifie les plus belles années de sa vie à cette grande œuvre. Le nombre des aumôniers titulaires étant insuffisant, il faut des ressources assez abondantes pour permettre aux prêtres auxiliaires qui s'occupent des militaires de leur consacrer une grande partie de leur temps pour leur faire un bien réel.

Pour prêter un concours efficace, il faut travailler à répandre l'œuvre de Notre-Dame des Soldats, en secondant dans les diocèses son organisation, et en recueillant des cotisations même parmi les membres de nos œuvres. En second lieu, en faisant prier pour l'armée dans nos œuvres, on développe le sentiment patriotique, et l'on initie déjà les jeunes gens, tous futurs soldats, à l'existence de cette œuvre dans laquelle ils seront naturellement introduits plus tard. — Enfin, l'Œuvre du Départ; M. le Rapporteur fait observer que, pour éviter que la lettre, confiée au jeune conscrit pour le recommander à son aumônier et le mettre en relation avec lui, ne soit point remise à son arrivée au corps, il faut lui recommander d'écrire après son arrivée, en donnant son adresse exacte, renseignement dont on profite ensuite pour le recommander d'une manière directe et précise à l'aumônier de sa garnison.

M. Maignen, comprenant la nécessité de faciliter à tout le monde la connaissance du nom et des adresses des aumôniers de l'armée, demande que cette liste soit révisée et répandue autant que possible. M. le Rapporteur dit que *l'Ami du Soldat* vient de la publier de nouveau. — Mgr de Ségur propose qu'après un remaniement sérieux, *l'Union* la publie dans son bulletin et tâche de la faire reproduire le plus possible par les semaines religieuses. — M. Paul Decaux annonce enfin que l'almanach intitulé *le Soldat,* qui sera publié prochainement, contient cette liste.

M. de Rucy demande qu'une liste soit adressée à tous les Curés. — M. Fossin fait remarquer que, dans le cas où l'on se trouverait embarrassé pour savoir le nom de l'aumônier et son adresse, s'il y en a un, on peut toujours donner une lettre pour le Curé de la paroisse où se trouve la garnison. — Mgr de Ségur conseille ensuite, dans l'intérêt de l'organisation de l'Œuvre de Notre-Dame des

Soldats, de faire une collecte générale une fois l'an, plutôt que de faire donner une somme par semaine. — M. Lelièvre soutient l'idée de Monseigneur en demandant qu'il soit laissé une certaine latitude pour l'organisation des cotisations dans chaque diocèse suivant les différences de lieu et de personnel.

M. le Président annonce ensuite les questions nombreuses inscrites encore au programme, et, malgré l'heure avancée, on entend avec grand intérêt un rapport sur l'imagerie religieuse lu par M. de Moussac. Des applaudissements unanimes interrompent souvent la lecture, et l'on admire le zèle couronné de succès du R. P. Vasseur, fondateur de cette œuvre, qui, pour donner ses images à si bon marché, fait le plus possible d'ouvrages lui-même par pur dévouement, et s'ingénie pour trouver les conditions les plus favorables à l'exécution de son travail. — Le temps ne permet pas de discuter les conclusions dont les principes sont :

1º Prier les Œuvres ouvrières d'encourager cette Œuvre en se fournissant auprès du R. P. Vasseur.

2º Fournir un correspondant dans chaque diocèse, pour seconder le zèle du révérend père pour la diffusion de ses publications.

3º Venir en aide au révérend père en lui fournissant les ressources nécessaires, soit pour achever de payer son matériel, soit pour lui permettre de publier un grand Sacré-Cœur qui serait offert à toutes les paroisses moyennant 5 francs.

La séance se termine par la prière.

Jeudi matin 12 septembre, troisième séance.

Président : M. LE BOUCHER. — *Vice-Présidents :* { M. P. DECAUX. / M. L. DES FRANCS.

Mgr de Ségur, afin de permettre à la grande majorité des membres du Congrès d'assister à la lecture du rapport de M. Duvert, l'annonce par un avis au réfectoire et décide que pour cette raison la séance se tiendra dans la grande salle de l'évêché. — Pour témoigner à la fois l'intérêt que Sa Grandeur attache à cette question et rendre hommage au dévouement de l'homme éminent qui se dérange de si loin pour venir passer quelques heures seulement au milieu de nous, Mgr de Ségur tient à honorer une deuxième fois la commission de sa présence. Sur l'invitation de Sa Grandeur l'assemblée salue par ses applaudissements M. le Rapporteur que l'on a hâte d'entendre.

M. Duvert nous fait l'historique de la fondation du cercle des maçons. C'est un évêque qui en a eu le premier l'idée; dès que l'idée est émise, on la critique, et les attaques de nos ennemis contribuent à la faire connaître. La première réunion est nombreuse puis on se constitue (20 mars 1870). L'Œuvre est reconnue d'utilité publique, on construit un local adapté à ses besoins. — Son organisation consiste dans un Comité supérieur composé des notables du bâtiment qui traite avec le pouvoir civil et gère les finances; actuellement il compte 120 membres; il y a aussi un comité particulier composé d'ouvriers, un membre du comité général en fait partie de droit, celui-ci gère le cercle. — Un comité d'enseignement s'occupe de l'instruction. Enfin un comité de dames de charité se réserve le soin des quêtes, des malades, des loteries, de la chapelle et des orphelins. — Le but et les moyens sont ensuite indiqués. Le but est d'empêcher les ouvriers attirés à Paris de se corrompre pendant leur séjour dans cette ville. Pour cela, on donne une instruction primaire solide et l'on organise des cours d'adultes. Un bureau de placement veille à mettre ses membres dans de bonnes conditions morales. Une infirmerie bien organisée à laquelle un médecin est attaché, prodigue ses soins aux ouvriers. Pour combattre le cabaret, on offre au cercle des jeux, un enseignement religieux régulier, des facilités pour la pratique des sacrements, et les exercices de piété en usage dans les villages. — Quant aux résultats, M. le Rapporteur signale les récompenses obtenues pour les travaux aux diverses expositions. — 2,000 ouvriers ont passé par le cercle; les meilleurs sont devenus contre-maîtres. On a pu même conduire un enfant jusqu'au grand séminaire. — Espérances : le personnel nomade nécessiterait quatre autres stations que l'on espère créer. — Ressources : elles n'ont jamais manqué parce que l'on n'a jamais voulu faire de dettes, et l'on économise soigneusement. — Les dépenses annuelles sont de 4 à 5,000 francs. — M. le Rapporteur termine en appelant de

tous ses vœux la réorganisation des anciennes corporations appropriées aux besoins modernes. Il faut rechercher les règlements de
chaque corporation pour y prendre ce qu'elles ont de bon. Il faudrait
nommer une commission chargée de ce travail.

M. Darel, directeur au grand séminaire de Séez, à l'occasion d'un
passage de ce rapport, insiste pour que l'on se préoccupe partout
dans les Œuvres d'aplanir aux jeunes gens le chemin du grand
séminaire. — Mgr de Ségur insiste et ajoute que ce même désir a
été manifesté au sein de diverses commissions.

M. Rondelet propose de charger M. Maignen de préparer une
étude sur les anciennes corporations pour l'année prochaine.
M. Maignen promet de mettre à la disposition de ses collègues ce
travail, déjà fait depuis saint Louis jusqu'en 1791, et fait remarquer
que les cercles catholiques ont déjà une commission telle que celle
qu'on sollicite; M. Duvert en fait partie. M. Rondelet signale
M. Léon Gauthier comme ayant fait des recherches sur ce sujet.
Mgr de Ségur indique à son tour M. Fossin comme ayant étudié
cette question. M. Rondelet indique les archives de la bibliothèque
de Venise comme contenant de précieux renseignements. Mgr de
Ségur connaît un Français bon catholique résidant à Venise, qui
pourrait être un précieux intermédiaire. M. Duvert demande qu'on
centralise tous les renseignements au secrétariat de l'Union.
Mgr de Ségur fait remarquer que le bureau central ne pouvant
être qu'un intermédiaire, remettra ce document entre les mains de
M. Maignen qui s'en servira pour les travaux de la commission
dont il fait partie.

On termine la séance par la prière d'usage.

N. A.

Séance du mardi soir.

Président : M. LE BOUCHER. — *Vice-présidents :* { M. PAUL DECAUX. \ M. DES FRANOS.

Prière *Veni sancte spiritus.*

M. l'abbé Aubergier, secrétaire, donne lecture du procès verbal
de la séance du matin. Il est adopté. A cette occasion et pour

revenir sur la question de Crèches, M. le président donne la parole
à M. l'abbé Marbeau, vicaire de Saint-Roch, à Paris. Dans un
rapport intéressant et fréquemment applaudi, M. Marbeau nous
rappelle le but excellent de l'Œuvre des Crèches, ses résultats
vraiment merveilleux, et nous indique les moyens à prendre pour
en assurer la bonne organisation.

Le but est de faciliter aux mères de familles le travail de l'éducation de leurs enfants par elles-mêmes et d'éviter ainsi les dangers et les abus du nourrissage mercenaire. Avec la Crèche, en
effet, la mère peut vaquer sans crainte aux travaux de son état.
Son enfant est en mains sûres, et elle le retrouve le soir et à
l'heure des repas pour lui donner ces soins dont une mère seule est
vraiment capable.

Les résultats ont dépassé les espérances partout où les crèches
ont été fondées. La mortalité y est minime, tandis que les rapports
officiels constatent que, dans les environs de Paris surtout, les
enfants confiés aux nourrices meurent dans la proportion de 50,
70, 80, et même 95 pour cent. Ajoutons à cela, dit le rapporteur,
'influence chrétienne sur la famille par la sœur et même par
l'enfant, et les mariages légitimés, et la petite pépinière préparée
ainsi pour les écoles religieuses, et nous comprendrons l'importance
de ces œuvres, et les efforts de la libre-pensée qui cherche en vain
à supplanter la religion dans la première éducation de l'enfance.

Les moyens seront : d'abord le patronage du curé ; puis le concours des religieuses, un Comité de Dames patronnesses, un comité
médical, et une rétribution donnée par les parents. Cent soixante
crèches ont été ainsi fondées en France, dont quarante à Paris,
où l'on reçoit en moyenne trois mille cinq cents enfants par année.

M. Lebreton et M. Monnier font quelques questions à M. Marbeau
qui indique comme source de renseignements le Comité des crèches
à Paris. M. Capmas fait ensuite l'éloge de M. Marbeau, oncle de
M. le rapporteur, qui a beaucoup travaillé à la fondation des
crèches.

La commission approuve par ses applaudissements unanimes
l'œuvre des crèches.

La parole est ensuite donnée à M. le curé de Jouy, diocèse de
Chartres, pour un rapport sur les œuvres rurales de patronage.
Après nous avoir montré la nécessité de fonder ces patronages
partout, M. le rapporteur combat énergiquement les objections

qu'on fait trop souvent contre la possibilité de ces œuvres et leur
persévérance, et à l'appui il apporte des faits nombreux et consolants. Depuis le congrès de Bordeaux, dix-huit patronages ou
œuvres de jeunesse ont été fondés dans le diocèse de Chartres, ce
qui porte à trente le nombre total; douze existaient déjà. Des
paroisses de 1000 âmes et même de 400 âmes ont pu réussir.
Dans l'une d'elles, pas un jeune homme ne faisait ses Pâques;
aujourd'hui le patronage a dix membres courageux et fidèles. On
s'y prend comme on peut : ici on attire les hommes par de bons
journaux; là on amuse la jeunesse avec des jeux de prestidigitation.
Le directeur devient ingénieux, la charité a mille industries pour
faire le bien. Ah? il faut vouloir et s'obstiner à vouloir; c'est le
grand secret.

Après ce rapport plein d'intérêt. le R. P. Delorme, nous adresse
quelques paroles encourageantes et fortifiantes, tout à la fois. Et
pour appuyer la thèse de M. le curé de Jouy, il nous raconte que
dans un bourg de 1300 âmes, un bon curé (1), qui n'avait plus
d'hommes à son église, est parvenu à fonder dans sa paroisse, un
patronage, un cercle de jeunesse, une association pour les patrons,
et trois œuvres de dames, mais il lui a fallu 30 ans de travail
obstiné.

La commission approuve unanimement ces admirables essais et
les conclusions du rapport. Elle fait des vœux pour la multiplication
des œuvres de jeunesse et la fondation de bureaux diocésains qui
les favorisent au moyen de réunions périodiques de directeurs.

Après la prière, la séance est levée à 5 heures.

A. DÉFLOTRIÈRE.

Séance du mercredi soir.

Président : M. LE BOUCHER. — Vice-président : M. DES FRANCS.

La parole est donnée à M. le supérieur du Grand séminaire
de Chartres, qui dans une admirable causerie nous donne des
conseils très pratiques sur la fondation et l'organisation des
œuvres rurales.

1. M. l'abbé Ténières, curé de Bréauté.

Ne sont pas seuls fondateurs d'œuvres, dit-il ceux qui se nomment ainsi; il est heureusement beaucoup de fondateurs qui le sont sans le savoir, nous entendons par là tous ceux qui d'une manière ou d'une autre réunissent autour d'eux des enfants de chœur, de jeunes chantres, ou quelques pères de famille. Il est, essentiel, toutefois, que Messieurs les ecclésiastiques, qui ont pu organiser de semblables réunions, en avertissent le bureau diocésain, pour en recevoir lumière et protection.

Pour mettre en garde contre certaines imprudences dangereuses, M. le Supérieur recommande ensuite:

1° De commencer les œuvres sans le dire, en attirant peu à peu autour de soi les enfants et les jeunes gens.

2° De ne pas vouloir *faire Grand* tout d'un coup, et d'avoir l'humilité d'un pêcheur à la ligne. C'est plus sûr.

3° De mettre, ainsi qu'on l'a fait si heureusement à Nancy, une confrérie ou une congrégation comme base de l'Œuvre;

4° De donner au plus tôt à l'Œuvre naissante une bannière et des insignes, de ne pas négliger ce petit côté de la faiblesse humaine;

5° De ne point se laisser arrêter par la prévision des insuccès, ou des défaillances futures. La persévérance, même momentanée des enfants est un résultat déjà précieux, et la foi nous apprend combien est grand aux yeux de Dieu le mérite de celui qui peut faire éviter un péché mortel.

6° M. le Supérieur nous dit enfin que la question d'argent, si effrayante d'abord, n'est au fond qu'une question de volonté. *Vouloir fortement* une chose, est le plus sûr moyen de trouver l'argent nécessaire. L'expérience le prouve.

Un ecclésiastique de l'assemblée, nous n'avons pu entendre son nom, ayant demandé comment un prêtre de paroisse pouvait trouver du temps, le Dimanche, pour une œuvre semblable, M. le Supérieur lui répond qu'il n'y a qu'un seul moyen: quand on est fatigué après vêpres, se fatiguer encore avec les enfants. Ce que M. le Président traduit par se *délasser*.

M. le Président prenant ensuite la parole insiste sur ce qui vient d'être dit, et conseille fortement aux directeurs de fonder dans leurs œuvres un petit État-Major avec les membres les plus intelligents et les plus pieux. Par un choix heureux et avec quelques dignités distribuées à propos, on forme des *Zélateurs* dans toute

la force du mot. A l'appui de ce dernier conseil et de ceux si
sagement donnés par M. le supérieur du grand-séminaire, il
apporte l'exemple de ce qu'il a fait lui-même à Angers :

Trois jours après avoir reçu l'onction sacerdotale, il vint à
Chartres recommander à Notre-Dame le petit règlement qui devait
plus tard en inspirer tant d'autres. Son œuvre commença avec
trois enfants, dont l'un ne persévéra pas. N'importe ! Des deux qui
restent, il nomme l'un Président, l'autre Vice-président. Cela dura
quelques semaines. Peu à peu d'autres enfants vinrent ; la boule
de neige grossit. Les plus sages devinrent de petits apôtres ; ils en
amenèrent d'autres ; on les tria avec soin. L'œuvre a, depuis, toujours grandi, et, cette année, M. le Président a eu le bonheur de
donner la médaille de persévérance à six vétérans qui sont fidèles
à l'œuvre depuis 25 ans.

On avait commencé avec 40 sous en caisse ; les dépenses totales
montèrent par la suite à 140,000 fr. et tout fut payé.

M. le Président termine en recommandant la fondation d'œuvres
rurales. Quarante mille paroisses ayant chacune une œuvre de 15 à
20 membres en moyenne, quel immense résultat pour l'avenir du pays!

Invité à prendre la parole, M. Blanchard, curé de Moisy, recommande la circulaire du Bureau diocésain de Chartres, comme étant
un résumé très exact des conditions et des moyens pour fonder
une œuvre. « Il ne faut pas dès le principe, dit-il, s'imaginer qu'on
va d'un coup convertir sa paroisse ; il faut des années et des
années. » Il ajoute ensuite quelques détails sur la vigilance paternelle et persévérante que doit exercer un curé sur son œuvre
pour qu'elle se maintienne et grandisse.

M. le curé et M. le vicaire de Montferrant, Puy-de-Dôme,
demandent s'il est utile d'avoir une buvette, et quelle direction
spirituelle est nécessaire à une œuvre. M. le Président répond en
quelques mots qu'il faut, pour la première question consulter les
besoins et les mœurs de chaque œuvre, et pour la deuxième, qu'il
suffit d'obtenir, outre la messe qui est de précepte grave, l'assistance aux vêpres autant que possible et à une *courte* instruction,
chaque dimanche.

La parole est ensuite donnée à M. Georges Martin pour un
rapport sur le but et l'organisation des Cercles catholiques :

« Ce nom, dit-il, ne définit notre œuvre qu'imparfaitement ; il
indique la forme extérieure et non le but dans son entier.

Le but des Cercles catholiques est la restauration sociale par le rétablissement du règne de Jésus-Christ parmi les hommes. Le principe sur lequel repose l'œuvre, est que la supériorité n'est qu'un dépôt providentiel que la classe élevée doit faire servir au salut de la classe ouvrière. Partant de là, elle provoque l'*action* pour combattre l'indifférence, l'égoïsme et la défaillance; puis elle organise le travail de restauration sociale en améliorant d'abord la classe dirigeante et par elle la classe dirigée.

Le but est atteint au moyen d'associations chrétiennes, qui sont évidemment diverses pour les deux parties de l'œuvre, et qui ont chacune leur vie propre.

Dans la classe dirigeante, nous avons le Comité. Le Comité prend les décisions, et l'exécution en est confiée au secrétariat. Le secrétariat a quatre sections avec secrétaire : la première s'occupe de la propagande et de la publicité, la deuxième des fondations, la troisième des ressources, et la quatrième, de la direction et de l'enseignement. On laisse ainsi à chacun une action et une responsabilité personnelles; c'est une école d'hommes.

Dans la classe ouvrière, l'association prend le nom de Cercle : elle est divisée en candidats, sociétaires et conseillers.

Le *candidat* est soumis à une épreuve de trois mois. S'il est admis à faire partie du Cercle, il prend le nom de *sociétaire*; et lorsque le sociétaire, après une période qui va de six mois à deux ans, se révèle comme un homme solide, intelligent et dévoué à l'Œuvre, sur la proposition du directeur et avec l'assentiment des membres du Cercle, il est élevé à la dignité de *conseiller* à vie. Le conseil exerce une influence sur l'Œuvre, c'est aussi, à sa manière, une école d'hommes.

Et partout, dans le Comité comme dans le Cercle, ajoute M. le Rapporteur, pour l'amélioration des uns et des autres, nous reconnaissons comme conditions essentielles, la piété, l'esprit de foi et l'humble soumission à l'Église et à l'autorité ecclésiastique. Le Cercle catholique n'est donc pas une association ouvrière, il embrasse les deux classes; c'est une œuvre sociale.

Après quelques explications demandées par M. l'aumônier du Cercle de Pau, la commission applaudit le rapport si éloquent et si clair de M. Georges Martin.

Après la prière, la séance est levée à 10 heures.

Le Secrétaire, A. DÉFLOTIÈRE.

Séance du jeudi soir.

Président : M. Le Boucher. — *Vice-présidents :* { M. du Fougerais.
M. des Franos.

Après la lecture du procès-verbal, qui est adopté, M. des Francs revient sur la question des Cercles militaires, et, pour en faire apprécier les heureux résultats, il cite ce fait qu'à Versailles, 3600 soldats ont fait leurs Pâques par l'influence de ces heureuses institutions.

M. le Président donne ensuite la parole à M. le chanoine Schorderet sur l'œuvre de Saint-Paul, pour la presse catholique.

Il a été assez difficile au secrétaire d'analyser le discours véhément, rapide et émouvant de M. le Chanoine. Saisi lui-même comme tout l'auditoire, il écoutait au lieu d'écrire. On lui pardonnera cette faiblesse ; la plume restait en l'air malgré lui : *suspensus erat audiens illum.* D'ailleurs cette lacune sera comblée, nous l'espérons, dans la séance générale de ce soir ; et nous souhaitons que le sténographe, plus heureux que ce matin, y arrive assez tôt pour n'en rien perdre.

M. Schorderet nous raconte d'abord que l'œuvre de Saint-Paul a pris naissance en France (1). Elle lutta en Belgique contre la Prusse. En Suisse, elle a fait échec à Berne par Fribourg où elle a groupé en un solide faisceau les forces catholiques.

Là, il lui a fallu combattre à droite et à gauche, c'est-à-dire, le radicalisme et le libéralisme ; mais la bénédiction de Pie IX et la protection de Léon XIII, lui ont donné la victoire. Aujourd'hui elle commande aux élections avec une majorité de 400 voix ; son journal a 6000 abonnés pendant que les autres végètent.

L'œuvre a voulu ensuite s'implanter en France. Elle a commencé à Ville-d'Avray et elle a fini par s'établir à Paris même, rue de Lille, 51, où elle a une chapelle.

Trente-deux membres composent tout le personnel. On y vit dans le silence et la joie, dans la pauvreté et le travail. Parfois il a fallu mendier. Mais que peuvent craindre des âmes qui puisent chaque matin dans la sainte communion, la résignation à la souffrance et le courage du martyre?

1. *Sur le cœur de Jésus, à Paray-le-Monial, où elle a aujourd'hui un autel.*

L'œuvre pour subsister, accepta cependant d'imprimer un journal catholique, *la France Nouvelle*. Mais comme ce n'est point
tout-à-fait l'idéal, elle est sur le point d'abandonner ce travail
pour entreprendre, elle-même, un nouveau journal, *la Lumière;*
journal populaire et à bon marché, qui pour justifier son titre, sera
de la première à la dernière page, du premier au dernier mot, consacré uniquement à la vérité pure. On n'y admettra rien, même
dans les annonces et les bulletins financiers, que ce qui sera exactement vrai. Nous souffrirons, dit M. le chanoine, nous mendierons,
nous mourrons à la peine, s'il le faut; mais il ne sera pas dit que
des catholiques, en présence de la diffusion effrayante de l'erreur
et du mensonge, ont reculé devant le sacrifice, quand il s'agissait
de porter la lumière à leurs frères égarés. »

« Un paysan, continue M. Schorderet, m'ayant manifesté le
désir qu'il avait d'aller en Chine se faire tuer pour la foi, je lui ai
assuré qu'il aurait plus de chance de réussir dans notre maison; et
il y est venu. »

« Voilà l'œuvre pour laquelle je viens solliciter la protection de
votre Congrès et la charité des cœurs chrétiens. »

Après cette chaleureuse improvisation couverte, à chaque instant, de bravos et d'applaudissements, M. le vicomte de Chaulnes
se lève et fait la double motion suivante :

1° Que M. le Président prie le Bureau du Congrès de donner la
parole à M. Schorderet ce soir à la séance générale ;

2° Que le Congrès autorise une liste de souscription pour l'œuvre
de la presse catholique ; et sur cette liste M. de Chaulnes s'inscrit
d'avance pour mille francs.

La Commission applaudit énergiquement à ces deux motions et
à la généreuse initiative de M. de Chaulnes.

M. Séverin, d'Amiens, a ensuite la parole : et tout ému de succéder à un orateur aussi entraînant que M. Schorderet, il nous
donne cependant un excellent rapport sur la presse populaire.

« Il est absolument nécessaire, dit le Rapporteur, de travailler à la
propagation de la vérité par la bonne presse. Il se passe en ce moment un fait inouï: les mauvais journaux en grand nombre reçoivent
des subsides des ennemis de notre foi et de notre pays. Le peuple
se croit l'idole des écrivains qui l'enseignent, il n'en est que le
jouet. Que faire? Sur 1,850,000 feuilles qui sortent quotidiennement de la presse 1,000,000 et demi au moins sont mauvaises.

Faut-il supprimer la presse, comme le disent les conservateurs somnolents ? L'Eglise ne l'a point condamnée. Elle l'a encouragée, au contraire, et la Suisse nous est un exemple que la bonne presse peut avoir son influence quand elle a des travailleurs. L'Œuvre de Saint-Paul s'y dévoue : 9 archevêques et 52 évêques l'ont approuvée ; pourquoi ne pas lui donner notre concours actif et dévoué ?

Mais pour obtenir un résultat, il faut avant tout éviter les abus qui ont stérilisé déjà un grand nombre d'œuvres de ce genre. Il faut que l'écrivain catholique soit armé de fortes preuves dans ce qu'il avance, qu'il soit clair, intéressant ; qu'il combatte les erreurs historiques par l'histoire vraie ; qu'il instruise peu à peu et ne prétende point donner au peuple un aliment au-dessus de ses forces. Dans ces conditions, travaillons ; travaillons si nous voulons éviter des malheurs ; car des malheurs nous menacent. »

En terminant, M. le Rapporteur nous dénonce et blâme l'opinion de ceux qui veulent interdire la politique au prêtre et les œuvres religieuses au laïque, et il émet le vœu que l'Union favorise la fondation et la diffusion des bons journaux populaires en venant en aide à l'Œuvre de Saint-Paul.

M. le Directeur du Grand-Séminaire de Chartres propose, à cette occasion, de former des Comités qui auraient pour mission de distribuer gratuitement les bonnes feuilles. Cette œuvre de propagande pourrait se faire de trois manières : 1° En faisant passer les journaux lus ; 2° en provoquant des souscriptions ; et 3° en quêtant des abonnements gratuits.

Le R. P. Delorme objecte qu'il serait dangereux d'en faire une mesure générale, certains lecteurs méprisant facilement ce qu'ils reçoivent gratis.

M. Lelièvre abonde dans ce sens, et croit qu'un journal payé mais à bon marché réussirait mieux.

D'autre part, M. de Moussac affirme que la propagande gratuite a parfaitement réussi dans la ville qu'il habite ; et M. Schorderet croit que la distribution dans les campagnes, de ce qu'on appelle en journalisme le *bouillon*, pourrait produire un bien réel, puisque les radicaux ont, par ce même moyen, fait un mal réel.

M. Maignen demande alors la parole et propose de ne pas en rester à l'émotion provoquée par la parole ardente de M. Schorderet, mais d'en venir à la pratique. « Il faut, dit-il, à tout prix, pour qu'un journal vive, qu'il ait des abonnés. Or, nous, directeurs d'œuvres, avons un moyen dont nous n'usons pas assez ; nous pouvons répandre les bons journaux parmi les ouvriers de nos cercles, et par eux dans le dehors. Pourquoi ne faisons-nous, dans nos budgets, qu'une mince part à l'œuvre de la presse ? Pourquoi ne savons-nous pas profiter des avantages que nous offre la société bibliographique ? Il y a là un oubli regrettable. » Cette motion est vivement applaudie. Plusieurs membres proposent alors différents moyens de propagande accessibles à tout le monde : l'oubli volontaire d'un journal, par exemple, la demande réitérée aux gares et dans les kiosques, etc.

A ce moment une discussion s'engage entre M. Schordoret et M. de Beaucourt sur l'opportunité de fonder un journal nouveau à côté de la *France Nouvelle*. M. le Chanoine ne demande pas mieux que de prendre pour son œuvre la *France Nouvelle*, si l'on veut y accepter en entier son programme ; sinon, il ira en avant quand même et fondera *la Lumière*. La séance, qui a été assez chaude, selon l'expression de M. le Président, mais chaude de la charité de Jésus-Christ, est levée à 5 heures.

Le Secrétaire,
A. DÉFLOTRIÈRE, vic.

Séance du vendredi soir.

Président : M. LE BOUCHER. — *Vice-président :* M. DES FRANCS.

Le P. Nogués, de Lourdes, lit d'abord le procès-verbal de la séance *extraordinaire* tenue hier, de deux heures à quatre heures du soir. Ce procès-verbal est adopté, et la commission adopte pareillement les quatre vœux formulés par M. le chanoine Schordoret, relativement à la presse populaire.

Le procès-verbal de la séance de quatre heures tenue à l'évêché, ayant été lu en la séance générale d'hier, on l'adopte aujourd'hui, sans une nouvelle lecture. La commission se presse ; son ordre du jour est fort chargé, et elle tient à maintenir la réputation d'activité que lui a faite M. le chanoine Tournamille.

Elle entend d'abord la monographie du patronage Saint-Thomas d'Aquin, établi au Hâvre. Le R. P. Delorme, tout en conservant la forme monographique, parsème judicieusement son travail d'excellents conseils, parmi lesquels nous aimons à souligner celui de ne pas nous faire mutuellement trop d'éloges . « *Laissons*, dit-il *l'encensoir pour l'autel.* » (*Bravo!*)

Au Hâvre, donc, nous trouvons un patronage qui compte aujourd'hui trois cents membres, et trois cercles catholiques d'ouvriers. Le patronage a même fait école : trois paroisses ont fondé des œuvres analogues, et il leur souhaite courage et prospérité.

A Saint-Thomas d'Aquin, d'excellents résultats ont déjà été obtenus : on peut y faire des prédications aux jeunes apprentis et à leurs familles réunies ; la procession de la Fête-Dieu, prohibée dans la rue, retrouve sa splendeur et ses touchantes émotions au sein de l'Œuvre ; on y vient à la sainte messe, ce qu'on oubliait jadis ; le devoir pascal est rempli ; les cercles catholiques y trouvent une précieuse pépinière, l'armée ; de bons soldats et l'Église des vocations sacerdotales.

Comment s'opère cette heureuse régénération? Laissons d'abord l'encensoir à l'autel pour ne point fâcher le R. P. Delorme, et disons que son petit *état-major* de membres modèles et fervents, son patronage de sections, par lequel chaque groupe a un surveillant pris dans la classe élevée, et surtout la fréquentation des sacrements recommandée et mise en honneur, sont certainement la cause principale du succès.

Il manque au Hâvre encore beaucoup de choses : une association de patrons, par exemple, un cercle de commis, etc.... un peu d'énergie et d'activité aux catholiques qui pourraient être influents. Espérons.

Après cette intéressante monographie, la commission lit le rapport de M. le vicomte Affre de Saint-Rome, sur l'œuvre des ramoneurs à Paris. M. le rapporteur nous lit d'abord un précis historique de l'Œuvre. Il nous montre, au XVIIIe siècle, l'abbé de Pontbriant et l'abbé de Fénelon, s'occupant avec ardeur de ces pauvres abandonnés, puis, au commencement du XIXe, M. Legris-Duval rétablissant le catéchisme des Savoyards dans quatre paroisses de Paris. L'œuvre tombe en 1830 ; Mgr de Quélen la relève ; elle retombe en 1848 ; mais relevée de nouveau en 1854, elle a le bonheur d'avoir alors pour père spirituel Mgr de Ségur, et pour protecteurs, M. Fiot et M. Keller. En 1860, le frère Hortulan

on est chargé : il y établit les écoles du soir et les réunions fami-
lières du dimanche. A cette époque, Mgr Darboy venait la visiter;
elle voyait aussi assister à ses fêtes des députés et des sénateurs
catholiques, et un peu plus tard le R. P. Ducoudray établissait la
messe commune qui produisit un très grand bien. La Commune
fusilla Mgr Darboy et le P. Ducoudray. Epreuve terrible, dont
l'Œuvre s'est cependant relevée, grâce à la bénédiction de Pie IX
et au zèle de quelques anciens directeurs. Aujourd'hui elle compte
plus de trois cents membres. C'est relativement peu, et il lui faudrait pour prospérer davantage, une chapelle spacieuse, des directeurs en plus grand nombre, et quelques succursales dans les différents quartiers de Paris. Espérons ici, comme on espère au Hâvre.

M. le Docteur Descieux a ensuite la parole pour une communication sur l'hygiène dans les œuvres. En homme désintéressé, M. le
docteur aime mieux prévenir les maladies que d'avoir à les guérir.
Il désire donc que, dans nos œuvres, on se donne la peine d'enseigner l'hygiène à la jeunesse catholique. « Mais, ajoute-t-il,
n'oublions pas que l'hygiène morale a plus d'influence encore que
l'hygiène matérielle sur la santé ; n'imitons pas ceux qui, de nos
jours, traitent exclusivement le côté animal de l'homme : les péchés
capitaux, *voilà les ennemis* de la santé. « Ici l'aimable docteur est
obligé de faire de la réclame malgré lui, et nous apprend qu'il a écrit
plusieurs ouvrages classiques sur ce sujet, et que nous les trouverons chez M. Fourant et fils, rue Saint-André des arts, 47, à Paris.

Après cette heureuse communication, un délégué de l'apostolat
de la Prière à Toulouse, vient prier le Congrès de se rappeler le
vœu formulé l'année dernière au Puy, et d'y donner suite en con-
seillant à Messieurs les Directeurs d'œuvres d'avoir un correspondant avec le dit apostolat de la prière. La commission adhère.

M. l'abbé Marbeau nous donne ensuite rapidement quelques
notes sur les *Maisons de famille* pour les jeunes ouvrières dans les
grandes villes. Cette œuvre fondée déjà à Paris sous le vocable de
N.-D. de Bonne Garde, a pour but de recueillir dans une maison,
tenue et dirigée par des religieuses, les jeunes ouvrières privées du
foyer de la famille. Les résultats sont merveilleux, et on le comprend quand on sait les dangers qui menacent ces pauvres jeunes
filles dans les restaurants et les garnis. Que ceux donc qui désirent
entreprendre une œuvre veuillent bien se renseigner auprès de
M. Marbeau, vicaire de Saint-Roch, à Paris.

Le Père Callixte, Trinitaire, voudrait bien encore qu'on écoutât son rapport sur l'œuvre des femmes d'ouvriers ; mais la commission est brisée par le travail de la matinée, et l'heure réglementaire est passée. Il se contente donc de nous annoncer qu'il va travailler, si le Congrès le trouve bon, à un petit *manuel des devoirs* de la femme d'ouvrier. La commission trouve cette idée excellente et applaudit.

M. le Président adresse ensuite quelques mots d'adieu à la commission, remercie les membres de leur zèle et de leur travail, demande un pardon que chacun lui refuse évidemment, souhaite de les revoir, ce qui est bien mieux accepté, et nous donne pour mot de la fin, celui qu'il nous avait donné pour le commencement : *Ecce quam bonum !*

Personne n'ayant la parole, l'assemblée remercie son dévoué Président par des applaudissements chaleureux.

La séance est levée, après la prière.

Le secrétaire :
A. DÉFLOTRIÈRE, vic.

SÉANCE EXTRAORDINAIRE

DE LA QUATRIÈME COMMMISSSION

SUR LA QUESTION DU JOURNAL A UN SOU

La séance, interrompue depuis un quart d'heure à peine, est reprise à deux heures trente, sous la présidence de l'infatigable M. Le Boucher. Sa rentrée dans la salle est accueillie par une salve d'applaudissements. C'est que le père de nos Congrès venait de nous donner un exemple touchant de l'esprit de discipline qui doit animer tous les membres de l'Union. Au moment où la question était palpitante d'intérêt, et où plusieurs personnages devaient se succéder à la tribune pour nous faire entendre leur voix autorisée, M. le président avait déclaré, malgré les plus pressantes sollicitations, que la séance était levée, et que le règlement devait passer avant tout. Aussi a-t-il fallu l'ordre formel de Mgr de Ségur, pour l'obliger à reprendre sa place au fauteuil.

M. de Lafarge a le premier la parole pour continuer sa causerie. Selon l'honorable congressiste, il serait bon que Paris ait un Journal religieux à un sou pour la région correspondante et pour des abonnés particuliers ; tout le monde battrait des mains avec enthousiasme. Mais l'intérêt du bien exige aussi impérieusement qu'une fédération catholique partage la France en trois ou quatre centres principaux, et que l'on crée autant de journaux à un sou. La presse locale, digne d'intérêt pour les renseignements qu'elle fournit, y perdra quelques abonnés on peut même craindre, comme ce sont les mêmes bourses qui l'alimentent, qu'elle ne soit menacée d'une ruine plus ou moins prochaine, mais qu'importe.

Comme les mauvais journaux doivent leurs succès aux dépêches qu'ils reçoivent par fil spécial, il est indispensable de les devancer partout où ce sera possible. A cette fin, un groupe d'hommes pratiques devra étudier sous toutes ses faces cette question majeure de la presse régionale à un sou en province, faire une enquête dans chaque canton, pour savoir où il sera facile d'arriver les premiers, et interdire aux feuilles créées le droit de se faire mutuellement concurrence.

La difficulté d'argent n'est pas insoluble. Il y a en France assez d'hommes généreux pour souscrire un capital suffisant, pourvu que l'appel de fonds soit fait en une fois, et que les versements soient échelonnés en deux ou trois annuités successives.

M. Dubreuil, rédacteur en chef du journal l'*Eure-et-Loir*, se range de l'avis de M. de Lafarge sur l'opportunité d'établir des journaux régionaux à un sou. Au point de vue de la classe ouvrière, il attache moins d'importance aux dépêches télégraphiques qu'aux nouvelles diverses, aux feuilletons chrétiens, pour combattre l'attrait des histoires graveleuses et des crimes de cour d'assises, que les petits journaux servent en pâture à leurs lecteurs.

Les actions de 5,000 fr. l'une ne lui paraissent pas d'une application aisée ; celles de 500 fr. seraient à la portée de plus de bourses, et offriraient l'avantage d'être libérables en un ou plusieurs paiements.

Telle est aussi l'opinion d'un juge dont nous regrettons de ne pouvoir donner le nom, parce qu'il ferait autorité dans la matière. Ce placement par 5,000 est dangereux selon lui, en ce sens que, si un principal actionnaire venait à mourir, des héritiers peu chrétiens auraient sous la main une arme pour entraîner fatalement le journal à une culbute.

Au cours de la discussion, une digression intéressante s'est produite sur les journaux de province. On doit les utiliser pour la propagande catholique, parce que la chronique locale des foires, des marchés, des cours de céréales et des événements extraordinaires leur assure une clientèle. M. Delbrey, qui s'y connaît pour avoir pratiqué le journalisme depuis l'âge de 20 ans, expose sa thèse favorite, c'est-à-dire, l'accord de tous les journaux catholiques de province. Ils auront presque sans frais les clichés d'annonces, et des articles irréprochables soit pour la rédaction, soit pour l'intérêt. C'est cette tactique qui a fait la fortune et la puissance de l'agence Havas.

Mais l'excursion dans le domaine du journalisme ne faisait que retarder les résolutions ; et les travaux des commissions n'ont d'autre but que d'amener des conclusions pratiques. Par bonheur pour nous, dont les moments étaient comptés, M. le Président trouve dans sa vieille expérience la solution de toute difficulté. Écartant la question pécuniaire qui exige une étude à part et des maîtres spéciaux, M. Le Boucher renvoie les décisions à prendre à une commission compétente, qu'il faudra nommer.

C'est justement, répond M. le chanoine Schorderet, ce qui a été résolu à l'assemblée des comités catholiques de Paris en 1878. On ne fait pas assez pour la bonne presse, et elle n'occupe pas une place suffisante dans les délibérations d'un congrès. Il n'y a pas un seul journal religieux à un sou à Paris ; car, on ne peut donner ce nom à une feuille qui se tire à 12,000 exemplaires. Qu'est ce résultat devant celui de dix feuilles impies ou plus, qui ont chacune une moyenne de soixante-dix mille acheteurs.

Pour combattre le mal, nous n'avons qu'à vouloir. L'agence catholique est un problème qui effraie la pensée, apportons chacun une goutte d'eau ; avec une persévérance invincible, et avec la bénédiction de Dieu, elle peut devenir comme la goutte d'eau, qui est répandue dans le calice à l'offertoire, et qui serait capable de remplir des milliers d'océans.

Le vaillant champion de la presse catholique termine par ce triple vœu :

1° Il demande que le Congrès de Chartres ne termine pas ses travaux, sans suivre l'exemple des Comités catholiques, réunis à Paris, qui ont constitué une commission de personnages éminents pour créer et étendre la bonne presse.

2° Un trop sérieux examen ne saurait être apporté à la proposition de M. de Lafarge, savoir : ce que l'on doit faire pour la presse régionale à un sou en province, et quel concours Paris pourra lui apporter.

3° L'établissement d'une agence catholique doit être étudié, poursuivi et atteint au prix des plus héroïques efforts.

"Telle était la conviction de l'assemblée. Mais que faire, quand on songe que les assistants vont se séparer demain, pour ne plus se rencontrer que l'année prochaine? La sagesse de M. le président va nous le dire. Nous ne pouvons tracer une ligne de conduite aux délégués des comités catholiques, quelque assurance que nous ayons de leur dévouement. Il faut que l'Union des œuvres ouvrières ait aussi sa commission qui s'occupe du journal à un sou.

Comme M. le chanoine du Fougerais a ouvert le débat sur cette question, son nom est mis en avant comme délégué, ainsi que celui de M. le chanoine Schorderet. Rien n'est statué à cet égard. Peut-être laissera-t-on le choix des délégués aux soins du bureau central.

La séance est levée à quatre heures moins dix minutes, et terminée par la prière d'usage.

Secrétaire,
R. P. Noguès,
Missionnaire de l'Immaculée-Conception et
délégué de Mgr l'évêque de Tarbes.

Vendredi 13 septembre.

Le procès-verbal de la séance extraordinaire a été présenté à l'adoption de la quatrième commission, le vendredi à la réunion du matin. Le P. Noguès, missionnaire de l'Immaculée-Conception, qui avait rempli la veille les fonctions provisoires de secrétaire, a donné, à la suite de son rapport, lecture des vœux émis par M. le chanoine Schorderet.

Ce sont les suivants qui ont été votés à l'unanimité.

PREMIER VŒU

La commission de la presse choisit MM. les chanoines du Fougerais et Schorderet, le R. P. Bailly, ainsi que MM. de Lafarge et de Beaucourt, afin de représenter l'Union des œuvres ouvrières auprès des délégués des comités catholiques, qui ont mission de s'occuper de toutes les questions relatives à la presse.

DEUXIÈME VŒU

MM. les délégués désignés ci-dessus étudieront les voies et moyens à prendre pour arriver à une fédération des journaux catholiques. Ils s'entendront, à cet effet, avec leurs confrères des comités catholiques de Paris, et rendront compte de leurs travaux aux congrès d'Angers en 1870.

TROISIÈME VŒU

La fondation d'une agence de publicité catholique au service de la vérité dans toutes les sphères de l'activité humaine, est une œuvre d'une utilité souveraine, et tous les membres de l'Union doivent y travailler par la prière, par les sacrifices pécuniaires, et par le dévouement personnel.

QUATRIÈME VŒU

A la suite du rapport fait par M. le chanoine Schorderet, directeur central de l'œuvre de saint Paul, dont le but est d'assurer à la presse catholique la sécurité, le bon marché, la sanctification, et d'en faire ainsi une des formes nouvelles de l'apostolat, le congrès de l'Union des œuvres ouvrières recommande aux catholiques de France de ne rien négliger pour assurer et développer en France

l'œuvre de saint Paul, qui a été encouragée et bénie par Pie IX,
par Léon XIII, par plus de cinquante évêques, et par plusieurs
congrès d'Europe.

Secrétaire,
Père Noguès,
Missionnaire de l'Immaculée-Conception et
délégué de Mgr l'évêque de Tarbes.

EXHORTATIONS DE PIÉTÉ

APRÈS LA MESSE DE COMMUNAUTÉ

PAR

MONSEIGNEUR DE SÉGUR

Au congrès de Puy, nous avions pris pour sujet de nos méditations de chaque matin la vertu d'humilité : humilité d'adoration,
de louange, d'amour, d'anéantissement devant l'infinie majesté de
Dieu notre Créateur; humilité de confusion, de contrition et de
pénitence devant sa sainteté absolue et sa redoutable justice;
humilité de soumission et de dépendance totale devant sa souve-
raineté. Et, le dernier jour, nous avons appliqué pratiquement
cette dernière nuance de l'humilité à l'obéissance que nous devions
tous à la sainte Église de Dieu, et en particulier au chef suprême
de l'Église, représentant visible de Jésus-Christ sur la terre.

A Chartres, le sujet de nos méditations a été la vertu de pureté
et d'innocence, non moins nécessaires que l'humilité, à tous ceux
qui se dévouent aux œuvres de zèle. Notre-Seigneur a dit dans
l'Évangile : « *Contemplez les lis des champs et voyez comment ils
croissent.* »

Le premier jour, nous avons contemplé le lis dans sa racine, et
nous y avons trouvé cinq grands enseignements : 1° la racine du

lis est cachée en terre; on ne la voit point; et cependant c'est d'elle que provient toute la sève, toute la vertu, toute la beauté du lis. Symbole d'humilité profonde sans laquelle un chrétien, surtout un homme d'œuvres, ne saurait acquérir ni conserver la pureté de ses mœurs au milieu du monde. 2° Cette racine, cet oignon du lis, comme on l'appelle, est enveloppée d'une sorte d'armure noire et épaisse, qui la préserve des souillures de la boue et du fumier. C'est le symbole de la vie mortifiée, des habitudes du travail et d'austérité qui préservent le cœur de l'amollissement et des défaillances de chaque jour, seconde condition pour garder, au milieu du monde et principalement au milieu de nos Œuvres, le trésor d'une parfaite innocence. 3° L'ognon du lis est tout blanc et immaculé. Tel doit être notre cœur dont il faut préserver avec grand soin les affections, les tendances, les sympathies. Prendre bien garde aux affections trop humaines, trop sensibles qui ne seraient point de la même couleur que celles de notre divin Chef et modèle, Jésus-Christ. Nous devons aimer comme Jésus, avec Jésus, en Jésus et pour Jésus. Prendre garde aux moindres taches. *Beati mundo corde!* 4° La racine du lis est brillante : Symbole de la joie spirituelle, qui est un si puissant moyen de se fortifier le cœur contre les assauts de l'ennemi. La tristesse et la mélancolie favorisent grandement les mauvaises tentations, et préparent toutes sortes de ruines. Saint François dit un jour à un jeune novice triste et morose : « Vas prier, et quand tu auras retrouvé la paix et la joie du Seigneur, tu reviendras au milieu de nous. » 5° Enfin, la racine du lis est douce comme du satin, et si ductile qu'on croirait qu'elle renferme de l'huile. Image de la douceur et de la bonté que nous devons toujours porter dans l'exercice du zèle des âmes et dans nos relations avec le prochain, soit avec les aumôniers et directeurs de nos Œuvres, soit avec nos confrères, soit avec nos ouvriers et nos enfants; sous peine de ne point ressembler au Lis par excellence, le doux Jésus, qui nous dit à tous : « Apprenez de moi que je suis doux et humble de cœur. » Rien n'édifie autant le prochain que la douceur ; et rien n'est aussi indispensable aux hommes d'Œuvres et d'action.

Second. jour La tige et les feuilles du lis, dans l'étude desquelles nous allons trouver cinq autres leçons non moins utiles que les cinq précédentes, pour la conservation et l'accroissement de notre belle pureté.

1° La tige du lis est droite, et s'élance vers le ciel. Pureté d'intention nécessaire devant Dieu pour que notre chasteté soit sainte, vraiment chrétienne et méritoire. Le démon cherche à faire fléchir cette droiture, par des intentions humaines : *incurvare, ut transeamus;* courbe-toi, afin que nous puissions te fouler aux pieds. Chasteté pharisaïque, orgueilleuse sans humilité et sans douceur, qui n'a point la sève de Jésus-Christ, qui se desséchera et périra bientôt. Être purs, avant tout pour plaire à Dieu, pour l'amour de Jésus et de Marie.

2° La tige du lis est ferme et résistante; espèce de bois. L'ennemi, quand il ne peut la faire fléchir, tâche de la briser par l'assaut des tentations violentes. Courage et énergie nécessaires pour conserver notre pureté au milieu des tentations.

Exemples des saints, qui ont eu presque tous à supporter des tentations extraordinaires. Par exemple, saint François, se roulant au milieu des épines, près de la Portioncule. Saint Bernard tiré demi-mort de froid d'un étang glacé. Sainte Catherine de Sienne dans sa cellule, tentation terrible ininterrompue de plus de deux mois. « O mon Sauveur, où étiez-vous pendant cette horrible tempête? — Ma fille au milieu de ton cœur. » Donc, fermeté et énergie si nous voulons rester purs.

3° Cette tige est fort longue. Il ne suffit pas d'être énergique à combattre l'ennemi; il faut en outre persévérer, jusqu'à la fin dans la pratique d'une vie innocente et pure. « *Celui qui aura persévéré jusqu'à la fin, celui-là sera sauvé;* » et non point ceux qui, après avoir bien commencé, lâchent pied, et sortent de la voie droite du devoir.

4° Autour de la tige, et tout en bas, jaillit comme un faisceau de belles feuilles larges et brillantes, qui se recourbent en dehors, et dont plusieurs viennent toucher la terre autour du lis et s'y salir. Ces grandes feuilles représentent nos paroles et nos conversations; il ne faut jamais nous permettre de parler, surtout dans les œuvres, de choses basses et grossières, qui seraient capables d'altérer la pureté de nos cœurs et de scandaliser les autres.

Prenons de fortes résolutions à cet égard, surtout si notre langage touche terre trop facilement, et si nous avons la mauvaise habitude de nous laisser aller facilement à des plaisanteries peu convenables. « *Celui qui ne pèche point en sa langue*, dit saint

Jacques, *celui-là est un homme parfait.* » En cela comme en tout, imitons le divin modèle Jésus; imitons l'aimable et modeste saint François de Sales.

5° Enfin, tout le long de la tige du lis, s'élèvent et montent comme en tournant beaucoup de petites feuilles qui s'élancent en haut comme des flammes et qui l'enveloppent pour ainsi dire : ce sont ces petites oraisons, dites jaculatoires, si fort recommandées par les saints et en particulier par saint François de Sales, comme un excellent et très simple moyen de conserver la pureté, l'union au bon Dieu, la droiture d'intention, la vigilance dans le combat et dans la garde de la langue.

Précieuse habitude des oraisons jaculatoires; elle supplée efficacement aux imperfections de l'oraison proprement dite, et nous tiennent élevés dans un *sursum corda*, sinon continuel, du moins habituel. Donc, cinq espèces de résolutions à prendre pour préserver et faire croître le lis de notre pureté.

Troisième jour : la fleur du lis. — Ici encore, cinq leçons que nous donne le lis par sa belle fleur : 1° Sa corolle incomparable est absolument blanche en ses trois grandes feuilles extérieures. Symbole du bon exemple de chasteté parfaite qui doit resplendir extérieurement en toute notre vie, dans nos actions, dans nos bonnes œuvres, dans nos manières. « *Ab omni specie mala abstineti vos ; évitez jusqu'à l'apparence du mal ;* » et que le lis de votre vie soit sans tache et devant Dieu et devant les hommes. Belles habitudes de modestie très rigoureuse de l'Œuvre de la jeunesse ouvrière de notre pieux ami, l'abbé Timon-David, de Marseille. On ne saurait être trop délicat sur ce point; exemple de notre bien-aimé et saint Pape Pie IX ; 2° les trois feuilles de la corolle intérieure du lis symbolisent la pureté parfaite de conscience que nous devons tous apporter dans nos rapports avec Notre-Seigneur, lequel « regarde surtout le cœur. » Éviter avec grand soin les moindres petites fautes vénielles. « Vénielles tant que vous voudrez, disait un jour en pleurant la pieuse reine Marie-Thérèse, épouse de Louis XIV, et tertiaire de saint François ; mais elles sont mortelles à mon cœur ; » 3° la corolle du lis est attachée à une sorte de petit chapiteau qui termine la tige, dans l'intérieur du calice ; six étamines, qui ressemblent à de l'or bruni et à de l'or mat, s'élèvent tout autour de ce chapiteau, enveloppant le pistil, qui est le centre de toute la fleur. Ces six petites étamines d'or, qui sont là, gardées et comme abritées par les blanches feuilles de la double corolle, symbolisent les six œuvres de miséricorde plus spécialement recommandées aux fidèles par l'Evangile, et que la chasteté seule fait fleurir dans les cœurs et dans les œuvres : « J'avais faim, et vous m'avez nourri. J'avais soif, et vous m'avez donné à boire. J'étais nu, et vous m'avez vêtu. J'étais sans asile, et vous m'avez recueilli. J'étais infirme, et vous m'avez soigné. J'étais en prison, et vous êtes venu à moi. » La chasteté préserve la charité, et la charité vivifie et féconde la chasteté. Double secret de la vie de nos belles Œuvres catholiques.

Quatrième jour : Suite de l'analyse de la fleur du lis. — Nous avons vu hier les trois premières leçons que nous donne la fleur du lis par ses deux blanches corolles et ses six étamines dorées. Quatrième leçon, que nous donne le pistil du lis, tout doré et couronné par un triple lobe d'or mat : c'est Notre-Seigneur Jésus-Christ en personne, tout d'or pur par sa charité divine et fraternelle, en qui nous trouvons Dieu tout entier, Père et Fils et Saint-Esprit, qui est au milieu de son Église, au Très Saint Sacrement de l'autel, et qui, par sa sainte grâce fait habiter Dieu en nous. « Par la grâce, dit saint Thomas, la Trinité tout entière réside en notre âme. » C'est là le principe et la fin de la pureté et de l'innocence des chrétiens, des hommes de foi et de zèle. O quel beau mystère ! « Reconnais-donc, ô chrétien, ta dignité. Tu vis de la vie de Dieu même. » C'est là qu'il faut demeurer toujours, par le recueillement en Dieu, par l'union intime avec Jésus-Christ, par l'état d'oraison. Secret de la sainteté, sans elle, point de vraies bonnes œuvres, dignes de ce nom ; 5° enfin, parfum du lis, « *Bonus odor Christi sumus.* » L'innocence de la vie d'un vrai chrétien embaume tout ce qui l'entoure.

Et maintenant, de retour au milieu de vos œuvres, « *florete flores, quasi lilium, et date odorem.* » Et soyons toujours et partout les lis de Jésus, les lis de Marie-Immaculée.

BOUQUET DE REMERCIEMENTS

DE Mᵍʳ DE SÉGUR

Le 14 septembre 1878, au Congrès de Chartres.

~~~~~~~~~~~~~~

Avant de se séparer Mgr l'évêque de Chartres appelle les bénédictions de Dieu et de Notre-Dame de Chartres sur les membres du Congrès et sur tous ceux qui leur sont chers. Ces paroles sont accueillies par les bravos les plus enthousiastes.

C'est alors que Mgr de Ségur se lève pour rendre grâces à Dieu, à Notre-Dame de Chartres, et remercier Mgr l'Évêque de Chartres, les évêques assistants et tous ceux qui ont coopéré au bien du Congrès.

Voici son allocution :

MESSEIGNEURS,
MESSIEURS,

Tout commence et tout finit dans l'Église par la bénédiction de l'Évêque, par celle de l'Évêque des Évêques, et finalement par celle du Dieu des Évêques, celle de Notre-Seigneur.

Notre congrès est terminé. Nous n'avons plus qu'à adresser des actions de grâce à Notre-Seigneur, à Celui de qui tout vient et à qui tout doit revenir; puis à Notre-Dame de Chartres, la vraie patronne et protectrice de ce congrès si béni de Dieu. En votre nom, Messieurs, je remercie humblement notre Très Saint Père le Pape de la bénédiction qu'il a daigné nous envoyer et que je vais avoir l'honneur et le bonheur de répandre tout-à-l'heure sur vos têtes.

Je remercie en votre nom notre cher et vénéré Évêque de Chartres qui a été pour nous, je ne dirai pas bon, mais trop bon; il s'est bien fatigué pour nous et pourtant il avait toujours le sourire sur les lèvres, aussi nous lui promettons un pieux souvenir devant le bon Dieu, et permettez-moi de vous demander à tous pour Sa Grandeur, une bonne et belle communion. (*Applaudissements.*)

Messieurs, de tout cœur je veux remercier et j'ai tant à remercier Mgr Richard qui rappelait tout à l'heure un des doux souvenirs de notre jeunesse ecclésiastique. Je le vois encore avec le tablier de cuisine du séminaire de Saint-Sulpice; et de même que saint François avec la robe de la sainte pauvreté était aussi vénéré que s'il eût porté des vêtements de pourpre et de soie, de même Mgr Richard était aussi vénérable et vénéré avec l'humble tablier du service des pauvres à Saint-Sulpice qu'aujourd'hui avec la crosse, la mitre et la chasuble. (*Applaudissements.*)

Nos actions de grâces à Mgr de Versailles qui n'est plus au milieu de nous et que nous saluons de loin. Nous le remercions des peines qu'il a daigné prendre de venir au milieu de nous pour nous adresser des paroles si précieuses pour le bonheur de la société. (*Applaudissements.*)

Messieurs, il nous faut remercier de tout cœur M. le Supérieur du Grand-Séminaire, qui, de concert avec son excellent ami, l'infatigable et intelligent économe, a supporté pour nous de si grands labeurs. Il serait certainement mort de fatigue, si les saintes gens mouraient à si bon compte. (*Applaudissements.*) Il s'est épuisé pour nous, nous le remercions de sa bonté, de sa générosité. J'ajouterai pour la consolation de nos cœurs, que, dans son séminaire, nous nous sommes trouvés, je ne dirai pas encore mieux (ce serait faire injure au Congrès précédent qui a eu pour nous des soins, des dévouements excellents que nous ne voulons pas oublier) mais nous avons été aussi bien que possible, et peut-être mieux encore que partout ailleurs. (*Applaudissements.*)

Quant à M. l'économe, c'est pour nous une affaire de conscience de déclarer bien haut que nous n'avons jamais été nourris comme à Chartres et nous emporterons un doux souvenir (*Sourires approbatifs*) des pâtés de Chartres. (*Applaudissements.*)

Messieurs, en votre nom à tous, mille actions de grâces à M. l'abbé Roussillon qui a l'honneur et le bonheur d'être le cousin de notre vénérable évêque de Chartres et qui, avec le bureau diocésain s'est donné tant de mal, qui s'est exténué pour organiser notre Congrès et se faire notre serviteur, à tous. (*Applaudissements.*)

Je remercie également et particulièrement les personnes qui ne peuvent pas m'entendre ici; je veux dire ces trente ou quarante pieuses dames qui se sont faites nos protectrices, nos mères, nos patronnes, et qui, en moins de quinze jours, ont trouvé moyen de retenir plus de 450 chambres excellentes, confortables; beaucoup d'entre vous en savent quelque chose. (*Applaudissements.*)

Donc, chers Messieurs, je remercie ces dames, et je prie M. le Supérieur, M. l'Économe et M. Roussillon et même si l'occasion s'en présentait, j'oserais prier notre bon Monseigneur de les remercier de tout cœur au nom du Congrès (*Applaudissements*) et au nom de ceux qui ont le mieux dormi. (*Sourires approbatifs.*)

Nous avons à remercier messieurs les Présidents des Commissions, Messieurs les Vice-Présidents et les Secrétaires; tous sont montés à l'assaut du bien à faire; pendant quatre jours et demi, ils se sont exterminés pour l'amour du bon Dieu. (*Applaudissements.*)

Nous vous remercions tous, Messieurs, pour la part que vous avez prise au Congrès avec tant de talent et de dévouement; mais nous mettons à la tête celui qui a bien voulu venir de Belgique en France pour nous donner sa magistrale parole, le bon et vénéré M. Charles Périn. (*Applaudissements*).

Après quelques avis sur les offices du soir, Monseigneur ajoute: Je remercie des soins si bien réussis d'ailleurs, que ces Messieurs ont donnés pour toute la partie liturgique du Congrès et de ces chants dont la beauté et la gravité ont charmé tout le monde. (*Applaudissements.*)

Messieurs, maintenant un dernier mot qui vous ira au cœur, c'est pour remercier nos chers petits commissaires. Vingt-deux bons petits jeunes gens et séminaristes plus ou moins grands se sont fatigués jour et nuit à notre service à tous.

Je leur enverrai de votre part un petit souvenir qu'ils pourront garder en témoignage de notre reconnaissance. (*Applaudissements.*)

Enfin, Messieurs, un mot encore de remerciement pour un humble serviteur du Congrès, un bon prêtre, vicaire de ce diocèse qui nous a donné, tout son temps, qui s'est dépensé tout entier pour sténographier les excellentes paroles que vous nous avez fait entendre. (*Applaudissements.*)

Bénédiction de Nos Seigneurs les Évêques.

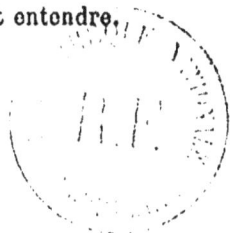

FIN

TABLE DES MATIÈRES

~~~~~~~~~~~~~~~

I. — Assemblées générales.

II. — Travaux des Commissions.

PREMIÈRE COMMISSION

L'UNION.

DEUXIÈME COMMISSION

DE LA SOCIÉTÉ PROTECTRICE DU TRAVAIL CHRÉTIEN.

TROISIÈME COMMISSION

DE L'USINE CHRÉTIENNE.

QUATRIÈME COMMISSION

DES ŒUVRES

FIN DE LA TABLE DES MATIÈRES.

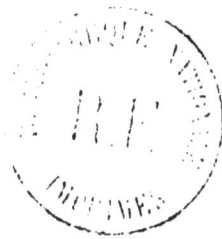

ERRATA

Page 24	Ligne 32	Boullay-Thiery	*Lisez :*	Boulay-Thierry
— 37	— 14	Desreys du Roure	—	Des Roys du Roure
— 37	— 18	l'avin de Lalarge	—	l'avin de Lafarge
— 71	— 18	présentes	—	présents
— 74	— 8	sacordotes	—	sacerdotes
— 87	— 15	vous s'adresser	—	vous adresser
— 107	dern. ligne	phalang	—	phalange
— 110	— 29	l'abbé Millaut	—	l'abbé Millault
— 124	— 19	qu'elle ont vue	—	qu'elles ent vue
— 128	— 13	se retrouver ce	—	se retrouver avec ce
— 134	— 8	Islande	—	Irlande
— 134	— 14	Morée	—	Moret
— 148	— 38	jury	—	membre du jury
— 154	— 12	uue	—	une
— 176	— 31	fortes	—	faites.
— 177	— 13	le mesure	—	la mesure
— 180	— 25	Larochefoucault	—	Larochefoucauld
— 186	— 5	entr'autres	—	entre autres
— 194	— 3	il leur donne	—	il lui donne
— 196	— 37	au diocèse de Char res	—	du diocèse de Chartres
— 275	— 23	votre plan	—	notre plan
— 281	— 31	et là, peut-on	—	et la peut-on
— 292	— 31	moisonné	—	moissonné
— 303	dern. ligne	precedents,	—	précédents
— 353	— 36	plus ou longue	—	plus ou moins longue
— 369	— 20	queun	—	qu'un.

889. — Paris. - Imp. St-Générosus. - J. Mersch, 33, b. d'Enfer.

www.ingramcontent.com/pod-product-compliance
Lightning Source LLC
Chambersburg PA
CBHW050544270326
41926CB00012B/1910

* 9 7 8 2 0 1 4 5 0 5 2 6 9 *